国家社科基金艺术学青年项目（20CA161）资助成果

高等学校学科创新引智基地计划资助（Supported by the Project 111）“长安与丝路文化传播学科创新引智基地”（B1803）阶段性成果

陕西师范大学人文社会科学高等研究院学术成果

作者简介

朱己祥

（1988— ），男，江西赣州人，兰州大学历史文化学院历史学本科、考古学及博物馆学硕士，清华大学美术学院艺术学理论博士，现为四川师范大学美术学院助理研究员，主要从事佛教物质文化研究，主持国家社科基金青年项目、四川省佛教文化中心一般项目各 1 项，参与国家社科基金西部项目 1 项，曾在《敦煌研究》《敦煌学辑刊》《艺术设计研究》《中国美术研究》《丝绸之路研究集刊》等刊物发表论文多篇。

石窟考古专题丛书

沙武田　主编

中原东部唐代佛堂形组合式造像塔调查

朱己祥　著

甘肃文化出版社

图书在版编目（CIP）数据

中原东部唐代佛堂形组合式造像塔调查 / 朱己祥著
. -- 兰州 : 甘肃文化出版社, 2021.6
（石窟考古专题丛书 / 沙武田主编）
ISBN 978-7-5490-2229-8

Ⅰ. ①中… Ⅱ. ①朱… Ⅲ. ①佛教－石刻造像－研究－华北地区－唐代 Ⅳ. ①K879.34

中国版本图书馆CIP数据核字(2021)第086780号

中原东部唐代佛堂形组合式造像塔调查
朱己祥 | 著

项目策划 | 郧军涛
责任编辑 | 刘　燕
封面设计 | 大雅文化 · 郝　磊 + 梁剑鸣

出版发行 | 甘肃文化出版社
网　　址 | http://www.gswenhua.cn
投稿邮箱 | press@gswenhua.cn
地　　址 | 兰州市城关区南滨河东路 520 号　730000（邮编）

营　　销 | 贾　莉　王　俊
电　　话 | 0931-8454870　　8430531（传真）

设计制版 | 兰州大雅文化艺术有限公司（0931-4679978）
印　　刷 | 上海雅昌艺术印刷有限公司
开　　本 | 787 毫米 ×1092 毫米　1/16
字　　数 | 520 千
印　　张 | 32
版　　次 | 2021 年 6 月第 1 版
印　　次 | 2021 年 6 月第 1 次
书　　号 | ISBN 978-7-5490-2229-8
定　　价 | 288.00 元

总序言

石窟考古专题丛书

沙武田

佛教石窟是祖先留给我们今天的宝贵历史遗产，是中华优秀传统文化的重要载体，弥足珍贵。石窟寺在全国分布之广、保存数量之多、历史朝代延续之绵长、内容之丰富，蔚为大观，是世界历史和文化艺术之奇观，也是呈现伟大的中华文明的独特形式和重要结果，为中华文明在世界文明史上的地位和贡献提供强有力的诠释。新时代背景下，面对弘扬中华优秀传统文化，提升民族文化自信和自豪感，加强文化软实力建设等国家文化工程，石窟寺占据着越来越重要的地位，扮演着其他文化遗产无法替代的作用，发挥着佛教石窟特有的文化艺术教育教化功能。但是因为历史、自然、人为等各种客观因素，石窟寺的保存状况并不十分理想，因此，保护好、研究好、弘扬好、传承好石窟寺遗产，已然成为今天全社会的共识，作为从事石窟研究者，我们更有责任和义务为石窟寺

的保护、研究、弘扬、传承增砖添瓦，尽一份绵薄之力。

丰富的石窟寺文化艺术遗产，无疑是中古历史、考古、民族、宗教、艺术研究的宝库，是难得的“形象史学”的富矿，也是一些特色学科如敦煌学、西夏学、藏学、丝路学等研究的宝贵资料，如何在学术研究中利用好这一重要而宝贵的文化遗产，也是摆在我们新时代学人面前的新任务，任重道远。虽然“路漫漫其修远兮”，但我们在石窟寺研究的漫长道路上，一定要有“为往圣继绝学”的志向和追求，力求开石窟研究之新风。

就世界上规模最大、延续时间最长、保存最完好、历史信息最丰富、文化担当功能最强大、国际影响最深远的敦煌石窟而言，学术成果之丰硕，颇有“汗牛充栋”之气象，为我们今天的研究打下无比坚实之基础。但以敦煌石窟所包含着的学术含金量来看，其实敦煌石窟研究的空间之大，其所承载着的历史分量之重，其所遗留的学术课题之庞杂，远不是我们能够想象得到的，故敦煌一直被称为“学术的海洋”，浩瀚无比。正因为如此，面对敦煌石窟，总会让人有情不自尽的学术热情；也正因为如此，敦煌石窟的研究任务很重，路也还很长，但我们相信这是一条充满阳光的学术之路，值得每个人全身心投入其中。

鉴于此，借陕西师范大学人文社会科学高等研究院和历史文化学院的平台，我们推出这套“石窟考古专题丛书”，希望借学术同仁之力量，共同推动石窟考古与敦煌学研究，任何能够反映石窟考古新成果的作品，都是我们希望纳入的珍珠，虽属涓涓细流，但总希望汇入石窟考古的汪洋大海之中。

中原東部唐代佛堂形组合式造像塔調查

興國

目 录 Catalog

Catalog 目 录

图版目录

绪论

绪 论

佛堂形组合式造像塔创始于北朝晚期，流行于初唐晚期至盛唐时期，集中分布在中原东部，兼具佛塔与佛堂功能，集建筑、图像和文字于一体，是一种形制特殊、内涵丰富的佛塔类型。

一、基本情况

佛堂形组合式造像塔平面近方形，采用特定规格的预制石材砌建，由基座、塔身、塔檐及塔刹四部分组成，保存较完整者以多层密檐式结构为主（图 1），少数作单层亭阁式，高度 2—4 米者居多，最高者 7 米有余。

第一层塔身作微缩佛堂形式，其所占高度比例最大，系图像和铭文集中所在，是整座塔的核心部位。塔身外表四壁表现佛堂的外部结构，其前壁辟门并刻出楣拱、门额、门槛、门砧石、守门狮子等细部构件。塔门两侧雕刻守门力士或天王，其上方或留白，或组合配置兽头（或半身兽）、龙、飞天、伎乐等多种护法、供养图像。左、右、后三壁多刊刻铭文，有的表现右绕佛塔或礼拜佛堂图像。塔心室表现佛堂的内部空间，具备一定的进深，浮雕以佛陀为中心的尊像。塔身下方组合基座，基座常雕刻成仿佛殿建筑的基台。

第二层及以上置多层平座式塔身，塔身上方置多层塔檐，二者宽度均自下而上逐层略微收分，组合成奇数层密檐式结构，形成抛物线较平直的近笋形外轮廓。顶层塔檐之上设刹座和刹珠。多层造像塔模仿了大型密檐式砖塔结构，如西安唐景龙元年（707）荐福寺塔（图 2）[①]。少量单层造像塔模仿了唐代实际佛堂结构，类似者有扶风法门寺塔地宫出土唐代鎏金铜塔（图 3）[②]。佛塔形体虽小却构件齐备，于雕刻中凸显佛堂庄严，是

① 张文明等《西安香积寺塔的修复与加固工程》，《工程抗震与加固改造》2007 年第 5 期，页 93、94。杨鸿勋《唐长安荐福寺塔复原探讨》，《文物》1990 年第 1 期，页 88—91。

② 陕西省考古研究院等编《法门寺考古发掘报告》，北京：文物出版社，2007 年，下册彩版 178。

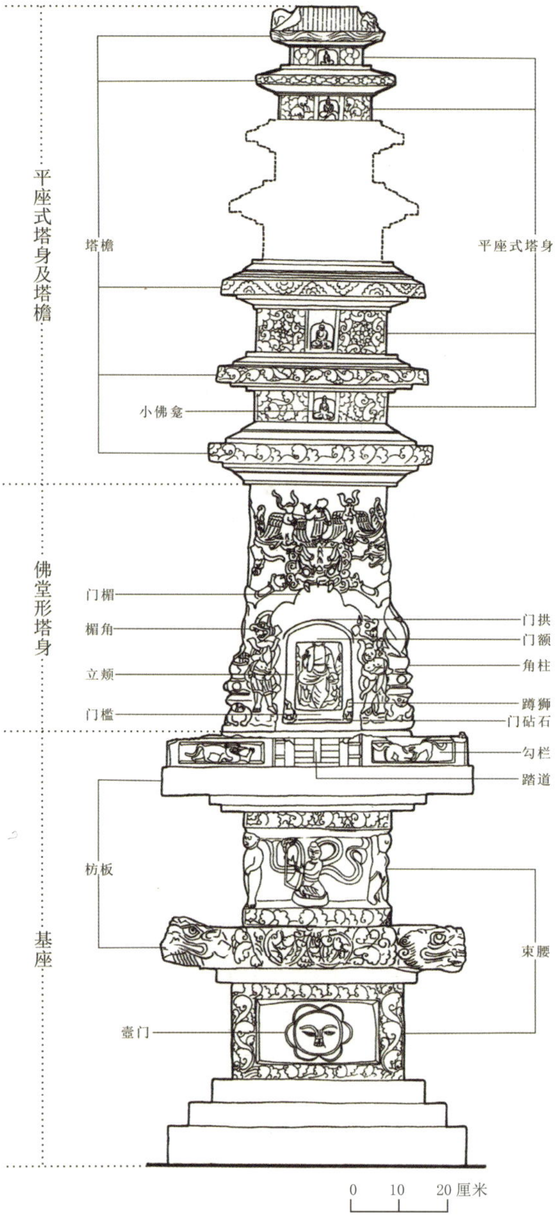

图 1 佛堂形组合式造像塔构件示意图

（据《山东佛教史迹》页 289 插图绘制）

图 2 西安唐景龙元年（707）荐福寺塔复原立面图

（引自杨鸿勋《唐长安荐福寺塔复原探讨》页 90 图 4）

图 3 扶风法门寺塔地宫出土唐代鎏金铜塔

（引自《法门寺考古发掘报告》下册彩版 178）

为此类造像塔最本质的特征。如波士顿艺术博物馆藏长安四年（704）塔记：“敬造石精舍一所……爰依胜迹，兴兹石堂。”

根据学界刊布资料和笔者 2015—2020 年实地调查，有据可查的佛堂形组合式造像塔（含散石）共 108 座（件），含河北 32 座、北京 10 座、山东 28 座、河南 21 座、安徽 2 座、山西 7 座、出土地不明者 8 座，呈现强烈的地域性分布特征（图 4）。其中，东魏、北齐和隋代各 1 座，余者均为唐代（含武周时期，下文均同）遗存。49 座造像塔纪年明确，含隋代 1 座、唐代 48 座。唐代实例纪年介于高宗仪凤三年（678）至玄宗天宝十四载（755）间，高宗及以前实例稀少，武则天与玄宗时期实例分别占纪年总量的 1/5 和 3/5 有余。可知，佛堂形组合式造像塔滥觞于北朝晚期，在唐高宗晚期开始流行，武则天时期骤然增

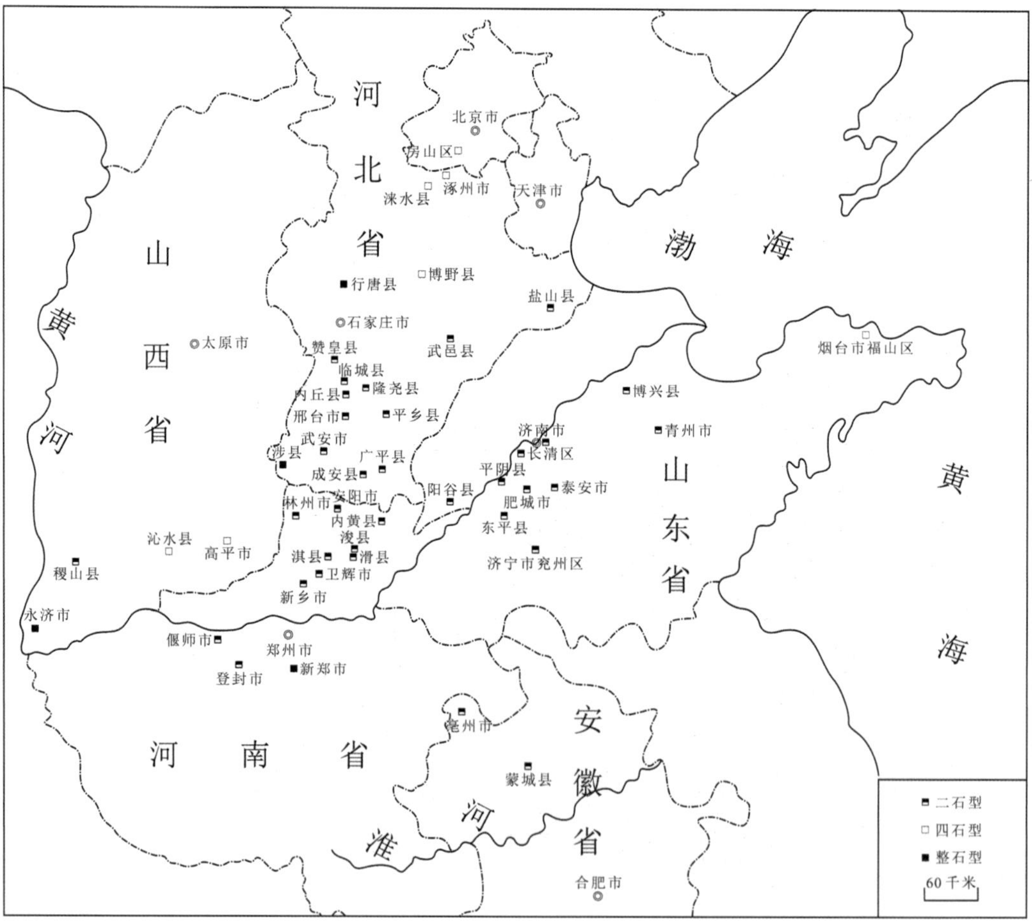

图 4 佛堂形组合式造像塔分布示意图

多，玄宗开元年间达到顶峰，天宝年间逐渐减少，进入中唐戛然而止，呈现强烈的时间性发展特征。

二、研究现状

清代金石学家多有记录佛堂形组合式造像塔的铭文[①]，当时主要服务于证经补史，没有将其视作一类文物加以研究。20 世纪初叶以来，有关此类造像塔的调查、研究工作开展起来，主要集中在两方面。一方面，对单一或相近地域造像塔的报道，发表了大量介绍性文章。国外学者如瑞典喜龙仁、日本常盘大定和关野贞等[②]。国内学者如张稼农、王建浩、张增午、刘善沂、孙怀生等[③]。另有文物图录刊布了一些实例，如《安阳市文物精华》《海外及港台藏历代佛像——珍品纪年图鉴》等[④]。另一方面，部分学者注意到造像塔间的相互关系。如郑岩根据山东与河南诸实例的共性，参照济南神通寺唐代四面造像塔的“大龙虎塔”俗称，命名此类体量较小建筑为“小龙虎塔”[⑤]。又如魏来统一论述了北京地区的 8 座唐代造像塔[⑥]。少数学者探讨了造像塔的源流问题。如清代叶昌炽认为，此类造像塔在唐开元、天宝年间（713—755）兴盛一时，乾元（758—759）之后突然

① 代表性著作有清代王旭《金石萃编》、钱大昕《潜研堂金石文跋尾》、董诰《全唐文》、赵绍祖《古墨斋金石文跋》、沈涛《常山贞石志》、陆增祥《八琼室金石补正》、陆心源《唐文续拾遗》、缪荃孙《畿辅金石通志》与《金石分地编目》、叶昌炽《语石》、端方《陶斋藏石记》，以及民国顾燮光《河朔访古新录》、溥儒《白带山志》等。《石刻史料新编》，台北：新文丰出版公司，1979 年，第一辑第 1-8、11、18、25 册，第二辑第 11、12、16、19 册等。董诰等编《全唐文》，北京：中华书局，1983 年。陆心源《唐文续拾遗》，台北：文海出版社，1979 年。缪荃孙《缪荃孙全集》，南京：凤凰出版社，2014 年。

② Osvald Siren. *Chinese Sculpture from the Fifth to the Fourteenth Century (Vol.4)*. London: Ernest Benn，1925，Plate 538-A & B.[日]常盘大定、关野贞《支那文化史蹟》，东京：法藏馆，1941 年，第十二辑页 98—102。

③ 张稼农《河北隆尧县发现唐代石碑及石塔》，《文物参考资料》1956 年第 2 期，页 67、68。王建浩《皇姑庵唐塔》，载《文物博物馆简讯》，《文物》1964 年第 7 期，页 58、59。张增午《河南林县阳台寺唐代石塔》，《考古与文物》1985 年第 2 期，页 29—32。刘善沂、孙怀生《山东阳谷县关庄唐代石塔》，《考古》1987 年第 1 期，页 48—50。

④ 安阳市文物管理局编《安阳文物精华》，北京：文物出版社，2004 年，页 64、65、75。金申《海外及港台藏历代佛像——珍品纪年图鉴》，太原：山西人民出版社，2007 年，页 149、219、224—227。

⑤ 郑岩、刘善沂《山东佛教史迹——神通寺、龙虎塔与小龙虎塔》，台北：法鼓文化事业股份有限公司，2007 年。

⑥ 魏来《北京唐代石塔研究——以云居寺唐塔为中心》，载房山石经博物馆等编《石经研究·第二辑》，北京：华夏出版社，2018 年，页 235—345。

衰微，逐渐被经幢取代[①]。这两方面成果为笔者的调查和研究，提供了基本材料和线索，构成本稿的有力基础。过去学界对佛堂形组合式造像塔重视不够，致使以往研究尚存在诸多不足。

1.没有全面整理此类造像塔资料，未能明晰其时空分布范围。各地文保机构所藏诸多散石没有被辨识出来。如武邑孙家村仪凤四年（679）塔的佛堂形塔身，长期被误认作深州马官屯村出土的形式奇特造像碑[②]。学界经常忽视塔上模糊不清的铭文和图像。如河北省古代建筑保护研究所曾勘察赞皇治平寺遗址，却没有注意寺内唐开元二十八年（740）塔的长篇铭文与线刻图像[③]。同时，存在混淆原刻与补刻铭文情况。如稷山梁村塔补刻唐大中七年（853）铭文，过去学者据此误认作该塔制作时间[④]。更有甚者，将后世仿刻的造像塔构件当作唐代遗存。如隆尧慈仁寺明嘉靖三十八年（1559）造像塔的塔身，被张柏寒误认作唐代构件[⑤]。

2.没有准确划分造像塔的类型，未能理清不同地区实例间的异同。由于对此类造像塔的形体结构认识模糊，导致无法与他类佛塔区分开来。诸实例常被笼统归入密檐式佛塔，并与塔身开龛的密檐式造像塔混淆。郑岩认为历城皇姑庵开元五年（717）塔的“小龙虎塔”旧称，足以概括这类佛塔的外在特征[⑥]，过去学界多沿用此种称谓。事实上，诸塔浮雕的正面观兽头顶生双角，没有表现虎的可能，兽头和龙也并非见于所有实例。因此，“小龙虎塔”命名难以准确反映此类造像塔内涵，甚至容易造成认识上的混乱，导致将那些未出现龙、兽头因素的造像塔视作其他类型。如张柏寒就将河北、山西诸多同类实例，笼统称作“泛小龙虎塔”[⑦]。

3.没有系统讨论造像塔的图像因素与组合，未能构建出完整的图像谱系。过去学界对图像粉本间的关联认识不足，以致无法根据图像形式与样式，综合界定诸多无纪年实例的年代。如内黄理固村塔使用了与平乡大里村延载元年（694）塔接近的图像粉本，其

① 叶昌炽撰、柯昌泗评《语石·语石异同评》，北京：中华书局，1994年，页268。

② 朱己祥《唐仪凤四年马君起造像塔考释》，《敦煌学辑刊》2018年第1期，页93—106。

③ 张剑玺《治平寺石塔勘察报告》，《文物春秋》2016年第1期，页45—51。

④ 张国维《运城市保存的几座唐代小型石塔》，《文物世界》2005年第2期，页4。

⑤ 张柏寒《杨瓒造塔研究》，中央美术学院2017年硕士学位论文，页69、图64。朱己祥《内黄县理固村唐代造像塔年代及来源考》，《中国美术研究》2018年第2期，页16、17。

⑥ 郑岩《八世纪的民间造塔运动：一些小龙虎塔所包含的一些问题》，载《山东佛教史迹》，页389、390。

⑦ 前引张柏寒《杨瓒造塔研究》，页2—5。

年代为 8 世纪初叶的可能性最大[①]。

4.没有系统梳理造像塔的原刻与补刻铭文，未能挖掘其丰富的文化信息。过去学界多局限于某个或少量实例铭文的讨论，鲜有将其作为单独类型，与大型砖塔等他类佛塔铭文明确区分开来。尤其容易与高僧墓塔混为一谈，如许湘苓误认房山云居寺诸塔作墓塔[②]。同时，对塔上刻经重视不够，如乔修罡、路永敏在介绍平阴苗海村天宝八载（749）塔文章中，只字未提塔上所刻《佛说出家功德经》[③]。塔上补刻铭文也未受到足够重视。

5.没有系统考察造像塔的兴起与衰微原因，未能探讨其对他类物质文化的影响。过去学界少有分析唐高宗晚期以来造像塔快速兴起的原因及其与密檐式砖塔间的关系，也未探讨盛唐之后骤然衰微的原因及其与经幢间的关系，没有注意此类造像塔对同时期乃至后世他类佛塔、石窟与墓葬的影响。

三、类型与图像

佛堂形组合式造像塔存在二石型、四石型与整石型塔三大类型，以二石型塔为主流类型，四石型塔属于小区域聚集分布的非主流类型，整石型塔属于零散分布的非主流类型。三类造像塔既有宏观结构上的共性，又有微观设计上的差异，主要表现在以下七方面。

1.材质与结构方面

二石型塔主要采用青石材料，共 81 座（表 1），占佛堂形组合式造像塔总量的 75%，相对完整者高度多在 2—4 米间，最高者 7 米，为偃师陈昌寺塔。佛堂形塔身作竖长方体，通常由前、后二石块拼接而成（表 2）[④]，组合后高在 57—143.5 厘米间，面宽与侧宽接近，在 31—98 厘米间。二石侧宽为面宽的 1/2 左右。

四石型塔主要采用白石材料，少量采用青石或黄砂岩材料，共 19 座（表 3），占造

① 前引朱己祥《内黄县理固村唐代造像塔年代及来源考》，页 14—19。

② 许湘苓《褚卜讷佛塔之研究》，载《山东佛教史迹》，页 417。

③ 乔修罡、路永敏《山东平阴庙海天宝八年尚楚基造塔散石》，载《山东佛教史迹》，页 273—281。

④ 有 3 座塔的佛堂形塔身因体量较大，难以获取高、宽与侧宽均合适的石材，故其组合方式略有不同。或在前、后二石块间补嵌左、右两块窄石板（如东平月岩寺塔、卫辉香泉寺西塔），或在二石块间补嵌一块中间石板（如青州石佛寺塔），三者结构与常规二石型塔无本质区别，应纳入同一类型论述。

像塔总量的 17.59%，相对完整者高度以 3—4 米者居多，最高者近 8 米，为博野兴国寺景云元年（710）塔。佛堂形塔身作竖长方体，由前、后、左、右四石板拼接而成，组合后高在 91.5—151.5 厘米间，面宽与侧宽接近，在 70—116 厘米间，较二石型塔的佛堂形塔身更显高大宽厚。四石侧宽为面宽的 1/10 至 1/5 间。

整石型塔主要采用白石或青石材料，共 5 座（表 4），占造像塔总量的 4.63%，相对完整实例高度在 2—4 米间。佛堂形塔身多数作竖长方体，个别作横长方体，由整块石料雕凿而成，高在 36.7—71.5 厘米间，面宽与侧宽接近，在 33.3—83 厘米间，较二石型塔与四石型塔的佛堂形塔身而言，体量较小且接近正方体。

2.地域与时间方面

二石型塔主要分布在河北中南部、山东中西部与河南中北部，全部为唐代遗存，于高宗晚期开始流行，武则天时期快速增多，玄宗开元年间达到顶峰，天宝年间逐渐减少，进入中唐戛然而止。实例纪年介于高宗仪凤三年（678）至玄宗天宝十四载（755）间，跨度近 80 年。初唐后段实例集中在河北南部，以唐祖陵所在的隆尧为发展中心，开元及以后转移至山东中西部的兖州、济南和青州，以及河南北部的安阳、鹤壁和新乡等地。同时，安徽北部与山西西南部受相邻河南地区影响，也有少量实例存在。如亳州向北、向西与商丘、周口接壤，其咸平寺塔的施主就有“许州许昌县李庆仙、妻许、妻母韩”。

四石型塔主要分布在北京南部、河北中部与山西东南部，分布范围几乎与二石型塔不重合，在东魏时期个别出现，武周晚期再次流行，唐中宗、睿宗时期逐渐增多，玄宗开元年间达到顶峰，天宝年间迅速衰微。除高平羊头山东魏塔外，余者均为唐代遗存，实例纪年介于武周长安四年（704）至唐玄宗天宝十二载（753）间，跨度近 50 年。唐代实例以北京房山为发展中心，并非其最早出现地山西高平，这与云居寺获得隋唐官方扶持[①]，成为华北佛教文化中心相关。

整石型塔北齐时期个别出现在河北南部，隋代在河北中部得到延续，唐代扩展至河南中部与山西西南部，呈零散分布状态，分布范围与二石型塔大体重合。唐代整石型塔数量远少于同地区的二石型塔，且分布地点均非后者发展中心，其之所以没有流行开来，可能

① 隋文帝仁寿元年（601）、炀帝大业十二年（616），先后两次颁赐云居寺舍利。唐玄宗开元十八年（730），金仙长公主奏请赐予云居寺新旧译经四千余卷，以及周围麦田、果园和山林充作庙产，又委托玄法禅师，岁岁通转一切经。云居寺文物管理处编《云居寺贞石录》，北京：燕山出版社，2008 年，页 2。

与二石型塔快速发展并占据主导地位相关。

3.佛堂形塔身方面

二石型塔主要辟圆拱形塔门，有圆拱尖楣、圆拱圆楣、圆拱叶形楣（含三叶形、五叶形）、圆拱无楣4种，以圆拱尖楣为主流（表5）。塔门多雕刻侧面观草叶楣角，盛唐时常用摩羯鱼楣角及关联密切的龙头楣角，少量使用涡卷纹楣角（表6）。门槛两端常设门砧石与蹲狮，门洞两侧常设守门力士。塔门上方或留白，或表现17种护法、供养题材，以兽（含兽头与半身兽）、龙、飞天为主，另含供养人、乐舞伎、杂技、迦陵频伽等。主流与非主流因素配置在一起，形成两组、十八种图像组合（表7）。第一组塔不出现兽、龙且实例较少，流行于唐高宗晚期至玄宗开元早期，塔门上方或留白，或雕刻供养人、双飞天、小佛龛。第二组塔以兽、龙为中心配置且实例众多，流行于武周至玄宗时期。其中，塔门与兽、双龙组合，作为该组实例的图像主体，最晚于北齐至隋代已在河北南部形成，见于大都会博物馆藏北齐至隋代四面造像塔（图5）[①]。该组合可能由墓葬中的兽与青龙、白虎组合演变而来，如北齐武平二年（571）徐显秀墓墓门所示（图6）[②]。造像塔相对于墓葬而言，以双龙取代了龙、虎，以契合自身佛教主题，凸显龙的护法功能。由于塔门体量有限且不设门扉，故而兽与双龙位置转移到门楣上方。同理，第二组实例中兽头两侧配置成对迦陵频伽作法，如林州阳台寺天宝九载（750）塔所示，也可能受到墓葬中兽与双鸟（朱雀）组合影响。

佛堂形塔身的右、后、左三壁主要刊刻铭文，有的线刻菩萨、弟子及世俗供养人，表现右绕佛塔或礼拜佛堂，如芝加哥艺术学院博物馆藏开元十二年（724）塔。偶在后壁辟假门乃至表现启门图，如武安沿平寺塔（表5.8）。塔身四角常设圆形蟠龙角柱，少量设圆形珠节角柱或圆形素面角柱。

四石型塔主要辟圆拱尖楣塔门，个别辟竖长方形塔门，未见圆拱叶形楣与圆拱无楣塔门。塔门常施用弦纹、连珠纹等几何纹样，着力表现圆弧形拱梁与尖楣，多雕刻侧面观花叶楣角（同表6）。门槛两端常设门砧石，不设蹲狮，门洞两侧常设守门力士。塔门上方通

① 该塔仅存塔身，原由四块石板组合而成，塔心室设中心柱并雕刻四佛，现仅存三面。过去学界认为该塔出土于北齐邺城地区。然，笔者考察发现，内丘中张村明嘉靖二十年（1541）千佛阁的体量、形制、图像组合均与该塔十分相似。根据千佛阁铭文记录，其为嘉靖二十年原有千佛阁损坏后重造，推测该塔即为原物残件。前引许湘苓《褚卜讷佛塔之研究》，页414—449。李五魁、贾城会主编《内丘历史文化精粹》，石家庄：河北美术出版社，2015年，页36、37。

② 山西省考古研究所等《太原北齐徐显秀墓发掘简报》，《文物》2003年第10期，页4—39。

图 5 美国大都会博物馆藏北齐至隋代四面造像塔（李静杰摄）

图 6 北齐武平二年（571）徐显秀墓墓门线描图

（引自《太原北齐徐显秀墓发掘简报》图 4、5）

常留白。佛堂形塔身的右、后、左三壁鲜有雕刻图像，其四角几乎不设角柱。这主要因为构成塔身的四块石板侧宽狭窄，组合后存在拼接缝隙。

整石型塔主要辟圆拱尖楣塔门与竖长方形塔门。塔门雕刻涡卷纹楣角或无装饰，门槛两端一般不设门砧石与蹲狮，门洞两侧设守门力士或供养人。塔门上方留白，或刊刻铭文。佛堂形塔身的后、左、右三壁偶尔线刻供养人，表现右绕佛塔或礼拜佛堂，其四角不设角柱。

4.塔心室尊像方面

二石型塔的塔心室，由佛堂形塔身前石后壁与后石前壁所辟空间组合而成。其中，前石后壁下部向内凿出弧顶空间，与门洞贯通以构成塔心室主体。塔心室平面近倒梯形且空间较小，其左、右两壁存在拼接缝隙，仅能在后壁辟佛龛。佛龛以圆拱形龛为主，圭首形龛集中在山东，尖拱形龛较少。龛内多数浮雕一佛二弟子二菩萨，少量浮雕一佛二菩萨。佛像以结跏趺坐为主，有少量倚坐佛像，以及个别立佛像。

四石型塔的塔心室，由佛堂形塔身前、后、左、右四石板合围而成，平面近方形且空间较大，后、左、右三壁壁面平整。因此，除后壁辟佛龛外，其左、右两壁亦偶辟佛龛或供养人龛。佛龛以尖拱形龛为主，圆拱形龛少见，未见圭首型龛。龛内多数浮雕一佛二菩萨，少量浮雕一佛二弟子，乃至一佛二弟子与十佛，如涿州南定村塔。佛像均结跏趺坐，未见倚坐佛像与立佛像，常组合表现世俗供养人。供养人均朝向内侧，作男左、女右对称布局，如房山云居寺开元十年（722）塔所示，既表现礼拜佛堂内尊像，又蕴含了男尊女卑观念。

整石型塔的塔心室存在两种雕凿方式（同表2）。一种是从佛堂形塔身顶部自上而下雕凿并与门洞贯通，此种塔心室平面近方形且进深较大，不方便辟佛龛，常放置单独尊像，如涉县宝云寺武平二年（571）塔。另一种是从门洞自外向内雕凿，此种塔心室平面呈横长方形且进深较小，造型接近佛龛，仅后壁可雕刻尊像，如新郑荆王村双塔。此种做法可能受龙门石窟浮雕或单体佛龛式造像塔影响，如159窟左壁唐永徽三年（652）李摩珂浮雕造像塔（图7）[①]。

① 龙门石窟研究所编《龙门石窟雕刻粹编·佛塔》，北京：中国大百科全书出版社，2002年，页79。

图 7 龙门石窟唐永徽三年（652）李摩珂浮雕造像塔立面图

（引自《龙门石窟雕刻粹编·佛塔》页 79 图 36）

5. 平座式塔身方面

多层二石型塔主要使用佛龛平座式塔身（表 8）。含单壁（前壁）辟龛、三壁（前、左、右壁）辟龛、四壁辟龛 3 种作法。每壁辟 1—3 个尖拱形龛，龛内均浮雕结跏趺坐、施禅定印佛。佛龛两侧素面，或线刻缠枝花卉、团花。各层各壁佛像组合在一起，构成千佛表现，具有使供养者灭罪得福、往生净土的功效[①]。

多层四石型塔主要使用素面平座式塔身与花卉平座式塔身。素面平座式塔身四壁磨平无装饰，少量残存均匀细密线条，为石材粗加工的剁斧刷道痕迹，似为《营造法式》所称“素平”[②]。花卉平座式塔身四壁线刻花卉，以缠枝忍冬、葡萄为主。其中，房山云居寺开元十年（722）塔的第二层花卉平座式塔身，组合雕刻乘凤妇人以及狮子、鹿、大象 3 种瑞兽（表 8.8），以契合功德主超度亡妻目的，此种作法不见于二石型塔。

多层整石型塔实例稀少，现存者仅使用素面平座式塔身与佛龛平座式塔身。

① 阙译人名附梁录《过去庄严劫千佛名经》：“若有善男子、善女人，闻是三世三劫诸佛世尊名号，欢喜信乐，持、讽、读、诵，而不诽谤，或能书写、为他人说，或能画作、立佛形像，或能供养香华、伎乐，叹佛功德、至心作礼者，胜用十方诸佛国土满中珍宝、纯摩尼珠积至梵天，百千劫中布施者。是善男子、善女人等，已曾供养是诸佛已，后生之处历侍诸佛，至于作佛而无穷尽，皆当为三世三劫中佛而所授决，所生之处常遇三宝，得生诸佛刹土，六情完具，不堕八难，当得诸佛三十二相、八十种好，具足庄严。若能五体投地作礼，口自宣言‘我今普礼一切十方三世诸佛，愿三涂休息，国丰民安，邪见众生回向正道，发菩提心。持此功德，愿共六道一切众生生无量寿佛国。立大誓愿，使诸众生悉生彼刹，身诸相好、智慧辨才如阿弥陀佛，所获果报巍巍堂堂，寿命无量。’”《大正藏》，第十四册页 365。

②（宋）李诫撰、王海燕注译《〈营造法式〉译解》，武汉：华中科技大学出版社，2011 年，页 54。

6.基座方面

二石型塔主要设置束腰须弥座，及其与平座构成的组合式基座（表 9）。须弥座含单层、双层，平座有整石平座、收分叠涩式平座、低矮束腰式平座、勾栏式平座 4 种。组合式基座由须弥座和平座构成，包含 5 种作法：须弥座与叠涩式平座组合，须弥座与束腰式平座组合，须弥座与勾栏式平座组合，须弥座与叠涩式平座、束腰式平座组合，须弥座与叠涩式平座、勾栏式平座组合。相对于单独使用整石平座、叠涩式平座而言，须弥座与组合式基座的高度约在前者的 2、3 倍以上，所具壁面大为增加。一方面，设计者可通过勾栏式平座，表现多样的踏道，再现佛堂的基台。如历城皇姑庵开元五年（717）塔、泰安道朗镇塔不仅雕刻斜坡形和拱券形 2 种踏道，踏道上还有匍匐攀登的人物和卧犬（表 9.6），微缩展现了信众顶礼膜拜佛堂的实际场景。另一方面，又能装饰乐舞伎、力士、狮子与花卉等图像（表 9.9），突显佛堂的瑰丽庄严。两类基座与佛堂形塔身组合后高度为 200 厘米上下，与观者视线大体一致。此种设计可提升佛堂形塔身所处高度，方便信众观瞻其图像和铭文，丰富礼拜或供养佛塔内容。

四石型塔主要设置收分叠涩式平座。平座未见装饰图像，其与佛堂形塔身组合后高度多在 150 厘米以下，略低于观者水平视线，与二石型塔作法大不相同。此种差异或是因为四石型塔除塔门及守门神外，其余壁面多素面，未见组合表现兽、龙等图像，设计者没有特别强调瞻仰塔身意图。

整石型塔主要设置整石平座。平座偶尔装饰神王、供养人与花卉，其与佛堂形塔身组合后高度在 133 厘米以下，远低于观者水平视线，与四石型塔作法类似。

7.塔檐方面

多层二石型塔以非顶层叠涩线脚式塔檐与顶层有脊盝顶式塔檐组合为主（表 10），部分使用非顶层无脊盝顶塔檐与顶层有脊盝顶塔檐组合。各层塔檐叠涩（或出檐）层数有的相同，有的自下而上递减。如林州阳台寺大宝九载（750）塔的第一至三层塔檐出檐四层，第四至六层出檐三层，第七层出檐两层。此种配置使得上部塔檐高度略低于下部塔檐，以与塔檐宽度逐层收分作法相协调。各层塔檐侧立面素面或线刻花卉，其四角常存穿孔与铁锈痕迹，原初应悬挂铃铎，如赞皇治平寺开元二十八年（740）塔记，“□歌宝铎，振等晨昏；晈晈金铃，光晖夜月。”各层檐角间可能连接铁索，如长清灵岩寺开元二十三年（735）塔记，“垂金铃兮落落，掣铁鏁（同‘锁’）兮鬖鬖。”个别实例使用叠涩枋板式塔檐组合，为偃师陈昌寺塔。偃师毗邻洛阳，陈昌寺塔的塔檐形式与组合，为龙门石窟诸唐代浮雕或单体佛龛式造像塔的通用作法（同图 7），前者显然受到后者影响。

多层四石型塔以非顶层叠涩线脚式塔檐与顶层有脊盝顶式塔檐组合为主，各层塔檐叠涩层数有的相同，有的自下而上递减，作法与二石型塔一致。塔檐侧立面素面，未见线刻花卉，其四角常存穿孔与铁锈痕迹，原初也应悬挂铃铎，如房山云居寺开元十五年（727）塔记，“东旭衔珠而更净，南风动铃而不喧”。参照二石型塔推测，各层檐角间亦可能连接铁索。

多层整石型塔数量稀少，单层枋板塔檐、叠涩枋板式塔檐与盝顶塔檐均有使用，难言其以某种塔檐为主。塔檐侧立面素面，未见线刻花卉，四角没有穿孔。其中，行唐封崇寺开皇十三年（593）塔所用单层枋板塔檐组合，不见于二石型塔与四石型塔，此种作法在唐代佛堂形组合式造像塔中未被延用，仅见于龙门石窟 70、71 号盛唐浮雕造像塔①。

四、原刻与补刻铭文

有 70 座造像塔刊刻铭文，铭文字数近 3 万字，包含建塔之初的原刻铭文，以及后世重修或巡礼时补刻铭文，补刻铭文年代跨唐、北宋、辽、明、清至民国。

1.铭文的书写体例

原刻和补刻铭文均以楷书为主，集中在佛堂形塔身四壁，既方便观者了解造塔原委，又能有效宣扬造塔功德，记载重修或巡礼之事。

（1）铭文位置

原刻铭文通常自左向右刊刻，依次优先利用佛堂形塔身右、后、左三壁，以符合古代汉字书写习惯和右绕礼拜佛塔方向。前壁着重表现佛堂外部结构，所剩壁面有限，少有刊刻铭文。

补刻铭文通常刊刻在原刻铭文以外的空余壁面，没有明显遵循右绕顺序，存在磨去原刻铭文，以腾出补刻壁面情况，如涿州南定村塔所示。

（2）铭文结构

原刻铭文篇幅较长者，通常由首题、序文、颂词和施主题名 4 部分组成。首题常将

① 《龙门石窟雕刻粹编·佛塔》，页 99—103。

造像塔自命名为“石浮图”或“浮图”，相同称谓也见于序文与颂词内容，不同于大型砖塔（或舍利塔）称作“塔下铭”“塔记”“塔铭”情况。可见书写者已将佛堂形组合式造像塔，归入一种独立佛塔类型，有意识区别于大型佛塔[①]。然而，此种词汇区分并不十分严格，少量铭文存在“石浮图”“浮图”与“窣堵波”“塔”并用情况。如浚县福胜寺开元十七年（729）塔记：“浮图颂并序……敬造石浮图……建窣堵波于大翟村伽蓝所。”从现存各类佛塔铭文资料来看，“石浮图”“浮图”通常指代体量较小的石质雕像佛塔，涵盖范围大于佛堂形组合式造像塔。故而，浮雕或单体佛龛式造像塔也被冠以类似称谓，如龙门石窟唐永徽三年（652）李摩珂浮雕造像塔（同图7）[②]。

（3）铭文用字

原刻铭文中异体字频繁使用，常见者近六百个（表11），诸多异体形式在补刻铭文中得到沿用。异体字写法多样，最多者达5种，有时为了寻求变化，在同一句中并列使用不同写法。如开封博物馆藏天宝十四载（755）塔记：“夫人韩兮（兮）贞女，忆故夫兮（兮）羁侣；立浮图兮长□，出生死兮齐举”句中的“兮”字。部分写法过去罕见，并出现少量新写法，应是书写者主观创造或随意书写的结果。如波士顿艺术博物馆藏长安四年（704）塔记：“男朝贵，男令[illegible]，男令忱”。参考“囙”（同“因”）字可知，“[illegible]”或为“㤙”，同“恩”。

铭文存在避讳情况，避讳对象主要为帝王，含唐世祖李昞、太宗李世民等，属敬讳中的避名称字。常见避讳形式有改字、缺笔和变体3种，如改“丙午”作“景午”“世”作“廿”“泯”作“汦”等。塔上刻经未见避讳，如长清灵岩寺开元二十三（735）年塔散石所刻《佛说观无量寿佛经》中，“观世音菩萨”名号未避李世民之讳[③]。武则天时期铭文普遍使用其人所造新字。

① 清人叶昌炽已觉察此情况，其《语石》卷4：“浮图，华言塔也。然石刻中自有石浮图一种，与诸塔铭不同，与后来诸建塔碑亦不同……译言亦约浮屠……滥觞于魏，孳乳于隋，至唐开元、天宝间而极盛，然自此戛然竟止，乾元后遂无著录。”载《石刻史料新编》，第二辑第十六册页11927。

②《龙门石窟雕刻粹编·佛塔》：“李夫人摩珂造浮图并作七佛供养，永徽三年。”页77。

③ 唐代译经、写经与刻经中不避庙讳、国讳作法始于仪凤四年（679）。（唐）彦悰《佛顶最胜陀罗尼经序》：“此经以仪凤四年正月五日，朝散郎、行鸿胪寺典客令杜行顗与宁远将军度婆等奉诏译进，时有庙讳、国讳皆隐而避之，即世尊为圣尊，世界为生界，大势为大趣，救治为救除之类是也。上读讫，谓行顗曰：‘既是圣言，不须避讳。’”《大正藏》，第十九册页355。

2.铭文反映的造塔情况

(1)施主构成

施主既含出资建造者，又是虔诚供养人。已知43座塔的施主题名相对完整，其中29座发起人明确。发起人名讳前常冠以各种称谓，或直接记述其名讳。所见称谓11种，以浮图主、功德主、清信佛弟子和清信士最为常见，另有浮图主佛弟子、石浮图主、大浮图主、大施主、塔主、佛弟子和处士。

施主以庶民为主，少量为中下层官吏，僧侣时有参与，故多以家庭或家族为单位造塔，个人和社邑也有一定数量，以便筹措充足资金。庶民施主多家境殷实，以有余财布施建塔。如河北出土长安四年（704）塔，由李悊兄弟发起兴建，近60位施主无一人身居官职。然而，李悊的高祖李宝有上柱国勋号，北齐时任越州行参军，曾祖李高隋时任太州功曹、相州录事，祖父李兴任许州长葛县令、苏州武安令、胡州康城令。李悊的祖辈长期为官，家境自然不差。

官吏施主所任官职有三类35种，含职事官22种、散官7种、勋官6种（表12）。职事官中都督、平东将军、刺史、太守和都督府史秩品较高，余者均位列正四品及以下，以县令等县级官员最为常见，出现无秩品的非正式官职文部常选[①]。散官均位列从五品及以下，以朝散大夫和游击将军秩品较高。勋官以上柱国的秩品和出现频率最高，余者均位列正四品及以下。

僧侣施主一方面作为“邑师”，主持社邑造塔活动。如赞皇治平寺开元二十八年（740）塔，由比丘尼净明发起，参与者有左近寺院尼众，含“师主解空寺尼登圆、师主尼比才”，以及在家亲属和地方官吏等。另一方面，参与在家亲属发起的造塔活动。如房山云居寺太极元年（712）塔，由田义起家庭兴建，参与者有其弟燕州大云寺僧智崇、妹明度寺尼护念。可知彼时僧侣在佛事活动方面，与在家亲属和相关社邑关联密切。

(2)造塔缘由

已知35座塔的建造动机明确，分为发愿与还原两类。其中，发愿造塔33座，包含5

① （后晋）刘昫等撰《旧唐书》卷9《玄宗本纪》：“（天宝十一载三月，752）改吏部为文部，兵部为武部，刑部为宪部，其部内诸司有部字者并改。”北京：中华书局，1975年，第一册页225。“文部常选”官职不见于《唐六典》记载，杉井一臣认为，广义“常选”包括见任官和前资官在内的出身获得者，狭义则指特定的官员身份，即虽经各种途径获得出身，但未能在吏部、兵部的铨选中取得合格资格的人。这种“常选”的资格高于散官，而获得散官并不等于获得了对应吏部铨衡的资格。胡戟等编《二十世纪唐研究》，北京：中国社会科学出版社，2002年，页116。

种情况。其一，为追荐亡亲。如武邑孙家村仪凤四年（679）塔，是马君起“为亡考妣所立。”其二，为祈求福报。如赞皇治平寺开元二十八年（740）塔，是比丘尼净明“觉无常之不久，悮窌灭之□申，广讬胜因，至求三宝……敬造九级石浮图一所。”其三，为病患痊愈。如平乡大里村延载元年（694）塔，是宋纮隆兄弟“愿得二亲体安，敬造石浮图一所。”其四，为瘗埋舍利。如平阴苗海村天宝八载（749）塔记，“敬造舍利石塔一所。”其五，为官职升迁。如房山云居寺景云二年（711）塔，是宣义郎、守幽州都督府、法曹参军、上轻车都尉王璬兴建，其人自述“璬以顽蔽，摈事边隅，左右斐成，聿加非咎，誓意输归，妙造竦□”，暗示祈求早日调离边地愿望。还愿造塔 2 座，均为兑现过去平安返乡愿望而兴建。如长清灵岩寺开元二十三年（735）塔记，该郡数人流落边地，“誓心发愿菩萨，冀得生还本土，当期刻石灵岩。”

基于上述两类造塔动机，施主们一方面常宣称为帝后敬造供养。如武邑孙家村仪凤四年（679）塔的门楣上方，刊刻天皇、天后供养铭文，线刻对应的帝王、后妃及持伞侍从。将最高统治者刻写在最醒目位置，既是专制政治体制的反映，又符合佛教“报四恩”中报国王恩观念[①]。另一方面祈求藉舍资造塔的布施行为，积累功德、广种福田，获得现实救济与来世福报。如房山云居寺太极元年（712）塔记，“檀波罗蜜，琬琰雕砻……福霑一切，于何不隆？”救济与祈福对象除皇帝、皇后外，还包括去世的亲人，在世的师僧父母、合家眷属，乃至法界苍生。这也符合佛教报父母、众生与三宝恩观念。

施主们希望为去逝亲人积累冥资，使他们不沉溺于三界，从六道中解脱，早日往生净土。如沁水玉溪村塔记，“无生沉于三界，□□□轮六趣……解脱当来之果。”又希望在世之人远离疾病，永保平安，皈依佛法，俱登觉道。如新乡同和寺开元三年（715）塔记，“夙悟来因，爰求去果，身游五净，心讯六波。”乃至祈求家庭和睦，如蒙城出土唐塔散石记，“伏□母睦弟，伏愿妹比丘慈力、妹慈广、妹木栾与妻睦。”在施主们看来，建立一座佛堂形组合式造像塔，其功德等同于建立一座大体量佛堂、寺院。如平乡大里村延载元年（694）塔记，“卜兹胜壤，树此支提。”实际开支却要节省许多，一般庶民施主能够承受，其制作微缩佛堂形塔身目的，就在于满足施主礼佛祈福需求。

① （唐）般若译《大乘本生心地观经》：“世出世恩有其四种，一父母恩，二众生恩，三国王恩，四三宝恩。如是四恩，一切众生平等荷负。”《大正藏》，第三册页 297。

（3）造塔日期

已知39座塔存有造塔日期（表13），造塔作业几乎贯通全年，上半年略多于下半年。上半年集中在一至四月，五、六月低落，可能与农事繁忙有关。下半年集中在七、八月，九至十一月低落，十二月未见兴建，可能与气温变冷有关。首先，造塔作业见于月份中的14个日子，上半月造塔多于下半月。月八日、十五日、二十八日造塔数量，明显高于其他日子，应与佛教节日和斋日有关。其次，佛教节日中四月八日造塔数量最多，七月十五日次之。四月八日为佛陀纪念节日，其作为佛诞日说法，自南北朝以来已得到僧俗两界与官方的普遍认可，每逢此日便举办浴佛、行像、造像等多种佛事活动①。七月十五日为僧俗大众节日，是汉地僧侣安居结束之日，即僧恣肆日，又是盂兰盆节②。选择此日造塔，显然与救济亡亲相关。如隆尧南汪店村证圣元年（695）塔，即功德主为追荐亡父而于七月十五日兴建。同时，在实例涉及所有年月份的总括日期之中，作为佛教节日的特定月日造塔数量，远少于包括节日的逐月同日造塔数量，这应是佛教斋日作用的结果。六斋日是佛教徒奉行的斋日，在斋日从事佛事活动，能够获得无量功德③。其中，月八日、十五日、二十八日数量最多，同属六斋日的月二十三日、三十日也有造塔，显然受到六斋日观念影响。此外，若将十斋日与造塔总括日期比较，减除与六斋日重合的月八日、十五日、二十三、三十日，月一日、十八日、二十八日造塔数量仍有7座，存在十斋日造塔的可能性④。

---

① 李静杰、田军《定州白石佛像》，台北：觉风佛教艺术文化基金会，页82—84。

② （西晋）竺法护译《佛说盂兰盆经》："若有比丘、比丘尼、国王、太子、王子、大臣、宰相、三公、百官、万民、庶人行慈孝者，皆应为所生现在父母、过去七世父母，于七月十五日——佛欢喜日、僧自恣日——以百味饮食安盂兰盆中，施十方自恣僧。乞愿便使现在父母寿命百年，无病，无一切苦恼之患，乃至七世父母离饿鬼苦，得生天人中，富乐无极。"《大正藏》，第十六册页779。

③ 龙树造、（后秦）鸠摩罗什译《大智度论》卷65《释无作实相品》："是善男子、善女人，若六斋日——月八日、二十三日、十四日、二十九日、十五日、三十日，在诸天众前说是般若波罗蜜，是善男子、善女人得无量、无边、阿僧祇、不可思议、不可称量福德。"《大正藏》，第二十五册页515。

④ 十斋日在初盛唐国家法令中述及，表明其斋戒活动已经流行，并在五代前后伪经《地藏菩萨本愿经》中得到承袭。（唐）长孙无忌等撰、刘俊文点校《唐律疏议》卷30《断狱·立春后秋分前不决死刑》："（唐律）诸立春以后、秋分以前决死刑者，徒一年。其所犯虽不待时，若于断屠月及禁杀日而决者，各杖六十待时而违者，加二等。（疏议）禁杀日，谓每月十直日，月一日、八日、十四日、十五日、十八日、二十三日、二十四日、二十八日、二十九日、三十日。"北京：中华书局，1983年，页571。《地藏菩萨本愿经》："若未来世众生于月一日、八日、十四日、十五日、十八日、二十三、二十四、二十八、二十九日，乃至三十日，是诸日等，诸罪结集，定其轻重。……能于

造塔过程花费时日也得到些许透露。如浚县大八角村天宝十四载（755）塔开工于四月，落成于同年八月二十七日，前后历时约四个月。又如青州石佛寺天宝二年（743）塔记，“既启幢相，用镌砻石……俄经一岁，自天宝二年□月□日之所建也。”可知，造像塔的兴建需耗时数月乃至一年。同时，多数铭文并未说明所刊日月为开工或完工日期。如果考虑造塔过程，刊刻铭文应为最后一道工序，如长清灵岩寺开元二十三年（735）塔记，“维开元廿三年岁次乙亥七月甲寅朔日月一日，镌了记之。”以此而言，所刊日月是完工日期，故日月末尾常附“建”“立”字。但是，造塔过程需花费不少时日，恰好完工于佛教节日或斋日者应该不多。推测多数造像塔在所刊日月之前，已完成基本雕刻作业，施主选在佛教节日或斋日刊刻铭文，所刊日期可能为开光日，旨在祈求更大福报。后世重修或巡礼佛塔时，也常选择此类时日，以示特殊隆重。如房山石经山开元九年（721）塔，补刻有开元二十八年（740）四月八日铭文，记录金仙公主奏请官本《大藏经》事宜。

（4）造塔资金

铭文通常称造塔资金作净财、珍财或资财，鲜有说明具体资金来源，未见官方赞助造塔情况。从少量铭文所透露信息，可知主要有两种来源。一种为去世亲属的遗留资产。如房山石经山天宝十二载（753）塔，是浮图主王晋“以米粟衣资造九级浮图□于中台也。夫米粟者，曾祖父母产业之出也。衣资者，亡妻之□也。”其人以曾祖父母和亡妻的遗资兴建佛塔，具有明显追荐意图，希望他们“□法□于迷津，□法雨于火宅。”另一种为在世施主的布施资产。如青州石佛寺天宝二年（743）塔记，“减赋税之余赀，建中天之妙塔”。

造塔整体花费资金在个别铭文中有所暗示。如青州石佛寺天宝二年（743）塔记，“向用十千”，耗钱多达万文。参照当时物价，这笔资金至少能购买五十石米[①]，可维持四口之家三年左右生计。可知，造像塔即便体量不大，也要求施主具备一定经济能力。因此，造像塔多由家庭或家族、社邑主导兴建，这样既能分摊经济负担，又能广施造塔功德。个人主导兴建者则多为中下层官吏或殷实庶民。

是十斋日对佛、菩萨诸贤圣像前读是经一遍，东西南北百由旬内无诸灾难。当此居家若长若幼，现在未来百千岁中永离恶趣。能于十斋日每转一遍，现世令此居家无诸横病，衣食丰溢。”《大正藏》，第十三册页783。

①（唐）杜佑撰、王文锦等点校《通典》卷7《食货》：“至（开元）十三年（725），封泰山，米斗至十三文，青、齐谷斗至五文。自后天下无贵物，两京斗米不至二十文，面三十二文，绢一疋二百一十二文。”北京：中华书局，1988年，页152。

（5）造塔石材与工匠

铭文鲜有交代石材和工匠来源，通常以程式化语言表述，泛称从名山开采美石，从远方访求良匠，以彰显施主的郑重其事，以及造塔事情非同凡响。如房山云居寺开元十年（722）塔记，“旁求琬琰，荆岫为之献琛；远召良工，班输以之呈巧。”造像塔通体以石块和石板为材料，是因为石质坚硬，能够长久保存，契合施主的坚定信念。如房山云居寺开元十五年（727）塔记，“惟石之永，瞻其有恒……彼石惟坚，我性亦定，永永不灭，视以知正。”石材用料多就近取材，以节省人力、物力。如山东中西部与河南北部盛产青石，故当地二石型塔全部用青石材料。又如北京房山与河北曲阳盛产白石，故当地四石型塔全部用白石材料。

铭文提到7种工匠（表14）。其中，4种见于二石型塔，为都料匠、平直匠、运石车主和造浮图石匠。3种见于四石型塔，为助垒基匠、垒浮图大匠和次匠。两类塔的工匠名称无相同者，暗示他们来自不同工匠班底。造像塔上附刻专业工匠名字，体现了“物勒工名”的行业传统①。工匠作为佛塔建造者，或是佛教信徒，或为功德而少收工价乃至义务劳作，故而工匠及其亲属可能具有施主身份。如青州石佛寺塔记，都料匠任日进后附刻“妻大娘辛”，后者不可能是工匠。同时，僧侣也有参与造塔过程，负责整体指导或质量把关。如房山石经山开元九年（721）塔记，僧侣担任“助检校人”“都检校”和“共修造人”，且名列造塔工匠之前。

（6）造塔位置

诸多造像塔经过后世移动，应综合铭文及出土情况判断原初位置。已知62座塔的位置相对明确（表15），主要建在寺院内，少量建在坟墓、家宅与河流附近。

建在寺院内的造像塔共53座。除去具体位置不明者24座，余者中有22座建在中轴线佛殿的前方两侧，是作为附属建筑存在，常以双塔形式对称配置。双塔有的同时建立，有的年代不同，相差可达60余年。如赞皇治平寺东、西双塔，分别建于仪凤三年（678）与开元二十八年（740）（图8）。然而，双塔的结构和体量基本一致，年代较早者多位于左侧。可见寺内造塔活动具有统一规划，且受唐代以左为尊观念影响，优先利用

① 《唐律疏议》卷26《杂律·器用绢布行滥短狭而卖》：“（唐律）诸造器用之物及绢布之属，有行滥、短狭而卖者，各杖六十。……（疏议）故《礼》云‘物勒工名，以考其诚。功有不当，必行其罪。’其行滥之物没官，短狭之物还主。”页498。

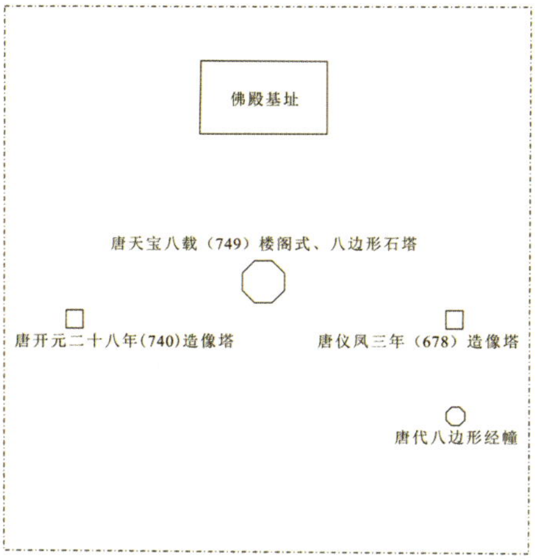

图 8 赞皇治平寺遗迹示意图

佛殿左前方位置。同时，有 6 座塔建在寺院所处山顶高台，如房山石经山开元九年（721）塔等。另有 1 座塔建于山门前方，即新乡百官寺开元八年（720）塔。整体而言，造像塔作为寺院建筑景观，大都配置在醒目位置，与远离佛殿且建在僻静区域的舍利塔、墓塔明显有别。此种布局应是有意设计，旨在服务于佛事活动，故而造塔过程中常设无遮大会，以契合施主希望造塔功德，普及法界苍生愿望①。如青州石佛寺天宝二年（743）塔记："设无遮供请有缘人，……善者以示于将来，恶者庶惩于后世。"

建在墓地、家宅或河流附近的造像塔，分别有 4 座、4 座、1 座。建在墓地者如新郑荆王村东西双塔，旨在追荐亡亲。建在家宅附近者如河北出土长安四年（704）塔，便于就近礼拜。建在河流附近者如福山塔寺庄村开元七年（719）塔，或为镇压水患。

3.铭文反映的佛教思想与信仰

（1）尊像

原刻铭文记录了施主发愿或还愿造塔之事，甚至详细交代其家世生平、修建信息，却少有写明塔内佛、菩萨和弟子像的尊格。已知仅 7 座塔提到尊像的尊格，可见施主更为关心建造佛塔本身功德。其中，主尊佛像仅有 3 种，为娑婆世界教主释迦佛、西方极乐净土教主阿弥陀佛，以及代表弥勒下生净土的弥勒佛。胁侍包含无尽意菩萨、无量力菩萨、地藏菩萨、观世音菩萨、大势至菩萨 5 位菩萨，以及迦叶 1 位弟子。

尊格明确的佛、菩萨与弟子像多与救济思想相关，他们被组合表现在塔心室内，契合前文所述造塔缘由，反映了希冀脱离苦海、消除罪障、往生净土的美好愿望。如房山石经山天宝十二载（753）塔，是王晋追荐亡妻孙氏而兴建，其塔心室正壁浮雕释迦佛、

① (唐) 道世撰《法苑珠林》卷 91《受斋篇》："夫正法所以流布，贵在尊经；福田所以增长，功由斋戒。故舍一餐之供，福绍余粮；施一钱之资，果超天报。所以福田可重，财累可轻，共树无遮之会，等招无限之福也。"《大正藏》，第五十三册页 945。

迦叶与无尽意菩萨，迦叶为十大弟子之苦行第一，无尽意菩萨修行慈悲喜舍①。左壁雕刻弥勒佛、无量力与地藏菩萨，地藏菩萨是幽冥世界的救难者，他在释迦火度后、弥勒成佛前，誓愿度尽地狱众生②。右壁浮雕阿弥陀佛、观世音与大势至菩萨，构成“西方三圣”，其中二菩萨为救苦、救难代表③。三壁尊像的救济对象涵盖从今生到来世的所有众生，意味着处在娑婆世界众生，依释迦佛教法勤于修行，期望将来往生弥勒下生净土或西方极乐净土世界。

（2）刻经

已知11座塔刊刻有6种佛经（表16），含后秦鸠摩罗什译《妙法莲华经·观世音普门品》（2座）、南朝刘宋畺良耶舍译《佛说观无量寿佛经》（1座）、唐玄奘译《般若波罗蜜多心经》（5座）、《佛说续命经》（1座）、《佛说出家功德经》（1座）、《佛说陀罗尼》（1座）。由于经文较长，所需壁面较大，故多数刊刻在佛堂形塔身的右、后、左三壁。

刻经实例除个别为整石型塔外，余者均为二石型塔。它们集中在河北南部的涉县、成安，山东西部的肥城、长清、平阴，河南北部的淇县、内黄、浚县等地，与北朝晚期摩崖刻经的流行区域一致，其作法应受到当地刻经传统影响。四石型塔的发展中心房山，虽然也是唐河北道的刻经中心，然主要流行经版形式，未见塔上刻经情况。同时，塔上刻经内容除《观世音普门品》外，余者均不同于北朝晚期摩崖刻经。摩崖刻经是灭佛运动及末法思想产物，主要以护法和传法为目的。塔上刻经则主要阐述救济思想，其中出现最早的《观世音普门品》、流行最广的《般若波罗蜜多心经》以及《佛说续命经》均以观世音菩萨为主尊，《佛说观无量寿佛经》也包含“观世音观”内容。塔上经文作为造像塔的附属内容，相对于摩崖刻经而言，其刊刻动机发生了根本转变，主要服务于施主祈求福报目的。

---

①（南朝·宋）智严、宝云译《大方等大集经》卷27《无尽意菩萨品》：“一切诸法因缘果报名无尽意。所以者何？一切诸法不可尽故……菩萨修行慈悲喜舍亦不可尽，一切皆见，利益拔苦，欢喜踊跃，善断爱恚。”《大正藏》，第十三册页187、188。

②（唐）玄奘译《大乘大集地藏十轮经》：“（若诸有情）有能至心称名、念诵、归敬、供养地藏菩萨摩诃萨者，一切皆得如法所求，离诸忧苦……一切皆得身心安乐，众病除愈……一切皆得心无狂乱，离诸扰恼……令离众苦，皆得安乐，随其所应，安置生天、涅槃之道。”《大正藏》，第十三册页724、725。

③（后秦）鸠摩罗什译《妙法莲华经》卷7《观世音菩萨普门品》：“若有无量百千万亿众生受诸苦恼，闻是观世音菩萨，一心称名，观世音菩萨即时观其音声，皆得解脱。”《大正藏》，第九册页56。（刘宋）畺良耶舍《佛说观无量寿佛经》：“以智慧光普照一切，令离三途，得无上力，是故号此菩萨名大势至。”《大正藏》，第十二册页344。

4. 铭文反映的其他问题

铭文有助于校补史料之不足，理解特殊的历史背景。

原刻铭文方面，如永济东阳朝村天宝八载（749）塔建于三月十三日，铭文出现“文部常选”官职。根据史料记载天宝十一载（752）三月“改吏部为文部”[①]，时间晚于该塔所述。同时，房山石经山开元九年（721）塔补刻开元二十八年（740）四月八日铭文，为“前莫州吏部常选王守泰记”，彼时依旧称作吏部。综合判断，吏部改称文部时间不早于开元二十八年四月，不晚于天宝八载三月。

补刻铭文方面，如卫辉香泉寺西塔补刻北宋崇宁二年（1103）铭文，提到剑溪人叶择甫。剑溪位于今南平市延平区[②]，叶择甫《宋史》无传，见于宋人汪藻记载[③]，可知其为徽宗至高宗时人。该塔另补刻北宋宣和四年（1122）铭文，提到权邦彦。权邦彦《宋史》有传，为徽宗至高宗时人[④]，彼时他与宗泽据韦城（今滑县）至刀马河（今中牟）一带抵抗金兵。铭文所记其人途径卫辉、授官河间一事不见于《宋史》记载。

五、兴衰与影响

佛堂形组合式造像塔盛行于初唐高宗晚期至盛唐玄宗时期的中原东部，呈现强烈的地域性分布特征和时间性发展特征，其兴衰原因和相关影响值得特别重视。

① 《旧唐书》卷9《玄宗本纪》：“（天宝十一载三月）改吏部为文部，兵部为武部，刑部为宪部，其部内诸司有部字者并改。”第一册页225。（北宋）欧阳修、宋祁撰《新唐书》卷5《玄宗本纪》：“（天宝十一载）三月乙巳，改尚书省八部名。”北京：中华书局，1975年，第一册页148。《新唐书》卷46《百官志》：“天宝十一载改吏部曰文部。”第四册页1187。《通典》记载时间相同，页631。

② （明）陈琛《剑溪草堂记》：“延平之溪曰剑溪，世传以为丰城宝剑于此化龙，因以名焉。郑君舜祥居剑溪之上，因号剑溪居士，且以扁其读书之堂曰剑溪草堂。”蔡景康选注《晋江历代文选》，厦门：厦门大学出版社，2002年，页79。

③ （宋）汪藻《跋叶择甫李伯时画》：“宣和元年（1119）六月，鄱阳汪藻借观于宁国传舍。宣和初，余通守宣城，时择甫官宁国，出此画，书其后。比自泉南移宣城，过福唐（今福州），择甫复以示余，则二十五年矣。一见如隔生事，为感叹久之。绍兴癸亥（1143）季春朔，新安汪藻书。”汪藻撰《浮溪集：附拾遗》，北京：中华书局，1985年，页201。

④ （元）脱脱等撰《宋史》卷396《权邦彦传》：“权邦彦，字朝美，河间人。登崇宁四年（1105）太学上舍第，调沧州教授，入为太学博士，改宣教郎，除国子司业。宣和二年（1120），使辽。明年（1121），抗表请帝临雍……金人再入，高宗开大元帅府，起两河兵卫尉汴京，邦彦提所部兵二千五百人，与宗泽自澶渊趋韦城，据刀马河，诸道兵莫有进者。会敌兵大至，移屯南华。二帝北迁，邦彦与泽五表劝进。”北京：中华书局，1977年，第三十四册页12075。

1.兴衰原因

兴起原因方面，在《法华经》等唐以前重要经典中已提及造塔功德[①]，诸造像塔铭文也频繁自喻作多宝塔。如房山云居寺太极元年（712）塔记，“犹多宝之涌地”。唐高宗永隆元年（680）地婆诃罗专门译出《佛说造塔功德经》[②]，其后宝思维译《佛说浴像功德经》、义净译《浴佛功德经》等经典均着重阐述了造塔功德[③]，可知初唐晚期以来造塔行为的巨大功德得到特别强调。考虑到造像塔主要模仿唐代方形密檐式砖塔结构，推测其在初唐晚期的快速发展，与《法华经》及新译经典在中原东部的流传有关。

衰微原因方面，山东中西部与河南北部作为盛唐主流二石型塔的发展中心，两地实例均最晚持续至天宝十四载（755），表明造像塔的衰微可能以当年为分界点，显然与安史之乱爆发有关。中原东部在七年有余的战火中饱受创伤，民生凋敝、社会混乱[④]，此后又陷入藩镇割据。庶民及中下层官员施主，经历战乱后已无充足财力建塔，这与中原北方佛教石刻的整体衰微情况一致[⑤]。此外，造像塔的衰微还与经幢的兴起密切相关，清人叶昌炽认为此类塔是被经幢取代。除造像塔与经幢的流行时间前后相续外，还可从以下三点补充说明。

---

①（后秦）鸠摩罗什译《妙法莲华经》卷5《方便品》：“诸佛灭度已，供养舍利者，起万亿种塔，金银及颇梨，车栗与瑙，玫瑰琉璃珠，清净广严饰，庄校与诸塔……乃至童子戏，聚沙为佛塔。如是诸人等，皆已成佛道。”《大正藏》，第九册页8。

②（唐）地婆诃罗译《佛说造塔功德经》：“若此现在诸天众等，及未来世一切众生，随所在方未有塔处，能于其中建立之者：其状高妙出过三界，乃至至小如菴罗果；所有表刹上至梵天，乃至至小犹如针等；所有轮盖覆彼大千，乃至至小犹如枣叶。于彼塔内藏掩如来所有舍利、发、牙髭、爪，下至一分；或置如来所有法藏十二部经，下至于一四句偈。其人功德，如彼梵天，命终之后，生于梵世。于彼寿尽，生五净居，与彼诸天，等无有异。”《大正藏》，第十六册页801。

③（唐）宝思惟译《佛说浴像功德经》：“若有善男子、善女人等供养舍利，造佛形象如大麦等，造塔如庵罗果，表刹如针，盖如浮萍，持佛舍利如芥子大，安置其中，所得功德，如我在世等无差别。如是之人得十五种功德。”《大正藏》，第十六册页799。（唐）义净译《浴佛功德经》：“若男子、女人、苾芻五众应造佛像。若无力者，下至大如䵃麦，造窣堵波，形如枣许，刹杆如针，盖如麩片，舍利如芥子，或写法颂，安置其中。如上珍奇，而为供养，随己力能，至诚殷重，如我现身，等无有异……若有众生能作如是胜供养者，成就十五殊胜功德而自庄严。”《大正藏》，第十六册页800。

④《旧唐书》卷120《郭子仪传》记，“宫室焚烧，十不存一。百曹荒废，曾无尺椽。中间畿内，不满千户。井邑榛棘，豺狼所嗥。既乏军储，又鲜人力。东至郑、汴，达于徐方，北自覃、怀，经于相土，人烟断绝，千里萧条。”第十一册页3457。

⑤ 廖苾雅《中原北方唐代石刻佛像序列考察》，载中山大学艺术史研究中心编《艺术史研究·第十辑》，广州：中山大学出版社，2008年，页397—466。

其一，造像塔与经幢的位置和功能存在重合。造像塔多以双塔形式，对称树立在佛殿前方，这也是经幢的主要位置。如赞皇治平寺作前塔后殿布局，其造像塔与经幢共同树立在佛殿前方左、右两侧（同图 8）[①]。中唐以后寺院相同位置仅树立经幢，再无造像塔出现。造像塔少数树立在寺院山门前，或坟茔、家宅附近，类似情况在经幢中均有出现。如洛阳唐开元二十年（732）安兴宗兄弟造经幢立在其母坟茔内[②]，唐天宝十一载（752）曹文玉造经幢立在家宅佛堂门口[③]。同时，造像塔多为追荐亡亲、祈求福报而兴建，经幢也具备相同功能[④]。

其二，造像塔主要依靠造塔本身功德，以及右绕佛塔、礼拜佛堂行为实现宗教功能。经幢主要依靠经文咒语的神力实现宗教功能。二者在形制、内涵和图像方面差异显著，经幢之所以能取代造像塔，主要归功于《佛顶尊胜陀罗尼经》的风行。经文所述陀罗尼神力广大，具备破地狱功能，可以拯济幽明，乃至尘沾影覆都可消除罪业、广获福报，受持方法还尤其简便[⑤]。此经的流传还与佛陀波利传奇故事、五台山文殊信仰结合，又经不空等密教大师推动，唐代宗大历十一年（776）颁布诏令，命天下僧尼每日念诵此经二十一遍[⑥]，此举直接影响了中唐以后经幢的大肆兴建。陀罗尼经的流行在造像塔铭文中也有反映，在已知 10 座刊刻佛经实例中（同表 16），天宝八载（749）以前的 9 座塔全部刊刻《心经》等显教经典，仅开封博物馆藏天宝十四载（755）塔出现密教《佛说陀罗

① 朱己祥《赞皇治平寺唐开元二十八年造像塔述论》，载沙武田主编《丝绸之路研究集刊·第三辑》，北京：商务印书馆，2019 年，页 271—286。

②《大唐故翊麾副尉、泽州太行镇将、骑都尉安府君（孝臣）之墓志铭并序》："惟灵生母茔内，敬造尊胜石幢。"载陕西省古籍整理办公室编《全唐文补遗》，西安：三秦出版社，1995 年，第二辑页 503。

③《八琼室金石补正》卷 47《曹文玉尊胜幢铭》："焚香设斋，庆赞围绕，安置于当家佛堂门口建立。"载《石刻史料新编》第一辑，第七册页 4754。

④ 刘淑芬《灭罪与度亡：佛顶尊胜陀罗尼经幢之研究》，上海：上海古籍出版社，2008 年，页 101—113、199—208。

⑤ 唐高宗时罽宾国沙门佛陀波利赍此经梵本来华，终唐之世共有 8 个译本，以佛陀波利永淳二年（683）译本最为通行。如其经文所述，"佛告天帝：'若人能书写此陀罗尼，安高幢上，或安高山或安楼上，乃至安置窣堵波中。天帝，若有苾刍、苾刍尼、优婆塞、优婆夷、族姓男、族姓女，于幢等上或见，或与相近，其影映身；或风吹陀罗尼上，幢等上尘落在身上。天帝，彼诸众生所有罪业，应堕饿道、地域、畜生、阎罗王界、恶鬼界、阿修罗身恶道之苦，皆悉不受，亦不为罪垢染污。天帝，此等众生为一切诸佛之所授记，皆得不退转于阿耨多罗三藐三菩提。'"《大正藏》，第十九册页 351。

⑥《代宗朝赠司空大辨正广智三藏和上表制集》卷 5《敕天下僧尼诵尊胜真言制》："奉敕语李元琮。天下僧尼令诵《佛顶尊胜陀罗尼》，限一月日诵令精熟。仍仰每日颂二十一遍。每年至正月一日，遣贺正使，具所诵遍数进来。大历十一年二月八日内谒者监李宪诚宣。"《大正藏》，第五十二册页 852。

图 9 历城神通寺唐代四面造像塔

（李静杰摄）

尼》，表明天宝后期陀罗尼已经与造像塔发生关联，为经幢逐步取代造像塔奠定了基础。

其三，唐玄宗开元晚期以来，施主经常混淆看待造像塔与经幢。如长清灵岩寺开元二十三年（735）塔记，“丁丁琢石兮为幢作龛”，明确将塔比附成经幢。同时也存在称经幢为塔情况。如阆中唐天宝四载（745）《王袭纲铁塔尊胜幢记》，“敬造此塔，万代供养。”①中唐时期民众已完全将造像塔认作经幢。如稷山梁村塔补刻宣宗大中七年（853）铭文，“梁齐岳为国难坼众石幢，今愿合家大□□善，再立石幢两所，已后故立铭记。”表明彼时造像塔已完全被经幢取代。

图 10 历城神通寺唐代四面造像塔南壁立面图

（引自《山东佛教史迹》页 134）

上述可知，佛堂形组合式造像塔进入中唐戛然而止，是安史之乱后中原东部经济萧条，以及经幢快速兴起两方面作用结果。经幢具备造像塔的同类功能，还有尘沾影覆效果，树立位置十分灵活，相对于右绕佛塔、礼拜佛堂而言简便许多，人们由此更倾向于建立经幢，以替代建塔。

2.影响

佛堂形组合式造像塔影响了同时期乃至后世的多种物质文化，主要表现在佛塔、石窟与墓葬三方面，以主流二石型塔的影响最为深远。

（1）影响了同时期及后世他类佛塔的图像表现，现择 3 例简述如下。

其一，历城神通寺唐代四面造像塔（图 9、图 10）。俗称“大龙虎塔”，平面近方形，

① 《八琼室金石补正》卷 47，载《石刻史料新编》第一辑，第七册页 4753。

东壁

南壁

图 11 历城神通寺唐代四面造像塔塔身四壁

（引自《山东佛教史迹》页 153、157、161、164）

作单层重檐结构，通高 12.28 米，学界认为其石质基座和塔身建于盛中唐时期，之后未能完工，砖质塔檐等构件为北宋补建①。首先，该塔的塔身四壁均以塔门与兽头、四龙组合为主体（图 11），其楣尖上方兽头口衔双龙后身，双龙外侧另浮雕一对俯冲姿态的龙。此种配置由塔门与兽头口衔双龙组合、塔门与兽头和双龙组合综合而成，这两种图像粉本常用于二石型塔，如平乡大里村延载元年（694）塔（表 5.1）、滑县留固镇塔（表 5.4）。同时，塔身四壁细部吸收了二石型塔的多个其他粉本。如西壁除兽头口衔双龙外，兽头还与舞伎、双迦陵频伽组合，此种作法见于阳谷关庄村天宝十三载（754）塔（表 5.3）。此外，塔门和基座的形式，以及守门神的设置方式，均与二石型塔作法一致。

因此，神通寺塔应与相关二石型塔年代接近，其兴建于盛唐天宝年间的可能性最大。考虑到安史之乱后，同地区体量较小、花费更少的二石型塔已无所见，推测体量巨大、花费高昂的神通寺塔亦由此而停工，并非学界所谓“会昌法难”原因。同时，该塔

① 郑岩、刘善沂《龙虎塔的勘测与描述》，载《山东佛教史迹》，页 107—174。前引郑岩《八世纪的民间造塔运动》，载《山东佛教史迹》，页 394。

西壁

北壁

四壁图像主体相同，仅细部各异，是一体化设计产物，无明显情节性表述，其意涵应无实质差别，均是与塔心室对应方位佛像组合，护卫、供养该佛所在空间，可能不是学界所谓佛经“变相”内容[①]。此外，东、南、西三壁兽头顶生双角，北壁兽头无角。两类兽头造型接近，在二石型塔均有出现，后者亦以有角者为主，应表现正面观龙头和狮头。因此，神通寺塔的“大龙虎塔”俗称，显然源自对兽头的误读，据此将关联密切且体量较小的二石型塔称作“小龙虎塔”，同样有悖于客观情况，无法概括图像的本质特征。

其二，安阳修定寺塔（图 12）。该塔平面近方形，作单层攒尖顶结构，原高约 20 米，学界认为其始建于北齐并经过重建和修缮，现存面貌是模仿宝帐而来，塔上砖塑浮雕约完成于盛中唐之际[②]。该塔前壁券砌圆拱圆楣塔门（图 13），门额内浮雕三佛及胁侍，门楣中部浮雕兽头。兽头两侧表现一对朝向内侧的龙，左侧龙口衔宝珠，右侧龙口吐云气，双龙外侧表现一对操蛇力士。上述造型兽头正是二石型塔的主流图像因素，其与圆拱圆楣塔门组合见于卫辉香泉寺西塔。兽头与门楣内双龙组合，与林州阳台寺天宝九载（750）塔相同，操蛇力士亦见于青州石佛寺塔基座。因此，修定寺塔的门楣图像一定程

① 汪悦进《魂系他方——龙虎塔浮雕变相刍议》，载《山东佛教史迹》，页 185—212。

② 李静杰《安阳修定寺塔唐代浮雕图像分析》，载郑欣淼主编《故宫学刊·第 5 辑》，北京：紫禁城出版社，2010 年，页 488—557。

度上受到二石型塔影响。

修定寺塔的兽头位于门楣中部，不同于相关二石型塔表现在楣尖上方作法。此种位置的调整，是因为前者楣拱体量较大，楣拱上方壁面需一体化表现菱格形宝帐帘幕。相对于林州阳台寺天宝九载（750）塔而言，修定寺塔兽头下移至双龙中间，楣拱内双龙已无法合托宝珠，故而转变成左侧龙口衔宝珠、右侧龙口吐云气。考虑到门额内三佛造型呈现天宝年间至中唐衰弱状态的特征，综合判断现存修定寺塔的重修时间及砖塑浮雕年

图 12 安阳修定寺塔

代，为天宝后期的可能性较大。

其三，涿州永乐村辽天庆十年（1120）感应舍利塔（图 14）。该塔平面呈八角形，作多层密檐式结构，高 6 米有余，毁于 20 世纪 60 年代[①]。该塔的塔身由前、后二石块拼接而成（图 15）。前石前壁原辟圆拱五叶形楣塔门，塔门上方云朵间浮雕一条向下俯冲、口衔楣尖的龙。前石左、右侧壁浮雕一对守门力士。后石前壁辟圆拱形龛，龛内浮雕一结跏趺坐佛（图 16）。后石后壁辟圆拱五叶形楣假门，假门上方云朵间也浮雕一条口衔楣尖的龙。后石左、右侧壁亦浮雕一对守门力士（图 17）。塔身另刻《大悲心陀罗尼》等铭文。塔身上方置十三层塔檐，塔檐宽度自下而上逐层略微收分。

图 13　安阳修定寺塔塔门线描图

（齐庆媛绘）

永乐村塔的塔身前石前壁辟塔门，前石后壁内凿并与门洞贯通，以与后石前壁佛龛拼接成塔心室。此种组合方式与二石型塔一致，仅组合后形状不同，受到经幢形制影响。同时，前壁塔门与后壁假门组合，在二石型塔中常有出现，如浚县大八角村天宝十四载（755）塔。再者，该塔圆拱五叶形楣塔门与龙组合，在二石型塔中已经存在，如滑县留固镇塔（表 5.4）。后者塔门上方兽头口衔楣尖，两侧浮雕双龙，其图像组合与前者大不相同。此种差异主要因为永乐村塔平面作八角形，其塔身各壁空间纵向狭窄，不适合横向表现复杂图像。考虑到二石型塔的有角兽头造型接近龙头，推测永乐村塔的图像粉本可能由二石型塔简化而来，设计者省略了兽头等因素并减少了龙的数量，却保留了兽头口衔楣尖痕迹。此外，该塔的塔檐形式虽与二石型塔不同，然其多层密檐式结构并无本质区别。塔身陀罗尼经文更是间接表明，佛堂形组合式造像塔的衰微与经幢关联密切。

（2）影响了同时期佛教石窟的开凿，典型代表为涉县苏刘村鹿儿寺石窟（图 18、图

①（民国）宋大章等修、周存培等纂《涿县志》，台北：成文出版社，1968 年，页 770。杨卫东《辽代涿州地区的佛教邑会活动——永乐村石塔考略》，《文物春秋》2007 年第 3 期，页 7—11。

19）。该石窟外立面被雕刻成单层佛塔，通高 3.34 米，塔身辟圆拱尖楣塔门。塔门浮雕摩羯鱼楣角，门额浮雕兽头。门楣中部浮雕一对飞天，楣尖上方又浮雕兽头，兽头口吐云朵，云朵上有天人。门楣两侧浮雕一对穿壁龙。塔门两侧浮雕守门天王，天王外侧浮雕大象，大象背载侏儒力士。力士背扛圆形蟠龙立柱，立柱具仰莲柱础和柱头，柱头站立狮子。塔身上方出挑三层塔檐，塔檐斜脊雕刻卧狮，其上方浮雕两层刹座。刹座中部浮雕兽头，两侧线刻山花蕉叶。上层刹座顶部置桃形火焰状刹珠，刹珠中部辟椭圆形浅龛，龛内浮雕迦陵频伽。石窟内室平面近方形，穹隆顶，通高 1.3 米，其四壁素面，无龛像痕迹，现供奉一尊单体石雕像，似为宋明罗汉像残躯，并非窟内原有之物，原初可能放置单独尊像[①]。

鹿儿寺石窟的圆拱尖楣塔门与兽头、双龙组合，是二

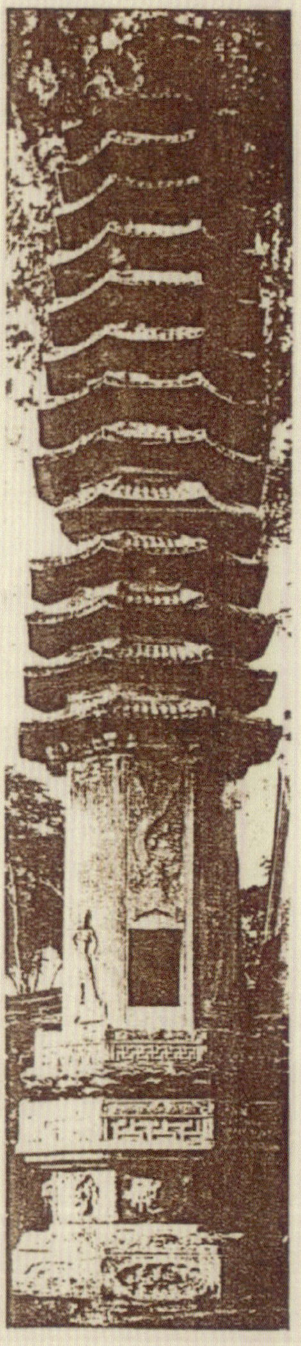

图 14　涿州永乐村辽天庆十年（1120）感应舍利塔

（引自《涿县志》页 770）

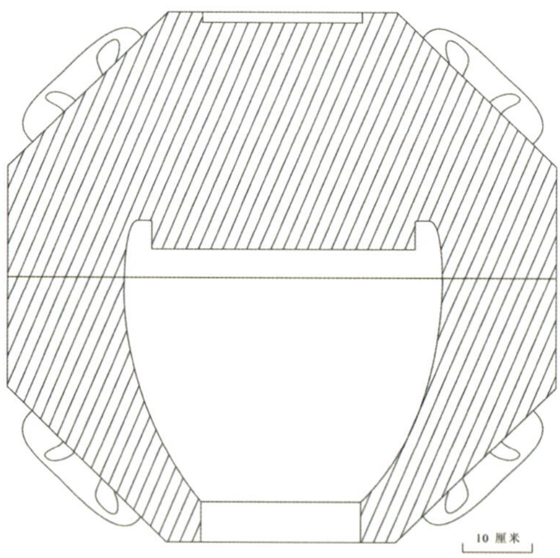

图 15　涿州永乐村辽天庆十年（1120）感应舍利塔平面图

① 朱己祥《河北涉县鹿儿寺石窟调查与分析》，《艺术设计研究》2021 年第 1 期，页 11—17。

图 16 涿州永乐村辽天庆十年（1120）
感应舍利塔塔身后石前壁

图 17 涿州永乐村辽天庆十年（1120）
感应舍利塔塔身后石后壁与侧壁

石型塔第二组实例的图像主体，粉本接近者如滑县留固镇塔（表 5.4）。同时，塔门浮雕摩羯鱼楣角、门额中部浮雕兽头作法，也与浚县福胜寺天宝七载（748）塔一致，楣拱内浮雕成对外向飞天情况，亦见于武安沿平寺塔。此外，蟠龙立柱的柱础由力士扛举，柱头站立狮子，此种形式在二石型中较为普遍，如纳尔逊·阿特金斯艺术博物馆藏唐塔散石。可知，鹿儿寺石窟与盛唐二石型塔使用了类似的图像粉本，其结构和设置也如同佛堂，此种作法在中国佛教石窟中极其罕见。涉县地处太行山八陉之第四陉滏口陉，唐时为连接河东道与河北道的孔道。考虑到二石型塔数量众多且盛行于中原东部，故而鹿儿寺石窟应受涉县以东地方二石型塔影响。因此，该石窟开凿于盛唐玄宗时期的可能性最大，其外立面雕刻成佛塔，内设方形佛堂，使得石窟兼有佛塔和佛堂功能，施主既享有造塔功德，又便于礼拜主室佛像。

（3）影响了同时期墓葬的兴建，典型代表为北京西城区陶然亭伪燕天顺元年（759）

何数夫妇合葬墓。该墓坐北面南，作单室结构，由墓道、甬道和墓室组成。甬道壁龛内砖雕灰塑菩萨与力士。墓室平面近方形，穹隆顶，宽约 3.7、高约 2.92 米。墓室西北角置棺床，棺床东、南两面作须弥座形并辟壸门。墓室西壁南部浮雕砖塔（图 17），西壁北部绘制墓主壁画[1]。砖塔作七级密檐式结构，其基座为收分叠涩式平座，第一层塔身前壁辟圆拱形门。七层塔身上方置七层塔檐，塔檐均作叠涩线脚式，其宽度自下而上逐层略微收分。顶层塔檐上方置方形山花蕉叶刹座和宝瓶刹珠。

该浮雕砖塔结构及其基座、塔身、塔檐和塔刹作法，与北京的盛唐四石型塔相同，如房山云居寺开元十年（722）塔。房山作为盛唐四石型塔的发展中心，直至天宝十二载（753）仍有实例兴建。陶然亭所在西城区与房山距离接近，上述砖塔造型无疑受到四石型塔影响，应是模仿后者图像粉本而雕刻。同时，砖塔位于墓室西壁南部，即棺床西南角位置，与西壁北部、棺床西端上方的墓主壁画南北并列，此种布局显然自有用意。虽然墓志内容未见刊布，何数夫妇的信仰状况无从得知，然根据砖塔与棺床、墓主壁画的相对位置，参考棺床的须弥座装饰、壁龛的菩萨与力士像，可知何数夫妇信仰佛教。考虑到佛堂形组合式造像塔多为追荐亡亲而兴建，推测浮雕砖塔设计可能具备救济墓主人夫妇意涵。

综合上述，佛堂形组合式造像塔作为一种形制特殊且内涵丰富的佛塔类型，客观反映了北朝晚期以来，尤其是初唐晚期至盛唐时期，中下层民众的佛教信仰状况，为彼时中原东部佛教物质文化谱系的构建，以及中

图 18 涉县鹿儿寺石窟外立面

① 王策、程利《燕京汽车厂出土的唐代墓葬》，《北京文博》1999 年第 1 期。董坤玉《北京考古史·魏晋南北朝隋唐卷》，上海：上海古籍出版社，2012 年，页 86、87。

古美术史、建筑史和考古研究提供了宝贵素材。造像塔巧妙地将佛塔与佛堂两种功能结合在一起，同时满足了施主绕塔礼拜和供养佛陀的需求。此种创造性的佛教建筑及其文化价值，长期处于被隐藏状态，其在物质文化史上的重要地位应该得到确立。

图 19 涉县鹿儿寺石窟外立面线描图

正因如此，系统刊布佛堂形组合式造像塔资料，成为推动其整体研究的前提条件。有鉴于此，笔者在攻读博士学位期间，立足于学界已有成果，进行了全面实地考察，并根据省市行政区划，对所有实例进行编号，逐一记录其结构、图像和铭文内容，尽可能实测尺寸并绘制线图，以期通过此项基础工作，引起学界的关注与重视。囿于时间、资金等客观条件，以及笔者的有限水平和能力，可能尚有存世造像塔（含构件）未被收录，有待于学界进一步调查和刊布。另，本稿所有未注明出处照片和线描图，均为笔者本人拍摄与绘制。

图 20　北京陶然亭伪燕天顺元年（759）何数夫妇合葬墓浮雕砖塔

（引自《燕京汽车厂出土的唐代墓葬》封二插图）

表1 二石型塔基本情况统计表（单位：厘米）[1]

实例	通高	佛堂形塔身尺寸			层级
		高	宽	侧宽	
1. 石家庄赞皇治平寺唐仪凤三年（678）造像塔（HB2号）	273	80	60	57	九
2. 石家庄赞皇治平寺唐开元二十八年（740）造像塔（HB3号）	172	90.5	67.5	71.5	九
3. 衡水武邑孙家村唐仪凤四年（679）造像塔（HB7号）		105	78	82	
4. 沧州盐山牛留寺唐代造像塔（HB8号）		90	60		八
5. 邢台南贾乡村唐垂拱二年（686）造像塔（HB9号）	460	114	80.5		七
6. 邢台隆尧安乐寺唐垂拱元年（685）造像塔（HB11号）					七
7. 邢台隆尧安乐寺唐代造像塔（HB12号）					六
8. 邢台隆尧南汪店村武周证圣元年（695）造像塔（HB13号）	150	80	54	56	三
9. 邢台隆尧福胜寺唐代造像塔（HB14号）	213	109	80		七
10. 邢台隆尧石佛寺唐代造像塔（HB15号）		60	47		
11. 邢台隆尧良村武周证圣元年（695）造像塔（HB16号）		90	60		
12. 邢台隆尧西张村唐代造像塔（HB17号）		100	96		
13. 邢台隆尧魏家庄村唐代造像塔（HB18号）		75	48		
14. 邢台隆尧赵孟村唐代造像塔（HB19号）		110	76		
15. 邢台隆尧碑刻馆藏唐代造像塔散石之一（HB20号）		86	64		
16. 邢台隆尧碑刻馆藏唐代造像塔散石之二（HB21号）		85	59.5		
17. 邢台隆尧碑刻馆藏唐代造像塔散石之三（HB22号）		80	50		
18. 邢台平乡大里村武周延载元年（694）造像塔散石（HB23号）		86.5	61.5		
19–20. 邢台内丘小驿头村武周万岁登封元年(696)造像塔(HB24–25号)	290	79			七
21. 邢台内丘慈仁寺唐代造像塔（HB26号）	600				七
22. 邢台临城千佛庵唐代造像塔散石（HB27号）		82	50		
23. 邯郸武安沿平寺唐代造像塔（HB29号）	324	110	81.5	90.5	四
24. 邯郸成安圆铭寺唐太极元年（712）造像塔（HB30号）	160	80	60	52.5	七
25. 邯郸广平清漳村唐开元十五年（727）造像塔散石（HB31号）		80	60		七
26. 河北出土武周长安四年（704）造像塔散石（HB32号）		70	46		七

① 本表及表3、表4中，实例末尾括号内为对应本书正文编号。通高指现存高度，铭文所录层级下标横线，未录者以文献记录或旧照为准。

续表1 二石型塔基本情况统计表

实例	通高	佛堂形塔身尺寸			层级
		高	宽	侧宽	
27. 济南历城皇姑庵唐开元五年（717）造像塔（SD1号）	364	83			七
28. 济南长清灵岩寺唐开元二十三年（735）造像塔（SD2号）	273	77	51.5	51.5	七
29. 济南长清灵岩寺唐开元二十三年（735）造像塔散石（SD3号）		85	51		
30. 济南长清灵岩寺辟支塔内所嵌唐代造像塔散石（SD4号）		87.5	50.5		
31. 济南长清东障村唐代造像塔（SD5号）	500				九
32. 济南历下开元寺遗址出土唐代造像塔散石（SD6号）					
33. 济南平阴苗海村唐天宝八载（749）造像塔（SD7号）		83	58	54.5	
34. 聊城阳谷关庄村唐天宝十三载（754）造像塔（SD8号）	260	65	48	42	七
35. 泰安道朗镇出土唐代造像塔（SD9号）		83.5	44		
36. 泰安东平月岩寺唐代造像塔（SD10号）	350	137.5	93.5	93	一
37. 泰安肥城玉皇庙武周天授元年（690）造像塔（SD11号）					五
38. 济宁兖州金口坝出土唐孙四朗造像塔散石（SD12号）			46		七
39. 济宁兖州金口坝出土唐代造像塔散石之一（SD13号）			39		
40. 济宁兖州金口坝出土唐代造像塔散石之二（SD14号）			38		
41. 济宁兖州金口坝出土唐代造像塔散石之三（SD15号）			40		
42. 济宁兖州金口坝出土唐代造像塔散石之四（SD16号）					
43. 济宁兖州金口坝出土唐代造像塔散石之五（SD17号）			36.5		
44. 济宁兖州金口坝出土唐代造像塔散石之六（SD18号）					
45. 济宁兖州金口坝出土唐开元十九年（731）造像塔散石（SD19号）			41		九
46. 潍坊青州石佛寺唐天宝二年（743）造像塔（SD20号）	350	115	71	78.5	五
47. 潍坊青州石佛寺唐代造像塔（SD21号）	240	106	72.5		五
48. 潍坊青州博物馆唐藏开元二十五年（737）造像塔（SD22号）		96	65	45	
49. 潍坊青州博物馆藏唐代造像塔散石之一（SD23号）		81	53		
50. 潍坊青州博物馆藏唐代造像塔散石之二（SD24号）		83.5	49		
51. 潍坊青州龙兴寺出土唐代造像塔散石（SD25号）					
52. 滨州博兴出土唐天宝十四载（755）唐代造像塔散石（SD26号）			34		
53. 山东省博物馆藏唐天宝七载（748）造像塔散石（SD28号）		65	40		
54. 鹤壁淇县天宁寺唐开元九年（721）造像塔（HN1号）	288	82	54	54	七

续表1 二石型塔基本情况统计表

实例	通高	佛堂形塔身尺寸			层级
		高	宽	侧宽	
55. 鹤壁浚县福胜寺唐开元十七年（729）造像塔（HN2号）	345				八
56. 鹤壁浚县福胜寺唐天宝七载（748）造像塔（HN3号）	352	75			八
57. 鹤壁浚县大八角村唐天宝十四载（755）造像塔（HN4号）	450	92	70.5	68	九
58. 安阳滑县留固镇唐代造像塔（HN5号）	200				七
59. 安阳内黄复兴庵唐天宝二年（743）西侧造像塔（HN6号）	250	72			九
60. 安阳内黄复兴庵唐天宝二年（743）东侧造像塔（HN7号）	260	75			九
61. 安阳内黄理固村唐代造像塔（HN8号）	317	86	60.5	63	七
62. 安阳林州阳台寺唐天宝九载（750）造像塔（HN9号）	308	83.5	58.5	64	七
63. 安阳林州阳台寺唐代造像塔（HN10号）	292	84.5	60	63	七
64. 安阳灵泉寺东侧唐代造像塔（HN11号）	522	119	91.5	98	九
65. 安阳灵泉寺西侧唐代造像塔（HN12号）	556	128	90	95.5	九
66. 新乡同和寺唐开元三年（715）造像塔（HN13号）	184				七
67. 新乡百官寺唐开元八年（720）造像塔（HN14号）		89	53.5		六
68. 新乡卫辉香泉寺西侧唐代造像塔（HN15号）	363	143.5	90.5	96.5	四
69. 新乡卫辉香泉寺东侧唐代造像塔（HN16号）	207	132.5			一
70. 洛阳偃师陈昌寺唐代造像塔（HN17号）	700	110.5	75	75.5	六
71. 郑州登封刘碑寺唐开元十年（722）造像塔（HN18号）	300		55	53	五
72. 开封博物馆唐天宝十四载（755）藏造像塔散石（HN21号）		57	43		
73. 亳州蒙城出土唐代造像塔散石（AH1号）		98	68		
74. 亳州咸平寺唐代造像塔散石（AH2号）		81	47		
75. 运城稷山梁村唐代造像塔（SX5号）	186	59.5	47.5	46.5	四
76. 山西艺术博物馆藏唐代造像塔散石（SX7号）					
77. 芝加哥艺术学院博物馆藏唐开元十二年（724）造像塔（BM2号）		66	43.2	49.6	
78. 旧金山亚洲艺术博物馆藏唐代造像塔散石（BM3号）		61	31.1		
79. 纳尔逊·阿特金斯艺术博物馆藏唐代造像塔散石（BM4号）		69.2	62.6		
80. 大阪市立博物馆藏唐代造像塔散石（BM6号）			39.8		
81. 出土地不明唐代造像塔散石（BM7号）			44		

表2 佛堂形塔身结构示意表[1]

	横截面图	纵剖面图	左侧面图
二石型塔	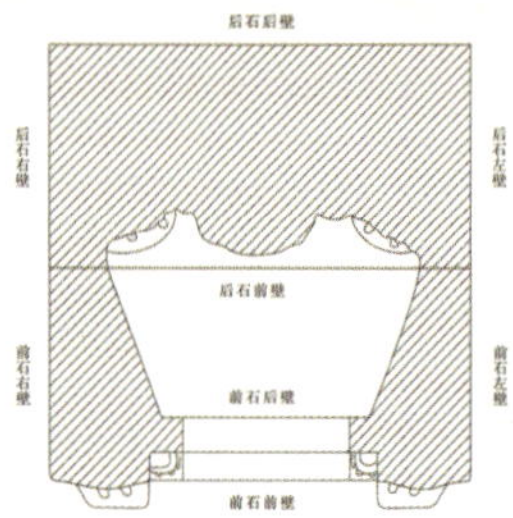	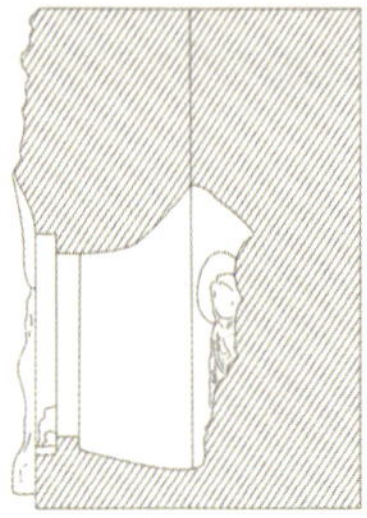	
四石型塔	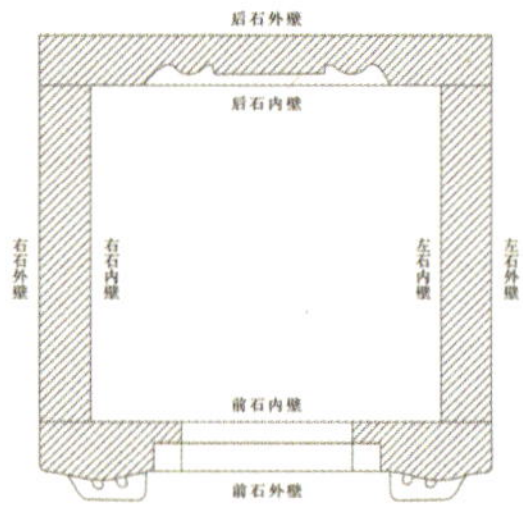	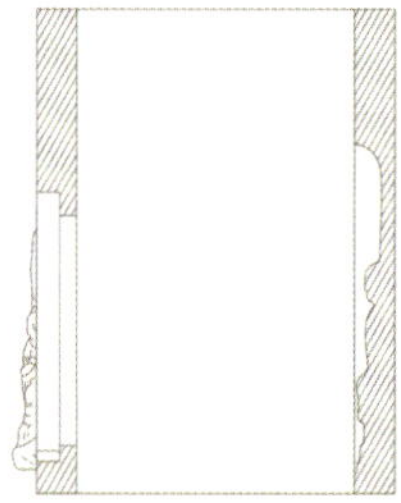	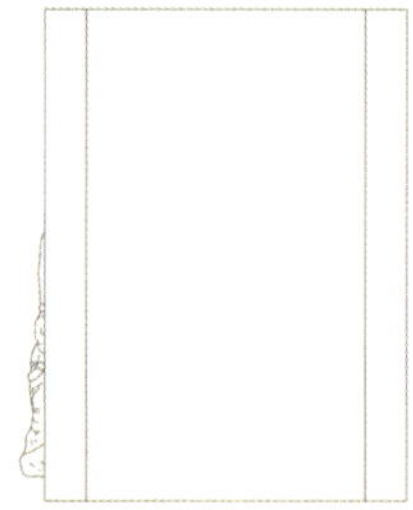
整石型塔	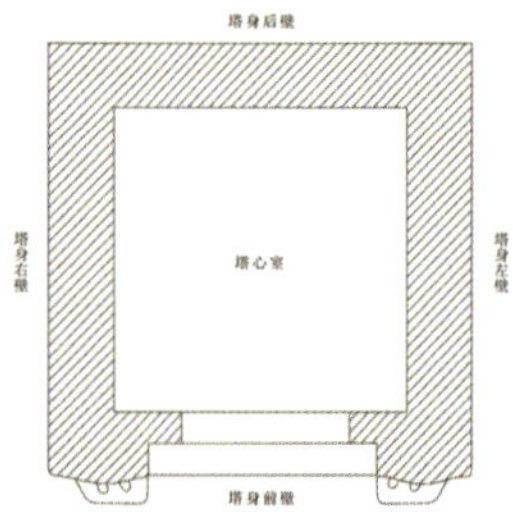	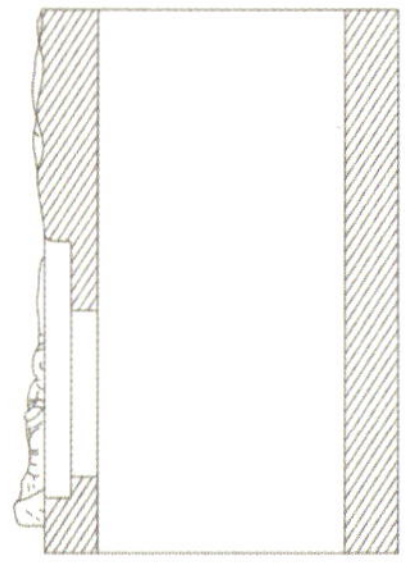	
	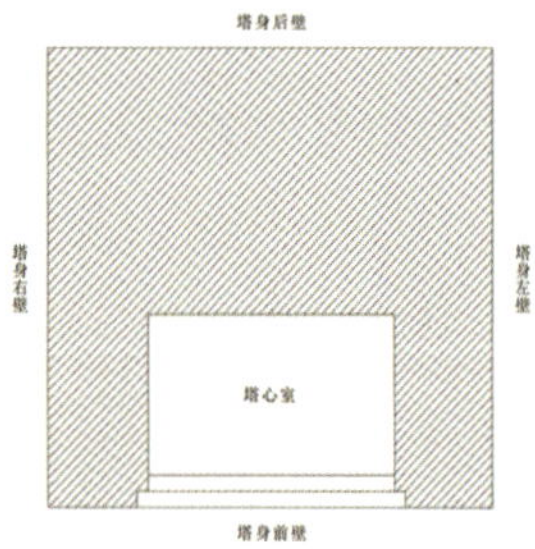		

① 所有表格内的照片和线描图，均已在本书正文注明出处，未注明者由笔者拍摄或绘制。

表3 四石型塔基本情况统计表（单位：厘米）

实例	通高	佛堂形塔身尺寸			层级
		高	宽	侧宽	
1. 保定博野解村兴国寺唐景龙四年（710）造像塔（HB4号）	751	151.5	116	119	十五
2. 保定涞水水北村唐先天元年（712）造像塔（HB5号）	200				一
3. 保定涿州南定村出土唐代造像塔散石（HB6号）		115	90.5		
4. 北京房山水头村梦堂庵唐代造像塔（BJ1号）	178	125	89.5	89	一
5. 北京房山云居寺唐景云二年（711）王璬造像塔（BJ2号）	325	115	85.5	86	七
6. 北京房山云居寺唐太极元年（712）田义起造像塔（BJ3号）	370	114.5	86	86.5	七
7. 北京房山云居寺唐开元十年（722）李文安造像塔（BJ4号）	360	125	96	95	七
8. 北京房山云居寺唐开元十五年（727）郑玄泰造像塔（BJ5号）	352	113.5	85.5	114.5	七
9. 北京房山石经山唐开元九年（721）刘玄望造像塔（BJ6号）	367	134	104	103	九
10. 北京房山石经山唐天宝十二载（753）王普造像塔（BJ7号）					九
11. 北京房山石经山南台唐代造像塔（BJ8号）	160.5	115	90	89.5	一
12. 北京房山下寺村唐代造像塔（BJ10号）	370	100	70		七
13. 烟台福山塔寺庄村唐开元七年（719）造像塔（SD27号）					七
14. 晋城高平羊头山东魏造像塔（SX1号）	158	91.5	79		二
15. 晋城高平邢村唐开元十年（722）造像塔（SX2号）	310	102	70	70.5	五
16. 晋城高平南陈村唐代造像塔（SX3号）	300				五
17. 晋城沁水玉溪村唐代造像塔（SX4号）	630		71		五
18. 美国波士顿艺术博物馆藏武周长安四年（704）韩楷造像塔（BM1号）		108	78		七
19. 旅顺博物馆藏唐代造像塔散石（BM7号）					

表4 整石型塔基本情况统计表（单位：厘米）

实例	通高	佛堂形塔身尺寸			层级
		高	宽	侧宽	
1. 石家庄行唐封崇寺隋开皇十三年（593）造像塔（HB1号）		36.7	33.3		五
2. 邯郸涉县木井村宝云寺北齐武平二年（571）造像塔（HB28号）		71.5	76.5	83	七
3. 郑州新郑荆王村西侧唐代造像塔（HN19号）	330	65.5	59	57	七
4. 郑州新郑荆王村东侧唐代造像塔（HN20号）			57	56	七
5. 运城永济东阳朝村唐天宝八载（749）造像塔（SX6号）	257	56	46.5	46.5	四

表5 佛堂形组合式造像塔塔门与假门类型表

圆拱尖楣塔门	圆拱圆楣塔门	圆拱三叶形楣塔门

1.平乡大里村延载元年（694）塔	2.安阳灵泉寺西塔	3.阳谷关庄村天宝十三载（754）塔
圆拱五叶形楣塔门	**圆拱无楣塔门**	**竖长方形塔门**

4.滑县留固镇塔	5.稷山梁村塔	6.浚县福胜寺开元十七年（729）塔

圆拱尖楣假门	

7.浚县大八角村天宝十四载（755）塔	8.武安沿平寺塔

表6　佛堂形组合式造像塔楣角类型表

<table>
<tr><th colspan="3">草叶楣角</th></tr>
<tr><td></td><td>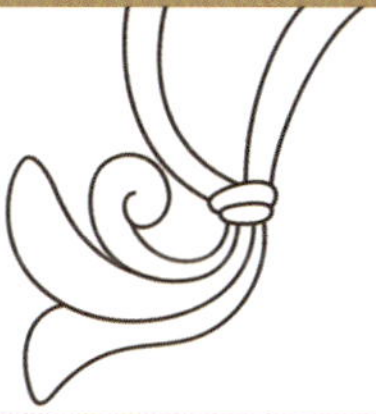</td><td></td></tr>
<tr><td>1.武邑孙家村仪凤四年（679）塔</td><td>2.芝加哥艺术学院博物馆藏开元十二年（724）塔</td><td>3.长清灵岩寺辟支塔内所嵌唐塔散石</td></tr>
<tr><th colspan="3">花叶楣角</th></tr>
<tr><td></td><td></td><td>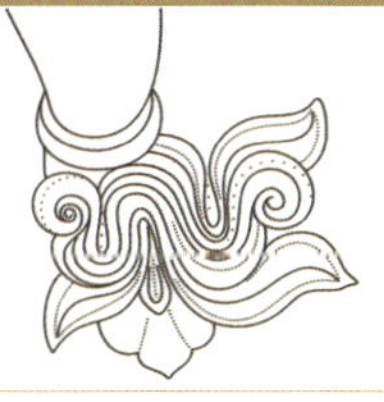</td></tr>
<tr><td>4.房山云居寺太极元年（712）塔</td><td>5.房山石经山开元九年（721）塔</td><td>6.房山云居寺开元十年（722）塔</td></tr>
<tr><th colspan="3">摩羯鱼楣角</th></tr>
<tr><td></td><td colspan="2"></td></tr>
<tr><td>7.林州阳台寺天宝九载（750）塔</td><td colspan="2">8.卫辉香泉寺西塔</td></tr>
<tr><th colspan="3">龙头楣角</th></tr>
<tr><td></td><td colspan="2">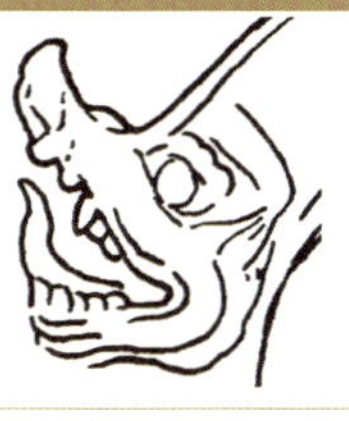</td></tr>
<tr><td>9.安阳灵泉寺西塔</td><td colspan="2">10.青州博物馆藏开元二十五年（737）塔</td></tr>
<tr><th colspan="3">涡卷纹楣角</th></tr>
<tr><td></td><td>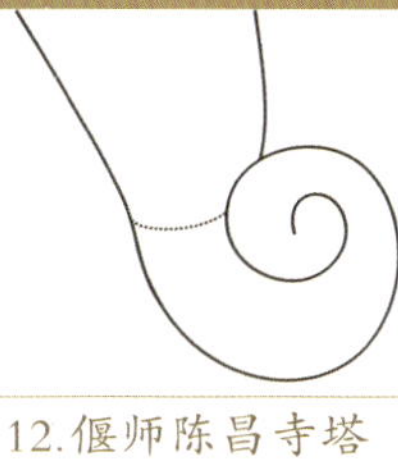</td><td></td></tr>
<tr><td>11.隆尧碑刻馆藏唐塔散石之三</td><td>12.偃师陈昌寺塔</td><td>13.高平羊头山东魏塔</td></tr>
</table>

表7　二石型塔佛堂形塔身前壁图像组合统计表

<table>
<tr><th colspan="3">种类</th><th>实例</th><th>统计（座）</th><th>占总量%</th><th>流行时间</th></tr>
<tr><td rowspan="4">第一组</td><td colspan="2">第一种（塔门上方留白）</td><td>邢台南贾乡村垂拱二年（686）塔
内丘慈仁寺塔
东平月岩寺塔
肥城玉皇庙天授元年（690）塔
新乡同和寺开元三年（715）塔
稷山梁村塔</td><td>6</td><td>7.41</td><td rowspan="3">唐高宗晚期至玄宗开元早期</td></tr>
<tr><td colspan="2">第二种（塔门+供养人）</td><td>武邑孙家村仪凤四年（679）塔</td><td>1</td><td>1.23</td></tr>
<tr><td colspan="2">第三种（塔门+双飞天）</td><td>隆尧福胜寺塔
隆尧西张村唐塔
隆尧碑刻馆藏唐塔散石之三
偃师陈昌寺塔
开封博物馆藏天宝十四载（755）塔</td><td>5</td><td>6.17</td></tr>
<tr><td colspan="2">第四种（塔门+小佛龛）</td><td>蒙城出土唐塔散石</td><td>1</td><td>1.23</td><td rowspan="2">武周至玄宗开元早期</td></tr>
<tr><td rowspan="9">第二组</td><td colspan="2">第一种（塔门+兽头口衔双龙）</td><td>平乡大里村延载元年（694）塔
内丘小驿头村万岁登封元年(696)塔(两座)
内黄理固村塔
新乡百官寺开元八年（720）塔</td><td>5</td><td>6.17</td></tr>
<tr><td colspan="2">第二种（塔门+兽头+双龙/四龙+跏趺坐佛）</td><td>历城皇姑庵开元五年（717）塔
长清东障村塔
旧金山亚洲艺术博物馆藏唐塔散石</td><td>3</td><td>3.70</td><td rowspan="2">玄宗开元早期</td></tr>
<tr><td colspan="2">第三种（塔门+兽头+半身兽+双龙）</td><td>淇县天宁寺开元九年（721）塔</td><td>1</td><td>1.23</td></tr>
<tr><td colspan="2">第四种（塔门+兽头+半身兽+双龙+双飞天）</td><td>安阳灵泉寺东塔</td><td>1</td><td>1.23</td><td rowspan="6">玄宗开元中、晚期</td></tr>
<tr><td rowspan="2">第五种（塔门+兽头+双龙+双飞天）</td><td>第一型</td><td>青州石佛寺塔
滑县留固镇塔
芝加哥艺术学院博物馆藏开元十二年（724）塔</td><td>4</td><td>4.94</td></tr>
<tr><td>第二型</td><td>广平清漳村开元十五年（727）塔散石
兖州金口坝出土唐塔散石之三
兖州金口坝出土唐塔散石之四</td><td>2</td><td>2.47</td></tr>
<tr><td colspan="2">第六种（塔门+半身兽+双龙+杂技+双飞天）</td><td>武安沿平寺塔
浚县福胜寺开元十七年（729）塔</td><td>2</td><td>2.47</td></tr>
<tr><td colspan="2">第七种（塔门+半身兽+双龙+双飞天+双鹤）</td><td>长清灵岩寺开元二十三年（735）塔</td><td>1</td><td>1.23</td></tr>
<tr><td colspan="2">第八种（塔门+兽头+双龙）</td><td>赞皇治平寺开元二十八年（740）塔
长清灵岩寺开元二十三年（735）塔散石
长清灵岩寺辟支塔内唐塔散石
大阪市立博物馆藏唐塔散石</td><td>4</td><td>4.94</td></tr>
</table>

续表7 二石型塔佛堂形塔身前壁图像组合统计表

第二组	第九种（塔门+兽头/半身兽+双龙+舞、乐伎）	第一型	青州博物馆藏开元二十五年（737）塔 浚县福胜寺天宝七载（748）塔 安阳灵泉寺西塔 纳尔逊·阿特金斯艺术博物馆藏唐塔散石	4	4.94	玄宗开元晚期至天宝前期
		第二型	兖州金口坝出土唐塔散石之二 收藏地不明唐塔散石	2	2.47	
	第十种（塔门+兽头/半身兽+双龙合托跏趺坐佛）		兖州金口坝出土唐塔散石之一 青州石佛寺天宝二年（743）塔	2	2.47	
	第十一种（塔门+兽头/半身兽+佛、普贤、文殊）	第一型	青州龙兴寺出土唐代造像塔散石 内黄复兴庵天宝二年（743）西塔 内黄复兴庵天宝二年（743）东塔	3	3.70	玄宗天宝年间
		第二型	浚县大八角村天宝十四载（755）塔 卫辉香泉寺西塔 卫辉香泉寺东塔	3	3.70	
	第十二种（塔门+兽头+跏趺坐佛+双飞天）		平阴苗海村天宝八载（749）塔 山东博物馆藏天宝七载（748）塔散石	2	2.47	玄宗天宝后期
	第十三种（塔门+兽头+双飞天+双迦陵频伽）		林州阳台寺天宝九载（750）塔 林州阳台寺塔 博兴出土天宝十四载（755）塔散石	3	3.70	
	第十四种（塔门+兽头+舞伎+双迦陵频伽）		阳谷关庄村天宝十三载（754）塔	1	1.23	
统计				56	69.10	

表 8 佛堂形组合式造像塔平座式塔身图表

素面平座式塔身	 1.磨平	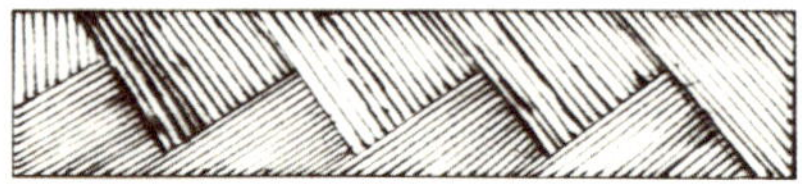 2.剁斧刷道
花卉平座式塔身	 3.缠枝忍冬	 4.缠枝葡萄
	 5.团花	
佛龛平座式塔身	 6.佛龛两侧素面	 7.佛龛两侧线刻花卉
动物平座式塔身	 8.狮子、鹿、大象与云朵	

表9 佛堂形组合式造像塔基座图表

束腰须弥座	单层束腰须弥座	双层束腰须弥座
	 1.青州石佛寺塔	 2.长清灵岩寺开元二十三年（735）塔
平座	整石平座	收分叠涩式平座
	 3.邢台南贾乡村垂拱二年（686）塔	 4.内黄理固村塔
	低矮束腰式平座	勾栏式平座
	 5.淇县天宁寺开元九年（721）塔	 6.历城皇姑庵开元五年（717）塔
组合式基座	束腰须弥座+收分叠涩式平座	束腰须弥座+低矮束腰式平座
	 7.卫辉香泉寺东塔	 8.浚县福胜寺天宝七载（748）塔
	束腰须弥座+勾栏式平座	束腰须弥座+收分叠涩式平座+低矮束腰式平座
	 9.阳谷关庄村天宝十三载（754）塔	 10.林州阳台寺天宝九载（750）塔
	束腰须弥座+收分叠涩式平座+勾栏式平座	
	 11.安阳灵泉寺西塔	

表10 佛堂形组合式造像塔塔檐图表

<table>
<tr><td colspan="2">单层枋板塔檐</td><td colspan="2">
1.单层枋板</td></tr>
<tr><td rowspan="4">叠涩塔檐</td><td rowspan="3">叠涩线脚式</td><td>
2."挑二收一"、正反叠涩三层</td><td>
3."挑三收二"、正反叠涩五层</td></tr>
<tr><td>
4."挑四收二"、正反叠涩六层</td><td>
5."挑四收三"、正反叠涩七层</td></tr>
<tr><td>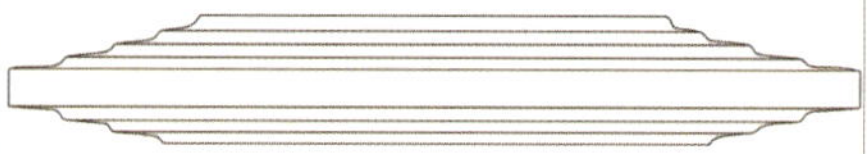
6."挑四收四"、正反叠涩八层</td><td>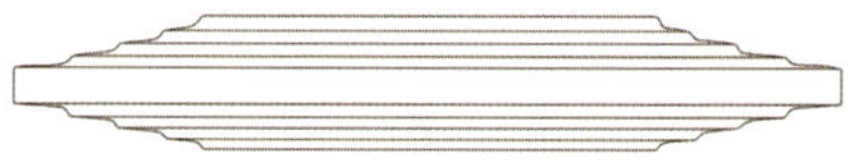
7."挑五收四"、正反叠涩九层</td></tr>
<tr><td>叠涩枋板式</td><td>
8."挑三收二"、正反叠涩五层</td><td>
9."挑四收三"、正反叠涩七层</td></tr>
<tr><td rowspan="3">盝顶塔檐</td><td>有脊盝顶式</td><td>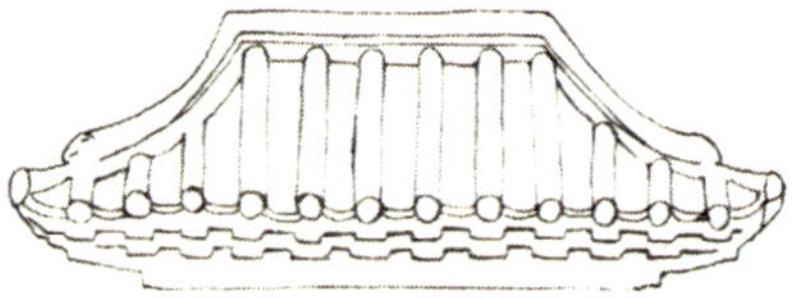
10.浮雕瓦垄</td><td>
11.线刻瓦垄</td></tr>
<tr><td rowspan="2">无脊盝顶式</td><td>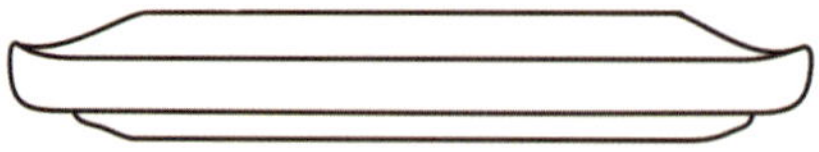
12.叠涩出檐二层</td><td>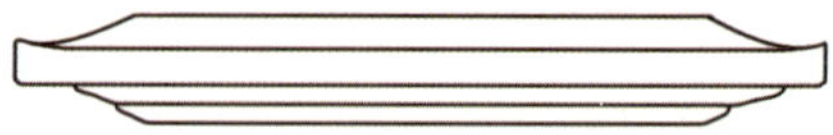
13.叠涩出檐三层</td></tr>
<tr><td>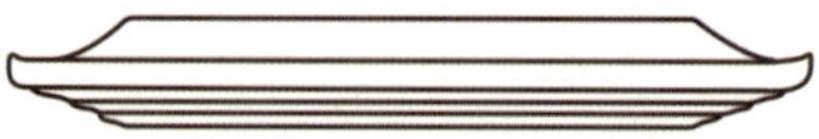
14.叠涩出檐四层</td><td>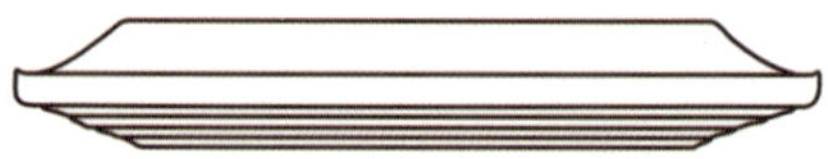
15.叠涩出檐五层</td></tr>
</table>

表 11　佛堂形组合式造像塔常见异体字统计表

拼音首字母	常见异体字（按汉语拼音排序）	统计
A	昂（昂），黯（黯），嗸（嗸）	3
B	抜（拔），寳（宝），報、報（报），備、俻、偹、備、俻（备），碑（碑），逼（逼），辟（壁），閟（闭），蔽（蔽），畢（毕），俾（俾），辟（臂），邉（边），辯（辩），摽（标），賔（宾），擯（摈），秉（秉），播（播），鉢（钵），愽（博），補（補），步、步（步），不（不）	24
C	条、条（参），層（层），曺（曹），測（测），筞（策），刹（刹），纏（缠），辰（辰），晨（晨），塵、塵（尘），乗（乘），承（承），馳（驰），刾（刺），衝（冲），充（充），儔（俦），出（出），初（初），楚（楚），處、處、處、處（处），川（川），傳（传），舩（船），牕（窗），牀（床），埀（垂），慈（慈），此（此），従、從、从（从），辝、辞（辞），璀（璀），翆（翠）	33
D	達（达），帶（带），當（当），德、德（德），淂（得），等、等（等），苐（弟），第（第），仾（低），抵（抵），墬（地），遰（递），貂（貂），定、定（定），督（督），覩（睹），度、度、度、度（度），渡（渡），端（端），斷（断），頓（顿），鐸（铎）	22
E	峩（峨），悪（恶），蕚（萼），諤（谔），恩（恩），尒、尓（尔）	6
F	發、癹（发），垡（垡），幡（幡），梵（梵），分（分），峯（峰），豊（丰），鳳（凤），仏（佛），福、福（福），服（服），富（富），復（复）	13
G	葢（盖），剛、剛（刚），割（割），革（革），隔（隔），葛（葛），功（功），恭（恭），搆、搆（搆），遘（遘），孤（孤），皷（鼓），故（故），觀（观），関（关），光（光），廣（广），歸、歸（归），瓌（瑰），規（规），鬼（鬼），癸（癸），囯、國（国）	23
H	海（海），害（害），含（含），涵（涵），韓（韩），漢（汉），毫、毫（毫），號（号），壑（壑），弘（弘），矦、矦（侯），后（后），還（还），護、護（护），懐、懐（怀），壊（坏），灰（灰），徽（徽），恢（恢），驟（骡），會（会），恵（惠），慧（慧），昬（昏），䰟（魂），或（或），獲（获）	27
J	基（基），姫（姬），撃（击），極、極、極（极），棘（棘），幾（几），機（机），兾（冀），寂、寂（寂），薊（蓟），既、既、旣、旣（既），曁（暨），蹟（蹟），偈（偈），記（记），佳（佳），嘉（嘉），兼、兼（兼），堅（坚），殲、殲（歼），撿（检），簡（简），建（建），劒、劔、劎（剑），将（将），漿（浆），講（讲），匠（匠），蛟（蛟），矯（矫），窌（窌），嗟（嗟），揭（揭），竭（竭），刧（劫），觧、觧（解），畍（界），禁（禁），經、経（经），京（京），荆（荆），凈（净），静（静），晉（晋），酒（酒），就、就（就），咎（咎），舊（旧），駒（驹），鐫、鐫（镌），厥（厥），崛（崛），絶（绝）	53
K	揩（楷），看（看），考（考），恐（恐），哭（哭），苦（苦），匡（匡）	7
L	頼（赖），勞（劳），牢（牢），老（老），勒（勒），類（类），離（离），裏（里），黎（黎），麗（丽），簾（帘），梁（梁），寥（寥），嘗（嘗），臨、臨（临），靈、靈、靈、靈（灵），齡（龄），劉、劉（刘），流（流），畄、畱（留），龍、龍（龙），隆、隆（隆），隴（陇），樓（楼），鏤（镂），盧（卢），爐（炉），鑪（鑪），録（录），路（路），鹿（鹿）	31
M	滿、滿（满），漫（漫），芒（芒），毛（毛），夘（卯），貌（貌），美、美（美），门（门），孟（孟），邈（邈），弥（弥），藐、藐（藐），眄（眄），泯（泯），玟（玟），冥、冥、冥（冥），明（明），默（默），穆、穆、穆（穆）	19
N	那、那、那、那（那），迺（乃），男、男（男），難、難（难），惱（恼），能（能），尼、尼、尼（尼），覔（觅），逆（逆），惄（惄），秊（年），念（念），凝（凝），寗、寧（宁），耨（耨）	15
P	葩（葩），蟠（蟠），槃（槃），疋（疋），魄、魄（魄），璞（璞）	6

续表 11 佛堂形组合式造像塔常见异体字统计表

拼音首字母	常见异体字（按汉语拼音排序）	统计
Q	妻（妻），竒（奇），騎（骑），蚑（岐），稽（稽），起、起、迟（起），啓、啓（启），杞（杞），屺（屺），契、契（契），遷（迁），愆（愆），乹（乾），虔（虔），潜、潛（潜），喬（乔），樵（樵），切（切），竊（窃），秦（秦），勤、勤（勤），磬、磬、磬（磬），瓊（琼），窮（穷），虬（虬），取（取），趣（趣）	28
R	繞（绕），壬（人），〇（日）、叡（叡），若（若）	5
S	薩（萨），散、散、散（散），桒（桑），喪（丧），色（色），僧、僧（僧），煞（煞），善（善），擅（擅），劭（劭），虵（蛇），舍（舍），設、設、設（设），涉（涉），社（社），矧（矧），聲（声），牲（牲），甥（甥），聖、聖、聖、聖（圣），勝、勝（胜），師（师），寔（实），釋（释），氏（氏），丗（世），飾（饰），勢（势），壽、壽、壽（寿），授（授），獸（兽），叔（叔），疏（疏），鼠、鼠（鼠），庶（庶），數（数），衰（衰），率（率），雙（双），爽（爽），税（税），説（说），朔、朔、朔（朔），俟（俟），嗣（嗣），聳（耸），蘇（苏），夙、夙（夙），素（素），隋（隋），隨（随），歲、歲（岁），碎（碎），睟（睟），損（损），鬆（鬆），所、所、所（所），鎖（锁）	58
T	臺（台），檀（檀），壇（坛），覃（覃），歎（叹），唐（唐），堂（堂），韜（韬），桃（桃），騊（騊），天（天），岧（岧），眺（眺），鐵（铁），聽、聽（听），庭（庭），挺（挺），啚、啚（图），徒（徒），塗（涂），土（土），脱（脱），馱（驮）	23
W	外（外），琬（琬），亡（亡），往（往），罔、罔（罔），網（网），危（危），桅（桅），微（微），爲（为），嵬（嵬），魏（魏），巍（巍），偉（伟），衛（卫），唯（唯），文（文），無、無、无、无（无），悟（悟），寤（寤）	20
X	兮、兮（兮），悉（悉），膝（膝），熹（熹），徙（徙），係（係），霞（霞），賢（贤），獻（献），鄉（乡），相（相），襄（襄），象、象、象、象（象），像、像、像（像），曉（晓），校（校），効（效），歇（歇），寫、寫（写），辛（辛），〇（星），興（兴），行（行），刑（刑），雄（雄），脩、脩、脩、脩（修），休（休），虚（虚），墟、墟（墟），徐（徐），洫（洫），旋（旋），薛（薛），薰（薰），訓（训）	35
Y	煙（烟），焉、焉（焉），巖、巖（严），延（延），演（演），鴈（雁），猒（厌），楊（杨），敭、敭（扬），陽（阳），養、養（养），腰（腰），遥、遥（遥），姚（姚），葉（叶），業（业），曳（曳），儀（仪），宜（宜），疑、疑、疑（疑），夷（夷），頤（颐），以（以），矣（矣），義（义），議（议），儀（仪），異（异），翼（翼），毅（毅），挹、挹（挹），毅（毅），逸（逸），因（因），引（引），隱、隱、隱（隐），英、英（英），嬰（婴），影（影），穎（颖），暎（暎），雍（雍），攸（攸），尤（尤），酉（酉），祐（祐），幼（幼），亐（于），魚（鱼），鬱（郁），聿（聿），緣、緣、緣、緣（缘），愛、愛（爱），袁（袁），遠（远），願、願（愿），苑（苑），〇、匝（月），粤（粤）	59
Z	哉、哉（哉），宰（宰），載（载），再（再），贊、讃（赞），臧（臧），藏、藏（藏），藻（藻），輒（辄），增、增（增），暫（暂），沼（沼），照、照（照），昭（昭），趙（赵），罩（罩），兆（兆），哲（哲），悊（悊），蔗（蔗），珎（珍），軫（轸），疹（疹），振、振（振），拯（拯），整（整），徵、徵（徵），鄭（郑），證（证），之（之），止（止），至（至），致（致），旨、旨（旨），指（指），陟（陟），寘（寘），著（著），莊（庄），斵（斵），着（着），兹（兹），緇（缁），貲（赀），姊、姊（姊），紫（紫），終（终），衆（众），足（足），族（族），專（专），轉（转），追（追），蹤（踪），冣（最），蕞（蕞），尊（尊），窀（窀），左（左），作（作），祚（祚），坐（坐），座、座（座）	66
统计		576

表 12　佛堂形组合式造像塔施主官职统计表[1]

官职			秩品	实例（座）
职事官	1.都督		从二品到从三品	1
	2.平东将军		正三品	1
	3.刺史		从三品到正四品下	1
	4.太守		从三品到正四品下	1
	5.都督府史		从三品到从五品上	1
	6.折冲都尉		正四品上到正五品下	1
	7.县令		正五品上到从七品下	5
	8.折冲府左果毅都尉		从五品下到从六品下	1
	9.折冲府右果毅都尉		从五品下到从六品下	1
	10.州功曹		从六品上到正七品下	1
	11.内供奉		从七品上	1
	12.州主簿		正七品上到从七品上	1
	13.行参军		正七品上到从九品上	1
	14.都督府法曹参军		正七品下到从七品下	1
	15.录事参军		从七品上到从八品上	3
	16.县丞		从七品上到正九品下	3
	17.荡边将军		从七品下	1
	18.左拾遗		从八品上	1
	19.县主簿		从八品上到从九品上	2
	20.县尉		从八品下到从九品下	2
	21.县书助教		无	1
	22.文部常选		无	1
散官	文散官	23.朝散大夫	从五品下	1
		24.宣义郎	从七品下	1
		25.文林郎	从九品上	1
	武散官	26.游击将军	从五品下	1
		27.昭武校尉	正六品上	1
		28.陪戎校尉	从九品上	1
		29.陪戎副尉	从九品下	1
勋官	30.上柱国		正二品	8
	31.上轻车都尉		正四品上	1
	32.上骑都尉		正五品上	2
	33.骑都尉		从五品上	2
	34.云骑尉		正七品上	2
	35.武骑尉		从七品上	1

① 本表所有官职秩品，均根据造像塔年代并参阅：（唐）杜佑撰、王文锦等点校《通典》，北京：中华书局，1988年；（唐）李林甫等撰、陈仲夫点校《唐六典》，北京：中华书局，1992年；张政烺主编《中国古代职官大辞典》，郑州：河南人民出版社，1990年。

表 13 佛堂形组合式造像塔建造日期统计表

月份 / 日期	一月	二月	三月	四月	五月	六月	七月	八月	九月	十月	十一月	十二月	不明月	统计	
														座	%
1 日							2							2	5.13
2 日				1										1	2.56
5 日	1	2												3	7.69
6 日							1							1	2.56
8 日		1	1	4				1		1	1			9	23.08
13 日		1	1											2	5.13
15 日		1				1	2	1						5	12.82
18 日									1					1	2.56
23 日									1					1	2.56
25 日										1				1	2.56
26 日			1											1	2.56
27 日											1			1	2.56
28 日	1				1			1					1	4	10.26
30 日	1													1	2.56
不明日	2		1				1	1	1					6	15.38
统计（座）	5	5	4	5	1	1	6	4	3	2	2	0	1	39	99.97
占总量%	12.82	12.82	10.26	12.82	2.56	2.56	15.38	10.26	7.69	5.13	5.13	0.00	2.56	99.99	

表 14 佛堂形组合式造像塔工匠信息统计表

实例	工匠种类	铭文
1.青州石佛寺塔	都料匠、平直匠	“都料匠兖州龚丘县人任日进，妻大娘辛。平直匠王承恩。”
2.青州石佛寺天宝二年（743）塔	运石车主	“运石车主孟平辽、张乹逊、张元凤、张知新、杨獠子、孟高奴、孟待宾、丁二郎、李灵运、李佛生、李蔺任、妹夫张指南。”
3.兖州金口坝出土唐塔散石之三	造浮图石匠	“造浮图石匠□……匠宋令……。”
4.房山石经山开元九年（721）塔	助垒基匠、垒浮图大匠、次匠	“助垒基匠张玄□，垒浮图大匠张□荣，次匠程□仁，次匠张惠文，次匠阳敬忠。”

表 15　佛堂形组合式造像塔位置统计表

<table>
<tr><th colspan="2">造塔位置</th><th>实例（座）</th><th>占总量%</th></tr>
<tr><td rowspan="4">1.寺院之内</td><td>佛殿前方</td><td>22</td><td>35.48</td></tr>
<tr><td>山顶高台</td><td>6</td><td>9.68</td></tr>
<tr><td>山门前方</td><td>1</td><td>1.61</td></tr>
<tr><td>具体位置不明</td><td>24</td><td>38.71</td></tr>
<tr><td colspan="2">2.坟墓附近</td><td>4</td><td>6.45</td></tr>
<tr><td colspan="2">3.家宅附近</td><td>4</td><td>6.45</td></tr>
<tr><td colspan="2">4.河流附近</td><td>1</td><td>1.61</td></tr>
<tr><td colspan="2">统计</td><td>62</td><td>99.99</td></tr>
</table>

表 16　佛堂形组合式造像塔刻经情况统计表

<table>
<tr><th>经典译者与名称</th><th>实 例</th><th>刊刻位置</th><th>统计（座）</th></tr>
<tr><td rowspan="2">1.(后秦)鸠摩罗什译《妙法莲华经·观世音普门品》</td><td>涉县宝云寺武平二年（571）塔</td><td>附造像碑</td><td rowspan="2">2</td></tr>
<tr><td>肥城玉皇庙天授元年（690）塔</td><td>不明</td></tr>
<tr><td>2.（南朝·刘宋）畺良耶舍译《佛说观无量寿经》</td><td>长清灵岩寺出土开元二十三年（735）塔散石</td><td>佛堂形塔身右、后、左壁</td><td>1</td></tr>
<tr><td rowspan="5">3.（唐）玄奘译《般若波罗蜜多心经》</td><td>成安圆铭寺太极元年（712）塔</td><td>佛堂形塔身</td><td rowspan="5">5</td></tr>
<tr><td>淇县天宁寺开元九年（721）塔</td><td>佛堂形塔身左壁</td></tr>
<tr><td>内黄复兴庵天宝二年（743）西塔</td><td>佛堂形塔身后壁</td></tr>
<tr><td>浚县福胜寺天宝七载（748）塔</td><td>佛堂形塔身右壁</td></tr>
<tr><td>新郑荆王村东塔</td><td>佛堂形塔身前、右壁</td></tr>
<tr><td>4.《佛说续命经》</td><td>内黄复兴庵天宝二年（743）东塔</td><td>佛堂形塔身后壁</td><td>1</td></tr>
<tr><td>5.《佛说出家功德经》</td><td>平阴苗海村天宝八载（749）塔</td><td>佛堂形塔身左壁</td><td>1</td></tr>
<tr><td>6.《佛说陀罗尼》</td><td>开封博物馆藏天宝十四载（755）塔散石</td><td>佛堂形塔身右壁</td><td>1</td></tr>
<tr><td>统计（座）</td><td></td><td></td><td>11</td></tr>
</table>

第一章

Chapter One

河北与北京实例

第一章　河北与北京实例

现对108座佛堂形组合式造像塔（含散石），按照省份顺序依次编号，逐一释读其构件、图像和铭文。编号以所属各省名称的拼音首字母开头，即HB（河北）、BJ（北京）、SD（山东）、HN（河南）、AH（安徽）与SX（山西），出土地不明者以BM开头。河北有据可查的佛堂形组合式造像塔（含散石）共32座（件），含北齐1座、隋代1座，余者均为唐代遗存。其中，二石型塔26座，分布在盐山、武邑以南的中、南部地区。四石型塔3座，分布在涿州、保定一带。整石型塔2座，分布在行唐与涉县。另有1座（HB10号）原初所属类型不明（地图1）。

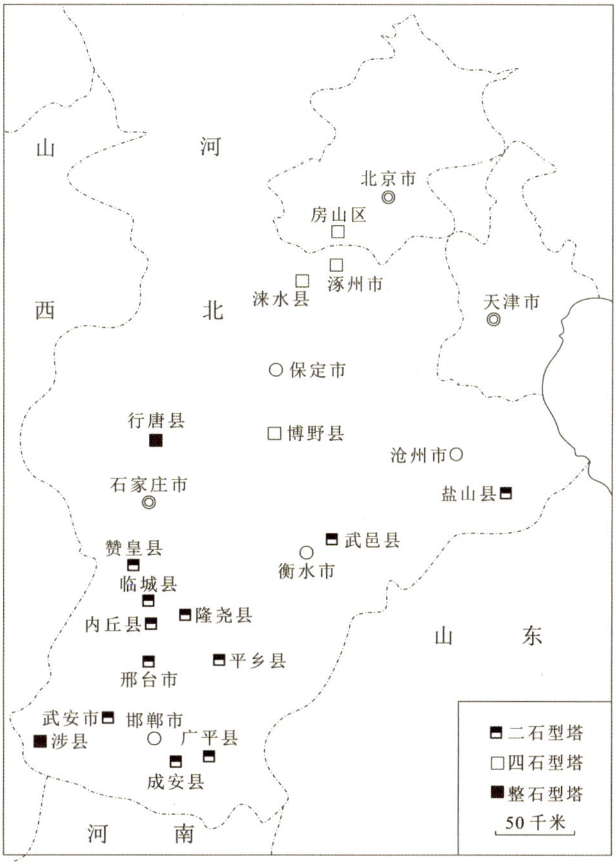

地图1 河北与北京实例分布图

北京有据可查的佛堂形组合式造像塔（含散石）共10座，均为唐代遗存。其中，四石型塔9座，全部集中在房山，另有1座（BJ9号）原初所属类型不明。

HB1 号 石家庄市行唐县封崇寺隋开皇十三年（593）造像塔

一、基本情况

该塔原位于行唐封崇寺大殿右前方，平面近方形，白石质，由基座、塔身和塔檐组成（图HB1），作密檐式结构，原存五级[①]。据河北博物院吴晓静女士向行唐县文保部门了解后得知，该塔已于20世纪七八十年代惨遭破坏，其构建被用作填充路基，目前仅存刘敦桢先生1936年10月23日拍摄的一张老照片。过去学界对该塔鲜有关注。

行唐县隋时属恒山郡。封崇寺始建于北齐天保七年（556），隋开皇十一年（591）、宋大中祥符二年（1009）和明正德十三年（1518）曾数次修缮[②]。

二、构建及其图像

1.基座

基座下部埋于土内，上部露出一层双瓣覆莲下枭，其上置整石平座，平座之上承托佛堂形塔身。

2.塔身

第一层佛堂形塔身由整块石料雕凿而成，高36.7、宽33.3厘米[③]，其后壁原刻铭文，右、左两壁情况不明，疑为素面。前壁下部正中辟尖拱形塔门，门洞作竖长方形。从门洞向内凿出塔心室，室内雕刻结跏趺坐、施禅定印佛。第二至五层平座式塔身宽度自下而上逐层略微收分。

3.塔檐

五层单层枋板塔檐宽度自下而上逐层略微收分。第五层塔檐之上置一佛堂形塔身，后者亦辟有塔门和佛龛，应为另一造像塔残存构件，具体情况不明。

① 刘敦桢《刘敦桢文集》，北京：中国建筑工业出版社，1987年，第三册页95—97。

② 行唐县地方志编纂委员会编《行唐县志》，北京：中国对外翻译出版公司，1998年，页43、538。

③（清）沈涛《常山贞石志》卷3，载《石刻史料新编》第一辑，台北：新文丰出版公司，1979年，第十八册页13218、13219。

三、铭文

在佛堂形塔身后壁原刻6列楷书铭文，现根据《常山贞石志》记载录文如下。

大隋开皇十三年（年）五月廿八日，佛弟子杨小□宿业不圆，注遭艰难，北边𠠝（勍）掠，没贼多久。其时在彼，伴徒（徒）六人，欲背逃走（走），□生惶惧。□公兴𩒺（愿），若淂（同“得”）還（还）乡，敬造石浮啚（图）一塸。今雖（虽）星散（散），为□女在，独秉（秉）微（微）心，依然造立。上为帝祖化隆（隆），下为師（师）僧（僧）父母及族眷属（属），普离苦（苦）海，俱登（登）覺（觉）道。

根据铭文内容可知，该塔是隋开皇十三年（593）五月二十八日杨小□之女兴建，以兑现其父早先被北边盗贼劫掠时，为平安返乡而许诺的造塔愿望。

图HB1 行唐封崇寺开皇十三年（593）塔

（引自《刘敦桢文集》第三册页96图17）

HB2号 石家庄市赞皇县治平寺唐仪凤三年（678）造像塔

一、基本情况

该塔原位于赞皇嘉应寺村治平寺遗址内（图HB2-1），平面近方形，青石质，由基座、塔身和塔檐组成，作密檐式结构，原存五级，通高273厘米（图HB2-2）[①]。该塔曾被盗窃，原位置仅存基座构件（图HB2-3），后公安机关追回了第一层塔身以上部分构件（图HB2-4），残高173厘米，现存县公安局院内，其余构件下落不明。过去学界对

① 张剑玺《治平寺石塔勘察报告》，《文物春秋》2016年第1期，页50。

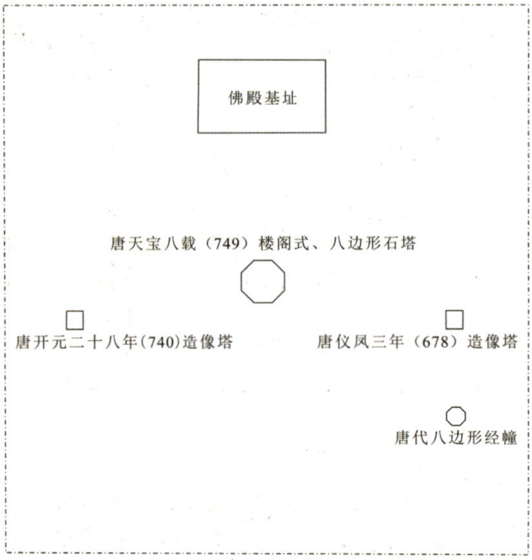

图HB2-1 赞皇治平寺遗迹示意图

该塔仅有简略记录，称其年代为唐高宗仪凤三年（678）①。

赞皇县始置于隋开皇十六年（596），取赞皇山为名，唐时隶属于河北道赵州②。据治平寺内碑刻记载，该寺原名嘉应寺，隋开皇三年（583）辟为嘉应道场，唐宋时香火旺盛，北宋治平二年（1065）更名治平寺并沿用至今，其所在村庄依旧称作嘉应寺村。金大定二十三年（1183）至明昌三年（1192）、明天顺八年（1464）至成化十三年（1477），以及清乾隆五十五年（1790），治平寺历经数次修缮，寺内建筑多毁于抗战时期，后又惨遭破坏③。治平寺遗址中部现存一座唐天宝八载（749）仿木楼阁式、八边形石塔，该塔向北十余米为建筑基址，其南部东侧即为本实例，西侧为唐开元二十八年释净明造像塔（HB3 号），东、西双塔间距 1980 厘米。本实例以南 430 厘米处立有一座唐代八边形经幢。

二、构件及其图像

1.基座

作整石平座，残宽 77、侧宽 92 厘米④。平座顶部刻出潜方形凹槽，凹槽尺寸应略大于上方塔身，使平座与塔身紧密拼合。

2.塔身

第一层佛堂形塔身由前、后二石块拼接而成，组合后高 84、宽 60、侧宽 57 厘米⑤。

① 政协石家庄市委员会编《石家庄文物名胜》，北京：中国对外翻译出版公司，1999 年，页 263。前引《中国文物地图集·河北分册》，中册页 51。

② 《旧唐书》，第五册页 1501。《新唐书》，第四册页 1017。河北省赞皇县地方志编纂委员会编《赞皇县志》，北京：方志出版社，1998 年，页 64。

③ 前引张剑玺《治平寺石塔勘察报告》，页 45。

④ 本实例未注明出处尺寸信息为笔者 2017 年 1 月 16 日实地调查所得。

⑤ 前引张剑玺《治平寺石塔勘察报告》，页 50。

图HB2-2 赞皇治平寺仪凤三年（678）塔

（引自《赞皇县志》卷首插图）

图HB2-3 赞皇治平寺仪凤三年（678）塔基座残件

图HB2-4 赞皇治平寺仪凤三年（678）塔塔身与塔檐残件

前石右、左两壁情况不明，前壁辟有塔门。塔门设门砧石，其左、右两侧雕刻一对力士，上方雕刻兽头、双龙和飞天。后石右、后、左三壁情况不明，前壁辟圆拱形佛龛，龛内高浮雕一佛二弟子二菩萨。

第二至五层平座式塔身宽度自下而上逐层收分约 5 厘米，其四壁辟尖拱形小龛。其中，第二、三层塔身四壁均辟 3 个小龛，第四、五层塔身四壁分别辟 2 个、1 个小龛。龛高 13、宽 12 厘米，龛内浮雕结跏趺坐佛。佛着双领下垂式袈裟，多数双手合十，有的施禅定印。

3.塔檐

现存五层叠涩线脚式塔檐，塔檐宽度自下而上逐层略微收分。第一至三层塔檐“挑四收三”，正反叠涩七层。第四、五层塔檐“挑三收二”，正反叠涩五层。塔檐四角残存悬挂铃铎的穿孔。

三、铭文

该塔主体构件佚失，铭文内容及原刻位置不明。根据笔者研究，该塔原作九级，与同寺开元二十八年（740）塔（HB3 号）面貌一致。由于该塔部分构件佚失，被盗前仅存五级，过去学界一直将其描述为五级密檐式塔，这种认识可能存在一定偏差[①]。

HB3 号 石家庄市赞皇县治平寺唐开元二十八年（740）释净明造像塔

一、基本情况

该塔位于赞皇嘉应寺村治平寺遗址内，在唐天宝八载（749）楼阁式、八边形石塔的南部西侧，与同寺唐仪凤三年（678）塔（HB2 号）东西相对，平面近方形，青石质，由基座、塔身和塔檐组成，作密檐式结构，现存三级，通高 172 厘米[②]，其四周还散落数块残损

① 朱己祥《赞皇治平寺唐开元二十八年造像塔及相关问题述论》，载沙武田主编《丝绸之路研究集刊·第三辑》，北京：商务印书馆，2019 年，页 271—286。

② 本实例尺寸信息为笔者 2017 年 1 月 16 日实地调查所得。

图HB3-1 赞皇治平寺开元二十八年（740）塔

构件（图HB3-1）。过去学界对该塔仅有简略记录[①]，常忽略塔上线刻图像与铭文[②]，笔者撰有专文论述其相关问题[③]。

二、构件及其图像

1.基座

作整石平座，高12、宽91、侧宽90厘米。平座顶部刻出浅方形凹槽，凹槽尺寸略大于上方塔身，使平座与塔身紧密拼合。

2.塔身

（1）第一层佛堂形塔身由前、后二石块拼接而成，组合后高90.5、宽67.5、侧宽71.5厘米。前石左侧残损，高90.5、残宽44.5、侧宽35厘米，右壁原刻铭文，前壁下部正中辟圆拱尖楣塔门（图HB3-2）。门洞上方原有半圆形门额，两侧有立颊，下设门槛。门槛两端设门砧石，门砧石上置蹲狮。塔门右端楣角浮雕外翻草叶饰，右侧浮雕一力士。力士头系宝缯，肩挎帔帛，上身赤裸，下身着裙，左手置于腰间，右手握拳上举，肌肉块状隆起，身体向左倾斜，重心置于左脚，跣足立于山石。楣尖上方浮雕一正面观兽头，兽头残存右耳及部分卷曲鬣毛。兽头右侧线刻一侧面观龙，龙张牙舞爪，乘云吐雾，作俯冲姿态，朝向外侧，其下方原刻铭文。

后石高90、宽67.5、侧宽36.5厘米，其右、后两壁原刻铭文。前壁辟圆拱形龛（图HB3-3），龛高53、宽48厘米，龛内高浮雕一佛二弟子二菩萨，尊像头部等处残损。佛结跏趺坐于亚字型束腰须弥座，着右肩半披式袈裟，内着僧祇支，其内区头光作圆形，外区头光作桃形，通高（含座）50厘米。佛左、右两侧为二弟子，二弟子跣足立于长茎

① 《中国文物地图集·河北分册》，中册页51。《赞皇县志》，页526。

② 前引张剑玺《治平寺石塔勘察报告》，页45—51。

③ 前引朱己祥《赞皇治平寺唐开元二十八年造像塔及相关问题述论》，页271—286。

莲台，高度分别为20.5、21厘米。左侧弟子左手垂于腰间，右手置于胸前，右侧弟子双手抱于胸前。二弟子外侧为二菩萨，二菩萨佩戴项圈、手钏，身挎帔帛，内侧手上举拈花朵，外侧手下垂执帔帛，跣足立于长茎莲台，高度均33厘米。弟子、菩萨所立莲台均处在中央佛座生长出的莲枝上。左壁阴线刻一比丘（图HB3-4）。比丘具圆形头光，左手执长柄香炉，右手作捻香状，侧身向右，左脚微抬，跣足立于莲台，呈行走姿态，表现香供养[①]。香炉柄部细长，相对于有足香炉而言，移动更为方便，非常适用于法会、礼拜等动态仪式。比丘正是朝右方运动，表现右绕供养佛塔[②]。

（2）第二层平座式塔身高14厘米，宽和侧宽均67.5厘米，其右、后、左三壁素面，前壁辟三个尖拱形龛（图HB3-5）。龛高、宽均10厘米，龛内浮雕结跏趺坐、施禅定印佛。

3.塔檐

现存三层叠涩线脚式塔檐，均残损严重。第二、三层塔檐间原初应置平座式塔身。

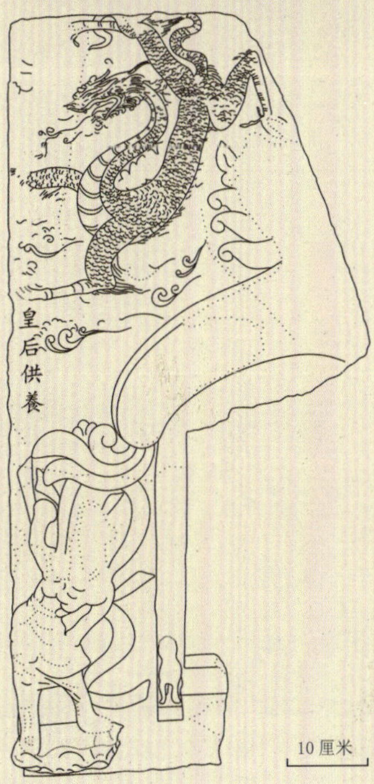

图HB3-2 赞皇治平寺开元二十八年（740）塔佛堂形塔身前石前壁及线描图

① 香供养位列佛教“香、花、灯、涂（涂香）”四供养之首，行香为佛教常见仪式。（南宋）程大昌著《演繁露》卷7“行香条”：“其谓行香次及僧达者，即释教之谓行道烧香也。行道者，主斋之人亲自周行道场之中；烧香者，爇之于炉也。东魏静帝尝设法会，乘辇行香，高欢执香炉步从，鞠躬屏气。按凡行香者，步进前而周匝道场……。”张海鹏校订，北京：中华书局，1991年，页71。

②（唐）实叉难陀译《右绕佛塔功德经》记，右绕佛塔具有无上功德，可使一切天龙、夜叉、鬼神亲近供养，可远离八难，无失智慧，福命长远，仪貌端正，富贵多财，常住安乐，勇猛精进，灭一切烦恼，证独觉菩提。《大正藏》，第十六册页801、802。

图HB3-3 赞皇治平寺开元二十八年（740）塔佛堂形塔身后石前壁佛龛

三、铭文

佛堂形塔身的前、右、后三壁原刻三则铭文，现参照实物录文如下。

其一，前石前壁门楣右侧、线刻龙下方，原刻楷书“皇后（后）供养”。

其二，前石右壁自左向右原刻9列行书铭文。

比丘𡰥（尼）浄（同“净”）明（同“明”）奉为□□圣文神武皇帝、皇后（后）敬造供养。/□唐开元廿八年歳次庚辰十一月甲申朔八日𨐋（辛）夘（卯），嘉应寺𡰥/净明敬造九级石浮图一所，奉为帝主人王、无□師（师）僧先亡、/七卋（世）见存眷属同霑斯福。比丘𡰥智□、𡰥何平。/㓨（同“刺”）史重明，敭（同“扬”）□县令卢□、县丞□□尚、主簿孙□、尉张意。/師主解空寺𡰥登圆，師主𡰥比才，比丘𡰥姉（姊）善相，姪女比丘桃儿，/弟子𡰥空明、尼尚儿。解空寺𡰥二娘，𡰥寳（宝）子。超玄寺尼，𡰥□一。/登師正、妻刘，父钦武、妻郭、妻□，武息上柱国□城、妻竹，/武息城信、息智□、息智才，城□㼌（爽）、妻江，㼌息□□䓁（等）供养。

图HB3-4 赞皇治平寺开元二十八年（740）塔佛堂形塔身后石左壁线刻比丘

其三，后石右、后两壁自左向右分别原刻11列、5列行书铭文，二者前后相续为一则，其中右壁铭文有横竖界格。

盖闻释道冲玄，法门凝邃。白亳（毫）舒彩，辉流百亿之疆；青眼榀光，/影曜大千之界。今有嘉应寺比丘尼净明，觉无常之不久，悮（同“悟”）穽（窬）/灭之□申，广讬胜因，至求三寳，爰捨净财，敬造九级石浮图一所，/希可上□□皇帝，下及苍生同族，□王之恩俱承㧞（拔）苦之意。其/浮图者，写石镌工，龙蟠妙映。遥瞻挻（挺）绝，上侵云汉之郊；远眺端（端）/华，□望烟霞之廓。□歌寳鐸（铎），振等晨昏；晈晈金铃，光晖夜月。纵/使桒（桑）田变□，金罰（刚）无坏之期；千龄不彫，去乹巛而合啓（启）。眷属等/燕

图HB3-5 赞皇治平寺开元二十八年（740）塔第二层平座式塔身前壁

（兹）凴此而获恩，七代先亡俱登觉路。其词曰：/岌岌灵峯，祇园建立；福田神地，双林九级；表刹（刹）飞旛（幡），除处珠□；/□□福翔，写置其一；素相殊妙，浮图最尊（尊）；镌文刑镂，工趣超群；天/□□□，□相常存（以上刻于后石右壁）。

韩氏大姉（姊），雷氏三姉，马氏四姉，贾氏五姉。姪女韩氏三娘，/姪女赵氏五娘、郑氏四娘。/姪男（男）王知览、妻郑，王知绍、妻江，王知道、妻竹，/王层念、妻张。外生贾褔（福）仁，外生男马莫名、雷京璋，/外生男李零鱼、妻路。比丘尼阿照尚（以上刻于后石后壁）。

铭文中异体、通假字多有使用，据其内容可知，该塔是唐玄宗开元二十八年（740）十一月八日，由嘉应寺比丘尼净明发愿兴建，共同参与者有解空寺、超玄寺等左近寺院尼众，彼时嘉应寺可能为尼寺。根据“开元廿八年岁次庚辰”推测，“□□圣文神武皇帝”中漫漶二字应作“开元”，为唐玄宗尊号。另据“敬造九级石浮图一所”可知，该塔原作九级。“□歌宝铎，振等晨昏；皎皎金铃，光晖夜月”表明，塔檐四角原初悬挂铃铎，如同寺唐仪凤三年（678）造像塔（HB2号）就保存有悬挂铃铎的穿孔。

HB4号 保定市博野县兴国寺唐景龙四年（710）造像塔

一、基本情况

该塔位于博野程委镇解村小学，地处原兴国寺内，平面近方形，白石质，由基座、塔身、塔檐及塔刹组成，作密檐式结构，现存十五级，通高751厘米（图HB4-1）[①]，于

① 河北省文物局编《河北文化遗产》，北京：文物出版社，2010年，页125。

图HB4-1 博野兴国寺景龙四年（710）塔正面与侧面

（李静杰摄）

图HB4-2 博野兴国寺景龙四年（710）塔佛堂形塔身前石外壁及线描图

（照片由李静杰摄）

1993 年 7 月被列为河北省文物保护单位，2006 年 5 月 25 日被列为第六批全国重点文物保护单位①。过去学界对该塔多有简略记录②，鲜有完整记录塔上铭文。

博野唐时属河北道瀛洲③。兴国寺始建年代不明，现已被毁。

二、构件及其图像

1.基座

作收分叠涩式平座，自下而上收分叠涩三层方形石板。下层现埋于土内，中层高 3 厘米，宽与侧宽均 142 厘米，上层高 12、宽 126、侧宽 126 厘米④。基座顶部刻出浅方形

① 丘富科主编《中国文化遗产词典》，北京：文物出版社，2009 年，页 29。

② 张立柱《河北省文物保护单位通览》，北京：科学出版社，2003 年，页 157。赵晓峰《河北地区古建筑文化及艺术风格研究》，保定：河北大学出版社，2008，页 86。甘振波《河北历史地名集》，北京：中国文史出版社，2013 年，页 38。如常主编《世界佛教美术图说大辞典 4：建筑》，高雄：佛光山宗委会，2013 年，页 1323。

③《旧唐书》，第五册页 1513、1514。《新唐书》，第四册页 1020。

④ 本实例未注明出处尺寸信息为笔者 2017 年 1 月 17 日实地调查所得。

凹槽，凹槽尺寸略大于上方塔身，使基座与塔身紧密拼合。根据过去学界记录，基座下方设有地宫[①]，具体情况不明。

2.塔身

（1）第一层佛堂形塔身由前、后、左、右四块石板拼接而成，组合后高151.5、宽116、侧宽119厘米。

前石高151.5、宽116、侧宽27厘米，其内壁素面，外壁下部正中辟圆拱尖楣塔门（图HB4-2）。塔门通高120、宽60厘米，门洞作圆拱形，高71、宽48厘米。塔门两侧有立颊，下设门槛，门槛高5厘米。塔门两端楣角浮雕外翻花叶饰，左、右两侧浮雕一对力士。二力士头部残损，肩挎帔帛，上身赤裸，下身着裙，内侧手下垂腰间，外侧手握拳上举，肌肉块状隆起，身体向右倾斜，跣足立于山石。

后石高151、宽116、侧宽25.5厘米，其外壁素面，内壁辟圆拱形龛（图HB4-3），龛高80、宽60厘米，分为上、下两部分。上部为一大龛，龛内高浮雕一佛二菩萨，尊像残损严重。佛结跏趺坐于亚字形束腰须弥座，似左手抚膝，右手上举，通高（含座）50厘米。二菩萨身挎帔帛，跣足立于长茎莲台，通高（含座）均23厘米。下部中间位置原刻铭文，左、右两侧均辟一竖长方形小龛，龛高20、宽11厘米，龛内浮雕一对侧面观跪姿供养人。二供养人朝向中部，左侧为男性，右侧为女性。

图HB4-3 博野兴国寺景龙四年（710）塔佛堂形塔身后石内壁佛龛及线描图

（照片由李静杰摄）

①《中国文物地图集·河北分册》，下册页507。

图HB4-4 博野兴国寺景龙四年（710）塔佛堂形塔身左石内壁佛龛（李静杰摄）

左石高151、宽63、侧宽16.5厘米，其外壁素面，内壁辟圆拱形龛（图HB4-4）。龛高78、宽50厘米，分为上、下两部分。上部为一大龛，龛内高浮雕一佛二菩萨，尊像残损严重。佛结跏趺坐于亚字形束腰须弥座，施禅定印，通高（含座）45厘米。二菩萨头系宝缯，身挎帔帛，跣足立于长茎莲台，通高（含座）分别为34、32厘米。下部为一横长方形小龛，龛内浮雕5位立姿男性供养人。供养人高均22厘米，着束腰长衫，微微侧身内向（右侧），今残损严重。小龛右侧原刻铭文。

右石高151、宽66.5、侧宽18厘米，其外壁素面，内壁辟圆拱形龛（图HB4-5）。龛高80、宽50厘米，分为上、下两部分。上部为一大龛，龛内高浮雕一佛二弟子，尊像残损严重。佛结跏趺坐于束腰须弥座，施禅定印，通高（含座）42厘米。二弟子跣足立于莲台，通高（含座）均30厘米。下部为一横长方形小龛，龛内浮雕5位立姿女性供养人。供养人高均23厘米，身着长裙，微微侧身内向（左侧），今残损严重。小龛左侧原刻铭文。

（2）第二至十五层平座式塔身四壁素面，宽度自下而上逐层略微收分。

3.塔檐及塔刹

塔檐宽度自下而上逐层略微收分。第一至十四层均作叠涩线脚式塔檐，第十五层作有脊盝顶式塔檐，盝顶上方置宝珠塔刹。塔檐四角残存悬挂铃铎的穿孔。

三、铭文

佛堂形塔身的后、左、右三石内壁原刻三则铭文，现根据实物并参照过去学界记载录文如下。

后石内壁佛龛下部的中间位置原刻一则铭文[①]，现已漫漶。

景龙四年岁次□□正月朔廿八日庚寅建

图HB4-5 博野兴国寺景龙四年（710）塔佛堂形塔身右石内壁佛龛（李静杰摄）

① 河北省文化厅编《河北文化艺术年鉴1989》，内部资料，1989年，页88。

立浮图。

左石内壁佛龛下部的小龛右侧，残存 3 列自左向右原刻的楷书铭文。

……□义远，远息□。/……□□定□，□息承耀。/……□远，义远息□。

右石内壁佛龛下部的小龛左侧，残存 5 列自左向右原刻的楷书铭文。

……□，女□娘……/□远妻程，女大娘。/定国妻赵，女仙质、去尘。/义远妻樊，女神都。/□远妻程，女□娘。

根据铭文内容可知，该塔是唐中宗景龙四年（710）正月二十八日，功德主□义远携妻子、儿女等合家亲属兴建。

HB5 号 保定市涞水县水北村唐先天元年（712）造像塔

一、基本情况

该塔位于涞水水北村麦田中，平面近方形，由基座、塔身、塔檐及塔刹组成，原作单层，通高约 200 厘米，现已佚失，仅存刘敦桢先生 1934 年 9—10 月拍摄的两张照片（图 HB5-1、HB5-2）[①]。过去学界对该塔略有关注[②]。

涞水唐时属河北道易州[③]。

二、构件及其图像

1.基座

作收分叠涩式平座，由方形石板自下而上收分叠涩三层。

2.塔身

佛堂形塔身由前、后、左、右四石板组合而成。

① 该塔信息均引自刘敦桢《河北省西部古建筑调查纪略》，载《刘敦桢文集》，第三册页 193。

② （清）缪荃孙《艺风堂金石文字目》卷 5：“《遒亭乡首望刘定国等造石塔记》，四面刻，魏英武正书，先天元年八月八日。在直隶涞水西北十八里石龟山。”载《石刻史料新编》第一辑，第二十六册页 19595、19596。傅增湘《藏园游记》卷 2《涞易游记》，北京：印刷工业出版社，1995 年，页 47。顾延培、吴熙棠主编《中国古塔鉴赏》，上海：同济大学出版社，1996 年，页 64。郭怡孮、郭绵孮主编《郭味蕖艺术文集》，北京：人民美术出版社，2008 年，上册页 140。

③《旧唐书》，第五册页 1513。《新唐书》，第四册页 1019。

前石外壁下部正中辟圆拱尖楣塔门，门洞作竖长方形。门洞上方有半圆形门额，两侧有立颊，下设门槛。门槛下方设地栿，地栿两端设门砧石。塔门两端楣角浮雕外翻花叶饰，楣拱内又浮雕出一层圆拱，阴线刻出一层尖楣。塔门两侧浮雕一对力士，二力士上身赤裸，下身着裙，肌肉块状隆起，跣足立于山石。左侧力士左手上举，右手叉腰，足踏卧兽，左脚微微抬起，重心置于右脚。右侧力士左手上举，右手下垂。

后石外壁情况不明，内壁辟尖拱形龛，龛内高浮雕一佛二菩萨。佛结跏趺坐于亚字形束腰须弥座，着右肩半披式袈裟，左手掌心向上置于左腿，右手上举施无畏印，具桃形头光和椭圆形身光。佛座覆帐，具单瓣仰莲底座，其束腰前壁似辟三壸门。二菩萨具桃形头光，身挎帔帛，上身赤裸，下身着裙，内侧手上举，外侧手下垂执帔帛，跣足立于圆形长茎仰莲台。

左、右二石情况不明，其外壁原刻铭文，内壁可能素面。

3.塔檐及塔刹

原存一层有脊盝顶式塔檐，其下部刻出两层方椽，上部刻出瓦垄与滴水。塔檐顶部置一块高9厘米的方砖，方砖之上置方形刹座。刹座四壁浮雕忍冬草叶，其上置覆钵。覆钵顶部圆孔内铆接刹珠。

图HB5-1 涞水水北村先天元年（712）塔

（引自《刘敦桢文集》第三册页162）

图HB5-2 涞水水北村先天元年（712）塔佛堂形塔身后石内壁佛龛

（引自《刘敦桢文集》第三册页162）

三、铭文

根据过去学界记录，佛堂形塔身四壁均刊刻铭文，记录造塔缘由和施主姓名。塔身前石外壁门楣左上方原刻楷书铭文，由魏英武撰写，据其内容可知该塔是唐玄宗先天元年（712）八月八日，遵亭乡首望刘定国率诸方道俗为“国王地主、师僧父母”发愿兴建。玄宗即位于睿宗延和元年（712）八月三日，并于同月七日改元为先天元年[①]。该塔建于改元后的第一天，就已使用“先天”年号，可见唐政府对地方的高效管治。塔身后石外壁补刻辽重熙六年（1037）重修铭文。据此推测，塔檐顶部方砖为重修时增补，以替代佚失的塔刹底座。

HB6号 保定市涿州市南定村出土唐代造像塔散石

一、基本情况

本实例为唐代佛堂形组合式造像塔的佛堂形塔身后石（图HB6-1），是涿州市文物保护管理所2010年征集于该市义和庄乡南定村，白石质，高115、宽90.5、侧宽12.5厘米[②]，具体年代不明，现陈列于涿州市博物馆。过去学界将该石误认作晚唐五代佛造像或清代造像碑[③]，未能准确辨识其年代和用途。

涿州旧称涿县，唐武德七年（624）改称范阳，属幽州都督府管辖的幽州，大历四年（769）置涿州[④]。

二、图像

该石后壁补刻铭文，前壁左、右两侧边缘分别刻出宽8、7.5厘米的狭窄凹槽，以与原初前方构件紧密拼合。前壁主体位置分为上、下两部分。

上部分辟两排尖拱形小龛，每排5个，共10个。小龛高15、宽11厘米，龛内均浮雕一佛。佛具桃尖形头光，结跏趺坐于莲座，着交领式、通肩式或袒右肩式袈裟，双手合

① （宋）司马光编著、（元）胡三省音注《资治通鉴》，北京：中华书局，1956年，第十四册页6674、6675。

② 本实例尺寸信息为笔者2017年1月7日实地调查所得。

③ 前引葛淑英《涿州市文物保管所藏晚唐五代佛造像》，页70、71。《古涿州佛教刻石》，页259—261。

④ 《旧唐书》，第五册页1517。《新唐书》，第四册页1020。《涿县志》，页20。

图HB6-1a 涿州南定村塔散石前壁

十、施禅定印或抚膝，其下方交替刻出覆莲座与仰莲座。

下部分辟一尖拱形大龛。大龛高73.5、宽53.5厘米，龛内高浮雕一佛二弟子，尊像面部残损。佛高肉髻，结跏趺坐于束腰须弥座，着右肩半披式袈裟，左手置于腹部且拇指与无名指相捻，右手上举胸前施无畏印，通高（含座）71.5厘米，其内区头光作素面圆形，外区头光作桃形火焰状，内区身光作素面椭圆形，外区身光作椭圆形火焰状。佛座覆帐，具仰莲底座，底座之上置多边形下枋。下枋之上收分叠涩三层花瓣，其上为多面体束腰。束腰三面辟圆形壶门，壶门内浮雕人面。二弟子着交领式袈裟，跣足立于长茎仰莲台，高分别为39.5、39厘米。左侧弟子面容苍老，微微朝向中部，双手合十胸前。右侧弟子左手垂于腹部并执念珠，右手搭在左手腕上。二弟子所立莲台皆由中央佛座生长而出。

图HB6-1b 涿州南定村塔散石前壁拓本

（引自《古涿州佛教刻石》页260）

三、铭文

前、后两壁刊刻四则楷书铭文，现根据实物录文如下。

1.前壁上部分上排自左向右第一至四个小佛龛的右侧，以及下排小佛龛的左、右两侧，刊刻十佛名号。

南无普意佛！南无普静佛！南无普光佛！ 南无普明佛！ /南无离垢佛！南无宝火佛！南无宝光佛！南无宝月佛！南无才光佛！南无无垢佛！

前壁下部分大佛龛的上额与左、右两侧刊刻楹联。

经声佛火

入门参礼黄金像，/进步皈依大法王。

2.后壁原刻铭文已被磨掉，现自左向右补刻1行题额与20列铭文。

万古流芳

大清国京都顺天府……永宁寺秉教义□，今为本州东北仁和乡各里沟汉人等，见在南定村居住，奉/□重修，会首郡显……从志，刘□□，田自美，罗显龙，王守珠，任得亮，张文利，邓有才，/李□福，刘大□，李天全，罗显行，刘□彦，罗显成，华守正，罗汝为，刘四方，刘进昌，/李朝思，□化□，罗天代，王□进，王守富，王朝相，王□荣，王育春，王中华，王三李，/王金斗，王世□，□□□，□进□，王□中，罗□绮，郑□锐，王任利，王万库，/崔良……罗天□，王天绪，王世福，罗万才，李朝桂，/施工□，□□□，□□□，王君□，刘□孝，邵应夆，张大利，武进忠，罗国荣，朱育明，/武进孝，□□……邵□，刘守让，李得仆，李逢山，王天受，刘应科，□文峯，/亢进才，刘□……刘□万，罗登贵，刘进虎，王进京，王宗喜，张养明（同“明”），冯克元，/王得□，王□□，王□□，□□忠，陈得民，王三淮，王世秀，郑际边，王进考，王应湖，/谷逢和，谷怀□，谷……王□喻，陈得金，王守本，王自让，王名顺，刘得官，王守先，/王应恺，王之杰，李从智，李□平，高福贵，赵□道□□门赵氏，李门李氏，苗次吾，罗□生，/翰林院张□□施银柒两……施……□拾、银□两，……渠洛黄玉□拾、银七两七钱，邓朝祖化银七两，/刘□□化银八两五钱五……□□银六两三钱，李朝□化银叁两五钱，田朝福化银四两七钱，/崔良化银五两□五分，李福、白

图HB6-2 涿州南定村塔散石后壁拓本

（引自《古涿州佛教刻石》页261）

氏化银[二]两[三]钱，□闻增化银四两七钱，化世俊施银五[千]，/化头□、化[昇]化银七两。/龙飞康熙二十年四月初八日……立，/权[当]成养。

管事□昌进、□守金、任得亮，香头罗显爱、田朝福，[写]账王□禄。

画匠王道立、杨贵林，住持僧[表荣]、来修，石匠张起奉。

在上述铭文右下方空白处，另自左向右补刻4列铭文。

大清乾隆二十二年岁次/丁□丑□修，/明□[六]莫化十[方]/□□人等。

该石前壁下部分大佛龛中，佛双臂与胸腹部的空间分离关系明确，造型与房山云居寺景云二年（711）塔（BJ2号）佛像接近，其年代应大体一致。根据该石宽与侧宽比例，参照房山云居寺唐塔可知，其原初所在佛堂形塔身由前、后、左、右四块石板组合而成。

该石后壁补刻清康熙二十年（1681）与乾隆二十二年（1757）铭文。从现存痕迹与书写风格判断，前壁上部分的十佛名号为唐代原刻。前壁下部分佛龛楹联的字体和书写风格，与后壁康熙二十年铭文一致，其中“经声佛火”一词最早出自明崇祯十六年（1643）《泉州开元寺志》①，还见于清初纳兰性德（1655—1685）词作《忆江南》②，故该铭文极有可能同为康熙二十年补刻。根据清代在该石前壁补刻楹联、后壁补刻助缘信徒人名等情况，推测原初造像塔早在康熙二十年前就已损毁，彼时将其改制成独立造像碑予以供奉。

HB7号 衡水市武邑县孙家村唐仪凤四年（679）马君起造像塔

一、基本情况

该塔仅存佛堂形塔身构件（图HB7-1），平面近方形，凤眼石质，由前、后二石块拼接而成（图HB7-2），组合后高105、宽78、侧宽82厘米③，系清咸丰五年（1855）出土于武邑孙家村附近水域，同治十一年（1872）十二月二十一日为深州知州吴汝纶、保定

① 《泉州开元寺志》：“犹赖为绵蕞所设之场，故经声佛火，不至全销也。”《大正藏》，第五十八册页52。

② （清）纳兰性德著、张草纫注评《纳兰性德词选·忆江南》：“天上人间俱怅望，经声佛火两凄迷。”上海：上海古籍出版社，2002年，页84—86。

③ 本实例尺寸信息为笔者2017年3月3日实地调查所得。

图HB7-1 武邑孙家村仪凤四年（679）塔佛堂形塔身构件

练军营官副将史济源访得，并委派军士于次日运抵深州孔庙东厢的孝子庙中[①]。深州孔庙又先后改作深州学宫、深州第一完全小学和深县一中[②]。

“七七事变”后、深县失陷前，深州第一完全小学教师孟宪纯先生担忧日寇盗掠此塔，便将其埋在学校院内，中华人民共和国成立后才重新挖出[③]。后来塔身造像和文字惨遭损坏，并被移至县文化馆保存，于 1982 年 7 月 23 日被列为省重点文物保护单位，又于 1997 年移置原深州市文物管理所办公地盈亿义仓内[④]，直至今日。

过去学界对该塔铭文十分关注[⑤]，多从书法角度予以阐释[⑥]，鲜有重视铭文内容、所

① （清）吴汝纶著、宋开玉整理《桐城吴先生日记》，石家庄：河北教育出版社，1999 年，下册页 643。

② 深州在 1913 年更名为深县，又在 1994 年撤深县建深州市。河北省地方志编纂委员会编《深县志》，北京：中国对外翻译出版公司，1999 年，页 59、60。

③ 孟宪纯事迹记录于 1985 年 2 月 15 日制作《“马君起造像碑”碑刻调查登记表》，记录者王凤立，深州市文物管理所提供。

④ 盈亿义仓位于深州市博陵路 107 号，现存建筑为清光绪二十四年（1898）所建，于 2013 年 3 月 5 日被列为全国重点文物保护单位。

⑤ （清）陆心源《唐文续拾遗》卷 13，台北：文海出版社，1979 年，页 146。（清）叶昌炽撰、柯昌泗评《语石·语石异同评》，北京：中华书局，1994 年，页 318。（清）陆增祥《八琼室金石补正》卷 38，载《石刻史料新编》第一辑，第六册页 4614、4615。国家图书馆善本金石组编《隋唐五代石刻文献全编》，北京：北京图书馆出版社，2003 年，第一册页 172、173。黄仲琴《唐马君起供养石浮图碑》，《国立中山大学图书馆周刊》1928 年第 2 卷第 1 期，页 4、5。《唐马君起造石浮图记》，《河北月刊》1935 年第 3 卷第 5 期，页 6。《深县唐马君起浮图记碑》，《冀察调查统计丛刊》1936 年第 1 卷第 3 期，页 5。北京图书馆金石组编《北京图书馆藏中国历代石刻拓本汇编》第 16 册，郑州：中州古籍出版社，1989 年，页 94。

⑥ 清人康有为称赞该塔铭文：“字里行间，姿态百出，诡制妙理，变化一新而不失六朝法度，猛龙之后未多见。钟司徒意外巧妙，绝伦多奇，于此有焉。”康氏另题有绝句，“异态新姿杂笔端，行间妙里合为难。谁人解作兰亭意，

在载体与图像间的关系，并将其出土地讹传为深州马官屯村，不少学者及当地政府将其误认作一种形式奇特的造像碑①。笔者撰有专文论述其相关问题②。

武邑唐时属河北道冀州③。

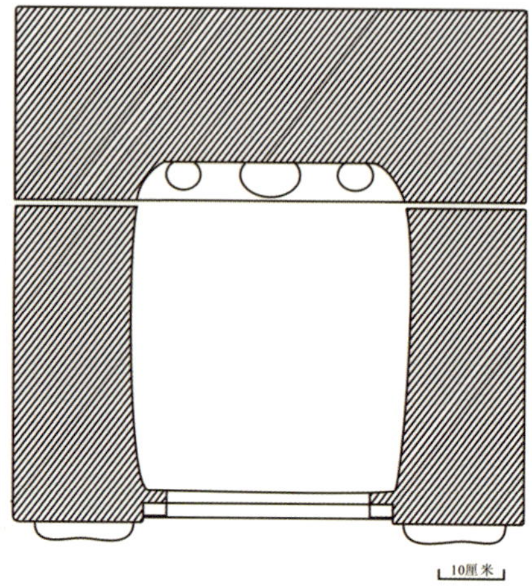

图HB7-2 武邑孙家村仪凤四年（679）塔佛堂形塔身平面图

二、构件及其图像

1.前石高105、宽78、侧宽52厘米，其左壁素面，右壁原刻铭文，前壁下部正中辟圆拱尖楣塔门（图HB7-3）。塔门通高70、宽38厘米，门洞作竖长方形，高38、宽31厘米。门洞上方有半圆形门额，两侧有立颊，下设门槛。门槛高4.5厘米，其两端设门砧石，门砧石高3、宽3、进深2厘米。

门楣左、右最宽处49.5厘米，其两端楣角浮雕外翻草叶饰。楣尖上方左、右两侧线刻人物并原刻铭文。左侧为帝王像，身旁有从者二人，持扇者二人。右侧为后妃像，身旁有从者二人，持扇者二人④。塔门两侧浮雕一对力士，二力士头系宝缯，肩挎帔帛，上身赤裸，下身着裙，内侧手上举胸前，外侧手下垂执帔帛，跣足立于山石，通高分别为29、27.5厘米。

2.后石高104、宽78、侧宽30厘米，其左、后两壁素面，右壁原刻铭文，前壁辟圆拱

君起浮图仔细看。”康有为《广艺舟双楫》，桂林：广西师范大学出版社，2016年，页373、374。晚清桐城派代表作家吴汝纶在其编撰的《深州风土记》中也称赞“记文完好，字画尤绝精，海内传宝之。”吴氏曾先后出任深州知州、冀州知州，其好友廉惠卿等人好买法帖，他即“告以买帖不如买碑，因同阅马君起《浮图记》”。吴汝纶《深州风土记》第11上“金石目”，清光绪二十六年（1900）文瑞书院本，页13。《桐城吴先生日记》，下册页649。

① 衡水地区地名办公室编《衡水地区地名资料人物风物简编》，衡水地区印刷厂，1983年，页191、192。河北省地名委员会办公室编《河北名胜志》，石家庄：河北科学技术出版社，1987年，页327—329。《深县志》，页423。《河北省文物保护单位通览》，页218、219。《河北历史地名集》，页440、441。深州市文化广电新闻出版局编《深州访碑录》，北京：北京时代华文书局，2014年，页1—3。

② 朱己祥《唐仪凤四年马君起造像塔考释》，《敦煌学辑刊》2018年第1期，页93—106。

③《旧唐书》，第五册页1504。《新唐书》，第四册页1016。

④《中国文物地图集·河北分册》，下册页670、671。

形龛（图HB7-4）。龛高 65、宽 33 厘米，分为上、下两部分。

上部分为一大龛，高 52.5 厘米，龛内高浮雕一佛二菩萨，尊像头部等处残损。佛结跏趺坐于束腰莲座，通高（含座）40 厘米，莲座束腰位置有四根珠节式蜀柱。二菩萨佩戴项圈、手镯，身挎帔帛，内侧手置于腰间，外侧手下垂执帔帛，跣足立于莲台，通高分别为 37、38 厘米。右侧菩萨右手另握桃心状摩尼宝珠。

下部分为左、中、右三壶门状小龛，小龛高 10 厘米，宽度依次为 13.5、16、15.5 厘米。左、右两小龛内浮雕一对侧面观蹲狮，双狮朝向中部，中间小龛内浮雕正面观坐姿裸体力士。力士左手撑地，右腿支起，以头部和右手扛举圆盘供物。

三、铭文

佛堂形塔身的前、右两壁原刻楷书铭文。

1.前石前壁门楣上方左侧、线刻帝王像右方原刻“天皇供養（养）”，门楣上方右侧、线刻后妃像左方原刻“天后（后）供養”。帝王像左下方原刻“马孝须书，王朙（同‘明’）立”，后妃像右下方原刻“文林郎马利徵文，/起（起）女勝（胜）、皃（儿）二勝/供養”。

图HB7-3 武邑孙家村仪凤四年（679）塔佛堂形塔身前石前壁及线描图

图HB7-4 武邑孙家村仪凤四年（679）塔佛堂形塔身后石前壁佛龛及线描图

2.前、后二石右壁自左向右分别原刻15列、9列铭文，二者前后相续为一篇，有横竖界格（图HB7-5）。现以国家图书馆藏铭文拓本为底本，参照实物录文如下，拓片与实物上均已无存的文字据《八琼室金石补正》《深州风土记》补入，并置于[ ]之内。

[原]夫鹫岳驰灵，马鸣阐三乗（乘）[之]㫖（旨）；鸡峯（同“峰”）诞粹，龙树彰十地之资。是以鴈（同“雁”）塔凌空，影/曌（照）日宫之宇；雀离架迥，模摽（标）绀殿之规。然则蔗（蔗，误，应作“鹿”）苑䟽（疏）流，导祥河于少海；嶜山发妙，/伍（同“低”）寳（同“宝”）树于王城。𨈬（圣）迹远而难徵，至道幽而频说，酌而不测，其在兹乎？爰有石浮图/主马君起，为亾（亡）考（考）妣之所立，其先扶风茂陵人，漢（汉）伏波将军、陇西郡守、新息侯援/之后。十一代祖远，字彦道，雍州大中𤴓（正）、金紫光（同“光”）禄大夫，因（同“因”）官封武邑郡𥎦（侯），子孙因/家焉，故今为县人也。昔门传两□，灵图[表]于射熊；代蕴三神，盛绩光于锡乐。谋深/豹略，英（英）声逸于铸铜；思察龙吟，令问興（兴）于纱帐。高祖游，后魏大将军、益州刺史，乗（乘）/轩抚俗，降瑞[鹿]于临淮，置水观风，格神珠于合浦。曽（同“曾”）祖和，齐四门博士，优游万卷，/沉思五车，杏壇（坛）倾[鲁]相之风，雾市擅（擅）张公

之则。祖贵，随（通“隋”）幽州蓟（蓟）县令，制锦宣功，鸣/琴賛（赞）务，量屈涵（涵）牛，道标驯鸜。父海，龙游乡长，农夫荷德，酾酒相（相）驩，田畯衔恩，牲（牲）祠/已罄（罄）。然则琼柯递（递）叆，玉叶（叶）相辉；拟杨氏之乘轮，比袁（袁）门之袭鼎。君起夙（夙）钦地蔵（同“藏”），早/敬天经。叹井藻（藻）之易凋，忾塘驹（驹）之难驻。弘（弘）心设福（福），建此（此）浮图。砻[斵]（斵）已终，彫镌（镌）始毕。/其地前聆赵（赵）瑟，艳曲仍奢；后聒燕哥（误，应作“歌”），悲风尚激。观津左（左）眺（眺），蔽日栖霞；通泽右临，歊/云引雾。对坟茔而搆（搆，同“构”）趾，蒿侄（同“径”）舍（误，应作“含”）悲；俯隧以疏基，棘（棘）心增（同“增”）痛。庻（同“庶”）使醍醐广润，慧炬高/縣（同“悬”）；重昏登夜晓之[光]，幽[阴]□[惠]舲之济。夫[法]從（从）言显，文由颂作；镇天街而永[安]，[侔]（以上刻于前石右壁）/[幽]坤而不铄。其词[曰]：日宫肇搆，月殿初[开]；鸡峯建宇，鹫嶽疏台；马鸣继㞢（之，误，应作“出”），/[龙]树潜来；鱼（鱼）灯广叆，鴈塔虚（虚）迴；实相空宗（寂），至真冥（冥）廓；慧炬烛幽，法音生铎；十地可/□，三乘不落；雀离今设，福哉（哉）攸博；猗欤令人，美（美）乎纯孝；痛深膝下，悲申庭（庭）教；衣锦/摧心，风枝毁貌（貌）；将酬冈（误，应作“罔”，同“罔”，通“无”）极（极），恕（误，应作“庶”）镌微效。

大唐仪凤四年歳（岁）次己卯（卯）三月辛（辛）巳朔（朔）廿六日景午，冀（冀）州武邑县东昌乡龙游里/[马]君起，妻刘。男（男）思静（静）上柱国，妻杨，男名振（振）、乹芝、挺振，女同姬（姬）。男思泰，妻国，/[妻张]，男元贞、懿贞，女齐。男思恭，妻苏，男文暕，女郡希，男徽钦。/[兄妻冯]，男义节、思慎。弟妻□，男玄昉、玄蹟（蹟）、玄揽。弟善師（师），妻刘，男定（定）汉/□□□□生等（等）合家供養（以上刻于后石右壁）。

铭文中异体、通假字多有使用，字句偶有讹误，存在避讳情况。其一，“道标驯鸜”中“鸜”疑作“雉”，“驯雉”为歌颂地方官施行仁政、泽及鸟兽的常用典故①，与文意相符。其二，参照“对坟茔而搆趾”可知，“俯隧以疏基”句中遗漏一字。其三，“廿六日景

① （刘宋）范晔撰、（唐）李贤等注《后汉书》卷25《卓鲁魏刘列传》：“（鲁恭拜中牟令）建初七年，郡国螟伤稼，犬牙缘界，不入中牟。河南尹袁安闻之，疑其不实，使仁恕掾肥亲往廉之。恭随行阡陌，俱坐桑下，有雉过，止其傍。傍有童儿，亲曰：‘儿何不捕之？’儿言：‘雉方将雏’亲瞿然而起，与恭诀曰：‘所以来者，欲察君之政迹耳。今虫不犯境，此一异也；化及鸟兽，此二异也；竖子有仁心，此三异也。久留，徒扰贤者耳。’”北京：中华书局，1965年，页874。（唐）房玄龄等撰《晋书》卷88《孝友列传》：“许孜少而敏学，礼备在三，驯雉栖其梁栋，猛兽扰其庭圃，居丧之礼，实古今之所难焉。”北京：中华书局，1974年，页2294。

午”中“景”原作“丙”，系避唐高祖李渊之父李昞同音之讳。

根据铭文内容可知，该塔是唐高宗仪凤四年（679）三月二十六日，原武邑县东昌乡龙游里马君起携家人为去世父母兴建[①]，铭文由文林郎马利徵撰文、马孝须书写。仪凤四年即调露元年，因改元时间在六月[②]，故立塔时仍称仪凤年号。马君起祖籍陕西扶风茂陵（今兴平东北），自称东汉伏波将军马援的后代，因十一代祖马远官封武邑郡侯，故举家乔迁至此。马君起的高祖马游曾任北魏大将军、益州刺史，曾祖父马和曾任北齐四门博士[③]，祖父马贵曾任隋幽州蓟县令，父亲马海是龙游乡长，他的儿子马思静则有上柱国勋号。铭文唯独没有交待马君起的生平，或是撰文者有意回避，马君起出身官僚之家，家境较为殷实，如此方有造塔的经济能力，但其人可能只是庶民。铭文还隐约透露了立塔方位，称“（其地）通泽右临……对坟茔而

图HB7-5 武邑孙家村仪凤四年（679）塔佛堂形塔身右壁铭文拓本

（引自《北京图书馆藏中国历代石刻拓本汇编》第十六册页94）

① 清人柯昌泗将本实例称作“唐马起造像”，他认为“马君起”中的“君”字为表示尊敬的助词，理解成“马君，名起”。然，塔身右壁铭文通篇称“马君起”2次、“君起”1次，仅塔门楣拱右侧铭文单独以“起”称呼。笔者认为“马君起”是造塔主的全名。《语石·语石异同评》，页318。

②《旧唐书》卷5《高宗本纪》：“（仪凤四年）六月辛亥，制大赦天下，改仪凤四年为调露元年。”第一册页104。

③ 四门博士设于北魏太和二十年（496），唐代置为正七品上职官，主管教七品以上文武官和侯伯子男的子弟，以及有才干的庶人子弟。《唐六典》，页560、561。《通典》，页768、1098。

搆趾”，可知距离马君起父母坟墓不远且毗邻河流，故该塔倾倒之后，其构件极有可能散落至附近水域，现存塔身恰是清咸丰五年在孙家村附近水域出土。另据“慧炬烛幽，法音生铎”推测，原初塔檐四角悬挂铃铎。

HB8 号 沧州市盐山县牛留寺唐代造像塔

一、基本情况

该塔原位于盐山贾牛村牛留寺，后来惨遭拆毁，其构件被用作垫猪圈、压墙角和盖厕所，2003 年在当地村民努力下得以复建（图HB8-1），佚失构件用新石材补齐，大体保持原初面貌[①]。该塔平面近方形，青石质，由基座、塔身、塔檐及塔刹组成，作密檐式结构，修复后作八级，具体年代不明。过去学界对该塔鲜有关注。

隋开皇十八年（598）改高城为盐山，唐时属河北道沧州[②]。牛留寺始建于金大定年间（1161—1189）[③]，传说金世宗完颜雍即皇帝位后下诏罢兵，金兵辎重车队行到此地，诏令将车、牛等物资馈送乡人，并建牛留寺以示纪念。其后，周围村庄多借“牛留寺”并冠以姓氏命名，如贾牛村、董牛村、姜牛村等。

二、构件及其图像

1.基座

作收分叠涩式平座，自下而上收分叠涩三层石板，均为修复时增补石件。

图HB8-1 盐山牛留寺塔

（引自网络）

① 本实例相关信息及图片引自http://andonglaowang.blog.163.com/blog/static/8448753220124161037852/.

② 《旧唐书》，第五册页 1507。《新唐书》，第四册页 1017。（民国）孙毓琇修、贾恩绂纂《盐山新志》，台北：成文出版社，1976 年，页 63。

③ （清）朱鸾鶱修、钱国寿纂《盐山县志》卷 4，哈佛大学汉和图书馆藏清康熙刻本，页 3。河北省地方志编纂委员会编《河北省志·宗教志》，北京：中国书籍出版社，1995 年，页 78。

2.塔身

（1）第一层佛堂形塔身由前、后二石块组合而成。前石为修复时增补石件。推测原初前石前壁下部正中辟塔门，塔门两侧浮雕力士或天王。塔门上方浮雕正面观兽头。

图HB8-2 盐山牛留寺塔佛堂形塔身后石前壁佛龛（引自网络）

后石高约90、宽60、侧宽30厘米，于2009年12月8日凌晨被盗（图HB8-2）。后石前壁辟龛，龛下部为一基台，基台上方高浮雕一佛二弟子二菩萨。佛高肉髻，结跏趺坐于圆形束腰莲座，着右肩半披式袈裟，左手施无畏印，右手抚膝，具桃形头光。佛左、右两侧为二弟子，二弟子着交领式袈裟，袖手跣足立于长茎莲台。二弟子外侧为二菩萨，二菩萨具桃形头光，身挎帔帛，上身赤裸，下身着裙，内侧手上举胸前似执束莲，外侧手情况不明，跣足立于长茎莲台。弟子、菩萨所立莲台均由中央佛座生长而出。基台前壁中部浮雕香炉，左、右两端似浮雕跪姿供养人。后石左壁上部辟一尖拱形小龛，小龛分为上、下两部分。上部龛内浮雕一佛二菩萨，佛结跏趺坐。下部龛内似浮雕二蹲狮及供物。

（2）第二至八层平座式塔身宽度自下而上逐层略微收分，其前、左两壁均辟尖拱形小龛，右、后两壁情况不明。第八层塔身为修复时增补石件。

3.塔檐及塔刹

修复后共有七层叠涩线脚式塔檐，其宽度自下而上逐层略微收分。第一层塔檐为修复时增补石件，第七层塔檐组合位置有误。

塔刹置于第八层塔身之上，具圆形刹座与葫芦形刹珠，为修复时增补石件。

该塔佛像面部饱满，双臂与胸腹部的空间分离关系明确，两侧菩萨呈S形三曲式姿态，从造型上判断符合盛唐时期特征。

HB9 号 邢台市邢台县南贾乡村唐垂拱二年（686）造像塔

一、基本情况

该塔位于邢台南石门镇南贾乡村南，平面近方形，青石质，由基座、塔身、塔檐及塔刹组成，作密檐式结构，现存七级，通高 460 厘米（图HB9-1）[①]，在河北省第三次文物普查期间被发现，2013 年 5 月 3 日被列为第七批全国重点文物保护单位。过去学界对该塔仅有简略记录[②]，未见著录塔上铭文。据村民王爱俭等人回忆，该塔所在地俗称“双塔岭”，其北侧原有另一座同类造像塔，后者现已片石无存。

邢台又称邢州，置于隋开皇十六年（596），唐武德元年（618）改为钜鹿郡，乾元元年（758）复称邢州，属河北道[③]。

二、构件及其图像

1.基座

作整石平座，其底部先刻出一层下枋。下枋高 15 厘米，宽与侧宽均 140 厘米，其上再内收雕刻一层双瓣覆莲下枭。下枭高 19 厘米，宽与侧宽均 107 厘米，其上再刻出一层线脚，顶部刻出浅方形凹槽。凹槽尺寸略大于上方塔身，使基座与塔身紧密拼合。

2.塔身

（1）第一层佛堂形塔身由前、后两石块组合而成。前石高 114、宽 80.5、侧宽 43 厘米，其左、右两壁刊刻铭文，前壁下部正中辟圆拱尖楣塔门（图HB9-2），塔门通高 96、宽 38.5 厘米。门洞作竖长方形，高 33、宽 28.5 厘米，其上方浮雕两个方形门簪与半圆形门额。塔门两侧有立颊，下设门槛，门槛高 4.5 厘米。门楣左、右最宽处 61.5 厘米，

---

① 本实例尺寸信息为笔者 2016 年 12 月 1 日实地调查所得。

② 中国人民政治协商会议邢台县委员会编《邢台县历史文化遗存》，石家庄：河北人民出版社，2011 年，页 196。邢台县地方志编纂委员会编《邢台县志 1979—2009》，石家庄：河北人民出版社，2012 年，页 632。河北省文物局编《河北省第三次全国文物普查重要新发现：古建筑》，北京：科学出版社，2015 年，页 276。

③《旧唐书》，第五册页 1499、1500。《新唐书》，第四册页 1013、1014。（清）戚朝卿等纂修《邢台县志》，台北：成文出版社，1969 年，页 58、59。

图HB9-1 邢台南贾乡村垂拱二年（686）塔

两端楣角浮雕外翻草叶饰，楣拱内原初似有雕刻。塔门两侧雕刻外凸的山石，分别高 9.5、宽 22 厘米，高 10、宽 21 厘米。山石上浮雕一对正面观蹲狮和力士，均残损严重。二力士肩挎帔帛，下身着裙，跣足而立。

后石现已被盗。根据被盗前拍摄照片及相关记录可知，后石右、后、左三壁刊刻铭文，前壁辟龛，龛内高浮雕一佛二菩萨（图HB9-3），尊像具桃形头光，其头部、手臂等处残损。佛高肉髻，结跏趺坐于圆形束腰莲座，着右肩半披式袈裟，左手上举，右手抚膝。二菩萨肩挎帔帛，上身赤裸，下身着裙，内侧手上举执莲花，外侧手下垂执帔帛，跣足立于长茎莲台。佛座覆帐，其束腰位置雕刻四根蜀柱，二菩萨所立莲台均由中央佛座生长而出。

（2）现存四层平座式塔身，其宽度自下而上逐层略微收分，四壁线刻缠枝花卉。

3.塔檐及塔刹

现存七层无脊盝顶式塔檐，塔檐下方刻出叠涩层线脚，上方阴线刻出瓦垄，宽度自下而上逐层收分 6、7 厘米。塔檐四角残存悬挂铃铎的穿孔（图HB9-4）。其中，第一至三层塔檐叠涩出檐四层，第四至六层塔檐叠涩出檐三层。第七层塔檐为后世修复时增补石件，其上置方形仰莲刹座。刹座四角雕刻上吻翻卷的摩羯鱼，其上置葫芦形刹珠，刹珠为后世用水泥修制。此外，第一、二层以及六、七层塔檐间原初应置平座式塔身，现已佚失。

图HB9-2 邢台南贾乡村垂拱二年（686）塔佛堂形塔身前石前壁及线描图

（照片引自《河北省第三次全国文物普查重要新发现：古建筑》页 276）

三、铭文

佛堂形塔身的前石右、左两壁，自左向右分别刊

图HB9-3 邢台南贾乡村垂拱二年（686）塔佛堂形塔身后石前壁佛龛

（引自《河北省第三次全国文物普查重要新发现：古建筑》页276）

刻楷书铭文，现根据实物录文如下。

1.前石右壁原刻铭文，有横竖界格，尚能辨识出 4 列。

大唐埀（垂）拱二年……/盖闻照（照）穷生□□行其□□□……/□怡冲□……/之表有其㓛（功）□……。

2.前石左壁补刻铭文，残存 4 列。

乃□香村西南□□……/重立石浮图一所。维郍（那）头……/□□王□、王□、王维、王朔（朔）□……/刘靖、王在、张小□、郭延、郭□□□……。

图HB9-4 邢台南贾乡村垂拱二年（686）塔檐角穿孔

根据前石右壁铭文内容可知，该塔兴建于唐垂拱二年（686），彼时睿宗虽然在位，实则由武则天把控朝政。参照河北省人民政府 2014 年 12 月 6 日所立《全国重点文物保护单位：南贾乡石塔》碑文可知，塔身前石左壁铭文补刻于明熹宗天启年间（1621—1627），原初佛堂形塔身后石后壁亦补刻“大明万历陆年（1578）仲秋吉旦重修”铭文。因此，该塔曾于明万历六年与天启年间前、后两次修缮。

HB10 号 邢台市开元寺出土唐代造像塔散石

一、塔檐与平座式塔身构件

邢台开元寺创建于唐玄宗开元年间（713—741）[①]。2016 年 12 月 1 日，笔者实地考察该寺时，在天王殿左侧花圃内发现一块唐代造像塔散石（图HB10-1）。该石平面近方形，青石质，由上、下两部分组成，具体年代不明。

上部为一层叠涩线脚式塔檐，通高 18.5、残宽 64 厘米，“挑三收二”、正反叠涩五层，为唐代佛堂形组合式造像塔的常见塔檐作法。塔檐顶部刻出浅方形凹槽，凹槽宽与侧宽

①《邢台县志》，页 759。

图HB10-1 邢台开元寺出土唐代造像塔塔檐构件（侧视与俯视）

均38.5厘米，使其与原初上方构件紧密拼合。下部为一层平座式塔身，高8、宽38.5厘米，其四壁素面。

二、疑似佛堂形塔身构件

2002年开元寺平整院落时曾出土一件造像残石（图HB10-2），青石质，残高34、宽39.5、侧宽19厘米[①]，具体年代和收藏地不明。

该石前壁辟圆拱形龛，龛内高浮雕一佛二弟子二菩萨，尊像头部等处残损。佛高肉髻，结跏趺坐于圆形束腰仰覆莲座，着右肩半披式袈裟，其左手上举，右手抚膝。佛座覆帐，具鼓珠状束腰。佛左、右两侧为二弟子，二弟子着双领下垂式袈裟，内着僧祇支，袖手跣足立于莲台。二弟子外侧为二菩萨，二菩萨均佩戴项圈、臂钏，上身赤裸，下身着裙，内侧手上举执莲花，外侧手下垂执帔帛，跣足立于莲台。

从残存痕迹判断，该石原初作竖长方形。一方面，佛像颈刻三道卧蚕纹，胸部肌肉略微隆起，双臂与胸腹部的空间分离关系较为明确，菩萨腹部略微隆起，未呈现S形三曲式姿态，从造型上判断接近初唐晚期特征，过去学界将其界定为北朝造像龛残件显然有误。另一方面，佛、弟子、菩萨的造型和组合，与北京石刻艺术博物馆藏河北出土长安四年（704）塔散石（HB32号）基本相同。考虑到该石宽度与上述平座式塔身接近，邢台亦为河北佛堂形组合式造像塔的发展中心，推测其可能为同类造像塔的佛堂形塔身后

① 冀金刚、赵福寿《邢台开元寺金石志》，北京：国家图书馆出版社，2013年，页28、29。

图HB10-2a 邢台开元寺出土疑似唐塔散石

（引自《邢台开元寺金石志》页 29）

图HB10-2b 邢台开元寺出土疑似唐塔散石线描图

石。2016年7月2日与12月1日，笔者曾前后两次赴邢台实地调查，始终未能得见原物，难以做进一步判断，暂且存疑。

HB11号 邢台市隆尧县安乐寺唐垂拱元年（685）造像塔

一、基本情况

安乐寺位于隆尧北楼乡景福村北，其遗址内原初树立东、西两座唐代佛堂形组合式造像塔。双塔平面近方形，由基座、塔身和塔檐组成，作密檐式结构，均在后来惨遭推倒，其构件遗失殆尽。过去学界对双塔仅有简略记录①。东侧造像塔即为本实例，原存七级。

隆尧唐时属河北道赵州②。安乐寺始建年代不明，遗址内出土有唐高宗上元元年（674）造像碑③，可知其始建年代不晚于上元元年。

二、构件及其图像

根据过去学界记录，该塔的佛堂形塔身由前、后二石块组合而成。前石前壁下部正中辟圆拱尖楣塔门，塔门两侧浮雕一对力士。塔檐原存七层，均作叠涩线脚式，七层塔檐间置六层平座式塔身，二者宽度均自下而上逐层略微收分。平座式塔身四壁辟尖拱形小佛龛。

三、铭文

塔门上方原刻"大唐垂拱元年（685）七月十五日比丘智□供养"铭文，可知该塔是垂拱元年七月十五日比丘尼智□发愿兴建，彼时睿宗虽然在位，实际却由武则天把控朝政。

---

① 张稼农《河北隆尧县发现唐代石碑及石塔》，载《文物工作报导》，《文物参考资料》1956年第2期，页68。张稼农《安乐寺遗址》，载中国人民政治协商会议隆尧县委员会编《隆尧文史资料选辑》第三辑，内部资料，1997年，页110。

②（清）袁文焕等纂修《隆平县志》，台北：成文出版社，1969年，页56。

③ 该碑由唐太宗李世民第十子、邢州刺史、上柱国纪王慎于上元元年七月十五日敬造，碑文原刻《观无量寿佛经》一卷。前引张稼农《河北隆尧县发现唐代石碑及石塔》，页67。

HB12 号 邢台市隆尧县安乐寺唐代造像塔

一、基本情况

该塔原位于隆尧景福村安乐寺遗址西侧，与东侧垂拱元年（685）造像塔（HB11 号）并列成对，原存六级（图HB12），具体年代不明。

二、构件及其图像

根据 1956 年拍摄照片可知，该塔的佛堂形塔身由前、后二石块组合而成。前石前壁下部正中辟圆拱尖楣塔门，塔门两侧浮雕一对力士。塔檐原存六层，均作叠涩线脚式，六层塔檐间置五层平座式塔身，二者宽度均自下而上逐层略微收分。平座式塔身四壁辟

图HB12 隆尧安乐寺塔

（引自张稼农《河北隆尧县发现唐代石碑及石塔》页 68）

尖拱形小佛龛。

该塔形制和结构与同寺东侧垂拱元年塔（HB11 号）完全相同[①]，其年代应大体一致。

HB13 号 邢台市隆尧县南汪店村武周证圣元年（695）张君造像塔

一、基本情况

该塔原位于隆尧北楼乡南汪店村内，平面近方形，青石质，由基座、塔身和塔檐组成，作密檐式结构，原存三级，通高 150 厘米，1981 年移置隆尧县碑刻馆，现已佚失。过去学界对该塔铭文已有关注[②]。

南汪店村以北约 1.2 公里即为景福村，景福村安乐寺遗址内曾发现两座同类唐代造像塔（HB11、HB12 号）。

二、构件及其图像

根据过去学界记录，该塔的佛堂形塔身由前、后二石块拼接而成，组合后高 80、宽 54 厘米[③]。塔身前石前壁辟圆拱尖楣塔门，其两侧浮雕一对力士。后石前壁辟龛，龛内浮雕一佛二弟子二菩萨。

三、铭文

在佛堂形塔身的前、后二石右壁，自左向右分别原刻 8 列、12 列楷书铭文，二者前后相续为一篇。根据学界刊布拓本（图HB13）尺寸可知，原初佛堂形塔身侧宽约 56 厘米[④]，现录文如下。

寻闻名言本寂，三界伫流布之因；说聽（听）兼（兼）忘，四辩资弘福之□。战（同

---

① 前引张稼农《河北隆尧县发现唐代石碑及石塔》，页 67、68。

② 吴刚主编《全唐文补遗》第 7 辑，西安：三秦出版社，2000 年，页 225。陈尚君辑校《全唐文补编》，北京：中华书局，2005 年，页 1645。

③ 本实例所有尺寸信息引自《中国文物地图集·河北分册》，下册页 720、721。

④ 陆和九（1883—1958）旧藏，高 69、宽 56 厘米。《北京图书馆藏中国历代石刻拓本汇编》，第十八册页 66。

图HB13 隆尧南汪店村证圣元年（695）塔铭文拓本

（引自《北京图书馆藏中国历代石刻拓本汇编》第十八册页 66）

"故"）/龍（龙）宫密藏，蕴妙无边；贝茱（叶）遗文，传芳未泯（泯）。况乃化成凝（凝）百（旨），□宅真/筌；跨十寶而曾（同"曾"）臨（临），登四衢而广运。自非栖心妙觉，想像（像）维摩；然后/脱（脱）落尘峯（同"峰"），淹流净土（土）。曾祖讳徽（徽），隋（隋）

任鄘州公曺（同“曹”）。祖讳㞢（出），唐任本州/録事，并风神明敏，雅调雍容，含璋挻（挺）生，瓌（同“瑰”）材秀出，架潘江而积浪，/腾郭水而攒漪，玉振（振）犹传，金聲（声）未歇（歇）。父讳隽，学优十哲（哲），入孔室以/研精，业劭（劭）七贤，播（播）晋（晋）朝而字德（德）。岂谓百𠡦（年）超（超）忽，寸晷先移；积善无/徵，运飈俄渡（渡）。嗣（嗣）子魏（魏）收、进楚（楚），魏哲、进前，谢庄。□早违嚴（严），□缠风（以上刻于前石右壁）/树之哀；前夺慈颜，倍切寒泉之慕。霜露之感，随𡆠（日）𠥱（月）而逾深；荼蓼/之悲，终𠀑（天）埊而弥（弥）痛。爰（爰）凭帝石，備（备）寫（写）真形；流漢（汉）梦之金容，转吴僧/之寶（同“宝”）座（座）。尔（同“尔”）其银葩（葩）曉（晓）朕，如游不灭之墟（墟）；玉刹晨（晨）霏，似入无为之境。/祥河胶（通“皎”）洁，寶树芳菲；耀慧𡆠于康衢，荫法云于真际。丰姿实相，雀/离未足（足）比其研；壮觀（观）规模，鴈（雁）塔无以□其麗（丽）。爰疏翠（翠）琰，以勒（勒）玄功（功）；/凭五演（演）之坚心，經（经）万祀而长劭。其词曰：

乹（同“乾”）判玄黄，坤承清浊；一气三才，千名万族（族）；壑從（从）舟徙（徙），箭移湍速；至/理幽凝，玄风无渎；其一。雍雍穆（穆）穆，惟祖惟父；将辞（辞）戚里，远從𠀑府；光/焕金容，峥嵘玉宇；𡆠为则，瞻〇（星）为矩；其二。雀离峻启，鴈塔凝辉；内/融丹臒，外聳（耸）□□；银葩曉散，玉树晨霏；不昧不皦，无是无非；其三。

比丘尼（尼）素（素）姬，比丘尼如藏。大周𢘑（证）𨲢（圣）元𠡦七𠥱十五𡆠。张君浮啚（图）。/收妹恒娥、隱（隐）𠥱、□娘（以上刻于后石右壁）。

铭文中异体、通假字多有使用，存在避讳情况。如“贝桒（叶）遗文，传芳未泯（泯）”句中，“叶（葉）”写作“桒”“泯”写作“泯”，均为避唐太宗李世民之讳而改写。铭文中多处使用武则天所造新字，如𠡦（年）、𡆠（日）𠥱（月）、𠀑（天）、埊（地）、𢘑（证）、𨲢（圣）等。

根据铭文内容可知，该塔是武周证圣元年（695）七月十五日功德主为亡父发愿兴建。功德主张君可能名魏收，共同参与者还有其弟魏哲、妹恒娥，以及比丘尼素姬等人。张君曾祖官居隋鄘州公曹，祖父官居本州录事，其父也是富有声名的博学之士。铭文唯独没有交待张君生平，或许是撰文者有意回避，他出身于下层官吏之家，家境颇为殷实，如此方有造塔的经济能力，但其人可能只是庶民。

HB14 号 邢台市隆尧县福胜寺唐代造像塔

一、基本情况

该塔原位于隆尧北楼乡南汪店村南唐福胜寺遗址内，在寺院东北百余步道旁，平面呈方形，青石质，由基座、塔身和塔檐组成，作密檐式结构，原存七级，具体年代不明，于 1981 年移置隆尧碑刻馆，现仅存四级（图HB14-1），通高 213 厘米[①]。过去学界对该塔仅有简略记录[②]。

图HB14-1 隆尧福胜寺塔

福胜寺始建年代不明。

二、构件及其图像

1.基座

现已佚失，根据过去学界记录可知，其上原初雕刻莲瓣。

2.塔身

（1）第一层佛堂形塔身由前、后二石块组合而成。前石高 109、宽 80、侧宽 42 厘米，其左、右两壁素面，前壁下部正中辟圆拱尖楣塔门（图HB14-2），塔门通高 82.5、宽 43.5 厘米。门洞作竖长方形，高 39、宽 32.5 厘米，其上方有半圆形门

① 本实例尺寸信息为笔者 2017 年 1 月 16 日、8 月 25 日实地调查所得。

② 张稼农、马彦华《隆尧南汪店发现唐代福胜寺遗址的石刻》，载《文物工作报导》，《文物参考资料》1956 年第 7 期，页 72、73。《山东佛教史迹》，页 393。《中国文物地图集·河北分册》，下册页 721。

图HB14-2 隆尧福胜寺塔佛堂形塔身前石前壁及线描图

额，两侧有立颊，下设门槛。门槛高 5.5、进深 7 厘米，其两端设门砧石，门砧石上置蹲狮。门楣左、右最宽处 55 厘米，两端楣角浮雕外翻草叶饰。塔门两侧浮雕一对力士，二力士头系宝缯，身挎帔帛，上身赤裸，下身着裙，跣足立于山石。左侧力士左手叉腰，右手上举，脚下山石残损。右侧力士左手上举，右手下垂执帔帛。门楣上方左、右两侧浮雕一对侧面观飞天，二飞天身挎帔帛，作俯冲姿态，朝向外侧，其下方烘托云朵。后石早已被盗，现垒以砖块。后石前壁原初辟龛，龛内高浮雕一佛二弟子二菩萨，具体情况不明。

（2）第二至四层平座式塔身宽度自下而上逐层略微收分，其四壁素面，宽与侧宽相同，依次为 76.5、71、64 厘米。

3.塔檐

塔檐现存三层，均作叠涩线脚式，“挑三收二”、正反叠涩五层，宽度自下而上逐层略微收分。第一层塔檐宽与侧宽均 105 厘米，第二层塔檐残宽 80、侧宽 99.5 厘米，第三层塔檐宽与侧宽均 90 厘米。同时，第一层佛堂形塔身与第二层平座式塔身间原初应置塔檐，现已佚失。

该塔的外翻草叶饰楣角造型，与武邑孙家村仪凤四年（679）塔（HB7 号）基本相同。塔门两侧力士身形匀称，未呈现夸张的倾斜姿态，肌肉块状隆起不明显，造型也与后者力士接近。综合判断，该塔年代为 7 世纪晚期的可能性最大。

HB15 号 邢台市隆尧县石佛寺唐代造像塔

该塔原位于隆尧北楼乡尚礼村东约百米的石佛寺遗址内，平面近方形，青石质，具体年代不明，其佛堂形塔身由前、后二石块组合而成，1986 年移置隆尧碑刻馆时仅存后石[①]，现已佚失。后石高 60、宽 47、侧宽 23 厘米，其前壁辟龛，龛内高浮雕一佛二弟子二菩萨，左壁或右壁原刻 6 列铭文，满列 20 字。过去学界对该塔鲜有关注。

尚礼村以南约 8.4 公里即为景福村，景福村安乐寺遗址发现两座同类唐代造像塔（HB11、HB12 号）。石佛寺另出土有唐神龙二年（706）造像碑、明成化二十三年（1487）《重修石佛寺记》碑、明弘治十三年（1500）《唐山县尚里村石佛寺重修殿宇记》碑、清乾隆十九年（1754）《重修石佛禅寺碑》等[②]。根据诸碑铭文内容可知，石佛寺可能早在唐神龙二年就已创立，明、清时期历经多次修缮[③]。

HB16 号 邢台市隆尧县良村武周证圣元年（695）造像塔

该塔原位于隆尧大霍乡良村，平面近方形，青石质，其佛堂形塔身由前、后二石块拼接而成，组合后高 90、宽 60 厘米。塔身左壁原刻 7 列楷书铭文，据铭文内容可知该塔兴建于武周证圣元年（695）[④]。前石前壁辟圆拱尖楣塔门，塔门两侧浮雕一对力士。后石前壁辟龛，龛内高浮雕一佛二弟子二菩萨。过去学界对该塔鲜有关注。

---

① 本实例尺寸信息引自《中国文物地图集·河北分册》，下册页 722。

② 诸碑现藏隆尧碑刻馆，笔者 2017 年 1 月 16 日、8 月 25 日实地调查。

③ 戴建兵编《隆尧碑志辑要》，天津：天津人民美术出版社，2016 年，页 32—38、108—109、118—120、211—214。张明《隆尧县石佛寺调查》《大众文艺》2016 年第 20 期，页 36。

④ 本实例尺寸信息引自《中国文物地图集·河北分册》，下册页 720。

2017 年 1 月 16 日、8 月 25 日，笔者曾两次前往隆尧实地调查。承蒙县文物保护管理所李方所长告知，该塔现已不存，构件佚失。

HB17 号 邢台市隆尧县西张村唐代造像塔

该塔原位于隆尧县隆尧镇西张村东二百米，平面近方形，青石质，具体年代不明，其佛堂形塔身由前、后二石块拼接而成，组合后高 100、宽 96 厘米[①]。前石前壁辟圆拱尖楣塔门，塔门两侧浮雕一对力士，门楣上方左、右两侧浮雕一对飞天。后石前壁辟龛，龛内高浮雕一佛二弟子二菩萨。过去学界对该塔鲜有关注。

2017 年 1 月 16 日、8 月 25 日，笔者曾两次前往隆尧实地调查。承蒙县文物保护管理所李方所长告知，该塔现已不存，构件佚失。

HB18 号 邢台市隆尧县魏家庄村唐代造像塔

该塔原位于隆尧魏家庄镇魏家庄村内，平面近方形，青石质，具体年代不明，其佛堂形塔身由前、后二石块组合而成。后石高 75、宽 48、侧宽 25 厘米[②]，其前壁辟龛，龛分为上、下两部分，上部分高浮雕一佛二弟子二菩萨，下部分浮雕二蹲狮及供物。过去学界对该塔鲜有关注。

魏家庄村以北四五 公里即为西张村，西张村曾出土同类唐代造像塔（HB17 号）。2017 年 1 月 16 日、8 月 25 日，笔者曾两次前往隆尧实地调查。承蒙县文物保护管理所李方所长告知，该塔现已不存，构件佚失。

① 本实例尺寸信息引自《中国文物地图集·河北分册》，下册页 721。

② 本实例尺寸信息引自《中国文物地图集·河北分册》，下册页 724。

HB19号 邢台市隆尧县赵孟村唐代造像塔

该塔原位于隆尧魏家庄镇赵孟村西北200米处，平面近方形，青石质，具体年代不明，其基座作束腰须弥座，高40厘米，束腰位置雕刻力士①。佛堂形塔身由前、后二石块拼接而成，组合后高110、宽76厘米。前石前壁辟塔门，塔门上方浮雕涅槃图像，塔门两侧浮雕一对力士。后石前壁辟龛，龛内高浮雕一佛二弟子二菩萨。过去学界对该塔鲜有关注。

赵孟村西南约3.8公里即为魏家庄村，魏家庄村曾出土同类唐代造像塔（HB18号）。2017年1月16日、8月25日，笔者曾两次前往隆尧实地调查。承蒙县文物保护管理所李方所长告知，该塔现已不存，构件佚失。

HB20号 邢台市隆尧县碑刻馆藏唐代造像塔散石之一

一、基本情况

本实例为唐代佛堂形组合式造像塔的佛堂形塔身后石（图HB20–1、图HB20–2），作竖长方形，青石质，隆尧出土，高86、宽64、侧宽39厘米，具体年代和出土地不明，现藏隆尧碑刻馆②。

过去学界对该石鲜有关注③。

二、图像

该石右、后、左三壁素面，前壁辟圆拱形龛，龛高58.5、宽33厘米，分为上、下两部分。上部分高46.5厘米，龛内高浮雕一佛二菩萨，尊像头部、手臂等处残损。佛结跏趺

① 本实例尺寸信息引自《中国文物地图集·河北分册》，下册页721。

② 本实例尺寸信息为笔者2017年1月16日、8月25日实地调查所得。

③ 前引朱己祥《唐仪凤四年马君起造像塔考释》，页99、100。

图HB20-1　隆尧碑刻馆藏唐塔散石之一

图HB20-2 隆尧碑刻馆藏唐塔散石之一线描图（郑佩玉绘）

坐于圆形束腰莲座，着裹身垂领式袈裟，左手上举，右手抚膝，其内区头光作圆形并雕刻莲瓣，外区头光作桃形火焰纹，通高（含头光与莲座）40 厘米。佛座覆帐，其束腰位置原初雕刻四根珠节式蜀柱，现残存两根。二菩萨佩戴项圈、手镯和璎珞，身挎帔帛，上身赤裸，下身着裙，内侧手上举胸前，外侧手下垂执帔帛，跣足立于莲台，高均 25 厘米。

下部分高 9 厘米，其中部浮雕一正面观坐姿裸体力士，力士左手撑地，右腿支起，以头部和右手扛举圆盘供物。力士左、右两侧浮雕一对朝向中部的侧面观蹲狮。

该石佛龛分为上、下两部分，佛、菩萨、力士与蹲狮的造型和组合，与武邑孙家村仪凤四年（679）塔（HB7 号）相同，其原初所在造像塔年代为 7 世纪晚期的可能性最大。根据该石宽与侧宽比例，参照关系密切同类造像塔可知，原初佛堂形塔身由前、后二石块组合而成。

HB21 号 邢台市隆尧县碑刻馆藏唐代造像塔散石之二

一、基本情况

本实例为唐代佛堂形组合式造像塔的佛堂形塔身后石（图HB21），作竖长方形，青石质，隆尧出土，高 85、宽 59.5、侧宽 26 厘米[①]，具体年代和出土地不明，现藏隆尧碑刻馆。过去学界对该石鲜有关注[②]。

① 本实例尺寸信息为笔者 2017 年 1 月 16 日、8 月 25 日实地调查所得。

② 前引朱己祥《唐仪凤四年马君起造像塔考释》，页 99、100。

二、图像

该石右、后、左三壁素面，前壁辟圆拱形龛。龛高60、宽45厘米，其边缘凸起，分为上、下两部分。上部分高46厘米，龛内高浮雕一佛二菩萨，尊像头部等处残损。佛具桃形头光，结跏趺坐于圆形束腰莲座，着袒右肩式袈裟，左手上举，右手抚膝，通高（含头光与莲座）39厘米，其莲座束腰位置原初雕刻四根珠节式蜀柱，现残存两根。二菩萨佩戴项圈和璎珞，身挎帔帛，上身赤裸，下身着裙，内侧手上举胸前，外侧手下垂执帔帛，跣足立于莲台，高均24厘米。

图HB21 隆尧碑刻馆藏唐塔散石之二

下部分高9厘米，其中部浮雕一正面观坐姿裸体力士，力士左手撑地，右腿支起，以头部和右手扛举圆盘供物。力士左、右两侧浮雕一对朝向中部的侧面观蹲狮。

该石佛龛分为上、下两部分，其佛、菩萨、力士与蹲狮的造型和组合，与同馆所藏唐塔散石之一（HB20号）几无二致，亦与武邑孙家村仪凤四年（679）塔（HB7号）相同，故其原初所在造像塔年代为7世纪晚期的可能性最大。根据该石宽与侧宽比例，参照关系密切同类造像塔可知，原初佛堂形塔身由前、后二石块组合而成。

HB22号 邢台市隆尧县碑刻馆藏唐代造像塔散石之三

一、基本情况

本实例为唐代佛堂形组合式造像塔的佛堂形塔身前石，作竖长方形，青石质，隆尧出土，高80、宽50、侧宽24厘米，具体年代和出土地不明，现藏隆尧碑刻馆（图HB22-1）①。过去学界对该石鲜有关注。

图HB22-1 隆尧碑刻馆藏唐塔散石之三前壁及线描图

二、图像

该石左、右两壁素面，前壁下部正中辟圆拱尖楣塔门。塔门通高47厘米，其左、右两侧各有一道裂缝。门洞作竖长方形，高27、宽20厘米，其上方有半圆形门额，两侧有立颊，下设门槛。门槛高2厘米，其两端设蹲狮。门楣左、右最宽处23厘米，两端楣角浮雕涡卷纹。塔门两侧浮雕一对力士，二力士头系宝缯，身挎帔帛，上身赤裸，下身着裙，左手叉腰执帔帛，右手握拳上举，跣足立于山石，通高（含帔帛）分别为32、29厘米。塔门下方辟圆拱形小龛，龛高、宽均10厘米，龛内浮雕一结跏趺坐、施禅定印佛。楣尖上方浮雕一对小佛像，二佛并排结跏趺坐于长茎覆莲座，佛座莲茎相互缠绕。二佛外侧浮雕一对侧面观飞天，二飞天双臂上举，肩挎帔帛，作俯冲姿态，朝向外侧。

该石塔门两侧的力士身形匀称，肌肉块状隆起不明显，身体略有倾斜，从造型上判断略晚于武邑孙家村仪凤四年（679）塔（HB7号），故其原初所在造像塔年代为7世纪末叶的可能性最大②。根据该石宽与侧宽比例，参照关系密切的同类造像塔可知，原初佛堂形塔身由前、后二石块组合而成。

① 本实例尺寸信息为笔者2017年1月16日、8月25日实地调查所得。

② 该石与隆尧南汪店村证圣元年（695）塔（HB13号）的佛堂形塔身前石尺寸接近，年代一致，且后者正是在隆尧碑刻馆佚失，笔者推测其可能为后者构件，特此存疑。

图HB22-2 隆尧碑刻馆藏唐塔构件之一

三、其他造像塔构件

隆尧碑刻馆另散落其他四块唐代佛堂形组合式造像塔构件[①]，青石质，均出土于隆尧。过去学界对它们鲜有关注。

1.构件之一

本构件为唐代佛堂形组合式造像塔的五层平座式塔身与五层叠涩线脚式塔檐（图HB22-2），通高106厘米。承蒙县文物保护管理所李方所长告知，其出土于隆尧北楼乡。

五层塔身宽度自下而上逐层收分3—6厘米，其四壁线刻缠枝花卉。第一层塔身宽与侧宽52.5厘米[②]，第五层塔身宽与侧宽32厘米。

五层塔檐边角均有残损，宽度自下而上逐层收分5—7厘米。第一层塔檐宽与侧宽77厘米，第五层塔檐宽与侧宽46厘米。第一至四层塔檐"挑四收三"、正反叠涩七层，第五重塔檐"挑三收二"、正反叠涩五层。

2.构件之二

本构件为唐代佛堂形组合式造像塔的基座（图HB22-3），作收分叠涩式平座，自下而上收分叠涩三层。下层高10厘米，宽与侧宽均80厘米。中层高4厘米，宽与侧宽均69厘米。上层高5厘米，宽与侧宽均62厘米。

3.构件之三

本构件为唐代佛堂形组合式造像塔的单层叠涩线脚式塔檐，被放置在前述基座上方

① 四块构件的尺寸信息为笔者2017年1月16日、8月25日实地调查所得。

② 该构件的第一层平座尺寸略小于隆尧南汪店村证圣元年（695）塔（HB13号）的佛堂形塔身宽度（54厘米），且后者构件正是在隆尧碑刻馆佚失，笔者推测其可能为后者构件，特此存疑。

图HB22-3 隆尧碑刻馆藏唐塔构件之二、三

(同图HB22-3)，高 17 厘米，残宽与侧宽 77 厘米。该石边角残损，“挑四收三”、正反叠涩七层，其顶部刻出浅方形凹槽，以与原初上方构件紧密拼合。

4.构件之四

本构件为唐代佛堂形组合式造像塔的单层叠涩线脚式塔檐（图HB22-4），高 24 厘米，残宽与侧宽 57 厘米。该石边角残损，其顶部刻出浅方形凹槽，以与原初上方构件紧密拼合，现有两个圆形穿孔，可能曾被挪作他用。

图HB22-4 隆尧碑刻馆藏唐塔构件之四

HB23号 邢台市平乡县大里村武周延载元年（694）造像塔散石

一、基本情况

本实例为唐代佛堂形组合式造像塔的佛堂形塔身前石（图HB23-1），作竖长方形，石灰石质，高86.5、宽61.5、侧宽34厘米[①]，出土于平乡大里村，2006年入藏河北博物院。过去学界对该石铭文已有关注[②]。

唐武德元年（618）设封州，治、领平乡县，武德四年（621）废州复县，隶属于河北道邢州[③]。大里村另出土有东魏武定四年（546）造像碑[④]。

二、图像

该石左壁素面，右壁原刻铭文。前壁下部正中辟圆拱尖楣塔门。塔门通高54、宽33.5厘米，门洞作竖长方形，高30、宽26厘米。门洞上方原有半圆形门额，两侧有立颊，下设门槛。门槛高4、进深4厘米，其两端设门砧石与蹲狮。门楣左右最宽处41厘米，其两端楣角浮雕外翻草叶饰。塔门两侧浮雕一对力士，二力士头系宝缯，颈戴项圈，身挎帔帛，上身赤裸，下身着裙，内侧手下垂执帔帛，外侧手握拳上举，肌肉块状隆起，跣足立于山石。楣尖上方浮雕一正面观兽头，兽头顶生双角，双目圆睁，龇牙咧嘴，獠牙外露，口衔侧面观双龙后身。双龙张牙舞爪，爪具三趾，朝向外侧并回首反顾，其下方原刻铭文。

后壁左、右两侧边缘刻出宽8厘米的狭窄凸棱（图HB23-2），以与原初佛堂形塔身后石前壁的凹槽紧密拼合。

① 本实例尺寸信息为笔者2017年3月3日实地调查。

② 林章芹《武周时期石塔铭考释》,《文物春秋》2010年第6期，页70——72。

③《旧唐书》，第五册页1500。《新唐书》，第四册页1014。

④ 河北省平乡县地方志编纂委员会编《平乡县志》，北京：方志出版社，1999年，页52、706。

图HB23-1 平乡大里村延载元年（694）塔散石前壁及线描图

（照片由林章芹提供）

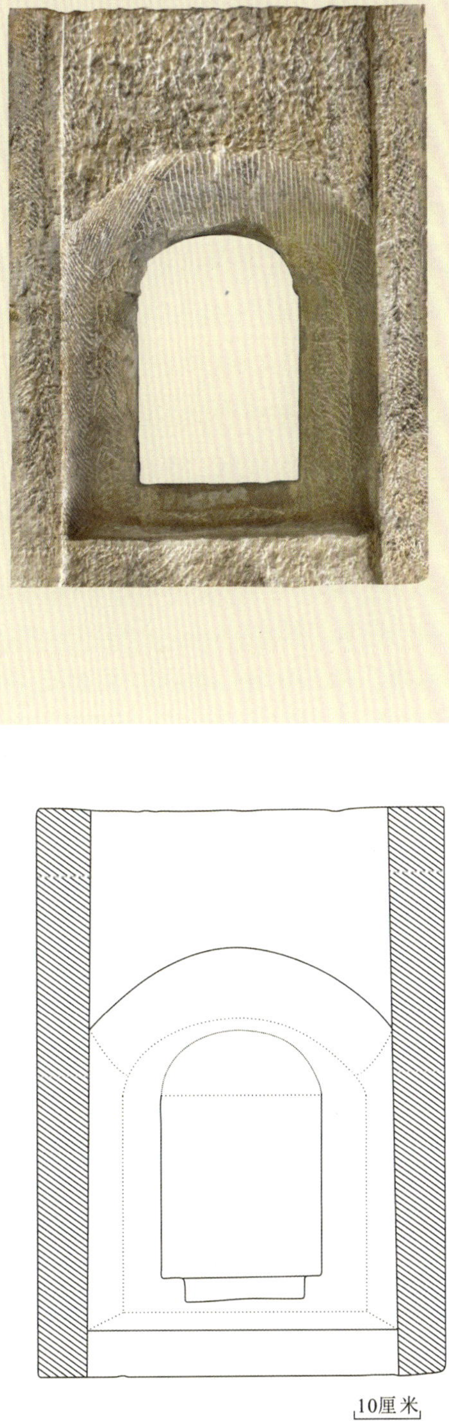

图HB23-2 平乡大里村延载元年（694）塔散石后壁及线描图

（照片由林章芹提供）

三、铭文

该石前、右两壁原刻楷书铭文，现根据实物录文如下。

其一，前壁门楣左、右两侧，分别原刻“₼（天）皇供养”“₼后供养”。

其二，右壁自左向右原刻9列铭文。

维大周延□（载）元𠡦（年）七㞢（月）一〇（日），宋𫄧隆兄弟等奉为耶嬢（通“爷娘”），景在县离，光阴/驰暮，四蚍（同“蛇”）竸（同“竞”）螫，二𪕬（鼠）交侵，衰疾两𠔥（兼），惧将大渐，心惊风树，目乱匪/□，心徒实寘（寘，同“置”）于汤火，行无感于₼埊（地）。傍闻至教，佛有深慈；必罄（罄）殷诚，/莫不影响。是以阇王二逆（逆），暂谒款而殃销；帝释五衰，一投诚而祸/息。窃承斯义，辄罄归依，愿得二亲体安，敬造石浮啚（图）一所。然则葵藿虽/微（微），仰迴太阳之耀；方储浅陋，上流仙景之滋。感应才通，耶嬢并蒙康/振，于是西山访石，致使南郢求工，磨之、琢之，已成就（就）矣。卜兹胜壤，树此/支提，讃（赞）叙因心，乃作颂曰：

无名之理，因名以通真境；无相由相，会空假名假相。津济樊□纷之[方]……。

铭文中异体、通假字常有使用，有多处使用武则天所造新字，如₼（天）、𡕀（载）、𠡦（年）、㞢（月）、〇（日）、埊（地）等。根据铭文内容可知，该塔是武周延载元年（694）七月一日，宋𫄧隆兄弟为父母身体健康而发愿兴建。

根据该石宽与侧宽比例，参照关系密切同类造像塔可知，其原初所在佛堂形塔身由前、后二石块组合而成。该石铭文未完，推测原初佛堂形塔身后石右壁亦刊刻铭文，以与上述铭文前后相续为一篇。

HB24-25号 邢台市内丘县小驿头村武周万岁登封元年（696）周弘德造像塔

一、基本情况

在内丘官庄乡小驿头村西40米，原有东、西两座唐代佛堂形组合式造像塔。双塔平面呈方形，青石质，由塔身和塔檐组成，作密檐式结构，原存七级，间距600厘米，于1967年惨遭拆毁，其构件散落田间地头、机井水渠及农民家中，1985年文物普查时追回部分构件并于1986年复建，1987年6月3日被公布为第二批县级文物保护单位，后

图HB24-1 内丘小驿头村万岁登封元年（696）塔之一

（正面，引自《内丘历史文化精粹》页20）

又于1994年9月被盗，现仅存过去学界刊布的3张旧照（图HB24-1、HB24-2、HB25-1）。旧照中双塔残存五级，高230厘米，其下部被埋入土内60厘米。2007年当地村民仿照原有形式，用砖块和水泥在原址再次复建（图HB25-2）[①]。过去学界对双塔多有简略记录[②]。

内丘汉时称中丘，隋时避太子杨忠之讳改称内丘，唐武德四年（621）属河北道赵州，次年改属邢州[③]。清时避孔丘之讳改作内邱，2009年8月3日复称内丘。

二、构件及其图像

1.塔身

（1）第一层佛堂形塔身由前、后二石块组合而成，高79厘米。

前石右壁原刻铭文，左壁具体情况不明，前壁下部正中辟圆拱尖楣塔门。门洞作竖

① 笔者2017年8月26日实地调查。

② 本实例尺寸信息引自过去学界记录。河北省内邱县地方志编纂委员会编《内邱县志》，北京：中华书局，1996年，页826、827。孙剑华主编《内邱县文物志》，北京：北京燕山出版社，1999年，页118。河北省内丘县地方志编纂委员会编《内丘县志》，北京：方志出版社，2006年，页1032、1033。《中国文物地图集·河北分册》，下册页711。《内丘历史文化精粹》，页19—21。

③《旧唐书》，第五册页1500。前引《新唐书》，第四册页1014。

图HB24-2 内丘小驿头村万岁登封元年（696）塔之一

（侧面，引自《内丘县志》页1032）

长方形，高23厘米，其上方有半圆形门额，两侧有立颊。塔门两端楣角浮雕外翻草叶饰，塔门两侧浮雕一对力士，二力士左手下垂，右手握拳上举。楣尖上方浮雕一正面观兽头，兽头口衔侧面观双龙后身。双龙张牙舞爪，朝向外侧。后石右壁原刻铭文，左壁情况不明。前壁辟龛，龛高30厘米，龛内高浮雕三尊像。

（2）第二至五层平座式塔身宽度自下而上逐层略微收分，其四壁中部分别辟一尖拱形小龛，龛内浮雕结跏趺坐、施禅定印佛。

2.塔檐

双塔残存五层叠涩线脚式塔檐，塔檐宽度自下而上逐层略微收分。第一至三层塔檐“挑四收三”，正反叠涩七层。第四、五层塔檐“挑三收二”，正反叠涩五层。

三、铭文

双塔的佛堂形塔身右壁（即前、后二石右壁），自左向右分别原刻铭文。现根据《内丘历史文化精粹》记载，录文如下。

1.西侧造像塔的佛堂形塔身右壁，原刻18列楷书铭文。

原□□园奥旨，非渺小之能言；□树立宗，岂庸□之可□！□则流□住，□方便于大千；道教西升，示员机于万偈。金轮应会，植三界之良因；鹤榭投缘，开四生之妙果。或韬帝室，或见迹于王宫，迯出有二，入无毕苍，□于毫末，不生不灭者，其在兹乎！爰有□士周弘德，乡中杞梓，不羁之质，□然邑内□□□□之容逸矣！迎宾东阁，礼越孙弘；命土西园，□逾曹植。洛神□，英风□□，□九种于天隅；猛气□超，灭三韩于地角。□□可纪，职不虚□，去长寿元年蒙授上柱国，论才则双□并泛，语德□两□齐辉。俄然，悲隙驷易流，□尔须逝难往，□九霄之将谢。□托□□，梁□六□于虚无；先□彼岸，澄心定□□禅林。遂于宅左方□□石浮□□□，□为□□□□□□□□□□□□眷□□□□□□□□岩□□□□赑□来山苍海□□□□□而送王彷龙□□□逞奇□侧仿工人□申□思下丸縢□上□天日王□涂周□宝。西□鹊桥，□□千寻；东瞰移□，波澜万顷。前临赵地，丛台之迹上村；却俯□山，泉□之由在。庶万龄□网铄，冀千古而长存。其词曰：

青牛西上，白马东来；法流演教，道□□栽；紫云朝□，□莲夜开；汪□桅质，齐齐休祥；风规□□，芳兽莫当；□涂绛□，□□□□；□云天顶，流霞错落；千岁长存，万龄网铄。

2.东侧造像塔的佛堂形塔身右壁，原刻19列行楷铭文。

万岁登封元年二月五日。曾祖范，任魏州□平县令。祖安，隋任□州录事参军。父达，任乡长，妻钊。云骑尉行褒，妻宋□，男弘政，男弘德，妹□娘、二娘，男神宝上柱国。政妻张，男恩庆、妻钊，男知闲，□大娘。德妻路，男处静，妹大娘、

图HB25-1 内丘小驿头村万岁登封元年（696）塔之二

（引自《内丘县志》页1033）

图HB25-2 内丘小驿头村新建双塔

比丘尼智□。宝妻王，女比丘尼智登。静妻路，男知□。合家供养。

根据铭文内容可知，西侧与东侧造像塔的铭文前、后相续为一篇，其中语句多有不通，录文时应存在讹误，铭文还使用了武则天所造新字。双塔均为武周万岁登封元年（696）二月五日，周弘德携合家眷属发愿兴建，立于周宅左方位置，共同参与者还有出自周家的比丘尼智□、智登。周弘德其人于武周长寿元年（692）被授予上柱国勋号，其曾祖周范曾官居县令，祖父周安隋时任录事参军，父亲周达曾为乡长，可知他出生于下层官僚之家，家境较为殷实，如此方有造塔的经济能力。

HB26 号 邢台市内丘县慈仁寺唐代造像塔

一、基本情况

该塔原位于内丘金店镇金店村西约二百米的慈仁寺遗址内，平面呈方形，青石质，由基座、塔身、塔檐及塔刹组成，作密檐式结构，原存七级，通高 600 厘米，具体年代不明，于 1967 年惨遭拆毁。1986 年 8 月当地政府在村内牲口棚房基下找回 5 块残存构件，并于 2007 年原址复建了该塔（图HB26）[①]，佚失构件用新石件补齐。金店村是“二十四孝”中“郭巨埋儿”故事原生地，故该塔又俗称郭巨塔。2017 年 8 月 26 日，笔者曾前往该村实地调查，得知该塔现已再次被盗，片石无存，原址仅存 2007 年 3 月新立《汉孝子郭巨获金处》碑。过去学界对该塔仅有简略记录[②]。

慈仁寺始建年代不明。金店村以南约 8 公里为小驿头村，小驿头村曾有两座武周万岁登封元年（696）同类造像塔（HB24、HB25 号）。

二、构件及其图像

1.基座

由石板平铺而成，其顶部刻出浅方形凹槽，凹槽尺寸略大于上方塔身，使基座与塔身紧密拼合。

① 本实例信息引自网友碧山云叟博客http://blog.sina.com.cn/s/blog_7df8f3100101HBqom.html.

② 《内邱县志》，页 822。《内邱县文物志》，页 18。赵福寿编著《佛源僧脉第一流：邢台佛教文化》，北京：方志出版社，2009 年，页 10。《内丘历史文化精粹》，页 221、222。

2.塔身

第一层佛堂形塔身由前、后二石块组合而成。前石前壁下部正中辟圆拱尖楣塔门，门洞作竖长方形。门洞上方原有半圆形门额，两侧有立颊，下设门槛。塔门两端楣角浮雕外翻草叶饰，其左、右两侧下方浮雕一对蹲于山石的侧面观狮子，双狮朝向内侧。后石佚失，其前壁原初辟龛并高浮雕尊像一铺。

3.塔檐及塔刹

塔檐原存四层，均作叠涩线脚式，其宽度自下而上逐层略微收分。第四层塔檐之上置方形刹座与葫芦形刹珠，刹座与刹珠均为复建时增补石件。

图HB26 内丘金店村慈仁寺塔

（引自网络）

该塔平面呈方形，第一层塔身由前、后二石块组合而成，作密檐式结构，辟圆拱尖楣塔门，浮雕外翻草叶饰楣角，此种结构和作法与相邻地区诸多唐代造像塔一致，其年代为唐代无疑。

HB27 号 邢台市临城县千佛庵唐代造像塔散石

本实例为唐代佛堂形组合式造像塔的第一层佛堂形塔身前石，作竖长方形，高 82、宽 50、侧宽 25 厘米，出土于临城县临城镇南程村西二百米千佛庵遗址，具体年代不明。该石前壁辟塔门，塔门两侧浮雕一对力士，塔门上方浮雕残损。过去学界对该石仅有仅略记录[①]。2017 年 8 月 25 日笔者曾前往该县实地调查，承蒙县文管所工作人员告知该石现已佚失。

临城唐初为赵州房子县，天宝元年（742）改称临城，属河北道[②]。千佛庵始建年代不明。根据该石宽与侧宽比例，参照同地区、同时期诸多造像塔可知，其原初佛堂形塔身由前、后二石块组合而成。

HB28 号 邯郸市涉县宝云寺北齐武平二年（571）造像塔

一、基本情况

该塔原位于涉县木井村西宝云寺遗址内，平面近方形，青石质，残存基座和第一层佛堂形塔身，通高 91.5 厘米[③]，现移置涉县娲皇宫北齐石刻陈列馆（图HB28-1）。过去学界对该塔鲜有关注，未能辨识其准确年代[④]。

涉县因涉河水为名，隋开皇十年（590）于故涉城重置涉县，属磁州，开皇十六年

①《中国文物地图集·河北分册》，下册页 705。

②《旧唐书》，第五册页 1501。《新唐书》，第四册页 1017。临城县志编纂委员会编《临城县志》，北京：团结出版社，1995 年，页 50。

③ 本实例尺寸信息为笔者 2016 年 12 月 3 日、2017 年 1 月 15 日与 3 月 15 日实地调查所得。

④ 前引朱己祥《唐仪凤四年马君起造像塔考释》，页 96、97。

（596）改属韩州。唐贞观十七年（643）废韩州，改属河东道潞州[①]。宝云寺始建年代不明，该寺另出土有北齐武平二年（571）《七级石浮图观音经碑》以及武平四年（573）造像碑。

图HB28-1 涉县宝云寺武平二年（571）塔

二、构件及其图像

1.基座

作整石平座，高 20、宽 86、侧宽 87 厘米，其四壁分别辟三个圆拱尖楣形壶门。壶门高 13、宽 10.5 厘米，其两端楣角下设承托立柱。壶门内浮雕十二神王，诸神王或跽坐，或盘腿。基座后壁为展厅墙壁阻挡，其余三壁中左壁右侧为手持风袋的风神王，右壁右侧为手捧宝珠的珠神王，其余神王持物残损，身份不明。

2.佛堂形塔身

佛堂形塔身由整石雕凿而成，高 71.5、宽 76.5、侧宽 83 厘米，其自上而下贯穿凿出方形塔心室。塔心室宽与侧宽均 53 厘米，其四壁素面。

塔身右、后、左三壁素面，前壁下部正中辟圆拱尖楣塔门（HB图 28-2）。塔门通高 51.5、宽 35 厘米，门洞作竖长方形。塔门两端楣角浮雕涡卷纹，其下方设承托立柱。立柱具圆形柱头和覆莲柱础，柱身作多棱形，上细下粗。塔门前方刻出外凸的露台，塔门两侧露台上浮雕一对正面观蹲狮，蹲狮外侧浮雕一对力士，右侧蹲狮与力士残损严重。二力士具圆形头光，头系宝缯，身挎帔帛，上身赤裸，下身着系腰裙，左手垂至腰间，右手上举胸前，跣足立于露台，高均 42 厘米。门楣上方浮雕一对侧面观飞天。二飞天头部残损，肩挎帔帛，作飞翔姿态，朝向内侧，各伸出一手合托覆莲座上的摩尼宝珠，其身体下方分别烘托三朵流云。

该塔基座神王以及塔门两侧力士的造型，符合北齐特征。

① 《旧唐书》，第五册页 1477。《新唐书》，第四册页 1008。（唐）李吉甫撰《元和郡县图志》，北京：中华书局，1983 年，页 422。

图HB28-2 涉县宝云寺武平二年（571）塔佛堂形塔身前壁及线描图

三、北齐武平二年（571）《七级石浮图观音经碑》

该塔旁侧原立北齐武平二年造像碑，碑高170、宽69、侧宽14厘米，碑座佚失，碑首六螭盘衔，于1978年12月15日被公布为县级文物保护单位，1979年9月移置涉县娲皇宫北齐石刻陈列馆[①]。阳面碑额正中辟尖拱形龛，龛内浮雕一佛二菩萨，佛结跏趺坐于束腰莲座。阳面及右侧面碑身，前后相续刊刻24列、5列铭文（图HB28-3），隶楷字体，有横竖界格，内容为《妙法莲华经·观世音普门品》。阴面碑额正中上部阴线刻一佛二菩萨，佛结跏趺坐于束腰莲座，施说法印，具尖拱形光背。碑额下部阳文篆刻“七级石/浮图观/音经碑”3列铭文，有横竖界格，界格边缘周饰连珠纹。阴面与左侧面碑身，前后相续刊刻22列、5列铭文（图HB28-4），有横竖界格。其中，前6列及第7列前半列铭文为隶楷字体，接续右侧面碑身《观世音普门品》内容。第7列后半列开始为隶书字体，为造塔愿文。

过去学界对该碑铭文已有关注[②]。现以李斌先生收藏拓本为底本，根据实物并参照

① 本条信息承蒙涉县娲皇宫北齐石刻陈列馆李斌先生告知，谨致谢忱！

② 李裕群《邺城地区石窟与刻经》，《考古学报》1997年第4期，页463。肖默《肖默全集：佛教书法史》，上海：上海书店出版社，2014年，页218。

《大正藏》收录《观世音普门品》（简称大正藏本），录文如下。

《妙法莲华经·观世音普门品第廿四》。尔时无尽意菩萨即从坐起，偏袒右肩，合掌向佛而作是言："世尊！观世音菩萨/以何因缘名观世音？"佛告无尽意菩萨："善男子！若有无量百千万亿众生受诸苦恼，闻是观世音菩萨，一心称/名，观世音菩萨即时观其音声，皆□解脱。若有持是观世音菩萨名者，设入大火，火不能烧，由是菩萨威神力故。若/□大水所瀌（漂），称其名号，即得浅处。若有百千万亿众生，为求金银、瑠璃、车渠、马璁（瑙）、珊瑚、虎魄、真珠等宝，入于大海，假/使黑风吹其舩（同"船"）舫，瀌堕罗

图HB28-3 涉县宝云寺武平二年（571）造像碑阳面与右侧面拓本

（李斌提供）

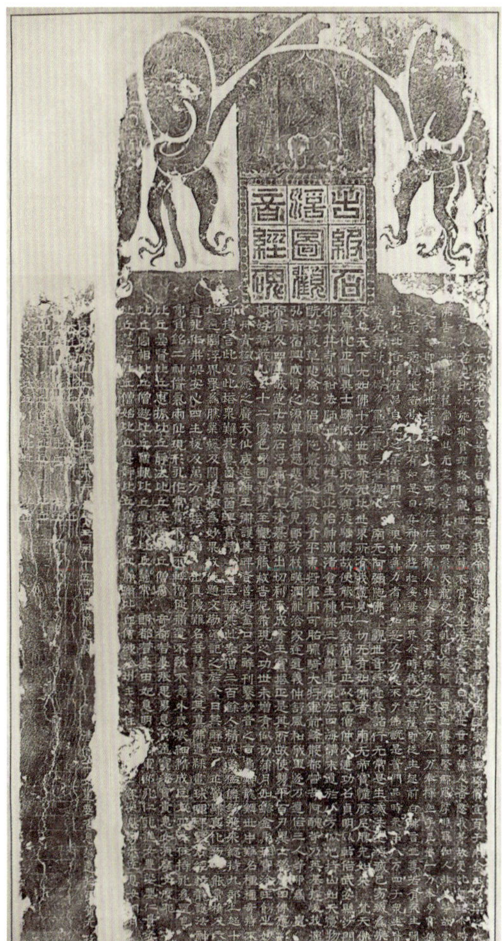

图HB28-4 涉县宝云寺武平二年（571）造像碑阴面与左侧面拓本

（李斌提供）

刹鬼国，其中若有，乃至一人，称观世音菩萨名者，是诸人等皆得解脱罗刹之难。以是因/□，名观世音。若复有人临当被害，称观世音菩萨名者，彼所执刀杖寻段段坏而得解脱。若三千大千国土满中夜/夜（误，“夜”字重复）叉、罗刹欲来恼（恼）人，闻其称观世音菩萨名者，是诸恶鬼尚不能以恶眼视之，况复加害？设复有人，若有罪、若无罪，/杻械、枷□检系其身，称观世音菩萨名者，皆悉断坏，即得解脱。若三千大千国土满中怨贼，有一商主将诸商人赍/持重宝经过崄路，其中一人作是唱言：‘诸善男子！勿得恐怖，汝等应当一心称观世音菩萨名号。是菩萨能以无畏/施于众生，汝等若称名者，于此怨贼当得解脱。’众商人闻，俱发声言：‘南无观世音菩萨!’称其名故，即得解脱。无尽意！/观世音菩萨摩诃萨威神之力巍巍如是。若有众生多于婬欲，常念恭敬观世音菩萨，便得离欲。若多瞋恚，常念□/敬观世音菩萨，便得离瞋。若多愚痴，常念恭敬观世音菩萨，便得离痴。无尽意！观世音菩萨有如是等大威神力，多/所饶益，是故众生常应心念。若有女人设欲求男，礼拜供养观世音菩萨，便生福德智慧之男；设欲求女，便生端正/有相之女。宿殖德本，众人爱敬。无尽意！观世音菩萨有如是力，若有众生恭敬礼拜观世音菩萨，福不唐捐，是故众/生皆应受持观世音菩萨名号。无尽意！若有人受持六十二亿恒河沙菩萨名字，复尽形供养饮食、衣服、卧具、医/药，于汝意云何？是善男子、善女人功德多不？”无尽意言：“甚多，世尊！”佛言：“若复有人受持观世音菩萨名号，乃至一时/礼拜、供养，是二人福正等无异，于百千万亿劫不可穷尽。无尽意！受持观世音菩萨名号，得如是无量无边福德之/利。”无尽意菩萨白佛言：“世尊！观世音菩萨云何游此娑婆世界？云何而为众生说法？方便之力，其事云何？”佛告无尽/意菩萨：“善男子！若有国土众生应以佛身得度者，观世音菩萨即现佛身而为说法；应以辟支佛身得度者，即现辟/支佛身而为说法；应以声闻身得度者，即现声闻身而为说法；应以梵王身得度者，即现梵王身而为说法；应以帝/释身得度者，即现帝释身而为说法；应以自在天身得度者，即现自在天身而为说法；应以大自在天身得度者，即/现大自在天身而为说法；□□天大将军身得度者，即现天大将军身而为说法；应以毗沙门身得度者，即现毗沙/门身而为说法；应以小王身得度者，即现小王身而为说法；应以长者身得度者，即现长者身而为说法；应以居士/身□度者，即现居士身而为说法；应以宰官身得度者，即现宰官身而为说法；应以婆罗门身得度者，即现婆罗门（以上刻于阳面碑身）/□□□□□；□□比丘、比丘尼、优婆塞、优婆夷身得度者，即现比丘、比丘尼、优婆塞、□□夷身而为说法；应以/□者、□□、□□、婆罗门妇女身得度者，即现妇女身而为说法；应以童男、童女身得度□，即现童男、童女身而为/说□；应以天、龙、夜叉、乹闼婆、阿修罗、迦楼罗、紧那罗、摩睺罗伽、人非人等身得度者，即皆现之而为说法；应以执/金刚神（大正藏本作“身”）得度者，即现金刚神而为说法。无尽意！是观世音菩萨成就如是功德，以种种形游诸国土，度脱众生。是/故□等，应当一心供养观世音菩萨。是观世音菩萨摩诃萨于怖畏急难之中□施无畏，是故此娑婆世界皆□（以上刻于右侧面碑身）/□为施无畏者。”无尽意菩萨白佛言：“世尊！我今当供养观世音菩萨。”即解颈众宝（大正藏本后接“珠”字）瓔珞，价直百千两金而以与之，作/是言：“人（大正藏本作‘仁’）者！受此法施珍宝瓔珞。”时观世音菩萨不肯受之。无尽意复白观世音菩萨（大正藏本接“言”字）：“人（大正藏本作‘仁’）者！愍我等故，受此瓔珞。”尔时/佛告观世音菩萨：“当愍此无尽意菩萨及四众、天、龙、夜叉、乹闼婆、阿修罗、迦楼罗、紧那罗、摩睺罗伽、人非人等故，受/是瓔珞。”即时观世音菩萨愍诸四众，及于天、龙、人非人等，受其瓔珞，分作二分，一分奉释迦牟尼佛，一分奉多宝佛/塔。“无尽意！观世音菩萨有如是自在神力，遊于娑婆世界。”尔时持地菩萨即从坐（大正藏本作“座”）起，前白佛言：“世尊！若有众生闻/是观世音菩萨品自在之业，普门示现神通力者，当知是人功德不少。”佛说是普门品时，众中八万四千众生皆/发无等等阿搙（耨）多罗三藐（藐）三菩提心（以上为经文内容，以下为造塔愿文）。南无阿弥陁佛！《观世音经》一卷。诸行无常，是生灭法；生灭灭已，寂灭为乐。/天上天下无如佛，十方世界亦无比；世界所有我尽见，一切无有如佛者。南无帝宝幢摩尼胜光如来！梵天佛/盖，抚化正道；异士归依，秉义求方。亲从骤散，故使能仁兴教，蔺卓正以匡僧；仲父建功，召贞明以斡俗。武安县沙门/都木井寺昙和法师，温凉德性，进止怡神；洲溸仓生，栋樑三宝；显遗风于四海，讚末遗于八方；似地持山，如天覆物；/既是护草愍禽之侣，头陀巖薮之从。复有平东将军郎可胘（肱），骠骑大将军前锋散都督奇阿丑等，乃英基挺峻，茂德/弘深；宿兴成实之源，卓著慈悲之业；儿郎芳枝，暎润礼洽；家庭道义，仲舒风和。戚里遂乃道俗三人等，仰为皇/帝，普及四生，敬造七级石浮图一𥖁。清基踊出，切利天成；育王宝塔，正是其所。故使雋（镌）平百刃，异士莹□；四佛应形，/相好端严。七十二像色身圜满，势至、观音能就苦厄。希现之功，世未增有；似𥘉（初）满月，如镕金聚。珍宝涂庄餝之妙，/丹青极变态之广。天仙咸遶（同“绕”），神王卫护。其碑者，善持金口之辞，刊凿妙音之旨。龟鲫龙鳞，世中难名；种种奇特，不/可擅言。此处此塔，众难具道；箇福箇碑，实情叵说。其此等僧三百余人，精成勇猛，儛□飞来。总持九部，上超十/地。遍阎浮界最为胜业，棲及阐提极为妙果。

故使题文勒颂，记之于今日，其辞曰：正觉归真，化物能常；槜及六/道，永佑冉梁；安心四生，棳及万方；宝塔踊出，真像难名；菩萨应度，其真佛边；綵画珠晖，碑凿石经；绞龙护法，神/龟负铭；二神耸气，两仙现形；永作常宝，不动不轻；僧从修道，不缓不急；外麤（同“粗”）里细，精成巨及；正法住持，永为圣邑。/比丘昙贤，比丘惠振，比丘静法，比丘法□，比丘僧禹奇。都督娄张思，男息宝达、宝洛、宝贵，息女须摩，女摩耶。/比丘昙相，比丘僧游，比丘僧轨，比丘道欣，比丘慧常郎。都督娄田妃，息明（同“明”）□□军郎永仁、永进，女丰姿、婴仁、景姿。/比丘慧智，比丘僧始，比丘慧静，比丘僧达，比丘静珎（同“珍”），比丘僧练。□州主簿任□□□□容姿，息男悉达，息女明月（以上刻于阴面碑身）。

大齐武平二年太岁在辛卯□□丁丑朔十五日辛卯造讫。清信士女董要香，息荡边将军贺元珎。/比丘昙香，比丘，比丘，比丘，/比丘，比丘，比丘，比丘，/比丘，比丘僔显，比丘，比丘，/比丘，比丘，比丘，比丘（以上刻于左侧碑身）。

铭文中异体、通假字多有使用。碑文所刻后秦鸠摩罗什译《妙法莲华经·观世音普门品》内容，与大正藏本基本一致[1]，部分字句存在细微差异或讹误，且该品在大正藏本中位列第二十五品，并非铭文所述第二十四品。根据阴面及左侧面碑身铭文内容可知，该造像碑是北齐武平（571）二年六月十五日[2]，武安县沙门都木井寺昙和法师、平东将军郎可肱，及骠骑大将军前锋散都督奇阿丑等人因建造“七级石浮图”而开凿，共同参与者还有比丘、昙贤、惠振等僧人，以及都督娄张思、都督娄田妃、荡边将军贺元珎等世俗家庭共计三百余名信众。据“神龟负铭”句可知，佚失基座原为龟座。此外，左侧面碑身第二至四列铭文中，“比丘”二字后多空两格且未刻僧人法号，应是原初设计时预留位置。

碑文所述宝塔为石质、七级，雕刻佛像及观世音、大势至菩萨像，且“天仙咸遶，神王卫护”。该碑原初立于上述北齐造像塔旁，且后者佛堂形塔身前壁亦装饰飞天与神王，可知此碑应为造像塔附属之物，碑文所述七级石塔即为后者。然，上述造像塔的塔心室四壁素面，未见雕刻佛、菩萨像，原初应放置单独尊像。

① 《大正藏》，第九册页 56—58。

② 《中国史历日和中西历日对照表》，页 381。

HB29 号 邯郸市武安市沿平寺唐代造像塔

一、基本情况

该塔原位于武安午汲镇沿平村沿平寺遗址，平面近方形，青石质，由基座、塔身和塔檐组成，作密檐式结构，现存四级，通高 324 厘米[①]，具体年代不明，于 1993 年 7 月 15 日被公布为省重点文物保护单位，1997 年移置武安城隍庙（图HB29-1）。过去学界对该塔多有记录[②]。

图HB29-1 武安沿平寺塔前壁与后壁立面图

（引自《武安沿平村唐代石塔》页 122、123

① 本实例尺寸信息为笔者 2016 年 12 月 2 日实地调查所得。

② 马金南编著《邯郸古迹名胜》，北京：国际文化出版公司，1996 年，页 123。本书编辑部编《邯郸之最：名城

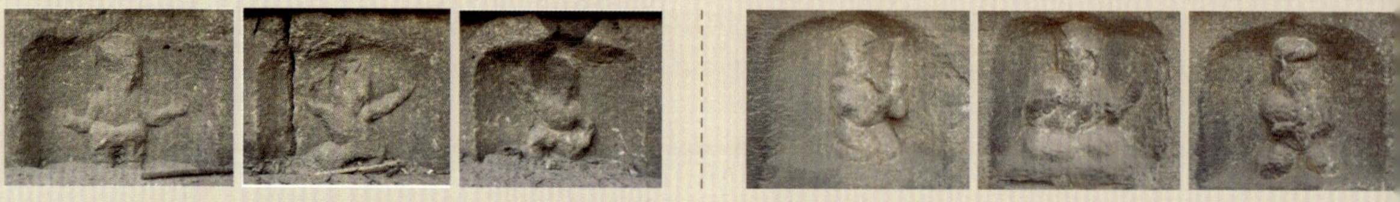

前壁右龛　前壁中龛　前壁左龛　右壁右龛　右壁中龛　右壁左龛

图HB29-2 武安沿平寺塔上层须弥座束腰伎乐

武安唐时先后属河北道洺州、磁州[①]。沿平寺始建年代不明。

二、构件及其图像

1.基座

由上、下两层束腰须弥座组合而成，通高 95 厘米。

（1）下层须弥座的底座通高 12 厘米，其先刻出一层枋板。枋板宽与侧宽均 154 厘米，其顶部内收刻出一层双瓣覆莲下枭。下枭宽与侧宽均 124 厘米，其上刻出两层线脚，线脚之上置束腰石。束腰石高 24、宽 108.5、侧宽 104 厘米，整体被雕刻成并列伏卧的双龟，其四壁分别辟两个椭圆形壸门，使得双龟仿佛置身于壸门内。束腰之上置上枋。上枋通高 20 厘米，宽和侧宽均 116 厘米，其先刻出一层线脚，线脚之上出挑一层单瓣仰莲上枭，上枭顶部又内收刻出一层双瓣覆莲下枭。下枭之上再刻出一层线脚，其上置上层须弥座的束腰石。

（2）上层须弥座无下枋，其束腰石高 16、宽 100、侧宽 97 厘米。束腰石四角雕刻螭首，四壁分别辟三个尖拱形壸门。壸门高、宽均 12.5 厘米，其内浮雕伎乐（图HB29-2）。前壁左、中两龛伎乐击腰鼓，右龛伎乐似持铃。右壁伎乐吹箫、弹琵琶、吹竽。后壁左龛伎乐抚琴，中龛伎乐残损，右龛伎乐弹阮咸。左壁伎乐弹箜篌、舞蹈、吹横笛。束腰之上

邯郸》，北京：中国城市出版社，2003 年，上册页 193。宋新盛、王志荣、李相如《武安沿平村唐代石塔》，《文物春秋》2004 年第 6 期，121—124 页。前引《河北省文物保护单位通览》，页 256。李香如、刘玉平主编《武安文物大辞典》，北京：中国文史出版社，2011 年，页 24、25。《中国文物地图集·河北分册》，下册页 775。

①《旧唐书》，第五册页 1497—1499。《新唐书》，第四册页 1014。（清）蒋光祖修、夏兆丰纂《武安县志》，台北：成文出版社，1976 年，页 112。

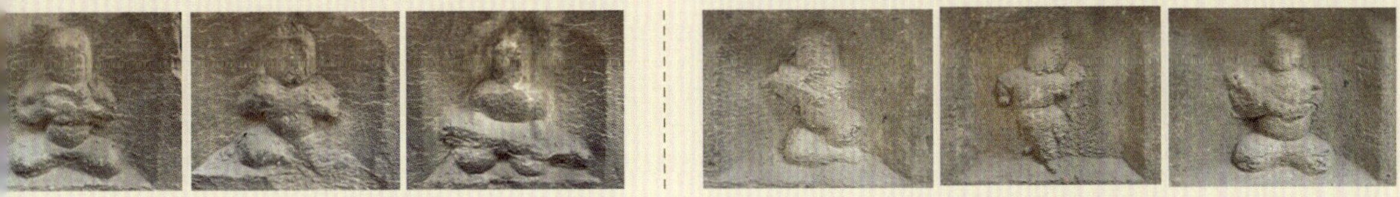

后壁右龛　后壁中龛　后壁左龛　左壁右龛　左壁中龛　左壁左龛

置上枋。上枋通高 16、宽 104、侧宽 109 厘米，其先刻出一层枋板，枋板之上出挑两层单瓣仰莲上枭，上枭之上承托塔身。

2.塔身

（1）第一层佛堂形塔身由前、后二石块拼接而成，组合后高 110、宽 81.5、侧宽 90.5 厘米。

前石右下方断裂，拼合后高 110、宽 80、侧宽 48.5 厘米，其左、右两壁素面，前壁下部正中辟圆拱尖楣塔门（图HB29-3），塔门通高 63、宽 30 厘米。门洞作竖长方形，高 28.5、宽 26.5 厘米，其上方有半圆形门额，两侧有立颊，下设门槛。门槛高 10 厘米，现

图HB29-3 武安沿平寺塔佛堂形塔身前石前壁及线描图

已残损。门楣中部一正面观兽穿入壁内，露出后肢与尾部，其前肢与头部从门额钻出。兽顶生双角，面部残损，爪具三趾，鬣毛卷曲，自口中向两侧吐出云气，其后爪外侧浮雕一对侧面观飞天。二飞天肩挎帔帛，上身赤裸，下身着裙，作俯冲姿态，朝向外侧。塔门两端楣角下方设蟠龙立柱，柱身作圆形，具桃形宝珠柱头。左侧立柱残存圆形柱础，柱础下方裸体侏儒力士背扛底座。立柱内侧靠近门槛两端位置，浮雕一对正面观蹲狮。立柱外侧浮雕一对力士，二力士头系宝缯，肩挎帔帛，上身赤裸，下身着裙，左手下垂执帔帛，右手握拳上举，肌肉块状隆起，跣足立于山石。塔门楣尖置一莲台，莲台上一裸体童子左脚独立，右脚外撇，双手挥舞。童子头顶一莲台，莲台上另有二裸体童子内侧脚独立，外侧脚外撇，内侧手相扶，外侧手挥舞。三童子组成倒三角形叠罗汉姿态，表现唐代百戏中的“踏肩蹈顶”。童子上方浮雕一正面观兽头，兽头面部残损，鬣毛卷曲。童子左、右两侧浮雕一对穿壁龙。双龙头部残损，爪具三趾，上方龙尾交缠，中间龙身穿入壁内，下方龙首高昂并朝向外侧，各伸出一只前爪抓住门楣内正面观兽的后肢。双龙上方浮雕一对侧面观飞天，二飞天头部残损，肩挎帔帛，上身赤裸，下身着裙，作俯冲姿态，朝向外侧，左侧飞天左上方残存一兽足。双龙下方残存圆形穿壁痕迹，原初可能雕刻另一对穿壁龙。前壁左、右两侧边缘雕刻蟠龙角柱，现已残损。

后石高 109、宽 81.5、侧宽 42 厘米。前壁辟圭首形佛龛，龛高 55.5、宽 46 厘米，龛

图HB29-4 武安沿平寺塔佛堂形塔身后石前壁佛龛及线描图

（线图引自《武安沿平村唐代石塔》页 123 图 6）

图HB29-5 武安沿平寺塔佛堂形塔身后石后壁及线描图

（照片由唐大华摄）

内高浮雕一佛二菩萨（图HB29-4）。佛结跏趺坐于亚字形束腰仰覆莲座，着袒右肩式袈裟，具桃形头光，头戴宝冠，颈饰璎珞，右臂佩戴臂钏，左手横置腿上，右手舒掌下垂，施触地印，像高30厘米，通高（含头光与佛座）50厘米，表现菩提伽耶真容像。佛座束腰辟桃形壶门。二菩萨具桃形头光，头系宝缯，身挎帔帛，上身赤裸，下身着裙，内侧手下垂执帔帛，外侧手上举胸前，跣足立于长茎仰莲台，高度分别为35、40厘米。左侧菩萨左手执长茎莲花，右侧菩萨右手执折枝花，二菩萨所立莲台均由中央佛座生长而出。后壁下部正中辟圆拱尖楣假门（图HB29-5），假门通高56、宽35厘米。门洞作竖长方形，高25.5、宽22厘米，其左侧门扉半掩，右侧门扉紧闭，其间站立一启门比丘。比丘双手置于腹部，左手执念珠，右手搭在左手腕上。门洞上方有半圆形门额，两侧有立颊，下设门槛。假门两端楣角外卷，其下方设承托立柱，立柱具方形柱头和柱础。假门两侧浮雕一对力士，二力士上身赤裸，下身着裙，内侧手下垂，外侧手握拳上举，肌肉块状隆起，身体向内倾斜，跣足立于山石，其中右侧力士右脚高抬并踏小鬼。假门上方阴线刻一佛二弟子二菩萨，尊像漫漶严重。其中，佛具桃形头光和椭圆形身光，着双领下垂式袈裟，似结跏趺坐。菩萨具桃形头光，身挎帔帛。后壁左、右两侧边缘圆雕蟠龙角柱，柱身作圆形，龙身绕柱而上，具圆形柱础，柱础束腰作鼓珠状。左、右两壁分别阴线刻一比丘。

左壁比丘身着袈裟，侧身向右，作行走姿态（图HB29-6）。右壁比丘漫漶严重。

（2）第二至四层平座式塔身宽度自下而上逐层收分约4厘米，其四壁素面。第二层塔身宽与侧宽均78厘米，第三层塔身宽与侧宽均74厘米。

图HB29-6 武安沿平寺塔佛堂形塔身后石左壁线刻比丘

（拓本引自《武安沿平村唐代石塔》页124，线图由郑佩玉绘）

3.塔檐

塔檐现存四层，均作无脊盝顶式，其下方刻出叠涩层线脚，坡顶阴线刻出瓦垄，宽度自下而上逐层收分约5厘米。第一层塔檐宽与侧宽均118厘米，第二层塔檐宽与侧宽均113厘米，第一至三层塔檐叠涩出檐五层，第四层塔檐叠涩出檐四层。

本实例佛堂形塔身前壁塔门与半身兽、双龙、杂技、双飞天组合，后壁假门与启门比丘组合，塔身四角圆雕蟠龙角柱，这些图像因素及其组合方式均与浚县福胜寺开元十七年（729）塔（HN2号）大体相同。同时，塔心室内雕刻菩提伽耶真容像，据学界研究此种佛像主要流行于7世纪后半叶至8世纪中叶[①]。二菩萨腹部隆起，略微呈S形三曲式姿态，从造型上判断符合8世纪初叶前后特征。此外，上层须弥座束腰石四角雕刻螭首作法，也见于阳谷关庄村天宝十三载（754）塔（SD8号）。综合判断，该塔兴建于盛唐时期，年代为玄宗开元中、晚期的可能性最大。

① [日]肥田路美著、李静杰译《唐代菩提伽耶金刚座真容像的流布》，《敦煌研究》2006年第4期，页32—41。

HB30号 邯郸市成安县圆铭寺唐太极元年（712）霍宏泰造像塔

一、基本情况

该塔原位于成安县郎堡村东圆铭寺内，平面呈近方形，青石质，由基座、塔身和塔檐组成，作密檐式结构，原存三级，通高160厘米，后来被掷于寺内水井。过去学界对该塔铭文多有关注[①]。

成安原为汉斥丘县，北齐时更名成安，唐时属河北道相州[②]。圆铭寺又称圆明寺，始建于唐太极元年（712）[③]。

二、构件及图像

第一层佛堂形塔身原由前、后二石块拼接而成，组合后高80、宽60、侧宽52.6厘米，一石侧宽28.3厘米，另一石侧宽24.3厘米。前石前壁辟圆拱尖楣塔门，后石前壁辟坐佛龛。

三、铭文

佛堂形塔身原刻两则楷书铭文。在塔身右壁（即前、后二石右壁）或左壁（即后、前二石左壁），分别原刻9列、7列铭文，二者前后相续为一则，现根据《八琼室金石补正》记载录文如下。

大唐太极元年岁次壬子二月庚子朔（朔）十三日壬子，相州成安县霍宏泰浮图铭

若夫火宅熈（熙）烝（蒸），伫三车而求□□；爱河沈溺，仰六度而□凊（清）昇。故暴□横流，/资智舟而超（超）彼岸；赤□□□，藉（藉）慧云而扇烦炎。终期妙觉之㓛

---

① 本实例尺寸信息引自过去学界记录。《八琼室金石补正》卷50："《霍宏泰造浮图铭》，两石高二尺二寸；一广八寸五分，九行；一广七寸三分，七行，行字不一，正书。"《石刻史料新编》第一辑，第七册页4802、4803。《中国文物地图集·河北分册》，下册页833。

②《旧唐书》，第五册页1492。

③（清）仁宗敕撰《嘉庆重修一统志》卷33《广平府》，上海：上海书店，1934年，第二册页14。张应麟修、张永和纂《成安县志》，台北：成文出版社，1969年，页64—67、138。

（功），竟□灵威之力。是/故清信佛弟子霍宏泰，保繈早嬰（婴）凶酷，严訓（训）膈（隔）于趍（趋）遅（迟）；未冠而喪（丧）慈亲，□痛纏（缠）/于陟（陟）屺（屺）。惊风易往，举静树而何追？阅水难留（晼），望寒泉而无日。故上为/天皇、天后（后）及七代先亡，敬造七级石浮图一所，并及见存眷属、法界有形。欲使都/人士女，见灵刹（刹）而虔（虔）恭（恭）；阀阅簪（簪）缨（缨），觀（观）宝臺（台）而敬仰。庶（庶）使昆蚑蠢（蠢）动，俱离三/途；法界有情（情），咸歸（归）八正（正）。乃为铭曰：悠（悠）悠六趣（趣），扰扰四生，俱懞有累，咸覆（覆）无/明，共论苦集，同昏色聲（声），其一；□寻觉路，言归化城，□□□郭□□□□……（以上刻于一石）。

……霍宏庆，□宏安，□宏泰，女二女，□□□，妹五娘，女六娘，/庆妻蘇（苏），安妻李，泰妻张，合家儿女大小等（等）敬脩（修）供養（养）。堂兄霍神戈，妻张。/浮图内敬造阿弥陁（同“陀”）像（像）一铺。像主趙（赵）義（义）芝、母靳，司徒懷（怀）寶（宝）、母楊、妹普解（解）、女大娘、毋（误，当作“母”）林供。/黄海珎（同“珍”）、女尚儿，鲜于思贞爲（为）亡过父，李思晟、母常，夏侯珎、母张，董義永、妻嚴（严），/菩萨主鲜于宏辯（辩）爲亡过父供養。夏侯光爲亡过父，強（强）思礼合家供養。/比丘郝處（处）思，马庭（庭）爲晖见存外婆李供養。孟元勣爲父母合家供養。/赵子榦（幹）父母合家供養（以上刻于另一石）。

在塔身四壁他处原刻《般若波罗蜜多心经》[①]。

根据铭文内容可知，该塔是唐太极元年（712）二月十三日，霍宏泰携合家眷等人发愿兴建，塔心室内佛像尊格为阿弥陀佛。

HB31号 邯郸市广平县清漳村唐开元十五年（727）秦献造像塔散石

一、基本情况

本实例为唐代佛堂形组合式造像塔的第一层佛堂形塔身前石（图HB31-1），高80、宽78、侧宽33厘米[②]，明天启七年（1627）出土于广平清漳村[③]。20世纪50年代村民拆

① （清）缪荃孙《缪荃孙全集·金石4：金石分地编目》，南京：凤凰出版社，2014年，上册页149。

② 该石现被通体刷油，已非原貌，其尺寸信息为笔者2020年11月21日实地调查所得。

③ （清）孙星衍撰《京畿金石考》卷下：“明天启丁卯清漳村居民掘井得断石，略云开元丁卯洺州清漳县令秦献为

图HB31-1 广平清漳村开元十五年（727）塔散石旧照与现状

（旧照由蒋林魁提供）

掀庙宇时再次发现，现藏广平县文化广电和旅游局文物保护管理所。过去学界对石上铭文多有关注[①]。

清漳村因临漳河，以河名村，隋开皇十六年（596）于此置清漳县，唐时属河北道洺州[②]，会昌三年（843）省入肥乡县[③]。

二、图像

该石前壁辟圆拱尖楣塔门，门洞作竖长方形。门洞上方有半圆形门额，门额内浮雕一

神武皇帝造七级石梁（疑为衍字）浮图、弥勒像、清凉菴。"《石刻史料新编》第二辑，第十二册页8785。（清）缪荃孙纂《畿辅金石通志》卷11，载《石刻史料新编》第二辑，第十一册页8521。《全唐文补编》，页1728。《畿辅通志》卷25，石家庄：河北人民出版社，1989年，第四册页122。《中国文物地图集·河北分册》，下册页828。

①《唐文续拾遗》，页37。《全唐文新编》第二部，第二册页4028、4029。

②《新唐书》第四册，页1014。（民国）韩作舟等纂修《广平县志》，台北：成文出版社，1968年，页21—23。

③《元和郡县图志》："（清漳）南滨漳水，因以为名。"页432。河北省广平县地名领导小组编《广平县地名资料汇编》，内部资料，1984年，页63。

图HB31-2 广平清漳村开元十五年（727）塔散石右壁拓本

（广平文物保护管理所提供）

正面观兽头。兽头双目圆睁，龇牙咧嘴，獠牙外露，鬣毛卷曲。门洞两侧有立颊、槫柱，下设门槛。门楣两端下方设承托立柱，立柱具方形柱头、柱础和圆形珠节柱身，柱础由矮胖敦实的坐姿侏儒力士扛举。二侏儒力士外侧手撑地，内侧腿支起，以头部和内侧手扛举。塔门两侧浮雕一对力士，二力士上身赤裸，下身着裙，内侧手握拳下垂，外侧手握拳上举，肌肉块状隆起，身体向内倾斜，跣足立于山石，高度分别为28、28.5厘米。塔门下方中部浮雕一正面观侏儒力士，力士似蹲举供物，其两侧浮雕一对侧面观蹲狮。双狮朝向中部并回首前望。塔门上方浮雕一对侧面观龙，双龙之间浮雕一正面观兽头。双龙张牙舞爪，后半身缠绕在一起，朝向外侧并回首反顾，各伸出一只前爪抓于兽嘴内，伸出一只后爪合托桃形宝珠。兽头顶生双角，双目圆睁，龇牙咧嘴，獠牙外露。双龙外侧浮雕一对侧面观飞天，二飞天身挎帔帛，作俯冲姿态，朝向外侧并回首反顾。左侧飞天手中乐器残损，右侧飞天弹奏琵琶。

右壁上部原刻铭文，下部阴线刻一组4名立姿女性供养人（图HB31-2）。她们束倭堕髻，衣服宽肥，形象丰腴，朝向左侧，有的手执长茎莲蕾。左壁阴线刻1名男性供养人，具体情况不明。

三、铭文

右壁上部自左向右原刻10列行楷铭文，现根据广平文物保护管理所提供拓本（同图HB31-2），参照《全唐文新编》记载录文如下。

大唐开元十五年嵗（岁）次丁卯𠙺（正）月甲戌朔（朔）五日戊寅，朝散大/夫、行洺州清漳县令、上柱國（国）秦獻（献）奉为开元/神武皇帝敬造七级石浮图一所、弥陁（同“陀”）像（像）一铺、清凉菴（同“庵”）。

竊（窃）以寶（同“宝”）阁□庭，皎三明之朗照（照）；花园法界，湛八水之清澜。/庇鹤树之崇荫，演龙宫之妙义。□净天而仰德（德），括初地以/□坎。知应感通神，随缘济福。散慈云而广被，□法雨以遐/□。□开方便之门，远辟歸（归）依之路。獻以出身事主，移孝作/忠，□□朝荣，频承锡命，牽（牵）丝作宰（宰），更沐殊恩，阶叙羣（同“群”）/□□□□□□非上靈（灵）降祐，至德玄通，復复以禄不逮亲，每/……□□□□□□□道之心，想磨顶而讵酬，縱（纵）铭……。

铭文中异体、通假字多有使用，据其内容可知，该石原初所在造像塔是唐玄宗开元十五年（727）正月五日，朝散大夫、行清漳县令、上柱国秦献为皇帝发愿兴建，原初作七级，塔心室内雕刻阿弥陀像一铺，可能立于清凉庵内。

根据该石宽与侧宽比例，参照关系密切同类造像塔可知，其原初所在佛堂形塔身由前、后二石块组合而成。该石铭文未完，推测原初佛堂形塔身后石右壁亦刊刻铭文，以与上述铭文前后相续为一篇。

HB32号 河北省出土武周长安四年（704）造像塔散石

一、基本情况

本实例为唐代佛堂形组合式造像塔的第一层佛堂形塔身后石（图HB32），青石质，作竖长方形，高70、宽46、侧宽18.5厘米[①]，系北京石刻艺术博物馆早年征集于河北，编号1478，具体出土地不明。过去学界对该石鲜有关注，仅称之为“武周造像”[②]，没有重视石上铭文，未能辨识其具体年代和实际用途。笔者撰有专文论述其相关问题。[③]

① 本实例尺寸信息为笔者2017年10月17日实地调查所得。

② 王丹主编《贞石永固：北京石刻艺术历史文化》，北京：北京联合出版公司，2015年，页124、125。

③ 朱己祥《武周长安四年造像塔散石论述》，《艺术生活》2020年第3期，页16—22。

图HB32 河北出土长安四年（704）塔散石及线描图

（线图由王鑫绘）

二、图像

该石左、右、后三壁原刻铭文，前壁辟圆拱形龛，龛高42.5、宽30厘米，分为上、下两部分。上部分高35厘米，龛内高浮雕一佛二弟子二菩萨。佛高肉髻，具桃形头光，结跏趺坐于圆形束腰莲座，着右肩半披式袈裟，左手施无畏印，右手抚膝，通高（含头光与莲座）31厘米。佛座覆帐，其束腰位置雕刻四根蜀柱。佛左、右两侧为二弟子，二弟子着双领下垂式袈裟，袖手立于长茎仰莲台，高度分别为15.5、17厘米。二弟子外侧为二菩萨，二菩萨具桃形头光，佩戴项圈、手镯，肩挎帔帛，上身赤裸，下身着裙，内侧手分别上举执莲蕾和莲花，外侧手下垂执帔帛，跣足立于长茎仰莲台，高度分别为24.5、25.5厘米。

下部分高6厘米，龛内中部浮雕具座圆形香炉，炉身有三个圆孔。香炉左、右两侧雕刻一对侧面观蹲狮，双狮朝向中部并回首前望。

三、铭文

该石右、后、左三壁分别原刻6列、14列、6列楷书铭文，三者前后相续为一篇，有竖线界格，现根据实物录文如下。

（前缺，笔者按）庆，惟忠惟孝，抱义懐（怀）文，得𤯔（人）之欢心，尽礼以事上。去……/三𠦜（年）四𠥱（月）四𡆠（日），薨于家焉（焉）。嗣子俊，追（追）惟怙恃，泣血三𠦜，仰報（报）慈恩（恩），六/斋不歇（歇），性符上忍，志叶中乗（乘），去长安四𠦜七𠥱二𡆠，遘（遘）疢（疹）弥（弥）留（留），奄终（终）/窀（窀）穸。息孝深等（等），攀號（号）茹泣，霜露摧心，水漿（浆）不饮，几至毁灭。兄弟计/議（议），花萼（萼）相扶，欲報所生，过崇追福（福），遂于六𡆠，設（设）斋追福，合家大/小，異（异）口同音，發（发）願（愿）为亡（亡）考（考）敬造石像（像）浮图一所七级。名山採石，異县求（以上刻于右壁）/工，凋（同“彫”，通“雕”）琢既（既）成，丹青斯畢（毕），置之于宅南三十步（步）。左（左）带平陸，右佩长阡，前瞰漳川，却/臨（临）尧堰，言占勝（胜）埊（地），寔（同“实”）曰膏腴。紫（紫）凤朱虬（虬），栖蟠（蟠）其侧，飞仙化佛，扶護（护）其傍，密/迹金剛（刚），维持警卫。庻（庶）使𠀑（天）皇圣嗣永保隆基，𠥱壂（同“殿”）𡆠宫长埀（垂）朗耀，七/代靈（灵）祠凭此（此）福因，现在衔生霑斯利润。仰遵（遵）滿（满）字，敢作颂云：

隆崇寶（同“宝”）塔，微（微）妙金容，威光三界，神包六通，𠀑𤯔敬仰，内外師（师）宗，云布/雨施，如象（象）如龙，其一。爰有大士，寔曰丈夫，信心具足（足），惠（惠）解（解）真如，奄喪（丧）慈父，/如沈（通“沉”）寶珠，何以報德（德），勒（勒）石凋（同“彫”，通“雕”）图，何以追遠（远），脩（修）经及书，其二。欝（郁）欝仙宫，巍（巍）巍秘/像（像），妙色（色）希夷（夷），真儀（仪）弘敞，陽（阳）息阴消，𠀑成埊长，唯（唯）我能（能）仁，可依可倣，海变/山移，古来今往，常住法王，惠𡆠增（增）朗，其三。

高祖寶，上柱圀（国）、齐任越州行叅（参）军。/曽（同“曾”）祖高，隨（随，通“隋”）任太州功（功）曹，复遷（迁）相州録（录）事。/祖兴，版稌（授）许州长葛（葛）县令，又加稌苏州武安令，又加稌胡州康城令。息悊，/息俊，妻冯。亡息仁澄，澄妻史；澄息腊，腊妻王，腊息埿（泥）秋，腊女西希；/澄息克恭（恭），澄息太初（初），澄息长壽（寿），澄女妹儿。息孝深，深妻盖；深息克念（念），念妻张（以上刻于后壁），/念息西京（同“京”），念女端缶（缶）；深息克勤（勤），勤妻宋；深息野章，深女无疋（疋，同“匹”），深女颗绫。/亡息孝基，基妻宋，基息克先，基息克礼，基息万善（善），基息阿浇，基女阿锦。/息九朗，朗妻齐，朗女琉璃。刘氏（氏）女大娘、王氏女般若、王氏女三娘、齐氏女八娘、/邢氏女女王、王氏亡女阿征、雍（雍）氏孙女希有合家供養（养）。

大施主李悊（悊），亡妻苏。息名遠，远妻王。遠息嘉冲，冲妻邢，冲息京仙，冲女定（定）姑。遠息冲玄，玄妻徐。/遠息罗侯（侯），遠息難（难）養，遠女金颗，遠女三□。刘氏女大娘，㠯息元昌，昌妻王；昌息子蔵（藏），蔵妻王（以上刻于左壁）。

铭文中异体、通假字多有使用，用字偶有讹误，有多处使用武则天所造新字，如𤯔（人）、𠡦（年）、𠥱（月）、𡆠（日）、埊（地）、𠀑（天）、圀（国）、𥠢（授）、𡔈（初）等。根据铭文内容可知，该石原初所在造像塔是武周长安四年（704）七月六日，李悊携合家眷属为亡父发愿兴建，原有七级，立于家宅以南三十步位置。按唐制五大尺为一步，一大尺长 29.5—29.6 厘米，则三十步不足 45 米[①]。李悊之父于武周长安三年（703 年）四月四日在家中去世，其高祖李宝有上柱国勋号，北齐时曾任越州行参军，曾祖李高隋时先后任太州功曹、相州录事，祖父李兴则为许州长葛县令、苏州武安令和胡州康城令。李悊虽为庶民，其祖辈却长期为官，家境较为殷实，如此方有造塔的经济能力。

一方面，该石前壁圆拱形佛龛分为上、下两部分，上部分浮雕一佛二弟子二菩萨，下部分浮雕供物与蹲狮，其图像组合与隆尧出土同类造像塔散石（HB20、HB21 号）最为接近。考虑到隆尧为唐祖陵所在，邢台也是河北佛堂形组合式造像塔的发展中心，推测该石原初所在造像塔受到邢台地区同类实例影响。另一方面，“前瞰漳川，□临尧堰”句暗示，该石可能出土于邯郸东南部漳河流域。唐代漳水下游主要分为两股：一股北流，经今临漳、成安、肥乡、曲周、平乡，走滏阳河，至衡水以下经武邑东北流，截永济渠，东北入海；一股南流，经魏县至馆陶入永济渠[②]。结合武邑孙家村仪凤四年（679）塔（HB7 号）、平乡大里村延载元年（694）塔（HB23 号）等相关造像塔推测，该石出土有漳水北股地区的可能性更大，即临漳、成安、肥乡和曲周一带。北股地区不仅与邢台距离接近，唐时也盛行同类造像塔，如成安圆铭寺太极元年（712）塔（HB30 号）、广平清漳村开元十五年（727）塔（HB31 号）等。

同时，根据该石宽与侧宽比例，参照同时期、同类造像塔可知，原初佛堂形塔身由前、后二石块组合而成，其中前石右壁亦原刻铭文，以与上述铭文前后相续为一篇。此外，“紫凤朱虬，栖蟠其侧；飞仙化佛，扶护其傍；密迹金刚，维持警卫”表明，原初塔身前石可能雕刻蟠龙、飞天、化佛以及力士。

① 万国鼎《唐尺考》，载河南省计量局编《中国古代度量衡论文集》，郑州：中州古籍出版社，1990 年，页 117—129。

② 邹逸麟《中国历史地理概述》，上海：上海教育出版社，2005 年，页 62。

BJ1号 北京市房山区梦堂庵唐代造像塔

图BJ1-1 房山梦堂庵塔旧照

(引自《支那文化史蹟》)第十二辑图版83-1)

一、基本情况

该塔原位于房山大石窝镇水头村西南梦堂庵附近，平面近方形，白石质，由基座、塔身、塔檐及塔刹组成（图BJ1-1）[①]，原存一级，具体年代不明，后被村民蔡德武家挪作鸡窝[②]，1976年移置云居寺北塔西侧，其塔檐等部分构件佚失，现高178厘米（图BJ1-2）[③]。过去学界对该塔多有记录[④]。

房山隋时为涿郡良乡县，唐时属河北道幽州[⑤]。云居寺位于石经山下，俗称西域寺[⑥]。梦堂庵原为云居寺别所，位于该寺北侧、石经山之西的卧虎山脚下，相传为唐代高僧梦堂师旧居[⑦]，为沙门静琬刻经之所，又名香树庵[⑧]。

① [日]常盘大定、关野贞《支那文化史蹟》，东京：法藏馆，1941年，第十二辑页98、99、图版83-1。

② 臧嵘、史明迅主编《中国文化杂说4：北京文化卷》，北京：燕山出版社，1997年，页195。

③ 本实例尺寸信息为笔者2016年11月25日、2017年10月30实地调查所得。

④《北京文物精粹大系》编委会、北京市文物事业管理局编《北京文物精粹大系·石雕卷》，北京：北京出版社，1999年，页77。赵佳琛主编《房山古塔》，北京：北京联合出版公司，2015年，页37—39。前引魏来《北京唐代石塔研究》，页273—276、296、302。

⑤《旧唐书》，第五册页1517。《新唐书》，第四册页1020。

⑥（民国）冯庆澜等修、高书官等纂《房山县志》，台北：成文出版社，1968年，页25、249。

⑦（明）于弈欲《石经山纪略》："西峪寺后香树林，香树生处也。梦堂菴（同'庵'），唐梦堂师居处也。"载《房山县志》，页695。

⑧ 清康熙十一年（1672）《重修石经山香树庵碑记》："山之西胁有菴，曰梦堂，乃琬公刻经之所也。其后琬公刻《涅槃经》成，其夜山吼数声，地涌香树三十余株，故额曰香树庵焉。"北京石刻艺术博物馆编《新日下访碑录》，北京：北京燕山出版社，2013年，页106。张玉泉《云居别所香树庵》，载中国人民政治协商会议北京市房山区委员会文史工作委员会编《房山文史资料》第16辑，内部资料，2003年，页201—204。

图BJ1-2 房山梦堂庵塔现状

图BJ1-3 房山梦堂庵塔佛堂形塔身前石外壁线描图

二、构件及其图像

1.基座

作收分叠涩式平座，由方形石板自下而上收分叠涩两层，下层高 12、宽 109、侧宽 103.5 厘米，上层高 8、宽 101、侧宽 101.5 厘米。基座顶部刻出浅方形凹槽，凹槽尺寸略大于上方塔身，使基座与塔身紧密拼合。基座下方现垫有一块方形石板，应为移置云居寺时增添石件。

2.塔身

佛堂形塔身由前、后、左、右四块石板拼接而成，组合后高 125、宽 89.5、侧宽 89 厘米。

前石高 125、宽 89.5、侧宽 10.5 厘米，其内壁素面，外壁下部正中辟圆拱尖楣塔门（图BJ1-3）。塔门通高 78 厘米。门洞作竖长方形，高 41.5、宽 37.5 厘米，其上方有半圆形门额，两侧有立颊、榑柱，下设门槛。门槛高 3.5 厘米，其两端设门砧石。门楣左、右最宽处 54 厘米，两端楣角浮雕外翻草叶饰。

后石高 124、宽 89、侧宽 13 厘米，其外壁素面，内壁辟尖拱形龛（图BJ1-4）。龛高 56、宽 54 厘米，龛内高浮雕一佛二菩萨。佛高肉髻，结跏趺坐于圆形束腰莲座，着裹身垂领式袈裟，内着僧祇支，左手抚膝，右手残损、似施无畏印，其内区头光作圆形并填充莲瓣，外区头光作桃形火焰状，通高（含莲座与头光）50 厘米。佛座覆帐，其鼓腹状束腰位置辟三个椭圆形壶门，佛座下方刻出方形基台。二菩萨头系宝缯，具桃形火焰状头光，佩戴项圈、手镯和璎珞，身挎帔帛，上身赤裸，下身着裙，内侧手上举分别执莲花和莲蕾，外侧手下垂执帔帛，跣足立于圆形仰莲台，通高（含头光）分别为 41、40 厘米，莲台下方刻出方形基台。佛龛上方阴线刻缠枝花卉，花卉上垂挂流苏，表现华盖。华盖两侧阴线刻出菩提双树。

左石高 124、宽 65.5 厘米，右石高 123.5、宽 64 厘米，二石内、外两壁均素面。

3.塔檐及塔刹

塔檐现存一层，作有脊盝顶式，宽 130、侧宽 124 厘米，其四面坡顶浮雕瓦垄。根据民国时期旧照可知，原初塔檐之上另置一层八边形塔檐。八边形塔檐浮雕瓦垄，其上置

图BJ1-4 房山梦堂庵塔佛堂形塔身后石内壁佛龛及线描图

（线图由魏来绘）

方形刹座与宝瓶刹珠，刹座四壁刻出山花蕉叶。

该塔佛像形体匀称，胸部肌肉没有明显隆起，双臂与胸腹部的空间分离关系不够明确，菩萨像没有呈现明显的S形三曲式姿态，造型接近 7 世纪末叶特征。同时，塔门草叶饰楣角的样式，与武邑孙家村仪凤四年（679）年塔（HB7 号）基本相同。综合判断，该塔年代为初唐晚期的可能性最大。

BJ2 号 北京市房山区云居寺唐景云二年（711）王璬造像塔

一、基本情况

该塔现位于云居寺北塔西北角，平面近方形，白石质，由基座、塔身、塔檐及刹座组成，作密檐式结构，现存七级，通高325厘米（图BJ2-1）[①]。过去学界对该塔多有记录[②]。

图BJ2-1 房山云居寺景云二年（711）塔

二、构件及其图像

1.基座

作收分叠涩式平座，由方形石板自下而上收分叠涩两层，下层高14、宽110.5、侧宽108.5厘米，上层高7、宽96.5、侧宽96.5厘米[③]。基座顶部刻出浅方形凹槽，凹槽尺寸略大于上方塔身，使基座与塔身紧密拼合。

2.塔身

（1）第一层佛堂形塔身由前、后、左、右四块石板拼接而成，组合后高115、宽85.5、侧宽86厘米。

前石上部损毁，现存左、右两块残石（图BJ2-2），侧宽均9厘米，左石残高66.5、宽38厘米，右石残高60、宽24厘米。前石内壁素面，外壁下部正中原初辟塔门。塔门两侧有立颊、榑柱，下设门槛。门槛高3.5厘米，其下方设地栿。地栿高2.5厘米，其两端设门砧石。塔门两端楣角浮雕外翻花叶饰。

① 《房山古塔》，页20—23。

② （清）王昶《金石萃编》卷69，载《石刻史料新编》，第一辑第二册页1184。（清）缪荃孙纂《畿辅金石通志》，载《石刻史料新编》，第二辑第十一册页8274、8275。（清）董诰等编《全唐文》卷395，北京：中华书局，1983年，页4021。北京图书馆金石组中国佛教图书文物馆石经组编《房山石经题记汇编》，北京：书目文献出版社，1987年，页5、6。《北京图书馆藏中国历代石刻拓本汇编》，第二十册页125。《古涿州佛教刻石》，页56。《云居寺贞石录》，页58、59。《新日下访碑录》，页20—23。前引魏来《北京唐代石塔研究》，页254—256、294、295、298、300。

③ 本实例未注明出处尺寸信息为笔者2016年11月25日、2017年10月30日实地调查所得。

图BJ2-2 房山云居寺景云二年（711）塔佛堂形塔身前石前壁线描图

后石高115、宽85.5、侧宽9.5厘米，其外壁素面，内壁辟尖拱形龛（图BJ2-3）。龛高70、宽53厘米，龛内高浮雕一佛二菩萨，尊像头部残损严重，头光及衣物等处敷施绿彩。佛结跏趺坐于八边形束腰须弥座，着右肩半披式袈裟，左手抚膝，右手施无畏印，通高（含佛座与头光）64厘米，其头光和身光皆分为内、外两区。头光内区作圆形，外区作桃形，身光内、外区均作椭圆形。佛座覆帐，具单瓣仰莲底座。二菩萨头系宝缯，佩戴项圈、臂钏和手镯，身挎帔帛，上身赤裸，下身着裙，左手下垂，右手上举胸前，跣足立于长茎仰莲台，其头光分为内、外两区，内区作圆形，外区作桃形，通高（含头光）分别为41.5、41厘米。左侧菩萨腹部明显隆起，左手下垂挽帔帛，左脚微微抬起，重心置于右脚。右侧菩萨长裙遮腹，左手下垂置于腹部。二菩萨所立莲台均处在中央佛座生长出的莲枝上。

左石高114.5、宽67.5厘米，其内、外两壁素面。右石高114厘米、宽67.5厘米，其内壁素面，外壁原刻铭文。

（2）第二至七层平座式塔身宽度自下而上逐层略微收分。第二、三层塔身四壁素面，残存剁斧刷道痕迹。第四至七层塔身四壁线刻缠枝花卉。

3.塔檐及刹座

塔檐现存六层，均作叠涩线脚式，其宽度自下而上逐层略微收分，四角残存悬挂铃铎的穿孔。第一、二、三、五层塔檐“挑四收三”，正反叠涩七层。第四、六重塔檐“挑三收二”，正反叠涩五层。参照该塔旧照可知①，第七层塔身上方原置第七层塔檐，塔檐之上置方形刹座，刹座四壁刻出山花蕉叶。

① [日]水野清一《房山云居寺石塔记》，载《东方学报》第五册副刊《房山云居寺研究》，京都：东方文化学院京都研究所，1935年，图版27-A。

图BJ2-3a 房山云居寺景云二年（711）塔佛堂形塔身后石内壁佛龛

李静杰摄）

图BJ2-3b 房山云居寺景云二年（711）塔佛堂形塔身后石内壁佛龛线描图

（魏来绘）

三、铭文

佛堂形塔身右石外壁自左向右原刻21列楷书铭文，有竖线界格。现以过去学界刊布拓本为底本（图BJ2-4），参照实物录文如下。

石浮屠铭并序

此（此）浮屠者，唐中兴七年歳（同“岁”）次䇂（辛）亥夏四月八日，宣/義（义）郎、守幽州都督府、法曺（同“曹”）参军、上軽（同“轻”）车都尉、贝/州王璬，上为圣唐皇帝，下为法界苍生，次逮七/桒（叶）先亡，俯暨见存眷属之所（所）逮（建）也。究夫溺川思拯（拯），必/□兑楫之功（功）；火宅怀离，载俟（俟）牛车之力。𥎞（矧）乎迦维/圣济，非视听所谟；铭心贤劫，乃慈悲之理。璬以顽蔽（蔽），/擯（摈）事边隅，左右斐成，聿加非咎（咎），誓意输歸（归），妙造竦/□□□□□□□□临彼岸矣（矣）！岂非丈夫潜施，雄（雄）/□密□，□□□靈（灵），焉能（能）庆是？故乃减舍衣命，搆（搆）/□□□□石□□□巖（同“岩”）祇獻（献）寳树基（基），西界则独苑（苑）增（增）/□□□□瞰琢城，黄陂万顷，却临云嶠（峤），翠崿（崿）千重，信/□□□殊□乃升龍（龙）之别业者也。庶夫瀛桑百/变，瘟芥屡盈；在我此崿，与天亡（亡，通“无”）極（极）。铭曰：悏（恢）哉（哉）傑（杰）圣，/□德有□；□我婴枉，惠予般仁；得免时瘵，实赖慈/勤；盖求□石，运此名斤；爵

图BJ2-4 房山云居寺景云二年（711）塔铭文拓本

（引自《云居寺贞石录》页59）

离崛趐（起），风跱天辰；诸劫有/□，而□[不]□。

景云二年歳次辛亥夏四月八日建。

上騎（骑）都尉窜思道书，/上柱国丁处约锥（镌）文。/贾泰山。

铭文中异体、通假字多有使用，存在避讳情况，如“次逮七𦯀（叶）先亡”中“叶（葉）”写作“𦯀”，是避唐太宗李世民之讳而改写。根据铭文内容可知，该塔是唐中宗景云二年（711）四月八日，贝州王璥发愿兴建[①]，其人官居宣义郎、守幽州都督府、法曹参军、上轻车都尉数职。铭文由上骑都尉窜思道书写，上柱国丁处约镌文。

BJ3 号 北京市房山区云居寺唐太极元年（712）田义起造像塔

一、基本情况

该塔现位于房山云居寺北塔东南角，平面近方形，白石质，由基座、塔身、塔檐及塔刹组成，作密檐式结构，原有七级（图BJ3-1）[②]，现存六级（图BJ3-2），通高 370 厘米[③]。过去学界对该塔多有关注[④]。

二、构件及其图像

1.基座

作收分叠涩式平座，由方形石板自下而上收分叠涩两层，下层高 5、宽 114.5、侧宽 114 厘米，上层高 5、宽 95、侧宽 96 厘米[⑤]。基座顶部刻出浅方形凹槽，凹槽尺寸略大于

① 贝州置于唐武德四年（631），位于河北道南部，下辖清河、武城、漳南、历亭、清阳、鄃、夏津七县，天宝元年（742）改为清河郡，乾元元年（758）复称贝州。《旧唐书》，第五册页 1496。

②《支那文化史蹟》，第十二辑页 99，图版 84:1-2、86-1。

③《房山古塔》，页 24—26。

④ 王旭《金石萃编》卷 69，载《石刻史料新编》，第一辑第二册页 1184、1185。缪荃孙纂《畿辅金石通志》，载《石刻史料新编》，第二辑第十一册页 8275。《全唐文》卷二百八十二，页 2864、2865。（清）钱大昕《潜研堂金石文跋尾》卷 5，载陈文和主编《嘉定钱大昕全集》，南京：凤凰出版社，2016 年，第六册页 128。《房山石经题记汇编》，页 6。《北京图书馆藏中国历代石刻拓本汇编》，第二十册页 146。《北京文物精粹大系·石雕卷》，页 76。《云居寺贞石录》，页 60、61。《新日下访碑录》，页 21—23。前引魏来《北京唐代石塔研究》，页 256—258、295、298、301、303。

⑤ 本实例未注明出处尺寸信息为笔者 2016 年 11 月 25 日、2017 年 10 月 30 日实地调查所得。

图BJ3-1 房山云居寺太极元年（712）塔旧照
（引自《支那文化史蹟》第十二辑页 99 图版 84-1）

图BJ3-2 房山云居寺太极元年（712）塔现状

上方塔身，使基座与塔身紧密拼合。

2.塔身

（1）第一层佛堂形塔身由前、后、左、右四块石板拼接而成，组合后高 114.5、宽 86、侧宽 85.5 厘米。

前石高114.5、宽85、侧宽11.5厘米，其内壁素面，外壁下部正中辟圆拱尖楣塔门（图BJ3–3），塔门通高83.5厘米。门洞作竖长方形，高38、宽32.5厘米，其上方有半圆形门额，两侧有立颊、槫柱，下设门槛。门槛高4、进深3厘米，其两端设门砧石。门楣左、右最宽处61厘米，其两端楣角浮雕外翻花叶饰，圆拱处装饰弦纹和绳纹。楣尖处残存浮雕痕迹，参照房山下寺村塔（BJ10号）推测，原初可能浮雕一正面观兽头。塔门两侧分别浮雕一天王和力士，二者头系宝缯，身挎帔帛，面部、手臂均有残损，高度分别为41、42厘米。左侧天王身着铠甲，左手执杖，右手叉腰，左脚微微抬起，重心置于右脚，跣足踏在卧兽之上。右侧力士上身赤裸，下身着裙，左手叉腰，右手握拳上举，肌肉块状隆起，跣足立于山石。

后石高114、宽86、侧宽9.5厘米，其外壁补刻铭文，内壁辟尖拱形龛（图BJ3–4）。龛高52、宽46厘米，龛内高浮雕一佛二菩萨，尊像具头光且分为内、外两区，内区作圆形，外区作桃形，其头光、衣物等处敷施绿彩。佛高肉髻，面部残损，结跏趺坐于亚字形束腰须弥座，着右肩半披式袈裟，左手掌心向上置于腿上，右手上举施无畏印，通高（含佛座与头光）47厘米。佛座覆帐，具单瓣仰莲底座，其下枋前壁辟四个横长方形壶门，束腰前壁辟两个桃形壶门。二菩萨头系宝缯，佩戴项圈、臂钏和手镯，身挎帔帛，斜披络腋，上身赤裸，下身着裙，内侧手上举胸前，外侧手下垂执帔帛，跣足立于圆形束腰仰覆莲台，通高（含头光）分别为42、41.5厘米。左侧菩萨腹部隆起，右手执莲蕾。右侧菩萨长裙遮腹，左手曲指胸前。

图BJ3–3 房山云居寺太极元年（712）塔佛堂形塔身前石外壁

左石高114.5、宽64.5厘米，其内壁素面，外壁补刻铭文。右石高114.5、宽64.5厘米，其内壁素面，外壁原刻与补刻铭文。

（2）第二至七层平座式塔身宽度自下而上逐层略微收分。第二、四、五、六层塔身四壁素面，残存剁斧刷道痕迹。第三

图BJ3-4a 房山云居寺太极元年（712）塔佛堂形塔身后石内壁佛龛

层塔身四壁线刻缠枝忍冬。第七层塔身佚失，现补砌两层青砖。

3.塔檐及塔刹

塔檐原有七层，均作叠涩线脚式，其宽度自下而上逐层略微收分，四角残存悬挂铃铎的穿孔。第一、二、四、五层塔檐“挑四收三”，正反叠涩七层。第三、六层塔檐“挑三收二”，正反叠涩五层。第七层塔檐佚失，其顶部原置方形刹座与葫芦形刹珠，刹座四壁刻出山花蕉叶。

图BJ3-4b 房山云居寺太极元年（712）塔佛堂形塔身后石内壁佛龛线描图

三、铭文

佛堂形塔身右、后、左三石外壁刊刻五则铭文，现以过去学界刊布拓本为底本，参照实物录文如下。

1.右石外壁上部自左向右原刻22列楷书铭文，有竖线界格（图BJ3-5）。

大唐易州石亭府左果毅（毅）都尉、薊（蓟）县田義（义）起（起）石浮图颂

详夫釋（释）氏（氏）大慈，能仁广运。一挥惠（惠）劍（同“剑”），则结岳峯（同“峰”）摧；蹔（同“暂”）/驾寳（同“宝”）舩（同“船”），则流（流）海波息。若迺（同“乃”）丰牛步（步）坦，香象（象）登津；福/祉夙（夙）昭（昭），解（解）行先備（备）。非功（功）德（德）修净（同“净”），其有与于此（此）乎？浮图/主石亭府果毅田公者，孝乎惟孝，忠为令德。秉（秉）武/要（腰）文，游仁践義；富润石室，货积铜山。保性里闬，荣足/知止(止)；尊崇法门，福求无上。奉为七代先亡、见存太夫/人、合家大小，敬造石浮图七级，釋迦像（像）、二菩薩（萨）、神王等（等）/一铺。尒（同“尔”）其索寳幽谷，获琰崇岩；異（异）济北之神期，匪河西/之马瑙。欻焉搆（搆）迴，不日而成；状雀离之從（从）天，犹多寳之/涌地。虬詹雾举，寳鐸（铎）风吟；睟（睟）容如在，神儀（仪）俨若。灵/朝日以舒鉴，烁幽霄以放光。伏願（愿）冥（冥）资，先露七代；爰/以昭祐（祐），庆及见存。与慧日而长悬，同定（定）水之无竭（竭）。贊（赞）叹功/德而述颂云：惟佛与佛，法所（所）皆空；能（能）仁富（富）智，广度（度）/多功；有清信士，产积丰崇；檀（檀）波罗密，琬（琬）琰雕砻；轮/高擢露，鐸迴吟风；睟穆（穆）如在，与天地终；福露一切（切），于/何不隆？

人，和州历阳丞王利贞文，/太極（极）元年四月八日建（建）。/弟燕州大云寺僧（僧）智崇，妹明度寺尼（尼）護（护）念（念），/弟義冲陪戎副尉、上柱国，弟义義隆（隆）昭武挍（同“校”）尉、上柱国、雍州兴国府右果都尉合家供养。

2.右石外壁下部自左向右补刻两则行书铭文。左侧铭文8列，字体较大，占据主要位置。

图BJ3-5 房山云居寺太极元年（712）塔佛堂形塔身右石外壁铭文拓本

（引自《云居寺贞石录》页61）

海城陈兴亚/介卿、北平赵/文奎华臣、辽/阳马冀良等，/于民国壬申/七月中澣同/游西域云居/寺及小西天。

右侧铭文4列，字体较小。

大清光绪八年五月，宗室盛昱伯羲、/蒙古锡钧聘之、/丹徒丁立钧尗（叔）衡、水/

明周鎏贻季譽同[游]白带山，题/记于此。

2.后石外壁补刻1列楷书铭文（图BJ3-6）[1]。

歳乙丑月建，已下[赦]公量祈雨。廿七日又至，当时以雨。

图BJ3-6 房山云居寺太极元年（712）塔佛堂形塔身后石外壁铭文拓本

（引自国家图书馆官网）

3.左石外壁自左向右补刻10列楷书铭文。

石经始愿记

《县志》载《石经山纪畧》云：北齐南嶽（同“岳”）僧（僧）慧思慮（虑）藏/教有毀（毁）灭时，发愿刻石，閟（同“闭”）封巖壑（壑）；座下静琬，承/師（师）嘱，成其事云。今观碑（碑）志，多言琬公发愿而不/及其師。千载而后，恐（恐）人僅（仅）知有琬公而不知有/其師。纵其不欲居功而独享盛名，又岂琬公/之意？兹谨缀数言，俾后之览者，知刻石藏经之/力不仅在琬公，而尤在其師慧公也！

宪兵司令、警察总监、陆军中將（将）陈兴亚撰（撰）书。

中华民国二十一年七月十二日。

铭文中异体、通假字多有使用。根据右石外壁上部原刻铭文可知，该塔是唐睿宗太极元年（712）四月八日，蓟县人田义起携弟妹等人发愿兴建，铭文由和州历阳丞王利贞撰文[2]，塔内佛像尊格为释迦佛，塔门两侧天王和力士尊格为神王。田义起官居易州石亭府左果毅都尉，其弟义冲官居陪戎副尉、上柱国，弟义隆官居昭武校尉、上柱国、雍州兴国府右果毅都尉。兄弟三人为官，家境优渥，正如铭文所言“富润石室，货积铜山”。然，田家即便富贵如此，依旧舍二子女入佛门，田义起弟为燕州大云寺僧智崇，妹为明度寺尼护念。

① 国家图书馆藏，编号北京4440。

② 北京海淀区钓鱼台东门以北（今三里河路东侧）出土唐开元十七年（729）《郭君墓志》为“制梁州城固丞王利贞词”，其中王利贞可能同为一人。北京石刻艺术博物馆编《北京石刻艺术博物馆藏墓志拓片精选》，北京：北京燕山出版社，2012年，页12、13。

右石外壁下部右侧铭文补刻于清光绪八年（1882）五月，记录了清朝宗室盛昱与锡钧、丁立钧、周銮贻等人游览白带山（即石经山）事迹[①]。右石外壁下部左侧铭文与左石外壁铭文，均补刻于中华民国二十一年（1932）七月十二日，记载了陈兴亚、赵文奎、马冀良等人游览云居寺与石经山事迹[②]。后石外壁铭文记录了祈雨事迹，补刻者及补刻时间不明。

BJ4号 北京市房山区云居寺唐开元十年（722）李文安造像塔

一、基本情况

该塔现位于房山云居寺北塔东北角，平面近方形，白石质，由基座、塔身、塔檐及塔刹组成，作密檐式结构，原有七级（图BJ4-1）[③]，现存六级，通高360厘米（图BJ4-2）[④]。过去学界对该塔多有关注[⑤]。

① 盛昱（1850—1899），满洲镶白旗人，爱新觉罗氏，字伯羲、伯希、伯熙、伯兮，号韵莳、伯韵、意园，室名郁华阁，是肃亲王永锡的曾孙，为同治十年（1871）举人，光绪三年（1877）进士，历任詹事府中允、翰林院侍讲等职，其诗文、金石均负盛名，著有诗集《郁华阁遗集》、文集《意园文略》等。刘廷銮编著《兰堂藏：清代百名进士墨迹》，济南：泰山出版社，2010年，页192。锡钧（1840—约1924），原名锡珍，蒙古镶白旗人，字聘之，为光绪三年进士，历任翰林院编修、内阁侍读学士、驻藏办事大臣等职，著有《容容斋诗草》。《东北人物大辞典》编委会编《东北人物大辞典》，沈阳：辽宁人民出版社、辽宁教育出版社，1992年，页919。丁立钧（1854—1902），江苏镇江人，字叔衡，号恒斋，为光绪六年（1880）进士，历任翰林院编修、武英殿协修、沂州知府等职，曾参加康有为创立的强学会，著有《历代边事辑要》。镇江市历史文化名城研究会编《镇江历史文化大辞典》，镇江：江苏大学出版社，2013年，页192。

② 陈兴亚（1882—1959），辽宁海城人，字介卿，清末贡生，1907年4月毕业于日本振武学校，1908年8月进入日本陆军宪兵练习所士官班，1910年毕业回国，1912年8月任京师宪兵营长，1917年9月任京师宪兵司令、陆军少将，1920年任东三省宪兵司令，1926年任京师警察总监并主持逮捕和杀害了李大钊等中共党人，1928年任东北宪兵司令，1931年"九一八"事变后随军入关并闲居北京，著有《晋察绥游记》等。王俯民编著《民国军人志》，北京：中国广播电视出版社，1992年，页285。张克江主编《铁岭市志·人物志》，北京：科学普及出版社，1999年，页341。

③《支那文化史蹟》第十二辑，页100，图版85:1-2、86-2。

④《房山古塔》，页27—29。

⑤ 王旭《金石萃编》卷73，载《石刻史料新编》，第一辑第二册页1253、1254。缪荃孙纂《畿辅金石通志》卷4，载《石刻史料新编》，第二辑第十一册页8275、8276。《全唐文》，卷305页3102，卷988页10227。（清）赵绍祖《古墨斋金石跋》卷4，载赵绍祖撰，牛继清、赵敏校点《赵绍祖金石学三种》，合肥：黄山书社，2011年，页385。《白

图BJ4-1 房山云居寺开元十年（722）塔旧照
（引自《支那文化史蹟》第十二辑页 100 图版 85-1）

图BJ4-2 房山云居寺开元十年（722）塔现状

二、构件及其图像

1.基座

作收分叠涩式平座，由方形石板自下而上收分叠涩三层。下层高 9、宽与侧宽 128 厘米，中层高 3.5、宽与侧宽 115 厘米，上层高 3.5、宽与侧宽 105 厘米[①]。基座顶部刻出浅方形凹槽，凹槽尺寸略大于上方塔身，使基座与塔身紧密拼合。

带山志》，页 24、25。《房山石经题记汇编》，页 8。《北京图书馆藏中国历代石刻拓本汇编》，第二十二册页 5。《北京文物精粹大系·石雕卷》，页 80—85、图版 40-45。《云居寺贞石录》，62、63 页。《新日下访碑录》，页 29—31。前引魏来《北京唐代石塔研究》，页 258—259、295、296。

① 本实例未注明出处尺寸信息为笔者 2016 年 11 月 25 日、2017 年 10 月 30 日实地调查所得。

图BJ4-3 房山云居寺开元十年（722）塔佛堂形塔身前石外壁

2.塔身

（1）第一层佛堂形塔身由前、后、左、右四块石板拼接而成，组合后高125、宽96、侧宽95厘米。

前石高124.5、宽96、侧宽10厘米，其内壁素面，外壁下部正中辟圆拱尖楣塔门（图BJ4-3），塔门通高114.5厘米。门洞作竖长方形，高50、宽43.5厘米，其上方有半圆形门额，两侧有立颊、榑柱，下设门槛。门槛高3.5、进深4厘米，其下方设地栿。地栿高2、进深1.5厘米，其两端设门砧石。门楣左右最宽处70厘米，两端楣角浮雕外翻花叶饰，圆拱处装饰弦纹和连珠纹。楣尖处残存浮雕痕迹，参照房山下寺村塔（BJ10号）推测，原初可能浮雕一正面观兽头。塔门两侧分别浮雕一力士和天王，二者头系宝缯，双臂束带，身挎帔帛。左侧力士面部残损，上身赤裸，下身着裙，左手握拳上举，右手下垂握石，重心置于左脚，右脚掌向上翘，肌肉块状隆起，跣足立于山石，通高（含帔帛）48厘米。右侧天王头戴宝冠，怒目圆睁，身披铠甲，右手拄棒，左手搭于右手腕上，左脚微微上抬，重心置于右脚，跣足踩踏二小鬼，通高（含帔帛）52厘米。二小鬼双目圆睁，须发上扬，蹲伏于地，各抬天王一足。

后石高124.5、宽95、侧宽10厘米，其外壁素面，内壁辟尖拱形龛（图BJ4-4）。龛高74、宽58.5厘米，龛内高浮雕一佛二菩萨，尊像头光等处敷施红彩。佛高肉髻，结跏趺坐于圆形长茎仰莲座，外着双领下垂式袈裟，右肩另敷偏裳，内着僧祇支并于腹部束带，左手横置腿上并托圆形宝珠，右手上举胸前并施说法印，通高（含莲座）57厘米，其内、外两区头光均作圆形。内区头光填充莲瓣，外区头光填充缠枝莲茎，其边缘装饰三颗摩尼宝珠。外区头光内两支莲茎交接于顶部，交接处及上下曲空间内浮雕七尊小佛像。佛均结跏趺坐于仰莲座，莲座均由缠枝莲茎生长而出，其中交接处佛左手抚膝、右手施无畏印，其余六佛均双手合十于胸前。佛像身后浮雕背障，背障两侧上端各有一侧面观摩羯鱼。摩羯鱼顶生双角，瞪眼张嘴，上吻翻卷，重叠于佛外区头光左、右两侧内。背帐两侧下端各有一裸体童子骑乘后肢直立的怪兽，怪兽顶生双角，立于长茎莲台。摩羯

图BJ4-4a 房山云居寺开元十年（722）塔佛堂形塔身后石内壁佛龛

图BJ4-4b 房山云居寺开元十年（722）塔佛堂形塔身后石内壁佛龛线描图（魏来绘）

鱼、后肢直立怪兽与童子的组合，由印度笈多式背障演变而来[①]。二菩萨具桃形头光，头戴花冠并系宝缯，佩戴项圈、臂钏和手镯，身挎帔帛，上身赤裸，下身着裙，内侧手上举执长茎莲花，外侧手下垂执帔帛，跣足立于长茎仰莲台，通高（含头光）分别为47、45厘米。二菩萨所立莲台均处在中央佛座生长出的莲枝上。

左石高125、宽74厘米，其外壁素面，内壁辟近横长方形龛（图BJ4-5）。龛通高35、宽62.5厘米，龛内浮雕6身男供养人。供养人均头裹幞头，髭须浓密，着圆领窄袖束腰长衫，足蹬软底鞋。自右向左，第一人正面右脚单膝跪地，左手执长柄香炉，

图BJ4-5a 房山云居寺开元十年（722）塔佛堂形塔身左石内壁供养人

① 王友奎《汉地佛教艺术所见笈多式背障源流略考》，载敦煌研究院编《2014敦煌论坛：敦煌石窟研究国际学术研讨会论文集》，兰州：甘肃教育出版社，2016年，下册页883—927。

图BJ4-5b 房山云居寺开元十年（722）塔佛堂形塔身左石内壁供养人线描图

（魏来绘）

图BJ4-6b 房山云居寺开元十年（722）塔佛堂形塔身右石内壁供养人线描图

（魏来绘）

图BJ4-6a 房山云居寺开元十年（722）塔佛堂形塔身右石内壁供养人

图BJ4-7 房山云居寺开元十年（722）塔第二层塔身前壁线描图

（魏来提供）

右手作拈香状。第二人深目高鼻，下巴尖翘，侧身点头弓腰，手捧长茎莲花于胸前，为典型胡人形象。第三、四、五人微微侧身向内，手执长茎莲花。第六人侧身站立，深目高鼻，下巴尖翘，亦作胡人形象。

右石高124、宽75厘米，其外壁原刻铭文，内壁辟四个连续的尖拱形龛（图BJ4-6）。四龛通高37.5、宽48厘米，龛内浮雕4身正面观女供养人，均双手捧于胸前。自左向右，第一至三人头束高髻，着袒胸低领长裙，足蹬高跷云头履，其中第一人手捧长柄香炉，第二人手捧长茎莲花，第三人手捧方盒状物。第四人头束双髻，着圆领窄袖束腰长衫，双手捧方盒状物，足蹬圆头长靴。

（2）第二至七层平座式塔身宽度自下而上逐层略微收分，第七层塔身现已佚失。第二层塔身前壁自左向右浅浮雕加线刻1狮子、2鹿和1大象，四兽右向追逐奔腾于云朵间（图BJ4-7），后壁线刻缠枝花卉及乘凤妇人（图BJ4-8），其余平座各壁均线刻缠枝花卉。

3.塔檐及塔刹

塔檐原有七层，均作叠涩线脚式，其边角均有残损，宽度自下而上逐层略微收分，“挑四收三”，正反叠涩七层，四角残存悬挂铃铎的穿孔。第七层塔檐之上置方形刹座与葫芦形刹珠，刹座四壁刻出山花蕉叶。

图BJ4-8 房山云居寺开元十年（722）塔第二层塔身后壁线刻

（引自魏来、翟杜鹃《房山云居寺开元十年造石塔相关问题初探》页325）

三、铭文

佛堂形塔身右石外壁自左向右原刻18列楷书铭文，间有行书，有横竖界格。现以过去学界刊布拓本为底本（图BJ4-9），参照实物录文如下。

大唐易州新安府折衝（冲）李公石浮图之铭

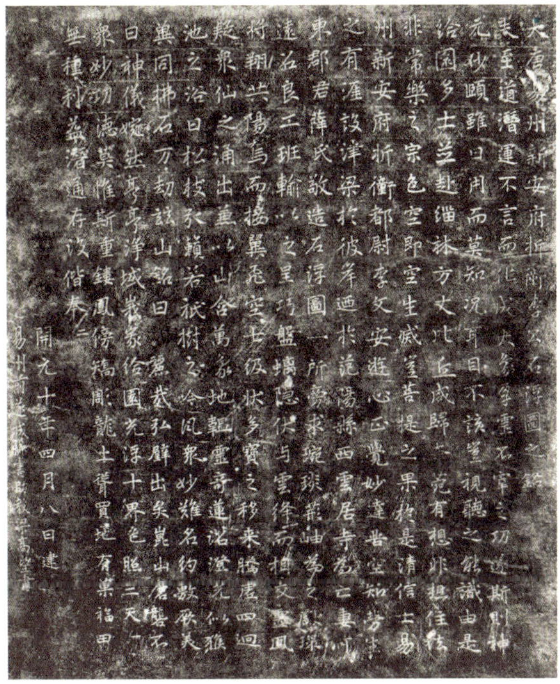

图BJ4-9 房山云居寺开元十年（722）塔佛堂形塔身右石外壁铭文拓本

（引自《云居寺贞石录》页63）

夫至道濳（潜）运，不言而化成；大象孕灵，不宰（宰）之功（功）遂。斯则神/元妙賾（颐），虽日用而莫知；况耳目不该，岂视听之能识？由是/给园多士并赴缁林，方丈比丘咸歸（归）柰苑。有想非想，住法/非常乐之宗；色空即空，生灭岂菩提之果？于是清信士易/州新安府折衝都尉李文安，游心正觉，妙达苦（苦）空，知劳（劳）生/之有涯，设津梁（梁）于彼岸，迺（同“乃”）于范阳县西云居寺，为亡妻河/东郡君薛（薛）氏敬造石浮图一所。旁求琬（琬）琰，荆（荆）岫为之獻（献）琛；/远召（召）良工，班输以之呈巧。盘螭隐（隐）伏，与云绛而相交；灵凤/将翔，共阳乌而接翼（翼）。飞空七级，状多寳（宝）之移来；腾虚（虚）四迴，/疑（疑）众仙之涌出。兼（兼）以山含（含）万象，地韫灵奇。莲沼（沼）澄光，似猴/池之浴日；松枝引（引）籁，若祇树之吟风。众妙难名，约敷厥（厥）美；/冀（冀）同拂石，万劫兹山。铭曰：丽哉（哉）弘壁（璧），出矣（矣）崑山，磨砻不/日，神仪琬然，亭亭浄（同“净”）域，峩（同“峨”）峩给园，光浮十界，色照（照）三天，一；/众妙功德（德），莫惟斯重，镂（镂）凤傍矯（矫），彫（同“雕”）龍（龙）上牟，买地有巢，福（福）田/無（无）种，利益潜通，存没偕奉，二。

开元十年四月八日建，/易州前遂城县书助教高望书。

铭文中异体、通假字多有使用，据其内容可知，该塔是唐玄宗开元十年（722）四月八日，易州新安府折冲都尉李文安为亡妻河东郡君薛氏兴建[1]，铭文由易州前遂城县（今保定徐水县）书助教梁高望书写[2]。

① 新安府为易州九府之一。《新唐书》，第四册页1019。

②《旧唐书》卷39《地理志》：“遂城，汉北新城县……后魏改为新昌，隋末为遂城。”第五册页1513。

BJ5号 北京市房山区云居寺唐开元十五年（727）郑玄泰造像塔

一、基本情况

该塔现位于房山云居寺北塔西南角，平面近方形，白石质，由基座、塔身、塔檐及塔刹组成，作密檐式结构，现存七级（图BJ5-1），通高352厘米[①]。过去学界对该塔多有关注[②]。

二、构件及其图像

1.基座

作收分叠涩式平座，由方形石板自下而上收分叠涩两层，下层高5、宽112、侧宽111厘米，上层高5、宽与侧宽98厘米[③]。基座顶部刻出浅方形凹槽，凹槽尺寸略大于上方塔身，使基座与塔身紧密拼合。

---

①《房山古塔》，页30—32。

② 王旭《金石萃编》卷77，载《石刻史料新编》，第一辑第二册页1313。缪荃孙纂《畿辅金石通志》卷4，载《石刻史料新编》，第二辑第十一册页8276。《全唐文》卷361，页3663。《支那文化史蹟》，第十二辑，页100，图版83-2。《房山石经题记汇编》，页11。《北京图书馆藏中国历代石刻拓本汇编》，第二十二册页117。《北京文物精粹大系·石雕卷》，北京出版社，1999年，页78，图版38。《古涿州佛教刻石》，页61、62。《云居寺贞石录》，页64、65。《传世浮屠——中国古塔集萃》，第一册页11。《新日下访碑录》，页32—34。前引魏来《北京唐代石塔研究》，页262、263、296、299、302。

③ 本实例未注明出处尺寸信息为笔者2016年11月25日、2017年10月30日实地调查所得。

图BJ5-1 房山云居寺开元十五年（727）塔

2.塔身

（1）第一层佛堂形塔身由前、后、左、右四石板拼接而成，组合后高 113.5、宽 85.5、侧宽 114.5 厘米。

前石高 113、宽 85.5、侧宽 13 厘米，其内壁素面，外壁下部正中辟圆拱尖楣塔门（图BJ5-2）。塔门通高 111.5 厘米。门洞作竖长方形，高 42、宽 36.5 厘米，其上方有半圆形门额，两侧有立颊、槫柱，下设门槛。门槛高 3.5、进深 4 厘米，其下方设地栿，地栿高 2、进深 1 厘米，其两端设门砧石。门楣左右最宽处 70 厘米，两端楣角浮雕外翻花叶饰，圆拱处装饰连珠纹和弦纹。楣尖处残存浮雕痕迹，参照房山下寺村塔（BJ10 号）推测，原初可能浮雕一正面观兽头。塔门两侧分别浮雕一天王和力士，二者头部残损，佩系宝缯，身挎帔帛，通高（含帔帛）分别为 34.5、40.5 厘米。左侧天王身披铠甲，左手搭于右手腕上并置于腹部，着靴立于山石。右侧力士上身赤裸，下身着裙，左手叉腰，右手握拳上举，肌肉块状隆起，跣足立于山石。

图BJ5-2 房山云居寺开元十五年（727）塔佛堂形塔身前石外壁

后石高 113.5、宽 85、侧宽 12.5 厘米，其外壁素面，内壁辟尖拱形龛（图BJ5-3）。龛高 58、宽 56 厘米，龛内高浮雕一佛二菩萨。佛具髻珠，面部残损，结跏趺坐于方形束腰须弥座，外着双领下垂式袈裟，右肩另敷偏袒，内着僧祇支，左手抚膝，右手上举施说法印，通高（含佛座）47 厘米，其内区头光作圆形，外区头光作桃形，身光作椭圆形。佛座覆帐，其底座之上收分叠涩四层，自下而上第一层作八边形，其余三层作多曲花瓣形，束腰位置刻出三根蜀柱。二菩萨具桃形头光，佩戴宝缯、项圈、臂钏和手镯，身挎帔帛，斜披络腋，跣足立于长茎仰莲台，高度分别为 37、38.5 厘米。左侧菩萨上身赤裸，腹部隆起，下身着裙，左手下垂执帔帛，右手上举执宝缯且以食指、中指指向佛陀，左脚微微抬起，重心置于右脚。右侧菩萨长裙遮腹，左手上举胸前执莲蕾，右手下垂至腿部。二菩萨所立莲台均由中央佛座生长而出。

图BJ5-3a 房山云居寺开元十五年（727）塔佛堂形塔身后石内壁佛龛（李静杰摄）

左石高113、宽89厘米，其内壁素面，外壁原刻和补刻铭文。右石高113.5、宽89厘米，其内、外两壁素面。

（2）第二至七层平座式塔身宽度自下而上逐层略微收分。第二至四层塔身四壁素面，残存剁斧刷道痕迹。第六、七层塔身佚失，现分别补砌两层青砖。

3.塔檐及塔刹

图BJ5-3b 房山云居寺开元十五年（727）塔佛堂形塔身后石内壁佛龛线描图

（魏来绘）

塔檐原有七层，现存六层，均作叠涩线脚式，其宽度自下而上逐层略微收分，四角残存悬挂铃铎的穿孔。第一至三层塔檐“挑四收三”，正反叠涩七层。第四至六层塔檐“挑三收二”，正反叠涩五层。第七层塔檐佚失，其上方原置方形刹座与葫芦形刹珠，刹座四壁刻出山花蕉叶。

三、铭文

佛堂形塔身左石外壁刊刻两则铭文。现以学界刊布拓本为底本（图BJ5-4）录文如下。

其一，左石外壁主体位置自左向右原刻12列楷书铭文，有横竖界格。

大唐云居寺石浮图铭并叙　太原王大悦撰

叙曰：法所（所）务善，示仪生念（念）；物莫坚石，畱（留）形则多。伊童卄之增（同“增”）砂，彼丰/家之巖（严）寶（同“宝”）；不孟不季，非泰非约。建兹浮图亐（于）此门右者，鄭（郑）氏（氏）字玄泰，/今范阳人也，崇中宜（同“宜”）利，用广盖所，以兼（兼）仰正法，惠浃多生，俾（俾）藏（臧）与嘉（嘉），/不渍惟永。迺（同“乃”）竭（竭）产充（充）贯，罄工剞奇；璞（璞）散良効，形都信羙（美）。素玙鲜色，皓/琼级之峨峨；黄金明辉，烂寶層（层）之擢擢。东旭衔珠而更淨（同“净”）[①]，南风动铃/而不喧；神仪护门

---

① 张双棣撰《淮南子校释》卷16《说山训》：“故和氏之璧、隋侯之珠，出于山渊之精，君子服之，顺祥以安宁，侯王宝之，为天下正。”隋侯见大蛇伤断，以药敷之，后蛇于江中衔大珠以报恩，故曰隋侯之珠。因随国在旭日东升之处，又曰“东旭衔珠”。北京：北京大学出版社，1997年，页1643。

而雄（雄）雄威如，圣象端室以穆（穆）穆颙若（若）。庶幾（几）乎，上/帝万寿，先人百福，夫蠢之類（类），凡生之儔（俦），莫不覃（覃）兹，利有如是，木皆烬/灭，土（土）亦尘散。惟石之永，瞻其有恒；繄法之坚，念兹无替。铭曰：高塔/峨峨，示延遐瞩，多生壊壊，动善群触，其一；兹設（设）兹利，无碍無（无）疆，其福/豐（丰）衍，其资广长，其二；彼石惟坚，我性亦定（定），永永不灭，视以知正，其三。

开元十五年歲（岁）次单阏仲春八日建①。

其二，上述长篇铭文右侧边缘，以较小字体自左向右补刻 2 列行书铭文。

中华民国八年五月天津罗浚沼、历城/茅镇岱②、通县李锜，同游云居寺题此。

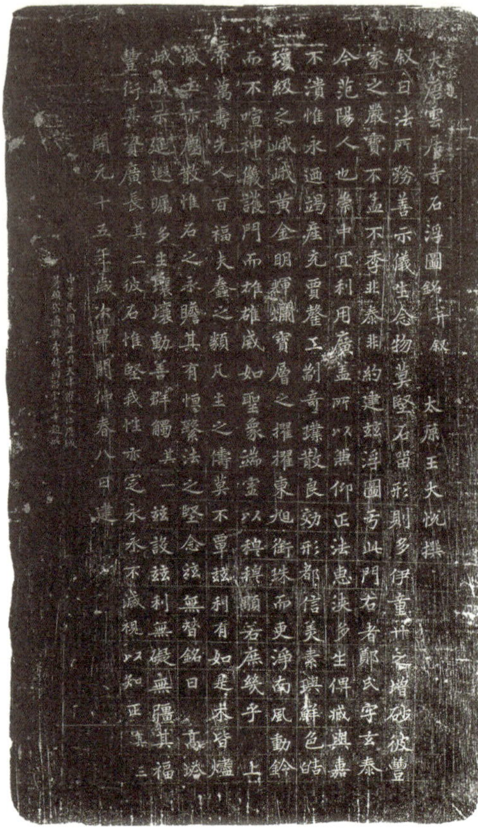

图BJ5-4 房山云居寺开元十五年（727）塔铭文拓本

（引自《云居寺贞石录》页 117）

铭文中异体、通假字多有使用，据其内容可知，该塔是唐玄宗开元十五年（727）二月八日，范阳人郑玄泰发愿兴建，铭文由太原人王大悦撰写。另据“建兹浮图于此门右者”可知，该塔原初立于某建筑物右前方位置。

① 单阏，太岁年名，与干支纪年法中的“丁卯”相对。仲春，农历二月。

② 茅镇岱，历城人，号石生，工花卉，擅工笔牡丹，20 世纪 20 年代后期寓居青岛，为北京湖社画会成员。谢兆有等主编《山东书画家汇传：清·民国·当代部分》，北京：中国文联出版社，2003 年，页 177、178。

BJ6号 北京市房山区石经山唐开元九年（721）刘玄望造像塔

一、基本情况

该塔位于房山石经山东台，坐北朝南，平面近方形，白石质，由基座、塔身、塔檐及塔刹组成，作密檐式结构，原有九级（图BJ6-1）[①]，现存八级（图BJ6-2），通高367厘米[②]。过去学界对该塔多有记录[③]。

石经山又名白带山，俗称小西天[④]。

二、构件及其图像

1.基座

作收分叠涩式平座，由方形石板自下而上收分叠涩两层，下层高12、宽142、侧宽143厘米，上层高5、宽123.5、侧宽125厘米[⑤]。基座顶部刻出浅方形凹槽，凹槽尺寸略

---

① 蒋叔南《房山游记》："至庵中拾级登顶，顶上一石浮图，九层，正方形，高可丈五六尺，南面为门，中供佛像。门旁刻二神将像，形态生动。"蒋叔南著、卢礼阳编校《蒋叔南集》，合肥：黄山书社，2009年，页219。《支那文化史蹟》，第十二辑页101、102，图版88:1-2。

②《房山古塔》，页33—36。

③ 于弈欲《石经山纪略》，载《房山县志》，页695。陆增祥《八琼室金石补正》卷51，载《石刻史料新编》，第一辑第七册页4821、4822。王昶《金石萃编》卷83，载《石刻史料新编》，第一辑第二册页1409、1410。缪荃孙《畿辅金石通志》，载《石刻史料新编》，第二辑第十一册页8275、8276。《全唐文》卷353，页3576、3577。《唐文续拾遗》卷8，页98。《房山石经题记汇编》，页7、8、11、12。《北京图书馆藏中国历代石刻拓本汇编》，第二十一册页145、149，第二十四册页117。《古涿州佛教刻石》，页56、57、62。《云居寺贞石录》，页16、17。《传世浮屠——中国古塔集萃》，第一卷页10、11。佟洵主编《北京佛教石刻》，北京：宗教文化出版社，2012，页11、12、30、31。前引《新日下访碑录》，页24—28。前引魏来《北京唐代石塔研究》，页259-262、306。

④ 清康熙十一年（1672）《重修石经山香树庵碑记》："观夫涿之西北有山曰白带，因隋大业间有静琬大师飞锡至此……遂刻石藏经，藏于此山，待三灾后流通此经，使佛法之不断者也，故云石经山焉。因有一洞，号曰雷音，故土人又称为小西天。"《新日下访碑录》，页105、106。（清）石景芬《石经山访碑记》："石经山在房山县西南五十里……高峻极天，白云在半，山横亘如带，故又名'白带'……山上雷音洞高丈余，四壁刻经，四柱刻像，即石经堂也，因名石经山，俗呼小西天。"石景芬《诵清阁集》卷3，载《清代诗文集汇编》编纂委员会编《清代诗文集汇编·五九九》，上海：上海古籍出版社，2010年，页497。

⑤ 本实例未注明出处尺寸信息为笔者2017年10月30日实地调查所得。

图BJ6-1 房山石经山开元九年（721）塔旧照

（引自《支那文化史蹟》第十二辑图版 88-1）

图BJ6-2 房山石经山开元九年（721）塔现状

大于上方塔身，使基座与塔身紧密拼合。

2.塔身

（1）第一层佛堂形塔身由前、后、左、右四块石板拼接而成，组合后高 134、宽 104、侧宽 103 厘米。

前石高 133.5、宽 104、侧宽 12 厘米，其内壁素面，外壁下部正中辟圆拱尖楣塔门（图 BJ6-3、BJ6-4），塔门通高 112.5 厘米。门洞作竖长方形，高 49.5、宽 44.5 厘米，其上方有半圆形门额，两侧有立颊、榑柱，下设门槛。门槛高 3.5、进深 5 厘米，其下方设地栿。地栿高与进深均 1.5 厘米，其两端设门砧石。门楣左右最宽处 67 厘米，两端楣角浮雕外翻花叶饰，圆拱处装饰连珠纹和弦纹。楣尖处收束并向两侧翻卷，其上承托桃形花朵，花朵内刻出花蕊。门楣左侧补刻铭文。塔门两侧浮雕一对力士，二力士面部残损，头戴宝缯，双臂束带，身挎帔帛，上身赤裸，下身着裙，外侧手握拳上举，肌肉块状隆起，内侧脚微微翘起，重心置于外侧脚，跣足立于山石。左侧力士右手舒掌下垂，通高（含宝缯）46.5 厘米。右侧力士左手舒掌叉腰，通高（含宝缯）44.5 厘米，其身后刻出尖拱形浅龛，浅龛高 46.5、宽 21.5 厘米。

后石高 134、宽 103.5、侧宽 11 厘米，其内壁素面，外壁补刻铭文。根据旧照可知，原初内壁前方放置单独佛像，佛结跏趺坐于亚字形束腰须弥座，佛座覆帐，现已佚失。

左石高 113、宽 80 厘米，其内壁素面，外壁补刻铭文。右石高 113、宽 80 厘米，其内壁素面，外壁原刻铭文。

（2）第二至九层平座式塔身宽度自下而上逐层略微收分，其四壁素面，残存剁斧刷道痕迹。第二层塔身高 8.5 厘米，宽与侧宽均 107 厘米。第三层塔身高 8 厘米，宽与侧宽均 102.5 厘米。第九层塔身佚失。

3.塔檐及塔刹

塔檐原有九层，现存七层，均作叠涩线脚式，其宽度自下而上逐层略微收分。第一层塔檐宽与侧宽 141.5 厘米，第二层

图BJ6-3 房山石经山开元九年（721）塔佛堂形塔身前石外壁现状

（李静杰摄）

图BJ6-4 房山石经山开元九年（721）塔佛堂形塔身前石外壁旧照

（引自《支那文化史蹟》第十二辑图版 88-2）

图BJ6-5 房山石经山开元九年（721）塔佛堂形塔身右石外壁铭文拓本

（引自《北京图书馆藏中国历代石刻拓本汇编》二十一册页 145）

塔檐宽与侧宽 137.5 厘米，第三层塔檐宽与侧宽 131.5 厘米。第一至四层塔檐“挑四收三”，正反叠涩七层。第五至七重塔檐“挑三收二”，正反叠涩五层。第八、九层塔檐佚失。第九层塔檐顶部原置方形刹座与宝瓶刹珠，刹座四壁刻出山花蕉叶，刹座与刹珠佚失。

三、铭文

佛堂形塔身右、后、左、前四壁刊刻铭文，今漫漶严重。现以学界刊布拓本为底本，参照实物及过去学界记载录文如下。

1.右石外壁自左向右原刻 22 列楷书铭文（图BJ6–5）。

云居石經（经）山顶石浮啚（同“图”）铭并叙　慧化沙门釋（释）玄萸（英）词

夫立身行道者，扬名于后世；树善崇德（德）者，状苦于将来。盖所谓异軨（轸）同歸（归），/殊途合迹。至若周恵愽（博）利，广□溥□，脩（修）梵福（福）而出尘劳，拯幽灵而袪□业，/其唯釋教欤？此浮啚者，清信佛弟子刘玄望、第（弟）定（定）辽、第文（文）立、姪男（男）陪戎尉/志贞、姪男志敏并出家妹法喜、法□，奉爲（为）先亡，兼（兼）及法界所經始也！玄望/等悲风树之难停，痛□□之易践。每怀其鞠育，仰□棨□□酬；陟（陟）彼□岗，/思父母之劳瘁。以爲福因业感，感□则福臻；行爲善（善）成，成功则行著。□割/金帛，励同緣（缘），就（就）此山龛，聿脩嘉□尔（同“尔”）。其丹壑青谿（同“溪”），蓄雷雨而□虹霓（霓）；□峦/秀㠯（屺），插云𩂯（霞）而擎素月。于是审□□，揆方圆，树□□之宝□，□九仞之□/塔。徒（徒）观其天近裁规□□□伐□□□琢雕□□玉。磅礴岌岌，恍（同“恍”）如空□/飞来；郁崫（崛）亭亭，又若□□□出。火珠□皛，不夜而星流；粉壁□辉，无云而/雪落。然后摸列圣邈（邈）真仪，丹青餝以相鲜，金碧笼而轶耀。庻（庶）顛（愿）妙緣遐被，/高胜永存；滇壑变而有期，□气□而无泯。铭曰：有至人兮（兮）生西方，□/众魔而坐道场；□

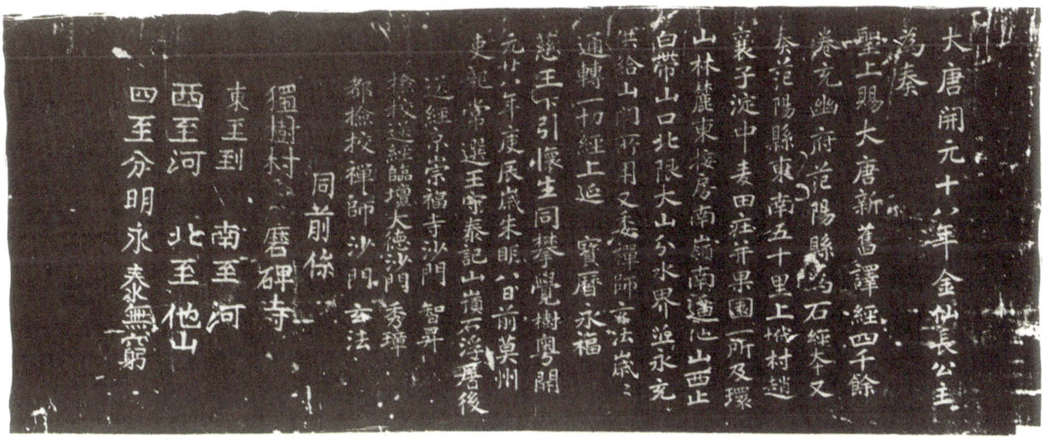

图BJ6-6 房山石经山开元九年（721）塔佛堂形塔身后石外壁上部铭文拓本

（引自《北京图书馆藏中国历代石刻拓本汇编》二十四册页 117）

尊天亍（兮）越北□，□群旨兮泯空色；神用兮克周，□迹兮/弥畱（留）；法体閟（同“闭”）于圆寂，□□播（播）于阎浮；有孝子兮荷□怀，念先君兮怀冈（误，应作“罔”，同“罔”，通“无”）极；/舍五分（分）之珎（同“珍”）财，壮□坚之妙力；□竭诚以昭（昭）应，仗浮啚而匡（匡）翊；庆□□而/福资，速超（超）昇（同“升”）于浄（同“净”）域。 大唐开元玖年肆月捌日，比丘尼（尼）法喜、法澄及昆/季合家眷属等（等）共建，助檢（检）挍人僧高慧明供养。/都檢挍山顶石经浮啚功（功）德上座僧惠暹，共修造人僧惠空，/云居寺主僧道侃（同“侃”），都维那（那）僧惠□，律師（师）僧玄法，助垒基□张玄□，/垒浮啚大匠张□荣，次匠程□仁，次匠张惠文，次匠阳敬忠，□师子王□□，/幽州府史王智臣、耿歸卿、耿四知祇□□□□括地出□□□。

2.后石外壁上方自左向右补刻 21 列楷书铭文（图BJ6–6）。

大唐开元十八年，金仙长公主/为奏/圣上赐大唐新旧译經（经）四千余/卷，充（充）幽府范阳县为石經（经）本。又/奏范阳县东南五十里上垡（垡）村趙（赵）/襄（襄）子淀中麦田莊（庄）并果园一所及环/山林麓，东接房南岭，南逼他山，西止/白带山口，北限大山分（分）水界，並永充/供给山门所（所）用。又委禅师玄法，歲（岁）歲/通转《一切（切）经》。上延寶（同“宝”）曆，永福（福）/慈王；下引懷（怀）生，同攀觉树。粤（粤）开/元廿八年庚辰（辰）歲朱明八日[1]，前莫州/吏部常选王守泰记山嵿石浮屠后。

① “朱明”指夏季。

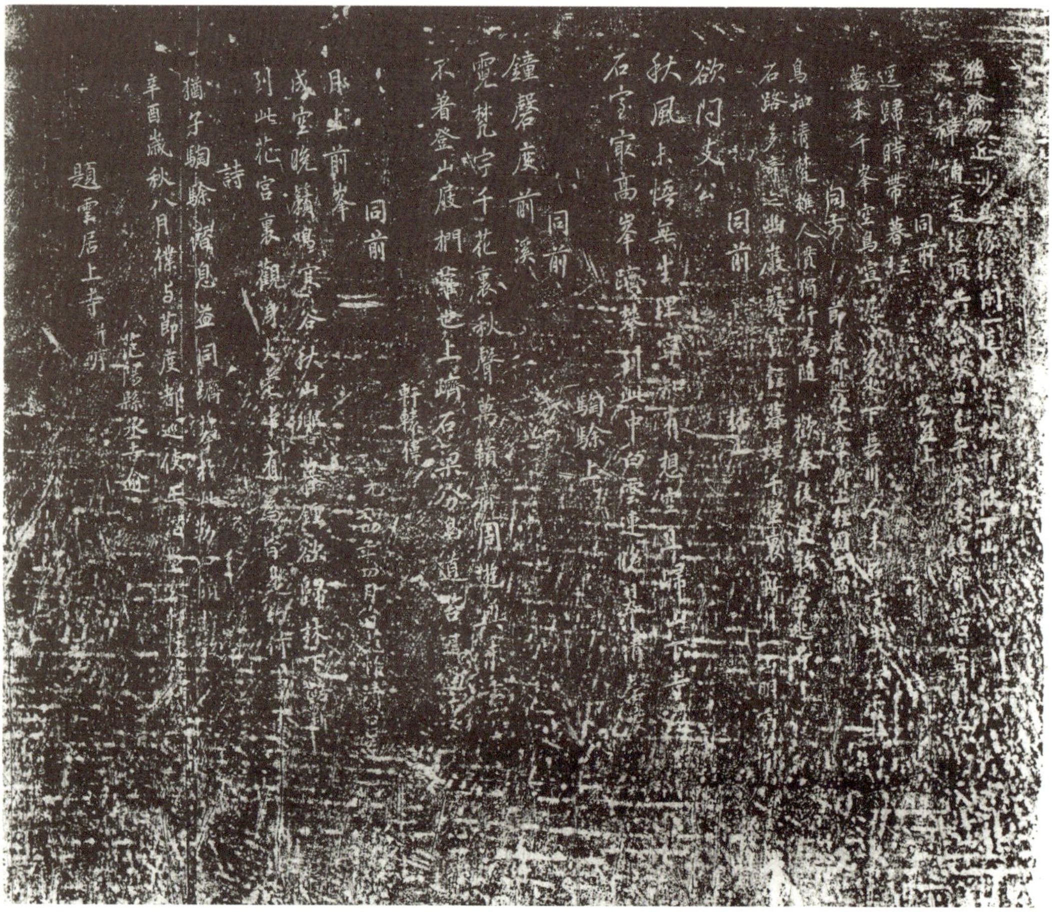

图BJ6-7 房山石经山开元九年（721）塔佛堂形塔身后石外壁下部铭文拓本

（引自《北京图书馆藏中国历代石刻拓本汇编》二十一册页 149）

送經京崇福寺沙门智昇，/撿（检）校送經临坛大德沙门秀璋，/都經校禅师沙门玄法。

同前係（係），/独树村，磨碑寺，/东至到，南至河，/西至河，北至他山，/四至分明，永泰无穷。

后石外壁下方自右向左补刻 27 列行书铭文（图BJ6-7）。

题云居上寺诗并序，/范阳县丞吉逾。

辛酉（酉）歳（同“岁”）秋八月，仆与节度都巡使王潛（潜）、墨客轩辕伟，仆/犹子駒（驹）駼，息益，同跻攀于此（此），勒四韵于后。

诗：

到此花宫里，观身火宅中；有为皆是幻，何事不/成空。晚籁鸣寒谷，秋山响暮钟；欲归林下路，新/月上前峯（同“峰”）。

同前。元和四年四月八日范惟清、吕延。/轩辕伟。

不着（著）登山屐，扪萝也上跻；石梁分鸟道，苔迳过云/霓（霓）。梵（梵）宇千花里，秋声万籁齐；周游兴未尽，/钟磬（磬）度前溪。

同前，/騊駼上。

石室冣（最）高峯，跻攀到此中；白云连晚翠（翠），清磬度/秋风。未悟无生理，甯（同“宁”）知有想空；且归山下寺，还/欲问支公。

同前，播（播）上。

石路多竒（同“奇”）迹，幽岩凿寳经；暮烟千壑里，新月一山明。宿/鸟知清梵（梵），樵（樵）人惯独行；为随欢奉后，岂敢学逃名。

图BJ6-8 房山石经山开元九年（721）塔佛堂形塔身左石外壁铭文拓本

（引自国家图书馆官网）

同前，节度都巡使、太常卿、上柱国王潜。

万木千峯空鸟喧，潺潺溪水下长川。人来石室藏经处，一/迳归时带（带）暮烟（烟）。

同前，男（男）益上。

支公禅诵处，绝顶共登攀；日色（色）千峯里，钟声（声）万壑间。暮/猿吟砌近，沙鸟傍溪闲；一迳堪藜杖，行行猒（同“厌”）下山。

3.左石外壁下方自左向右补刻楷书铭文9列（图BJ6-8）[①]。

天作黄金刹，岩栖白玉书；有心延释氏，无计事公轮。木脱千林静，云升/万壑虚；

① 国家图书馆藏，编号北京3886。

层峰聊徒倚，清气极扶舆。易英[1]。

清莲疏俗宇，凿室向高岑；迹比浮云静，心同止水沉。扪萝探胜地，步叶/出幽林；一起悲秋思，因之寄远吟。程禧[2]。

凿室储经处，招提隐映中；云霏三界合，心迹万缘空。□护山坳径，风沉/树杪钟；为穷登览趣，历遍夕阳峰。石序。

路陟烟霞外，经藏石室中；凭虚方觉险，瞩迥始知空。华缀长明炬，声催/向晚钟；欲探灵异迹，行道最高峰。金颢。

大明永乐十四年仲冬至日同游□此。

左石外壁上方分散补刻楷书铭文7列。

王言。/王文善，妻牛氏。/王守言。

王文善，妻牛氏。男可久，新妇李氏，孙男□□。/丙午四月五日记。

大明。

4.前石外壁门楣左侧自左向右补刻6列楷书铭文（图BJ6-9）。

图BJ6-9 房山石经山开元九年（721）塔佛堂形塔身前石外壁铭文拓本

（引自《房山云居寺》页31）

永兴宫都部属、权知军州/事韩绍勋与县郡夫人及/儿女等，去太平六年正月十/七日，因来巡礼、烧香到此，覩（同"睹"）尊/容伤缺不圆，再（再）补接讫，阖家永/为供养。

此外，前石左侧壁残存3列楷书铭文，现仅能识别第三列中的"陈畱郡骑都尉"等字，过去学界未见著录，具体情况不明。

① 易英，祖籍江西南昌府丰城县，随父迁居湖广澧州，原名哲贵，字以和，明洪武十七年（1384）任虞衡司主事，永乐年间为河南参议，不久转任浙江布政司参议，成化十四年（1478）任吏部左侍郎。（明）李贤等撰《大明一统志》（下），西安：三秦出版社，页672。中国人民政治协商会议湖南石门县委员会编《神奇石门：人物、故事卷》，北京：大众文艺出版社，2007年，页13。

② 程禧，江西乐平人，明洪武末年任邵武府学教授，永乐二十二年（1424）十二月由浙江布政使司右参政升为左参政。（明）黄仲昭修纂《八闽通志》（上），福州：福建人民出版社，1991年，页828。李国祥、杨旭主编《明实录类纂：浙江上海卷》，武汉：武汉出版社，1995年，页162。

5.过去学界另记录有 5 列位置不明铭文，通常列于右石外壁铭文之前，此处暂且存疑。

大唐定（定）州/經（经）主刘腾云，/經主李金仁，/經主劉（刘）起（起）远，/经主侯神范。

铭文中异体、通假字多有使用。根据右石外壁铭文可知，该塔是唐玄宗开元九年（721）四月八日，佛弟子刘玄望携弟定辽、文立，侄男志贞、志敏，以及妹比丘尼法喜、法澄等合家眷属为去世父母发愿兴建，铭文由沙门释玄英撰写[①]，共同参与者有云居寺主僧道偘、玄法等僧侣，以及幽州府史王智臣等人。造塔工匠包含助垒基、垒浮啚大匠、次匠等数职。铭文没有交待刘玄望等人生平，仅其侄男志贞官居陪戎尉，他们可能出自普通家庭。

后石外壁上部铭文由前莫州吏部常选王守泰所记[②]，记录了开元十八年（730）金仙公主奏请玄宗赐予云居寺新旧译经四千余卷，以及麦田、果园和山林充作庙产，参与护送经书的有长安崇福寺沙门智昇和沙门秀璋、玄法等人。此后，房山石经的刊刻以新定官写大藏经为底本，步入了其刻经史上的新阶段。因此，该塔过去常被称作“金仙公主塔”，乃至官方说明牌也讹称此塔是僧人为报答金仙公主之恩而兴建，显然不符合实际情况。铭文末记载了独树村磨碑寺的四至情况，可补史料之缺失。

后石外壁下部铭文记录了范阳县丞吉逾，与节度都巡使王潜等人于辛酉年同游石经山事迹并附五言律诗六首。一方面，“元和四年四月八日范惟清、吕延”句中，唐宪宗元和四年（809）为己丑年，并非辛酉年，同时该句铭文介于第一、二首诗之间，从整体布局来看应为后世补刻。另一方面，诸诗整体刊刻在唐玄宗开元十八年铭文下方，其年代自然更晚。综合判断，吉逾等人游览石经山之“辛酉年”为唐德宗建中二年（781），过去学界将诸诗年代界定为元和四年显然有误。此外，吉逾官居范阳县丞，王潜官居节度都巡使、太常卿、上柱国，均不见于两《唐书》记载，可补史料之缺失。

左石外壁下方铭文记录了明永乐十四年（1416）冬易英、程禧、石序及金颢等人同游石经山事迹并附五言律诗四首。左石外壁上方铭文具体刊刻年代不明。前石外壁铭文记录了辽圣宗太平六年（1026）韩绍勋一家在云居寺烧香巡礼并修补塔内残损尊像事

① 唐开元十四年（726）《大唐云居寺石经堂碑》：“大苾芻（通‘比丘’）玄英，释门之清俊也。垂髫甫岁，勤逾刺骨；落发中年，□□鍱腹。”《云居寺贞石录》，页 18、19。

② 唐景云二年（711）于瀛洲鄚县置鄚州，割瀛洲之鄚、任丘、文安、清苑，幽州之归义等五县属之。开元十三年（725），以“鄚”字类“鄭（郑）”字，改为莫。《旧唐书》，第五册页 1514。

迹。2000年在小西天山壑中发现曾立于该塔旁的民国二十一年（1932）刻石，其上刊刻陈兴亚诗一首[①]。陈氏字迹另见于云居寺太极元年（712）塔（BJ3号）。

BJ7号 北京市房山区石经山唐天宝十二载（753）王晋造像塔

一、基本情况

该塔原位于房山石经山中台中层，平面呈方形，汉白玉质，原有九级，清末石景芬及法国工程师蒲意雅实地调查时保存尚好，1932年陈兴亚游览石经山时已完全损毁，现仅存数张残石拓本。过去学界对塔上铭文多有关注，对其图像仅有简略描述[②]。

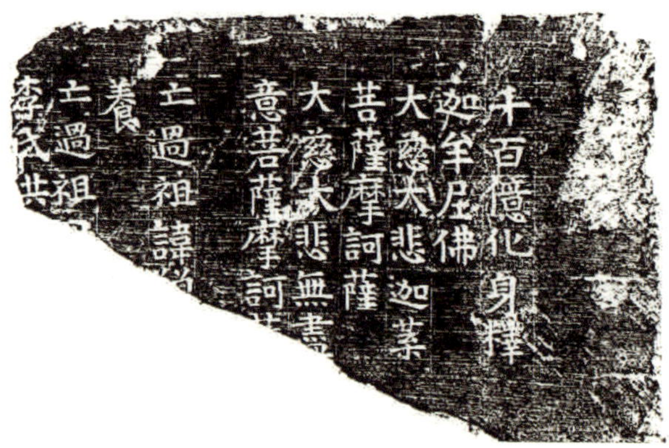

图BJ7-1 房山石经山天宝十二载（753）塔佛堂形塔身后石内壁铭文拓本

（引自京都大学人文科学研究所官网）

二、构件及其图像和铭文

根据过去学界记录，参考博野兴国寺景龙四年（710）塔（HB4号）可知，第一层佛堂形塔身由前、后、左、右四块石板组合而成。

1.前石

前石内壁情况不明，外壁辟有塔门，塔门两侧雕刻守门力士或天王。塔门上方左、右两侧分别原刻一首五言绝句和律诗，各3列、5列。

① 诗云："藏经石洞白云古，千年争夸静琬公；南越大师发始愿，而今谁复慧思功？民国壬申七月游，书作海城陈兴亚。"《云居寺贞石录》，页54、55。《新日下访碑录》，页28。

② 陆增祥《八琼室金石补正》卷58，载《石刻史料新编》，第一辑第七册页4936—4938。（清）端方编《陶斋藏石记》卷25，载《石刻史料新编》，第一辑第十一册页8233、8234。缪荃孙纂《畿辅金石通志》卷4，载《石刻史料新编》，第二辑第十一册页8278、8279。《唐文续拾遗》卷10，页117。《白带山志》，页27—29。《房山石经题记汇编》，页13—15。《北京佛教石刻》，页8—10。前引魏来《北京唐代石塔研究》，页285、286、339—343。

感石浮图

树福金巖（同“岩”）顶，粧（妆）严琢石[戊]（成）；真（真）/容绘[美]（美）素，图镂万年荣。

感石浮图　琉（琉）[珉]雕莹/[美]，图真琢（琢）玉成。神功（功）呈/百福（福），含聚曰光明。轮寶（宝）/□霄（霄）壮，珠瓔镂石晶。感/□严父志，竭（竭）力爲（为）先灵。

塔门上方绝句左侧补刻3列楷书铭文，分为上、下两排，每排2列。

皇帝供养，/皇后（后）供养。

御（御）史大夫安/禄（禄）山供养。

2.后石

高93.3、宽53.3厘米[①]。

（1）内壁辟龛，龛内雕刻一佛二胁侍。佛龛上方自左向右原刻10列楷书铭文（图BJ7-1）。

千百亿化身釋（释）/迦牟（牟）尼（尼）佛！/大慈大悲迦葉（叶）/菩薩（萨）摩诃薩！/大慈大悲无尽/意菩薩摩诃薩！/亡过祖讳□供/养！/亡过祖母陇西/李氏（氏）供养。

（2）外壁可能辟龛并雕刻一佛二胁侍。佛龛上方自左向右原刻21列楷书铭文（图BJ7-2）。

石經（经）中台浮图[记]

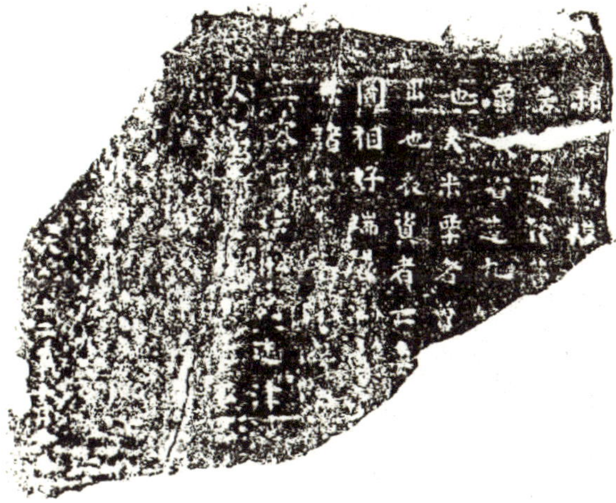

图BJ7-2 房山石经山天宝十二载（753）塔佛堂形塔身后石外壁铭文拓本

（引自京都大学人文科学研究所官网）

图BJ7-3 房山石经山天宝十二载（753）塔佛堂形塔身左石内壁铭文拓本

（引自京都大学人文科学研究所官网）

①《陶斋藏石记》卷25：“石高二尺八寸，宽一尺六寸。”《石刻史料新编》，第一辑第十一册页8228。

图BJ7-4 房山石经山天宝十二载（753）塔佛堂形塔身左石外壁铭文拓本

（引自国家图书馆官网）

石經者，筶（昔）琬公之□□□□□/之上灵□□□□公□□□□/經明道□□□□□□□□□/台山者，吾師（师）□□□□□□□/四台浮图淩（凌）霄之□□□□□，/惟中台崭（同“嶄”）巖宛然，未有真状。公/讳晉（晋），太原人也，挂冠辞代孝□/精诚树福（福）于金巖□□虗（虚）空乃/浩□□于菩提之□□人以米/粟衣资，造九级浮图□于中台/也。夫米粟者，曾（同“曾”）祖父母产业之/出也；衣资者，亡妻之□也。□□/图相好端严，□□□□□□□/□。诸信士等（等）□诚□□□□□/真容，□法□于迷津，□法雨于/火宅，□□□□□□思议既畢（毕）/□□□□□□□□以传不朽/□□□□□□□□而上□□/□□□□□□九□□六道□。

天宝十二载十月廿五日建。

佛龛三尊像左侧分别原刻3列楷书铭文。

□王□□□□/□弟子□□/□□娘供养。

圓满空明盧（卢）/舍比（误，疑作“那”）佛，浮图/主王晉供养。

□□菩薩，夫/□□大娘□/□□供养。

3.左石

高82.3、宽50厘米[①]。

（1）内壁辟龛，龛内雕刻一佛二胁侍。佛龛上方自左向右原刻10列楷书铭文（图BJ7-3）。

当来下生弥（弥）勒（勒）/尊佛！/大慈大悲无量/力菩薩摩诃薩！/大慈大悲地藏（同

①《陶斋藏石记》卷25："石高二尺四寸七分，宽一尺五寸。"《石刻史料新编》，第一辑第十一册页8233。

图BJ7-5 房山石经山天宝十二载（753）塔佛堂形塔身右石内壁铭文拓本

（引自京都大学人文科学研究所官网）

“藏”）/菩薩摩诃薩！

□过父讳固供/□！ /□□母玉田荣/□□養（养）。

（2）外壁辟左、右两个尖拱形龛，龛内各浮雕一菩萨，二菩萨作正面观，具桃形头光，身挎帔帛。二菩萨上方自左向右原刻18列楷书铭文，有横竖界格（图BJ7-4）[①]。

感惡（怨）文

余慈亲、二品孙、乐安孙氏，量必/天合，噐（同“器”）与代殊，惟德昰（是）脩（修），惟明是贵，/不以荣华爲（为）乐，不以豪贵为雄，澄心如/不二之门，求真习道。慈亲春秋世有/九，以天寳（宝）十一载夏六月庚寅（寅），大渐弥（弥）/畱（留），徵（征）方勿药，薨于别业，神容俨然，不知/何贤人，变易生死也！父痛，慈亲先/廿（世），有恨未亡，遂舍雄豪，发菩提志，稽（稽）首/以信微妙法，清净（同“净”）操心，造九级浮图，安/中台也。嗟（嗟）乎，闵子不祜，慈训早违，乹（同“乾”）景/外临，阴义内歖（缺）。英二妹细小，花萼偏（偏）遗，/雖（虽）活明时，毁灭无異（异）。父以英弟妹偏/露，惊遑匪宁，遂婚（婚）继親（亲）北平縣（县）君、弘（弘）农/杨氏，性敦柔洁，膺锡中和。花萼痛闻，號（号）/天擗踊，刻铭微志，以布腹心。张令忠，妻谢，/男（男）敬仙、敬賔（宾）、/敬晖同供養。

上述长篇铭文左下方，自左向右原刻2列楷书铭文。

导師（师）菩薩（萨），晋先亡妻、二/品孙、乐安孙氏供養。

长篇铭文右方，自左向右原刻4列楷书铭文，分为上、下两排，每排2列。

六姨玉田荣氏男女等（等）供養。/七姨玉田荣氏男女等供養。

虚（虚）空藏菩薩，晋女春娘、/女莺娘爲亡母供養。

① 国家图书馆藏，编号各地10063。

4.右石

高93.3厘米、宽50厘米[1]。

（1）内壁辟龛，龛内雕刻一佛二胁侍。佛像上方自左向右原刻9列楷书铭文（图BJ7-5）。

西方極（极）乐世界/阿弥陁（同“陀”）佛！/大慈大悲观世/音菩薩摩诃薩！/大慈大悲大勢（势）/至菩薩摩诃薩！

亡过曾讳信□、/亡过曾母彭城/刘氏供养。

（2）外壁辟左、右两个尖拱形龛，龛内各浮雕一菩萨，二菩萨作正面观，具桃形头光，身挎帔帛。二菩萨上方自左向右原刻16列楷书铭文（图BJ7-6）[2]。

图BJ7-6 房山石经山天宝十二载（753）塔佛堂形塔身右石外壁铭文拓本

（引自国家图书馆官网）

朝散（散）大夫、守婦（归）徳（德）郡、太/守兼（兼）诸军事、鲁国公、上/柱国李/公，讳时用，武可济代，文以匡（匡）人，刑示蒲/□，駈鸡政令，察庶畏爱，何贤如之？英与/公贤愚之道，或（或）万有一通，而贵贱之阶，/宛天将（将）地。公德浸淮海，禄重丘山，但（但）窃/慕公僃时济代之风。潜（潜）窥爲（为）政，未嘗（尝）见/公临人有一狱不慎（慎）、有一讼不审、有一/屈，可谓德政也！公爲国安人，雅风训俗，/至于词人，才子渴（渴）咏。公雄文硕德，洪儒/□□。公高□至于遐迩，洋洋乎盈（盈）耳也！/□□□之□□瞻（瞻）应分澄寳（宝）劒（同“剑”）之光奸(同“奸”)/□□□□□□□□君人之惠/□□电□□□不揆庸微敢/□□□□□□□□以示将来。

上述长篇铭文左下方，自左向右原刻2列楷书铭文。

救奪（夺）菩薩，晋长子英、次/子萱、次子董为母供养。

[1]《陶斋藏石记》卷25：“石高二尺四寸七分，宽一尺五寸。”《石刻史料新编》，第一辑第十一册页8233。

[2] 国家图书馆藏，编号各地10063。

长篇铭文右下方，自左向右原刻 2 列楷书铭文。

善护菩薩，晋弟/兆（兆）、弟光、妹五娘供养。

铭文中异体、通假字多有使用，存在避讳情况。如“武可济代”“但窃慕公儱时济代之风”句中“济代”原初应作“济世”，“未尝见公临人有一狱不慎”“公为国安人”句中“人”原初应作“民”，均是避唐太宗李世民同音之讳而改字。

根据右、后、左三石铭文可知，该塔是唐玄宗天宝十二载（753）十月二十五日，太原人王晋携弟兆、光，妹五娘，子英、萱、董，女春娘、莺娘，以及六姨、七姨等合家眷属，为亡妻乐安人孙氏发愿兴建[①]，造塔资金来自曾祖父母田产所出米粟以及亡妻衣资。孙氏因病去世于天宝十一载（752）六月十五日[②]，年仅三十九岁，被冠以男性“二品孙”头衔。王晋曾祖名王信，曾祖母为彭城人刘氏，祖母为陇西人李氏，父亲名固，母亲为玉田人荣氏[③]。王晋继任妻子为弘农人杨氏，杨氏有北平县君封诰，据此推测王晋为五品职官、散官或二品勋官。

根据“四台浮图凌霄之□□□□□，惟中台巉岩宛然，未有真状”可知，王晋合家造塔之时，石经山中台以外四台已经树立四座造像塔，现存者有东台开元九年（721）塔（BJ6 号）、南台塔（BJ8 号）。另据“造九级浮图”可知，该塔原有九级，应与东台开元九年（721）塔造型一致，同作密檐式结构。

佛堂形塔身后石内壁尊像为释迦佛、迦叶与无尽意菩萨，左石内壁尊像为弥勒佛、无量力与地藏菩萨，右石内壁尊像为阿弥陀佛、观世音与大势至菩萨。同时，右石外壁记载李时用德政。李时用官居朝散大夫、鲁国公、上柱国，王晋合家造塔之时，前者恰好任归德郡太守[④]，将其德政刻在塔身醒目位置，具有奉承地方官员用意。王晋祖母同姓李，王家与李时用家可能存在姻亲关系。此外，前石外壁补刻为皇帝、皇后供养内容及安禄山题名。安禄山造访石经山的时间当在天宝十二载十月二十五日建塔之后，天宝十四载（755）十一月初九“安史之乱”爆发之前，彼时他官居范阳节度使，治幽州。

① 乐安原名棣州，唐武德四年（621）置，属河南道，天宝元年（742）改称乐安郡。《旧唐书》，第四册页 1454、1455。

② 天宝十一载六月为丙子朔，可知当月庚寅日为十五日。《中国史历日和中西历日对照表》，页 427。

③ 玉田原名无终，属河北道幽州，武周万岁通天二年（697）改称玉田县，神龙元年（705）割属营州，开元四年（716）还属幽州，开元八年（720）再割属营州，开元十一年（723）又属蓟州。《旧唐书》，第五册页 1518。

④ 归德郡原名燕州，唐高祖武德元年（618）改为燕州总管府，唐玄宗开元二十五年（737）移治所于幽州北桃谷山，天宝元年（742）改为归德郡，唐肃宗乾元元年（758）复为燕州。《旧唐书》，第五册页 1521。

图BJ8-1 房山石经山南台塔旧照

（引自《支那文化史蹟》第十二辑图版87）

BJ8 号 北京市房山区石经山南台唐代造像塔

一、基本情况

该塔位于房山石经山南台，平面近方形，艾叶青大理石质，由基座、塔身、塔檐及塔刹组成，原存一级（图BJ8–1、BJ8–2），具体年代不明，通高 160.5 厘米（图BJ8–2）[①]。过去学界对该塔多有记录[②]。

二、构件及其图像

1.基座

作收分叠涩式平座，由方形石板自下而上收分叠涩两层。下层高 7 厘米，宽与侧宽均 114 厘米。上层高 4 厘米，宽与侧宽均 100 厘米。基座顶部刻出浅方形凹槽，凹槽尺寸略大于上方塔身，使基座与塔身紧密拼合。

2.塔身

由前、后、左、右四块石板拼接而成，组合后高 115、宽 90、侧宽 89.5 厘米。

（1）前石高 114.5、宽 90、侧宽 10 厘米，其内壁素面，外壁下部正中辟圆拱尖楣塔门（图BJ8–3）。塔门通高 88 厘米，门洞作竖长方形，高 43、宽 39 厘米，其上方门框有两个穿孔，门框上方有半圆形门额。门洞左、右两侧有立颊、榑柱，下设门槛。门槛高 3、进深 4 厘米，其下方设地栿。地栿高 1.5、进深 2 厘米，

图BJ8–2 房山石经山南台塔线描图

（引自《中国古代建筑史》页 149 图 93）

① 本实例尺寸信息为笔者 2017 年 10 月 30 日实地调查所得。

② （清）缪荃孙撰《艺风堂金石文字目》卷 6，载《石刻史料新编》第一辑，第二十六册页 19626。《白带山志》，页 78。《云居寺贞石录》，页 29。《北京佛教石刻》，页 17。《房山古塔》，页 40—42。前引魏来《北京唐代石塔研究》，页 269—273、304、305。

图BJ8-3 房山石经山南台塔塔身前石外壁及线描图

其两端设门砧石，右侧门砧石上有圆窝。门楣左右最宽处 61.5 厘米，两端楣角浮雕外翻花叶饰，楣拱内又浮雕出一层圆拱和尖楣，再阴线刻出一层尖楣。

塔门左、右两侧浮雕一对天王，二天王面部残损，头系宝缯，肩挎帔帛，身披铠甲，左手叉腰，脚踏小鬼，立于山石。左侧天王右手上举胸前，脚下小鬼作伏卧姿态。右侧天王右手握拳上举，右脚高高抬起，重心置于左脚，脚下小鬼作仰卧姿态。

（2）后、左、右三石内、外两壁均素面。后石高 115、宽 89.5、侧宽 10 厘米，左、右二石均高 114.5、宽 69.5 厘米。

2.塔檐及塔刹

塔檐现存一层，作有脊盝顶，高 35、宽 134、侧宽 135 厘米，其底部刻出飞椽，顶部浮雕瓦垄。根据旧照可知，塔檐之上原置方形刹座与宝瓶刹珠，刹座四壁刻出山花蕉叶。刹座与刹珠佚失。

三、铭文

塔身前石外壁门楣左上方，自左向右补刻 5 列楷书铭文，现以过去学界刊布拓本（图 BJ8-4）为底本，参照实物录文如下。

乹（同“乾”）宁五年歲（同“岁”）次戊午四月庚子𦝫（朔）八日丁未，□□/恵（惠）

化寺僧（僧）缘（缘）遇、同学僧钦朗，莫州器（器）仗官张孝章[①]，同此（此）/寳（同“宝”）光寺僧敬缘四人同游此山记。张庆义，/李行思[②]，赵行周，/张重兴、妻清净真。

铭文是唐昭宗乾宁五年（898）惠化寺僧缘遇、钦朗与莫州器杖官张孝章、宝光寺僧敬缘等四人同游石经山时补刻，文末附刻张庆义、李行思等五人可能为随行人员。过去学界将该塔称作“乾宁五年塔”，显然不符合实际情况。

该塔楣角浮雕外翻花叶饰，花叶饰的左、右二叶向下伸展并向外翻卷，二叶中间有四瓣花蕊，其样式与房山云居寺太极元年（712）塔（BJ3号）的楣角十分相似，二者守门天王造型也基本一致，其年代应大体接近。同时，根据石经山天宝十二载（753）塔（BJ7号）后石外壁铭文可知，王晋于当年十月二十五日造塔之时，石经山其他四台已经建有造像塔，故本实例年代要早于此。综合判断，该塔年代为8世纪初叶的可能性最大。此外，根据过去学界记录[③]，参照石经山开元九年（721）塔（BJ4号）可知，塔身内原初放置单独佛像，现已佚失。

图BJ8-4 房山石经山南台塔铭文拓本

（引自《云居寺贞石录》页29）

BJ9号 北京市房山区石经山出土唐代造像塔构件

在房山石经山施茶亭门前左侧现代新建石塔上（图BJ9），保存有6块唐代佛堂形

① 唐睿宗景云二年（711）置鄚州，下辖鄚县、任丘、清苑、归义五县，属河北道，唐玄宗开元十三年（725）改称莫州，天宝元年（742）改为文安郡，肃宗乾元元年（758）复为莫州。《旧唐书》，第五册页1514。

② 《光绪沁水县志》卷6：“李行思，乾宁间（894—898）任慎遏使、右散骑常侍兼御史大夫。”载田同旭、马艳主编《沁水县志三种》，太原：山西人民出版社，2009年，页115。此处李行思不知是否为同一人。

③ 蒋叔南《房山游记》：“南山冈上一小石庵内供佛像，更南冈上一庵亦如之。”载《蒋叔南集》，页219。

组合式造像塔构件，白石质，具体年代不明。其中，5块为塔檐，1块为塔刹的刹身，是2005、2007年出土于石经山[①]。过去学界对它们鲜有关注[②]。

五层塔檐均作叠涩线脚式，其宽度自下而上逐层收分约2厘米。第一层塔檐宽与侧宽88厘米[③]。第一、二层塔檐"挑四收三"，正反叠涩七层。第三至五层塔檐"挑三收二"，正反叠涩五层。刹身雕刻四重相轮。

上述塔檐作法与云居寺诸唐代造像塔基本一致，原初应属于石经山某座损毁的同类造像塔。根据石经山天宝十二载（753）塔（BJ7号）后石外壁铭文"四台浮图凌霄之□□□□□，惟中台巉岩宛然，未有真状"可知，王晋合家造塔之时，石经山其他四台已建有四座造像塔。石经山顶的五座造像塔在清代仍见于相关记述[④]，目前仅存东台开元九年（721）塔（BJ6号）和南台塔（BJ8号）。因此，上述构件极有可能来自石经山顶的其他三座造像塔。

图BJ9 房山石经山出土唐塔构件

① 柳剑诏《北京房山云居寺挖出4块1200年前唐塔塔檐》，载《北京青年报》2005年12月1日。杨玉峰《"失踪"唐塔遗存现身云居寺》，载《北京晨报》2007年7月28日。

② 前引魏来《北京唐代石塔研究》，页237、238。

③ 本实例尺寸信息为笔者2017年10月30日实地调查所得。

④ 石景芬《石经山访碑记》："再上曝经台，有浮图，旁有唐石，字不可辨，石壁西刻《刘玄望浮图铭》（BJ6号）……再上里许即中台，中层有石浮图，北面刻《卢英为父晋造像记》（BJ7号）……再登则中台上层，有浮图无碑刻。仍下曝经台，折而西，石浮图有乾宁五年惠化寺僧缘遇、宝光寺僧敬缘等题名（BJ8号）。再西亦有浮图一座，无碑刻。折而东，仍由曝经台上，彳亍无行径。良久达东台，有浮图，题'奉命取北平大王碑，再来巡礼到此。应历五年（955），都部署周唐温。'……山五浮图，亦名五台。中台三层，东西各一，最西一浮图亦统于西台，至此五台遍历矣。"载《清代诗文集汇编·五九九》，页500。又如（清）陈诜《房山纪游》："与谷贻从石泉旁缘小径登云居峰顶，有五石台，号五台。观唐金仙公主所建九级小浮图（BJ6号）……其东南复有小浮图二，西北一。"房山云居寺文物管理处编《房山云居寺游记集》，内部资料，页104。

BJ10 号 北京市房山区下寺村唐代造像塔

一、基本情况

该塔位于房山张坊镇下寺村北 3.5 公里俗称“西坡”的山岗上，平面近方形，白石质，由基座、塔身、塔檐及塔刹组成（图BJ10-1），作密檐式结构，现存七级，通高 370 厘米[①]，具体年代不明，于 1981 年 7 月被公布为区重点文物保护单位。过去学界对该塔多有记录[②]。

图BJ10-1a 房山下寺村塔

（云居寺文物管理处提供）

二、构件及其图像

1.基座

作收分叠涩式平座，由方形石板自下而上收分叠涩三层。基座顶部刻出浅方形凹槽，凹槽尺寸略大于上方塔身，使基座与塔身紧密拼合。

2.塔身

（1）第一层佛堂形塔身由前、后、左、右四块石板拼接而成。前石于 2016 年 9 月被盗，后在附近山沟寻回，已被摔成三段，现收藏于张坊镇。后、左、右三石均为后世修复时增补石件，原物早已佚失。

① 《房山古塔》，页 43—47。

② 邢一中《云居寺》，北京：北京出版社，1997 年，页 247、248。《中国文化杂说 4：北京文化卷》，页 196、197。杨亦武《房山历史文物研究》，北京：奥林匹克出版社，1999 年，页 329。段柄仁主编《北京文物百科全书》，北京：京华出版社，2007 年，页 160。王岗主编《北京历史文化资源调研报告》，北京：中国经济出版社，2013 年，页 208。前引魏来《北京唐代石塔研究》，页 263—266、297、300、302、307。

图BJ10-1b 房山下寺村塔远景

（云居寺文物管理处提供）

前石高100、宽70、侧宽12厘米[①]，其外壁下部正中辟圆拱尖楣塔门（图BJ10–2），塔门高53、宽40厘米[②]。门洞作竖长方形，其上方门框有三个穿孔，门框上方有半圆形门额，门额正中浅浮雕花卉。花卉的左、右两茎中部收束并向上翻卷，两茎中间刻出瓣状花蕊。门洞两侧有立颊、榑柱，下设门槛。门槛下方设地栿，地栿两端设门砧石。塔门两端楣角浮雕外翻花叶饰，圆拱处依次装饰绳纹、连珠纹、绳纹，其上又浮雕出两层尖楣，再阴线刻出一层尖楣。楣尖处高浮雕正面观兽头，兽头以口衔住楣尖。塔门两侧分别浮雕一力士和天王，二者面部残损，身挎帔帛。左侧力士头系宝缯，上身赤裸，下身着裙，左手握拳上举，右手舒掌下垂，肌肉块状隆起，跣足立于山石。右侧天王头戴兜鍪，身披铠甲，左手叉腰，右手舒掌上举，右脚微微抬起，重心置于左脚，着靴立于山石。

图BJ10–2 房山下寺村塔佛堂形塔身前石外壁

（引自《房山古塔》页46）

后石内壁原辟尖拱形龛，龛高40、宽44厘米[③]，龛内高浮雕一佛二菩萨（图BJ10–3）[④]。佛具桃形头光，结跏趺坐于亚字形束腰须弥座，着双领下垂式袈裟，内着僧祇支，左手扶膝，右手上举施无畏印。二菩萨具桃形头光，佩戴宝缯、项圈与手镯，斜挎络腋，身挎帔帛，上身赤裸，下身着裙，内侧手上举执长茎莲花，外侧手下垂执帔帛，跣足立于长茎仰莲台。二菩萨所立莲台均由中央佛座生长而出。

（2）第二至七层平座式塔身宽度自下而上逐层略微收分，第七层塔身佚失，现以青

① 参阅网址http://bHB.HBHBHB.qq.com/a/20160923/039440.htm#p=2.

②《北京百科全书·房山卷》编辑委员会编《北京百科全书·房山卷》，北京：奥林匹克出版社，2001年，页269、270。

③《房山古塔》，页46。

④ 侯伟、汪建民《北京名胜古迹考略——北京古塔之二十》，《首都师范大学学报（社会科学版）》1998年第6期，页80。

图BJ10-3 房山下寺村塔佛堂形塔身后石内壁佛龛线描图

（魏来绘）

砖补砌（图BJ10-4）。第二、三、五、六层塔身四壁线刻缠枝花卉，第四层塔身四壁线刻团花。

3.塔檐及塔刹

塔檐原存七层，均作叠涩线脚式，其宽度自下而上逐层略微收分。第一至五层塔檐“挑四收三”，正反叠涩七层，其四角残存悬挂铃铎的穿孔。第六、七层塔檐佚失，现以青砖补齐。第七层塔檐之上置八边形刹座与扁圆形刹珠。

该塔楣角浮雕外翻花叶饰，花叶饰的左、右二叶向外侧翻卷，二叶中间刻出多瓣花蕊，其样式与石经山开元九年（721）塔（BJ6号）的楣角十分相似。同时，门楣内浮雕和线刻出尖楣作法，也见于石经山南台塔（BJ8号），后者年代在唐玄宗天宝十二载（753）十月二十五日之前。

此外，塔门两侧浮雕守门力士和天王的作法，亦见于云居寺太极元年（712）塔（BJ3号）、开元十五年（727）塔（BJ5号）。综合判断，该塔年代为开元年间的可能性最大。

图BJ10-4 房山下寺村塔平座式塔身与塔檐、塔刹

（引自《房山古塔》页47）

第二章 Chapter Two

山东实例

第二章　山东实例

山东有据可查的佛堂形组合式造像塔（含散石）共 27 座（件），均为唐代遗存。其中，二石型塔 26 座，分布在青州以西的中西部地区。四石型塔 1 座，分布在烟台福山区（地图 2）。

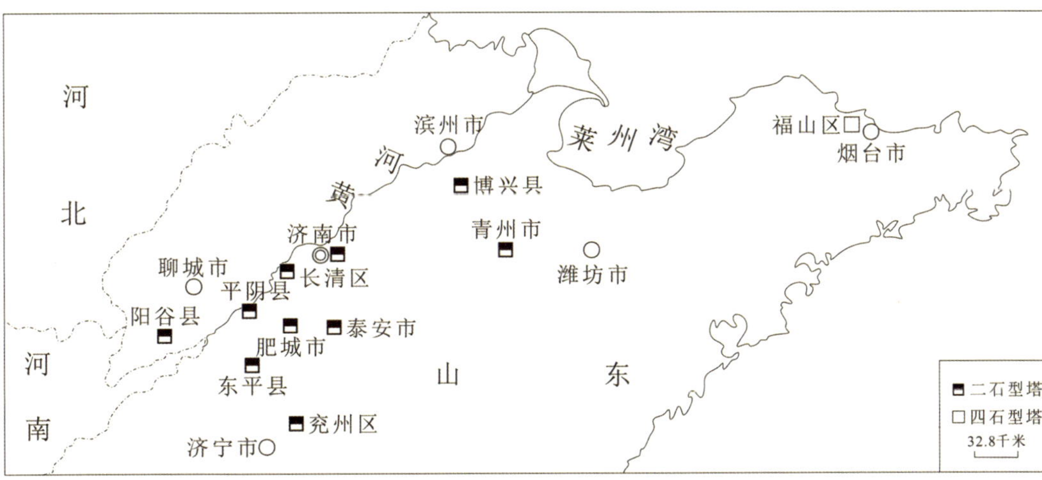

地图 2　山东实例分布图

SD1号 济南市历城区皇姑庵唐开元五年（717）造像塔

一、基本情况

该塔原位于历城柳埠镇突泉村皇姑庵遗址基台（图SD1-1）[①]，平面近方形，青石质，由基座、塔身和塔檐组成，作密檐式结构，原有七级，现存六级，通高364厘米[②]，俗称皇姑塔、小唐塔，于1972年移置该镇神通寺青龙山西麓并增补部分构件[③]，塔外已加盖密封建筑，无法拍摄完整照片。过去学界对该塔多有记录[④]。有学者根据塔上图像与神通寺唐代四面造像塔（俗称大龙虎塔）近似且体量较小，主张称之为“小龙虎塔”[⑤]，这一命名长期为学界沿用。

历城唐时属河南道齐州[⑥]。突泉乃济南七十二名泉之一[⑦]，突泉村以泉得名。

二、构件及其图像

1.基座

由下、中两层束腰须弥座和上层勾栏式平座组合而成，通高145厘米。

---

①（明）杨衍祚《子房洞》：“都泉在子房庵北六里。溪抱村流，为岱北诸泉之总，故名。其上旧立皇姑庵，有石塔，隐约勒‘开元’字，盖建塔年代也。”载（清）唐仲冕编撰、孟昭水校点集注《岱览校点集注》下编，济南：泰山出版社，2007年，页750。（清）聂鈫《泰山道里记》：“熨斗泉东北流六里，有都泉，为岱北诸泉之总，旧立皇姑庵，于上石塔有开元字。”台北：成文出版社，1968年，页177。

② 本实例尺寸等相关信息均引自郑岩、刘善沂《山东历城突泉皇姑庵开元五年棓贯王造塔》，载《山东佛教史迹》，页215—228。

③ 济南市历城区《历城年鉴》编纂委员会编《历城年鉴：1986—1995》，济南：泰山出版社，1997年，页324。

④ 王建浩《皇姑庵唐塔》，《文物》1964年第7期，页58—59。山东省历城县志编纂委员会编《历城县志》，济南：济南出版社，1990年，页388。刘凤君《山东佛像艺术》，台北：艺术家出版社，2001年，页174。赵蒲根、朱赤主编《山东寺庙塔窟》，济南：齐鲁书社，2002年，页402、403。刘守亮、高爱颖编著《齐鲁名塔》，济南：山东文艺出版社，2004年，页23、24。政协济南市历城区委员会文史资料研究委员会编《历城文史集粹》，北京：中国戏剧出版社，2004年，下册页509。陈尚君辑校《全唐文补编》，北京：中华书局，2005年，页1750。国家文物局编《中国文物地图集·山东分册》，北京：中国地图出版社，2006年，下册页19。济南市史志办公室编《济南泉水文化通览》，济南：济南出版社，2013年，页64。

⑤ 罗哲文《中国古塔》，北京：青年出版社，1985年，页220。

⑥《旧唐书》，第五册页1451。《新唐书》，第四册页992。

⑦ 孔宪雷《突泉和突泉村》，载严蔚青、张昆河等编著《济南地名漫话》，济南：山东友谊书社，1988年，页189—191。

图SD1-1 历城皇姑庵开元五年（717）塔线描图

（引自《山东佛教史迹》页220—223）

下层须弥座的底座自下而上收分叠涩三层石板，其上置束腰石。束腰石四角设角柱，东北角柱佚失，其余角柱圆雕一矮胖敦实、作扛举姿态的侏儒力士，力士外围线刻卷草纹。束腰石前壁正中线刻一圆拱尖楣形壶门，楣拱下方承托束帛立柱，壶门内线刻盘腿吹箫乐伎，壶门两侧线刻卷草纹。右壁辟尖拱形壶门，壶门内浮雕抚琴乐伎，壶门两侧线刻卷草纹。后壁左侧残存线刻舞伎，左壁残损。束腰石上出挑一层上枋，上枋之上置中层须弥座下枋。

中层须弥座下枋右下角露棱位置残存一兽足（图SD1-2），其他各角无雕刻痕迹。下枋之上刻出一层双瓣覆莲下枭，下枭之上刻出一层线脚，其上置束腰石。束腰石下方露棱位置线刻卷草纹，其前、右、后、左四壁正中，分别浮雕一肩挎帔帛的伎乐。前、右两壁伎乐分别击腰鼓、弹琵琶，后、左两壁伎乐残损。束腰石上出挑一层上枋，上枋四壁线刻卷草纹。上枋之上置上层平座。

上层平座刻出下枋，下枋之上刻出一层双瓣覆莲下枭，下枭之上立起雕刻勾栏。勾栏四角原初雕刻蹲狮，左后角残存一狮奴，其余各角损毁。勾栏四壁中部各辟一踏道，

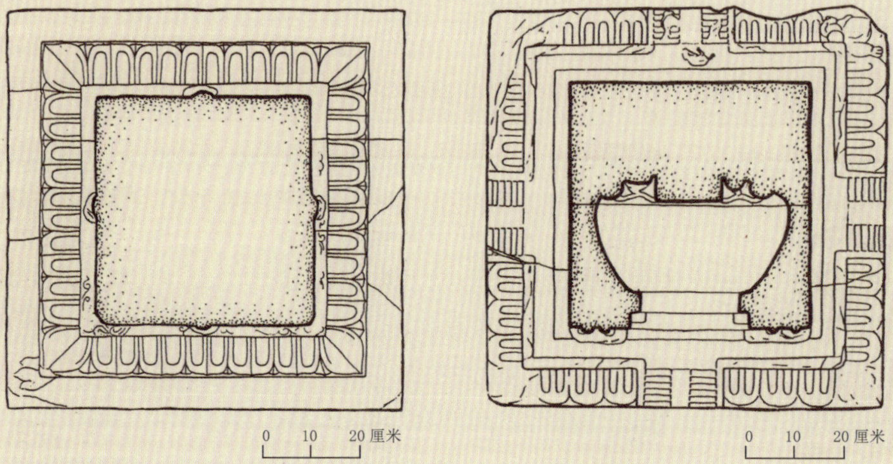

图SD1-2 历城皇姑庵开元五年（717）塔中层须弥座、上层平座与佛堂形塔身平面图

（引自《山东佛教史迹》页 225）

踏道均以垂带中分为两路，每路各有五级阶梯。后壁踏道左、右两路分别雕刻一人匍匐攀登，其顶部卧有一犬。前、右、左三壁踏道两侧勾栏内，分别浮雕两身伎乐。前壁伎乐倒立、击鼓、弹筝、吹筚篥，右壁伎乐跳丸、盘舞、击鼓、吹笛，左壁伎乐两两对舞。后壁踏道两侧勾栏内分别浮雕一枝莲花，莲花上结出覆莲座，莲座上分别有一乐伎吹箫、弹琵琶。勾栏上方凸起一周华板，华板内装饰卷草纹。平座顶部凸起刻出方形平台，平台内刻出浅方形凹槽，凹槽尺寸略大于上方塔身，使平座与塔身紧密拼合。

图SD1-3a 历城皇姑庵开元五年（717）塔佛堂形塔身前石前壁

图SD1-3b 历城皇姑庵开元五年（717）塔佛堂形塔身前石前壁线描图

（引自《山东佛教史迹》页 226）

2.塔身

（1）第一层佛堂形塔身由前、后二石块组合而成，高 83 厘米。

前石左、右两壁素面，前壁下部正中辟圆拱尖楣塔门。门洞作竖长方形（图SD1-3），其上方有半圆形门额，两侧有立颊，下设门槛，门槛两端设门砧石。塔门两端楣角内卷并浮雕外翻草叶饰，门楣中部浮雕一双目圆睁的正面观兽头。塔门两侧分别浮雕一天王和力士，二者跣足立于山石。左侧天王头戴兜鍪，身披铠甲，左手擎单层攒尖顶宝塔，右手叉腰，左脚踏一小鬼，重心置于右脚。右侧力士头系宝缯，上身赤裸，下身着裙，左手叉腰，右手上举。门楣两侧浮雕一对坐于长茎莲座的乐伎，二者朝向内侧，分别弹琵琶和吹箫。门楣上方浮雕一佛，佛具桃形头光，结跏趺坐于长茎莲座，施禅定印。佛左、右两侧浮雕一对侧面观龙，双龙张牙舞爪，爪具三趾，作俯冲姿态，上方龙尾卷曲，下方龙首高昂并朝向外侧。佛上方浮雕一对穿壁龙，双龙露出前半身，张牙舞爪，爪具三趾，作俯冲姿态，龙首高昂并朝向内侧，自口中吐出云气。

图SD1-4 历城皇姑庵开元五年（717）塔佛堂形塔身后石前壁线描图

（引自《山东佛教史迹》页 227）

前壁左、右两侧边缘圆雕蟠龙角柱，柱身作圆形，龙身绕柱而下，张牙舞爪，爪具三趾，龙首高昂并朝向内侧。左侧角柱残损，右侧角柱具覆莲柱础，柱础下方残存一手，推测原初由侏儒力士扛举。

后石左壁原刻铭文，右、后两壁素面，前壁

图SD1-5 历城皇姑庵开元五年（717）塔佛堂形塔身后石左壁铭文拓本

（引自《山东佛教史迹》页228）

辟圭首形龛，龛内高浮雕一佛二弟子二菩萨（图SD1-4）。佛面部残损，结跏趺坐于亚字形束腰须弥座，着裹身垂领式袈裟，双手抚膝。佛左、右两侧为二弟子，二弟子身着双领下垂式袈裟，袖手、跣足立于长茎仰莲台。二弟子外侧为二菩萨，二菩萨佩戴项圈、手镯，肩挎帔帛，上身赤裸，下身着裙，内侧手上举执莲花，外侧手下垂执帔帛，跣足立于长茎仰莲台。佛座覆帐，弟子、菩萨所立莲台均处在中央佛座生长出的莲枝上。

后壁左、右两侧边缘圆雕蟠龙角柱，角柱形式与前石角柱相同，现残损严重。右侧角柱顶端雕刻一结跏趺坐、施禅定印佛。

（2）第二至七层平座式塔身宽度自下而上逐层略微收分，第五层塔身佚失，其余各层后壁素面，前、右、左三壁均辟尖拱形小龛，龛内浮雕结跏趺坐、施禅定印佛。第二至四层塔身三壁各辟三龛，第六层塔身前壁辟三龛，左、右两壁辟两龛，第七层塔身三壁各辟一龛。

3.塔檐。塔檐原有七层，第五层佚失，其余各层均作叠涩线脚式，宽度自下而上逐层略微收分。

三、铭文

佛堂形塔身后石左壁自左向右原刻3列楷书铭文。现以学界刊布拓本为底本（图SD1-5），录文如下。

开元五年嵗（岁）次丁巳三月䢃（辛）丑朔（朔）八日戊申，大浮啚（图）主/棓贯王、兄李生、弟李成、弟文劎（剑）荨（等），上为国王帝主，下/及師（师）僧（僧）父母，普为法界苍生，咸同斯福（福）。

诸平座式塔身佛龛间原刻供养人题名，多漫漶不清，有几处约略可见“供养”等字。

铭文中异体字多有使用，据其内容可知，该塔是唐玄宗开元五年（717）三月初八，棓贯王携兄李生、弟李成、弟李文剑等人共同发愿兴建，棓贯王其人名讳不明。

SD2号 济南市长清区灵岩寺唐开元二十三年（735）王处造像塔

一、基本情况

该塔1957年10月至12月出土于长清万德镇灵岩寺唐般舟殿遗址（图SD2-1）[①]，坐北朝南，平面近方形，石灰岩质，复原后由基座、塔身和塔檐组成，作密檐式结构，原有七级，残高273厘米（图SD2-2）[②]。基座和第一层塔身出土于般舟殿前宋代月台东南角以南约50厘米处[③]，北距唐代殿基约625厘米且处在同一水平面。般舟殿附近及东北

图SD2-1 长清灵岩寺开元二十三年（735）塔及般舟殿遗址

① 常兴照《灵岩寺隋唐建筑遗址》，载谢治秀主编《山东重大考古新发现》，济南：山东文化音像出版社，2003年，页180—184。

② 刘善沂、王晶《山东长清灵岩寺开元二十三年王处造塔》，载《山东佛教史迹》，页229—249。

③ 本实例未注明出处尺寸信息为笔者2016年11月10日实地调查所得。

角挡土墙淤土层中，又清理出第一层塔身以上部位构件，并发现与本实例塔檐形制相同，但属于另一个体的数块塔檐残石。过去学界对该塔多有记录[①]。

隋开皇五年（585）始置长清镇，开皇十四年（594）废镇改县，属济北郡。唐高祖时属河南道济州，贞观十七年（643）济州废，改属齐州[②]。灵岩寺为法定禅师创建，创建年代有“晋宋之际”与“后魏正光”两种说法[③]，北朝晚期形成一定规模并日趋兴盛，最晚在北宋成为中国四大名刹之一[④]。

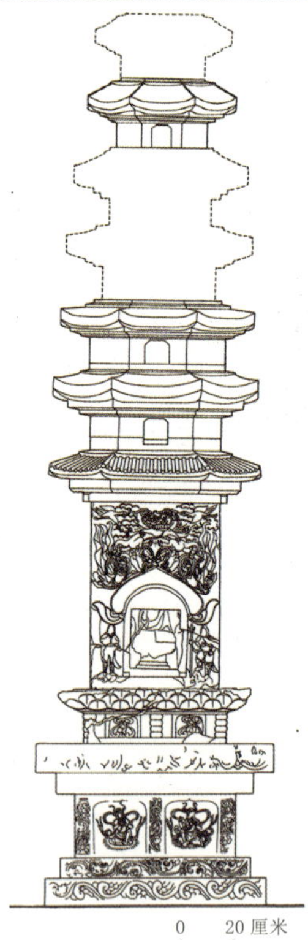

图SD2-2 长清灵岩寺开元二十三年（735）塔及前壁立面图

（立面图引自《山东佛教史迹》页 236）

二、构件及其图像

1.基座

由下、上两层束腰须弥座组合而成。

下层须弥座的底座自下而上收分叠涩两层石板，石板四侧立面线刻缠枝花卉，其上置束腰石。束腰石前、右、后、左四壁分别线刻两个尖拱形壶门，壶门内线刻乐伎（图SD2-3）。乐伎头系宝缯，

---

① 常兴照、陈宾《灵岩寺早期建筑遗址发掘收获点滴》，载崔大庸、许延廷主编《济南重大考古发掘纪实》，济南：黄河出版社，2003 年，页 186。管萍、赵洪文《灵岩寺史话》，济南：济南出版社，2011 年，页 67。马继业《灵岩寺史略》，济南：山东人民出版社，2014 年，页 57、58。

②《旧唐书》，第五册页 1451。《新唐书》，第四册页 992。（民国）李起元等修、王连儒等纂《长清县志》，台北：成文出版社，1968 年，第一册页 166、167。

③ 廖苾雅《长清灵岩寺塔北宋阿育王浮雕图像考释》，《故宫博物院院刊》2006 年第 5 期，页 52、53。

④ 北宋嘉佑六年（1061）王逵《齐州灵岩寺千佛殿记》：“烜煊赫中夏，辉映诸蓝，得四绝之伟者，则有荆之玉泉（湖北江陵玉泉寺）、润之栖霞（江苏南京栖霞寺）、台之国清（浙江天台国清寺），洎兹灵岩是也！”载陆增祥《八琼室金石补正》，北京：文物出版社，1985 年，页 108。

佩戴项链和手镯，肩挎帔帛，或坐或跪于圆形毛边地毯，有的袒右肩，有的上身赤裸，依次摇铃、吹排箫、吹竖箫、弹琵琶、吹竽、吹横笛、弹箜篌、击圆鼓。壶门两侧刻出竖向条带表现间隔立柱，条带内线刻缠枝花卉。束腰石之上叠涩出挑两层枋板。上层枋板高 11.5、宽与侧宽 93.5 厘米，其四壁线刻缠枝花卉，顶部置上层须弥座束腰石。

上层须弥座束腰石宽与侧宽 56.5 厘米，其四角与四壁中部雕刻珠节式蜀柱，蜀柱间辟尖拱形壶门。壶门高 7、宽 10 厘米，其内浮雕肩挎帔帛的乐伎（图SD2-4），乐伎依次击鼓、吹排箫、吹竖箫、拍板、弹琵琶、吹竽、击腰鼓、吹横笛。束腰石上出挑三层单瓣仰莲上枭，二者通高 22 厘米。上枭宽与侧宽 76 厘米，其顶部边缘刻出一周水波纹并凸起刻出方形平台（图SD2-5）。平台内刻出浅方形凹槽，凹槽尺寸略大于上方塔身，使须弥座与塔身紧密拼合。

2.塔身

（1）第一层佛堂形塔身由前、后二石块拼接而成，组合后高 77、宽与侧宽 51.5 厘米。

前石高 77、宽 51.5、侧宽 26.5 厘米（图SD2-6），其左右两壁补刻铭文，前壁下部正中辟圆拱尖楣塔门，塔门通高 43.5、宽 25 厘米。门洞作竖长方形，高 24.5、宽 20 厘米，其上方有半圆形门额，两侧有立颊，下设门槛，门槛两端设门砧石。门楣左右最宽处 36 厘米，两端楣角浮雕外翻草叶饰。塔门两侧浮雕一对天王，二天王面部残损，身着铠甲。左侧天王左手叉腰，右手执三叉戟，双足踏一朝向内侧的侧面观卧兽。右侧天王双臂残损，双足踏一趴伏于地的小鬼。楣尖上方浮雕一正面观兽，兽仅露出头部与前肢，其双角外卷，

图SD2-3 长清灵岩寺开元二十三年（735）塔下层须弥座束腰四壁线刻乐伎拓本及线描图

（引自《山东佛教史迹》页 238—241）

前壁右侧 前壁左侧 右壁右侧 右壁左侧

图SD2-4 长清灵岩寺开元二十三年（735）塔上层须弥座束腰四壁浮雕伎乐拓本

（引自《山东佛教史迹》页 242）

双目圆睁，龇牙咧嘴，獠牙外露，鬣毛卷曲，爪具三趾，以口衔住楣尖，前爪抓住门楣。兽两侧浮雕一对侧面观飞天，二飞天佩戴项圈和手镯，肩挎帔帛，上身赤裸，下身着裙，内侧手托宝珠，外侧手执帔帛，双腿向上弯曲，作飞翔姿态，朝向内侧。兽正上方浮雕一对侧面观龙，双龙张牙舞爪，爪具三趾，作腾飞姿态，其下方龙尾卷曲，中间龙身交缠，上方龙首相向，自口中吐出云气。双龙头部外侧浮雕一对朝内飞翔的仙鹤。

后石高 76.5、宽 51、侧宽 25 厘米，其左、后、右三壁原刻铭文，前壁辟圆拱形龛，龛内高浮雕一佛二弟子二菩萨（图SD2-7）。佛具桃形头光，结跏趺坐于亚字形束腰须弥座，着右肩半披式袈裟，其脸部、双臂、双足残损，似左手抚膝，右手施无畏印。佛左、右两侧为二弟子，二弟子分别合十于胸前、袖手于腹部，跣足立于莲台。二弟子外侧为二菩萨，二菩萨佩戴项圈，上身赤裸，下身着裙，内侧手上举执长茎莲花，外侧手下垂，跣足立于莲台。

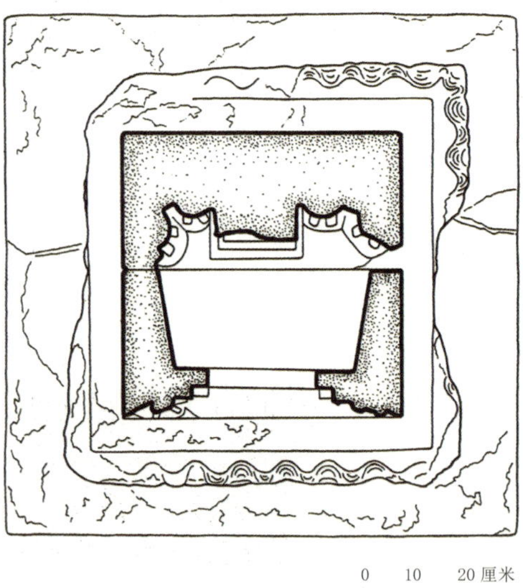

图SD2-5 长清灵岩寺开元二十三年（735）塔平面图

（引自《山东佛教史迹》页 243）

（2）第二至七层平座式塔身平面呈八角形，其宽度自下而上逐层略微收分。第四、五、七层塔身为修复时用另一座造像塔构件补齐。第二、三、六层塔身前、右、后、左四壁均辟竖长方形削角小龛，龛内原初

后壁右侧

后壁左侧

左壁右侧

左壁左侧

可能放置小佛像。

3.塔檐

塔檐现有七层，平面呈八角形，其翼角翘起，宽度自下而上逐层略微收分。第一层塔檐顶部浮雕瓦垄，其余各层塔檐顶部素面。第四、五、七层塔檐为修复时用另一座造像塔构件补齐。

三、铭文

第一层佛堂形塔身及第三层平座式塔身刊刻4则楷书铭文，现以学界刊布拓本为底本，参照实物录文如下。

1.佛堂形塔身后石右、后、左三壁，自左向右分别原刻5列、16列、7列铭文（图SD2-8、SD2-9），三者书写风格相同，前后相续为一篇，有竖线界格。

𦝫（腰）像（像）主都维那（那）楊（杨）如空，像主李敬一，像主成知礼、男楚劒（同“剑”）、男（男）□□，/像主张澄江，傷（像）主成潭（潭）江，傷主王法超（超），傷主刘玉珎（珍），像主程思愸（整），/像主刘元习，傷主刘缘（缘）觉，傷主张恵（惠）暹，像主秦四依、弟法灵，像主/刘郎，像主杨寳（同“宝”）蔵（同“藏”），像主常法珎（珍），像主深信□/像主日照，像主孟恵超、崔子峻荘（庄）塔供養（养）（以上刻于后石右壁）。

维开元廿三年歳（岁）次乙亥七月甲寅（寅）朔（朔）□□戊戌，/临淄郡王處（处）简寸敬造浮啚（通“图”）一所（所）。

石浮啚铭并序

观自在菩薩（萨）者，不可思议之士也！或（或）曰药尚救灾，或曰观音/拯苦（苦），隨（随）病施法，依念（念）設（设）缘，若能（能）専（专）精，无闇不应。非上/哲（哲）根深，通仁业厚，岂悟斯功（功）助也哉（哉）？有此（此）郡數（数）人，昔俱邑吏，/门

图SD2-6 长清灵岩寺开元二十三年（735）塔佛堂形塔身前石前壁及线描图

（线图引自《山东佛教史迹》页244）

并鄉（乡）党之秀，家尽里闬之莫（英）。邂逅赉獸（兽）之曺（同“曹”），畱（留）落射/貊（貂）之堺（同“界”）。茫茫砂漠，衣碎（碎）胡风；杳杳関（同“关”）山，肠摧漢（汉）月。攀北/辰（辰）而莫及，仰南斗而何阶？骨肉成天地之遙（遥），妻子类/叅（同“参”）商之隔（隔）。无凭昭（昭）诉，但讬冥（冥）曰（同“因”），因共焚香，誓心发願（愿）/菩薩，兾（冀）淂（得）生還（还）本圡（土），当期刻石灵岩。果沐神恩（恩），悉（悉）/谐旋心（止）。嗟（嗟）乎！脩（修）福（福）有涯，阴阳靡忒；万物代谢，谁□游诸？王/宗靳畱，奄先逝水；唐賔（宾）接踵，上赴泉台。唯王简/于玄旦保兹，日乃相与，塔终德契（契），畢（毕）力诚期。率（率）我净（同“净”）/财，徵（徵）尔（同“尔”）近（匠）石；采瑶瓊（琼）于幽壑（壑），树龕塔于高（乔）岑。旣（既）琢旣/砻，爰（爱）餙（饰）爰莹。蛟（蛟）□□轉（转），捧雕级以蹲夷（夷）；凰凤（以上刻于后石后壁）/仾（同“低”）昂（昂），栖寳轮而□翥。金□洞洁，像貌畐明；满具/足于将来，继无穷之常住。文曰：

丁丁琢石兮（兮）为幢作龕，亭亭建（建）立兮寺北/山南；岾羣（同“群”）峯（同“峰”）兮罩（罩）日，暎众壑兮凝（凝）岚；像/影座（座）兮娑罗塔，龙势出兮芙蓉潭；垂（垂）金铃/兮落落，掣铁鏁（同“锁”）兮髤（鬖）髤；春风吹兮香美（美），秋月/鉴兮露甘；兾天地兮齐畢，证生死兮鄁（那）含（以上刻于后石

图SD2-7 长清灵岩寺开元二十三年（735）塔佛堂形塔身后石前壁佛龛

左壁）。

2.佛堂形塔身前石左壁自左向右补刻4列铭文（同图SD2-9），有竖线界格。

上为聖（圣）文神（神）武皇帝聖化无穷，下□郡守宰（宰）寮恒/□禄位，師（师）僧（僧）父母常保安乐，十方施主、法界（界）苍生同霑斯/福。天寶二年歳次癸（癸）未十月丁酉（酉）朔（朔）十五日庚寅，/魏（魏）郡馆陶县张凤敭（敭，同“扬”）书塔供養。

3.佛堂形塔身前石右壁自左向右补刻4列铭文（同图SD2-8），有竖线界格。

维大宋天禧元年歳次丁巳五月丙午/壬子再修建之。/寺主僧琼环师，弟惠旦为先亡父闫乂、母李氏（氏）。/施主宋知新、妻李氏，施主杨惟则。

4.第三层平座式塔身自左向右补刻3列铭文。

后石右壁　　前石右壁

图SD2-8 长清灵岩寺开元二十三年（735）塔佛堂形塔身右壁铭文拓本

（引自《山东佛教史迹》页245）

前石左壁　　后石左壁　　后石后壁

图SD2-9 长清灵岩寺开元二十三年（735）塔佛堂形塔身左、后两壁铭文拓本

（引自《山东佛教史迹》页246、247）

施主温在均/与弟在匀/合家永充供养。

铭文中异体、通假字多有使用。根据佛堂形塔身后石铭文可知，该塔是唐玄宗开元二十三年（735）七月临淄人王处，因流落边地的同郡数人平安还乡，在灵岩寺还愿兴建，共同参与者有都维那杨如空、李敬一、成知礼等人。另据“垂金铃兮落落，掣铁锁兮鬖鬖”可知，原初塔檐悬挂铃铎与铁锁。参照“临淄郡王处简寸敬造浮啚一所”“唯王简于玄旦保兹，日乃相与”推测，“简寸”“简于”或有讹误，原初可能为王处的字。诸施主中除杨如空任都维那僧职外①，未见其他身居僧职或官职者，王处等人可能为庶民。

佛堂形塔身前石左壁铭文系唐玄宗天宝二年（743）十月十五日，魏郡馆陶县人张凤

① 维那，梵语羯磨陀那（Karmadāna），司寺中事物者，是寺中三纲之一。“授事者，梵云羯磨陁那。陁那是授，羯磨是事，意道以众杂事指授于人，旧云维那者非也！维是周语，意道纲维，那梵是音，略去羯磨陁字也！”（唐）义净原著、王邦维校注《南海寄归内法传校注》，北京：中华书局，1995年，页172。

图SD2-10 长清灵岩寺出土平座式塔身与塔檐

敡书写，为皇帝、郡守、师僧、父母等十方众生供养。另据塔身前石右壁铭文可知，北宋真宗天禧元年（1017）五月，僧人琼环与施主宋知新、杨惟则等人曾重修该塔。

本实例平座式塔身与塔檐均平面呈八角形，与方形佛堂形塔身和基座作法不合，也与诸多同时期、同类造像塔形制迥异，且檐角未见悬挂铃铎的穿孔。该塔立于般舟殿前方宋代月台附近，同址还出土诸多类似八角形平座式塔身与塔檐构件（图SD2-10）。推测，现存佛堂形塔身上方构件为北宋天禧元年重修时增补。

SD3号 济南市长清区灵岩寺出土
唐开元二十三年（735）造像塔散石

一、基本情况

本实例为唐代佛堂形组合式造像塔的第一层佛堂形塔身前石（图SD3-1），作竖长方形，青石质，高 85、宽 51、侧宽 23 厘米[①]，现藏长清灵岩寺管理委员会文物科库房内，据工作人员回忆其出土于寺内唐般舟殿遗址。过去学界对该石已有记录[②]。

二、图像

该石左上角残损，左、右两壁原刻铭文，前壁下部正中辟圆拱尖楣塔门。门洞作竖长方形，其上方有半圆形门额，两侧有立颊，下设门槛。塔门两端楣角浮雕外翻草叶饰，门楣内阴线刻花卉，门楣外缘阴线刻草叶。塔门两侧浮雕一对力士，二力士头部残损，

① 本实例尺寸信息为笔者 2016 年 11 月 10 日实地调查所得。该石尘封库房多年，非一二人所能移出，未能拍摄完整的清晰照片。

② 郑岩、刘善沂《山东长清灵岩寺所藏唐塔散石》，载《山东佛教史迹》，页 252—254、256—258。

图SD3-1 长清灵岩寺开元二十三年（735）塔散石及平面、立面与剖面图

（引自《山东佛教史迹》页 256）

肩挎帔帛，上身赤裸，下身着裙，跣足立于山石。左侧力士左手持枪，右手上举。右侧力士左手舒掌上举，右手下垂执帔帛。塔门下方浅浮雕山峦。

楣尖上方浮雕正面观兽头，兽头面部残损，鬣毛卷曲，其两侧浮雕一对侧面观龙。双龙残损严重，其肢体间空隙阴线刻云朵。

三、铭文

右、左两壁自左向右分别原刻 10 列楷书铭文，内容为南朝刘宋畺良耶舍译《佛说观无量寿佛经》部分经文。现以过去学界刊布拓本为底本（图SD3-2），根据实物并参照《大正藏》收录该经内容（简称大正藏本）录文如下①，该石漏刻字句置于[ ]内。

“……菩薩（萨）。此（此）□□身长八十万……/……旬。其□光□□五百化佛，□□迦牟尼。一一化佛有五百□薩……举身光中五道众生、□□色□皆于中现。/……伽摩尼[妙]宝以为天冠，其天冠中有一立化佛，高二十五由旬。观世音菩薩面如阎浮檀金色，眉间毫相備（备）七宝色，流出八万四千种光/明，一一光明有无量无数百千化佛，一一化佛无数[化]菩薩以为侍者，变现自在滿（满）十方畍（界）。臂如红莲华（同‘花’）色，有八十亿[微妙]光明以为□珞，其瓔珞中普现一/切诸庄严事。手掌作（作）五百亿杂莲花色；手十指（指）端，一一指端有八万四千画，犹如印文。一一画有八万四千色，一一色有八万四千光，其光柔□/普照一切，以

① （刘宋）畺良耶舍译《佛说观无量寿佛经》，《大正藏》，第十二册页 340—346。

此宝手接引众生。举足（足）时，足下有千幅轮相，自□化成百亿光明（同‘明’）台。下足时，有金刚摩尼华，布散（散）一切，莫不弥（弥）满。/□□身相，□好具足，如佛无異（异），唯顶上肉髻及无□顶相不及世尊。是为观观世音菩薩真实色身想，名第（第）十观。”佛告阿難（难）：“若欲观观世□/菩薩，当作是观。作是观者不遇诸祸，净（同‘净’）除业鄣（同‘障’），除无数劫生死之罪。□此菩薩，但闻其名，□无量福，何况（同‘况’）谛观！若有欲观观世音菩薩者，/□先观顶上肉□，次观天冠，其余众相亦次第观之，悉令明了，如观掌中。作是观□，□□正观。若他观者，名为邪观。”［佛告阿难及韦提希：］“次观大势（势）/至菩薩。此菩薩身量大小亦□观世音，圆光面各□□二十五由旬，照（照）二百五十由旬。举身□明照十方国，作紫金色。有缘众生皆悉得见（以上刻于右壁）。”

“……即得往（往）生□乐世界，于莲华中□十二大劫，莲华方开。[当花敷时]，观世音、大势至以大悲音声，[即]为其[人]广/……应时即发菩提之心，是名下品下生者。是名下品生相（大正藏本作“想”），名第十六观。”尒（同“尔”）时世尊說（说）是语时，韦/……□所說，应时即见極（极）乐世界广长之相，得见佛身及二菩薩，心生欢喜，嘆（叹）未曾（曾）有，豁（豁）然大悟，得无生忍。五百/……三藐三菩提心，願（愿）生彼国。世尊悉（悉）记，皆当往生，生彼国已，[获]得诸佛现前三昧。无量诸天，发无上道心。

……座起，前白佛言：“世尊！当何名此經（经）？此法之要，当云何受持？”佛告阿難：“此經名《观極

右壁　　左壁

图SD3-2 长清灵岩寺开元二十三年（735）塔散石铭文拓本

（引自《山东佛教史迹》页257、258）

图SD3-3 长清灵岩寺出土唐塔基座构件

乐国土无量壽（寿）佛、观世音/……至菩薩》，亦名《净除业鄣生诸佛前》。汝当受持，无令忘失！行此三昧者，现身得见无量壽佛及二大士。若善（善）男子[及]善女人/……二菩薩名，除无量劫生死之罪，何况（同‘况’）忆念（念）！若念佛者，当知此人[即]是人中分（大正藏本作“芬”）陁（同‘陀’）利华，观世音菩薩、大势至菩薩为其胜友，/……诸佛家。”佛告阿難：“汝好持是语。持是语者，即是持无量壽佛名。”佛說此语时，尊者目[犍]连、[尊者]阿難及韦提希等（等），闻佛/……时世尊，足步（步）虚（虚）空，还者阇崛山。尒时，阿難广为大众說如上事，无量诸（大正藏本作“人”）天、龙、[神]、夜叉，闻佛所說，皆大欢喜，礼佛而退。

维开元卄三年歲（岁）次乙亥七月甲寅（寅）朔（朔）日月一日，镌了记之（以上刻于左壁）。

铭文中异体、通假字多有使用，据其内容可知，该石原初所在造像塔是唐玄宗开元二十三年（735）七月一日兴建，所刻经文与大正藏本基本一致，仅少量字句脱漏或讹误。其中，右壁刊刻“十六观”中的第十观（观世音观）和第十一观（大势至观）前部分，左壁刊刻第十六观（下品生观）后部分和全经结尾。根据该石宽与侧宽比例，参照同时期、同类造像塔可知，原初佛堂形塔身由前、后两石块组合而成，塔身后石的右、后、左三壁原刻第十一观后部分至十六观前部分，以与上述铭文前后相续为一篇。

四、灵岩寺出土唐代造像塔基座构件

灵岩寺另出土有三块唐代造像塔基座构件，均平面近方形，青石质，具体年代不明，现被垒成下、中、上三层（图SD3–3），下层为勾栏式平座，中、上两层为束腰须弥座构件。据寺管委会文物科工作人员回忆，三石同为般舟殿遗址出土。根据三石尺寸，参照长清东障村塔（SD5 号）等推测，下、中两层可能为同一造像塔基座构件，二者通高 40 厘米。

1.下层平座先刻出一层下枋，下枋宽与侧宽 75 厘米，其上刻出一层双瓣覆莲下枭，下枭之上立起雕刻勾栏。勾栏四角原初雕刻蹲狮。勾栏四壁中部各辟一踏道，踏道均以垂带中分为两路。其中，一壁踏道作斜坡状，两路各有七级阶梯，其余三壁踏道均作拱券状。四壁踏道两侧勾栏内均辟一尖拱形壶门。壶门高 6、宽 13 厘米，其内浮雕一人面。人面宽眉大眼，双目圆睁，嘴唇上耸，神情肃穆。勾栏上方刻出一周华板，华板内浮雕花卉。平座顶部凸起刻出方形平台，其上承托中层须弥座构件。

2.中层须弥座构件的束腰石宽与侧宽 59 厘米，其四角及四壁中部均雕刻珠节式蜀柱。四壁蜀柱间分别辟一方形壶门。壶门内浮雕伎乐，伎乐依次吹角、弹箜篌、击鼓、弹琵琶、吹箫、吹竽、倒立、倒立。束腰石之上刻出一层线脚，线脚之上出挑两层单瓣仰莲上枭。上枭宽 71.5 厘米，其顶部刻出浅方形凹槽。凹槽宽与侧宽 51 厘米，其上原初可能承托佛堂形塔身。

3.上层须弥座构件残损近半，通高 21、宽 66、侧宽 33 厘米，其束腰石四角及四壁中部原初雕刻珠节式蜀柱。四壁蜀柱间分别辟一方形壶门，壶门内浮雕肩挎帔帛的伎乐，现仅存拍钹、抚琴、吹笛、舞蹈者，另有四人残损。束腰石之上刻出一层线脚，线脚之上出挑两层单瓣仰莲上枭，上枭顶部刻出浅方形凹槽。凹槽宽 49 厘米，其上原初可能承托佛堂形塔身。

上述基座构件作法与长清东障村塔（SD5 号）、泰安道朗镇塔（SD9 号）、青州石佛寺天宝二年（743）塔（SD20 号）等大体一致，年代为盛唐的可能性最大。同时，中、上两层须弥座构件顶部浅方形凹槽的宽度，与同址出土开元二十三年（735）佛堂形塔身前石（SD3 号）及同寺辟支塔内所嵌佛堂形塔身前石（SD4 号）宽度接近，它们极有可能为后两者构件。

SD4 号 济南市长清区灵岩寺辟支塔内所嵌唐代造像塔散石

一、基本情况

本实例为唐代佛堂形组合式造像塔的第一层佛堂形塔身前石（图SD4），作竖长方形，青石质，高 87.5、宽 50.5、侧宽 24 厘米[①]，具体年代不明，现镶嵌于灵岩寺北宋辟支塔的第一级塔身内东北壁下部，可能出土于寺内某地。过去学界对该石已有记录[②]。

灵岩寺辟支塔为八角九级楼阁式砖塔，高 5400 厘米，始建于北宋淳化五年（994），完工于嘉祐二年（1057）[③]。

① 本实例尺寸信息为笔者 2016 年 11 月 10 日实地调查所得。

② 郑岩、刘善沂《山东长清灵岩寺所藏唐塔散石》，载《山东佛教史迹》，页 251、255。

③ 黄国康、周福森《灵岩寺辟支塔》，载济南市博物馆编著《博古撷采：纪年济南市博物馆建馆 50 周年研究文集》，济南：济南出版社，2008 年，页 231—234。

图SD4 长清灵岩寺辟支塔内所嵌唐塔散石及线描图

二、图像

该石右下角残损，左、右两壁情况不明，前壁下部正中辟圆拱尖楣塔门。门洞作竖长方形，高 26.5、宽 22.5 厘米，其上方有半圆形门额，两侧有立颊，下设门槛。门槛高 5 厘米，其两端设门砧石与蹲狮。门楣左右最宽处 35 厘米，其两端楣角浮雕外翻草叶饰。门楣内阴线刻花卉，门楣外缘阴线刻草叶。塔门两侧浮雕残损。

楣尖上方浮雕正面观兽头。兽头怒目圆睁，鬣毛卷曲，其两侧浮雕一对侧面观龙。双龙张牙舞爪，爪具三趾，作俯冲姿态，上方龙尾卷曲，下方龙首高昂并朝向外侧，各伸出一只前爪抓向兽头。右侧龙头部残损，双龙肢体间空隙阴线刻云朵。

该石尺寸、龛楣形式、图像因素及其组合，均与同寺出土开元二十三年（735）塔散石（SD3 号）一致，二者年代应大体相同。根据该石宽与侧宽比例，参照同时期、同类造像塔可知，其原初所在佛堂形塔身由前、后二石块组合而成。该塔可能立于灵岩寺某处，北宋修建辟支塔时已完全损毁，其佛堂形塔身前石由此被镶嵌在砖塔内保存。

SD5 号 济南市长清区东障村唐代造像塔

一、基本情况

该塔原位于长清孝里镇东障村东北[①]，地处济南至菏泽的公路西侧，平面近方形，由基座、塔身和塔檐组成，作密檐式结构，原存九级，通高约 500 厘米，具体年代不明，1966 年 3 月 16 日毕宝启先生曾进行调查，后来惨遭拆毁，现仅存两张旧照（图SD5-1、SD5-2）[②]。过去学界对该塔鲜有关注。

图SD5-1 长清东障村塔

（引自《山东佛教史迹》页 317）

二、构件及其图像

1.基座

由下层收分叠涩式平座、中层勾栏式平座与上层束腰须弥座组合而成。

下层收分叠涩式平座自下而上叠涩四层石板。第四层石板顶端刻出一层双瓣覆莲下枭。

中层勾栏式平座刻出下枋，下枋之上刻出一层双瓣覆莲下枭，下枭之上立起雕刻勾栏。前、右两壁勾栏中部各辟一踏道，踏道均以垂带中分为两路。踏道两侧勾栏内分别辟两个方形壶门，壶门内浮雕圆珠形饰物。后、左两壁勾栏与踏道情况不明。中层平座上方置上层须弥座束腰石。

上层束腰须弥座束腰石四壁中部

① 东障村为古平阴城治所，是齐长城起点，现已划分为大街、三义、张营、金村、四街、后楚六个村庄。路宗元主编《齐长城》，济南：山东友谊出版社，1999 年，页 321。

② 本实例尺寸等信息引自毕宝启《山东长清东障唐代石塔追记》，载《山东佛教史迹》，页 315—318。

图SD5-2 长清东障村塔局部

（引自《山东佛教史迹》页318）

均雕刻珠节式蜀柱，蜀柱两侧分别辟一方形壸门，壸门内分别浮雕一伎乐。束腰石上出挑两层单瓣仰莲上枭，上枭之上承托第一层塔身。

2.塔身

（1）第一层佛堂形塔身由前、后二石块组合而成。

前石左、右两壁疑似素面，前壁下部正中辟圆拱尖楣塔门。门洞作竖长方形，其上方有半圆形门额，两侧有立颊，下设门槛，门槛两端设门砧石与蹲狮。塔门两端楣角残损，门楣内疑似浮雕三身伎乐。塔门两侧浮雕一对力士，二力士身挎帔帛，上身赤裸，下身着裙，肌肉块状隆起，跣足立于山石。楣尖上方浮雕正面观兽头。兽头双目圆睁，龇牙咧嘴，口衔楣尖，其顶部浮雕一结跏趺坐佛。兽头两侧浮雕一对侧面观龙，双龙张牙舞爪，爪具三趾，作俯冲姿态，上方龙尾卷曲，下方龙首高昂并朝向外侧。双龙上方疑似浮雕形体较小人物。前石右侧边缘残存角柱痕迹。

后石左、右、后三壁疑似素面，前壁辟龛，龛内高浮雕一佛二弟子二菩萨。后石右侧边缘残存角柱痕迹。

（2）第二至九层平座式塔身宽度自下而上逐层略微收分，其前、右两壁辟小龛，龛内浮雕结跏趺坐佛，后、左两壁情况不明。

3.塔檐

塔檐原有九层，均作叠涩线脚式，其宽度应自下而上逐层略微收分。第八层塔檐宽度略小于第九层塔檐，可能是后世修复时组装错误。

该塔圆拱尖楣塔门与兽头、双龙、跏趺坐佛组合，与历城皇姑庵开元五年（717）塔（SD1号）、旧金山亚洲艺术博物馆藏唐塔散石（BM3号）一致，其兴建于盛唐且年代为玄宗开元早期的可能性最大。

SD6号 济南市历下区开元寺遗址出土唐代造像塔散石

一、基本情况

本实例为唐代佛堂形组合式造像塔的第一层佛堂形塔身前石左下半截（图SD6），青石质，残高37、宽28、侧宽26厘米[①]，2003年出土于济南历下区县西巷开元寺遗址，具体年代不明。过去学界对该石仅有简略记录[②]。

济南开元寺，即原齐州开元寺，始建年代不明。该寺考古资料尚未公开发表，出土造像最早纪年为东魏武定八年（550）[③]。

① 本实例尺寸信息由济南市考古研究所提供。

② 李铭《泉城古韵》，济南：济南出版社，2008年，页182。

③ 高继习、刘斌、常祥《济南"开元寺"重考》，《春秋》2006年第5期，页49、50。

图SD6 济南开元寺遗址出土唐塔散石

（济南市考古研究所提供）

二、图像

该石前壁原辟塔门，残存左端外翻草叶饰楣角、左侧立颊，以及门槛左端的门砧石与蹲狮。塔门左侧浮雕一天王，天王头戴兜鍪，身着铠甲，臂挎帔帛，双手拄剑立于山石。该石左侧边缘残存角柱。角柱具方形柱础，柱础上一矮胖敦实的侏儒力士单膝跪地，以右手、右肩和头部扛举仰莲台，莲台上方残存蟠龙柱身底部。

该石外翻草叶饰楣角样式，与长清灵岩寺开元二十三年（735）塔散石（SD3号）基本相同，其蟠龙角柱作法也与阳谷关庄村天宝十三载（754）塔（SD8号）十分类似。综合判断，该塔兴建于盛唐的可能性最大。根据该石宽与侧宽比例，参照关系密切造像塔推测，原初佛堂形塔身由前、后二石块组合而成。

SD7号 济南市平阴县苗海村唐天宝八载（749）造像塔

一、基本情况

本实例仅存第一层佛堂形塔身构件，平面近方形，青石质，由前、后二石块拼接而成（图SD7-1），组合后高83、宽58、侧宽54.5厘米[①]，1986年出土于平阴洪范池镇苗海村，现藏县博物馆所在地平阴文庙内。过去学界对该塔图像已有记录[②]，未能全面释读铭文内容。

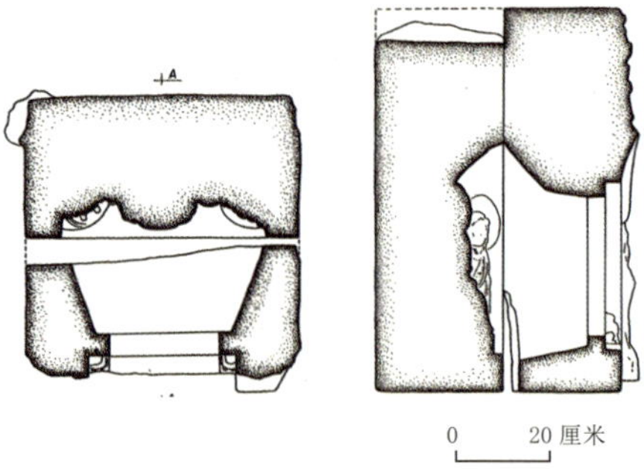

图SD7-1 平阴苗海村天宝八载（749）塔佛堂形塔身平面与剖面图

（引自《山东佛教史迹》页276）

平阴隋时属济州，唐天宝十三载（754）废济州，改属河南道郓州[③]。洪范池为北齐天统年间（565—569）龙泉寺所在地[④]，隋唐时为

① 本实例尺寸信息为笔者2016年11月11日实地调查所得。

② 过去学界将“苗海村”误记作“庙海村”。乔修罡、路永敏《山东平阴庙海天宝八年尚楚基造塔散石》，载《山东佛教史迹》，页273—281。

③《旧唐书》，第五册页1444。《新唐书》，第四册页992。（清）喻春林修、朱续孜纂《平阴县志》，台北：成文出版社，1976年，页63。

④（元）于钦撰、刘敦愿等校释《齐乘校释》，北京：中华书局，2012年，页467。

当地佛教文化中心，1982 年 11 月曾清理一座隋代舍利塔基，出土《大隋皇帝舍利宝塔》石函[①]，可能是文帝仁寿二年（602）济州舍利塔遗存。

二、构件及其图像

1.前石

高 83、宽 58、侧宽 27 厘米，其右壁原刻铭文。

（1）前壁下部正中辟圆拱尖楣塔门（图SD7-2）。门洞原作竖长方形，高 25、宽 21.5 厘米，其上方半圆形门额残损，两侧有立颊，下设门槛。门槛高 3 厘米，其两端设门砧石与蹲狮。塔门无楣角，门楣左右最宽处 36.5 厘米。塔门两侧浮雕一对力士或天王，二者身挎帔帛，残损严重，左侧者右手似持剑。楣尖上方浮雕正面观兽头。兽头顶生双角，双目圆睁，龇牙咧嘴，口衔楣尖，其上方浮雕结跏趺坐、施禅定印佛。佛两侧浮雕一对飞

图SD7-2 平阴苗海村天宝八载（749）塔佛堂形塔身前石前壁及线描图

（线图引自《山东佛教史迹》页 277）

① 邱玉鼎、杨书杰《山东平阴发现大隋皇帝舍利宝塔石函》,《考古》1986 年第 4 期，页 375—376。

图SD7-3 平阴苗海村天宝八载（749）塔佛堂形塔身前石左壁上端佛龛

天，二飞天头部残损，身挎帔帛，小腿向上弯曲，作飞翔姿态，朝向内侧，各伸出内侧手合托坐佛，外侧手上举执帔帛。

前壁左、右两侧边缘残存蟠龙角柱痕迹，柱身作圆形，龙身绕柱而上。左侧角柱残存蟠龙上半身，其张牙舞爪，昂首朝向中间兽头，伸出一只前爪抓住门楣。右侧角柱残损严重，仅存抓住门楣的龙爪。

（2）左壁上端辟一壶门状小龛（图SD7-3），龛高 9.5、宽 17 厘米，龛内浮雕七佛。七佛具桃形头光，施禅定印、结跏趺坐于长茎莲座。七佛高度自中央向两侧递减，其莲座均处在中央佛座生长出的莲枝上。小佛龛右下角另辟一竖长方形小龛（图SD7-4），龛高 12.5、宽 5.5 厘米，龛内浮雕一立像。二龛下方壁面原刻铭文。

2.后石

上端残损，残高 76、宽 47.5、侧宽 27.5 厘米。

前壁辟圭首形龛，龛高 45、宽 38 厘米，龛内高浮雕一佛二弟子二菩萨（图SD7-5）。佛高肉髻，具桃形头光，结跏趺坐于圆形束腰莲座，着裹身垂领式袈裟，其左手残损，右手横置腿上。佛两侧为二弟子，二弟子着交领式袈裟，袖手跣足立于莲台。二弟子外侧为二菩萨，二菩萨具圆形头光，头系宝缯，佩戴项链、手镯，身挎帔帛，上身赤裸，下身着裙，跣足立于莲台。左侧菩萨左手下垂执帔帛，右手上举执莲蕾，右侧菩萨似双手捧物于胸前。

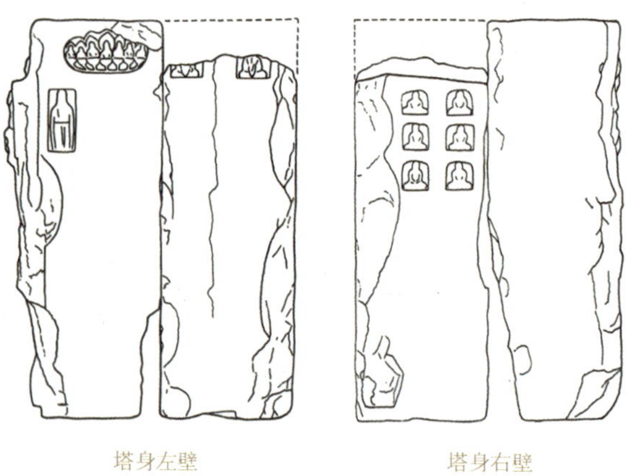

图SD7-4 平阴苗海村天宝八载（749）塔佛堂形塔身左、右两壁线描图

（引自《山东佛教史迹》页 278）

左壁上端残存并排的 2 个小龛，龛上端残损，宽 6.5 厘米，龛内均浮雕一结跏趺坐、施禅定印佛。二龛下方壁面原刻铭文。

右壁上端残存两列三排 6 个小龛，龛宽 5.5、高 6 厘米，龛内均浮雕

图SD7-5 平阴苗海村天宝八载（749）塔佛堂形塔身后石前壁及线描图

一结跏趺坐、施禅定印佛。佛龛两侧原刻铭文。

三、铭文

佛堂形塔身右、后、左三壁刊刻楷书铭文，今漫漶严重。现以学界刊布拓本为底本，参照实物录文如下。

1.前石右壁自左向右原刻 5 列铭文（图SD7-6）。

尚楚基供□

天寶（同“宝”）八载㱏（正）月□□日□□□……上为/皇帝、皇后（后），下[为]師（师）僧（僧）父母、七□先亾（亡）、见存眷（眷）属敬造舍（舍）/利石塔一所……二娘合家供養（养）……/……妻□、男……□□王□大□□□光□□□□……。

后石右壁佛龛两侧原刻 3 列铭文。

……男……[供]……/……大娘……□□□□供養。/……□□供□。

塔身左壁　　　　塔身右壁

图SD7-6 平阴苗海村天宝八载（749）塔佛堂形塔身左、右两壁铭文拓本

（引自《山东佛教史迹》页279、280）

2.后石后壁刊刻约14列铭文（图SD7-7），现已无法辨识，其表面线刻棋盘，应是后世所为。

3.后石左壁佛龛间原刻铭文，现仅能识别“供飬”二字。后石与前石左壁佛龛下方壁面，自左向右分别原刻8列、6列铭文，二者前后相续为一篇。

《佛说出家㓛（功）徳（德）經（经）》一卷。

尒（同“尔”）时丗（同“世”）尊在王舍城迦兰陁（同“陀”）竹园中，天龙八部大众围绕。时佛为说出家㓛徳其褔（福）甚多。若放男（男）女，若放人民，/若□奴婢，若自己身，出家入道，㓛□□□，不可□□。□□之报，十世受褔，六天人中，□返十到，犹故不如放人出家若自出家/……故？布□□□……家之褔，无……果□，五通神仙，□□□□，極（极）至梵世。于佛法中，出家果報（报）不/可思□，乃至涅□，褔不□□……塔□，高至三十三天，所得㓛徳，不如放人出家。何以故？七寶塔者，贪恶愚人䏻（能）破壊（坏）故。/出家之法，无有□□，欲求□……明见。又有千人，罪应挑眼，一人有力，䏻救□□，/令不□眼。𣥂（此）二人褔□□□□……慧眼之□□劫无壊。㠯（以）无壊故，……/……之中，恣意受乐，□□□……（以上刻于后石左壁）/……𣥂人……/佛道，𣥂人即□丗间……入□□，𣥂人□……/……是人现丗，□口……转，地狱……如须□山劫火所烧，无有遗余。𣥂人亦尒……/……□□□人出家者㓛徳最大，以出家人……/……水，洗□□之垢，……步八𤴓之路……/……（以上刻于前石左壁）。

铭文中异体、通假字多有使用，存在避讳情况，如“此人即□丗间”等句中“丗”同“世”，因避李世民之讳而缺笔。据其内容可知，该塔是唐玄宗天宝八载（749）正月兴建，属舍利塔性质。塔身左壁《佛说出家功德经》内容，与《大正藏》收录该经内容迥异，二者版本不同。

经文内容与北魏慧觉等译《贤愚经》卷4《出家功德尸利苾提品》前半部分大体一致，

仅部分字、句存在差异。如“尒时世尊在王舍城迦兰陁竹园中，天龙八部大众□□”句，在《贤愚经》中作“一时佛在摩伽陀国王舍城迦兰陀竹园中”。又如“时佛为说出家功德其福甚多”句，在《贤愚经》中作“尔时世尊赞叹出家功德因缘其福甚多”。再如，“若放男女，若放人民，若□奴婢，若自己身，出家入道”句，在《贤愚经》中作“若放男女，若放奴婢，若听人民，若自己身，出家入道者”等。可知，经文版本是从《贤愚经》中抄出，成经年代应在北魏以后。

图SD7-7 平阴苗海村天宝八载（749）塔佛堂形塔身后石后壁铭文拓本

（引自《山东佛教史迹》页 281）

SD8 号 聊城市阳谷县关庄村唐天宝十三载（754）释大明造像塔

一、基本情况

该塔是 1955 年秋出土于阳谷阎楼镇关庄村北，系村民李一库挖地窖时发现，平面近方形，青石质，由基座、塔身和塔檐组成，作密檐式结构，原有七级，现存五级（图SD8-1），高 260 厘米，1957 年山东省文物管理委员会曾进行调查，之后惨遭损毁，其构件散失至农民家中[1]。1982 年至 1983 年间，聊城地区博物馆和阳谷县图书馆工作人员曾多次前

① 刘善沂、孙怀生《山东阳谷县关庄唐代石塔》，《考古》1987 年第 1 期，页 48—50。同文另载陈昆麟、竞放主编《文博论集》，聊城：山东省出版总社聊城分社，1990 年，页 400—405。

往村内搜寻，除勾栏式平座佚失外，其余构件全部运回阳谷县图书馆保存，现拆散藏于县文化广电新闻出版局库房内（图SD8-2、SD8-3）。过去学界对该塔已有关注[①]。

阳谷唐初属河南道济州，天宝十三载（754）州为河水湮没，改属郓州[②]。关庄村曾出土一块北朝晚期造像碑[③]。

二、构件及其图像

1.基座

由下、中两层束腰须弥座和上层勾栏式平座组合而成。

（1）下层须弥座的底座自下而上收分叠涩三层方形石板，石板宽度依次为78、67、54.5厘米[④]。底座顶部刻出浅方形凹槽，凹槽尺寸略大于上方束腰石，使底座与束腰石紧密拼合。束腰石宽44.5厘米，其四壁辟方形浅龛。浅龛高16.5、宽31厘米，龛外四周线刻缠枝花卉，龛内辟一壸门，其中相邻两壁壸门作六瓣形，另两壁作四瓣形。壸门内均浮雕表情各异的人面，似作喜、怒、哀、乐四相（图SD8-4）。

束腰石上出挑两层枋板。上层枋板高12厘米，宽与侧宽均70厘米，其四壁线刻缠枝花卉，四角圆雕螭首，现仅有一角保存尚好（图SD8-5）。枋板顶部刻出浅方形凹槽，凹槽尺寸略大于中层须弥座束腰石，使其与束腰石紧密拼合。

图SD8-1 阳谷关庄村天宝十三载（754）塔前壁立面图

（引自刘善沂、孙怀生《山东阳谷县关庄唐代石塔》页49）

① 王思礼《也谈龙虎塔的年代》，《文物参考资料》1958年第1期，页64。《全唐文补编》，页458。《中国文物地图集·山东分册》，下册页843。刘善沂、孙怀生《山东阳谷关庄天宝十三年大明造塔》，载《山东佛教史迹》，页283—296。

②《旧唐书》，第五册页1444。《新唐书》，第四册页992。（民国）董政华等重修《阳谷县志》，台北：成文出版社，1968年，页43。

③ 刘善沂《山东阳谷县关庄出土北朝造像碑》，《考古》1987年第1期，页92。

④ 本实例未注明出处尺寸信息为笔者2016年11月17日实地调查所得。

（2）中层须弥座束腰石高29厘米，宽与侧宽均38.5厘米，其四角圆雕矮胖敦实的侏儒力士，力士作扛举姿态。束腰石四壁中部分别浮雕一肩挎帔帛的伎乐，伎乐依次弹箜篌、击鼓、抚琴、拍板，四壁上、下边缘线刻缠枝花卉（图SD8-6）。束腰石上方出挑两层枋板，其上置上层勾栏式平座。

（3）上层勾栏式平座佚失，其先刻出一层下枋，下枋之上立起雕刻勾栏（图SD8-7）。勾栏前壁中部有一拱券形踏道，踏道以垂带中分为两路，两路各有五级阶梯。踏道两侧勾栏内浮雕朝向中部的走龙，其余三壁情况不明。平座顶部凸起刻出方形平台，平台内刻出浅方形凹槽，凹槽尺寸略大于上方塔身，使平座与塔身紧密拼合。

图SD8-2 阳谷关庄村天宝十三载（754）塔基座与佛堂形塔身以上部位构件

2.塔身

（1）第一层佛堂形塔身由前、后二石块拼接而成，组合后高65、宽48、侧宽42厘米。

前石高65、宽48、侧宽25.5厘米，其左、右两壁原刻铭文，前壁下部正中辟圆拱三叶形楣塔门（图SD8-8）。门洞作竖长方形，高18、宽12厘米，其上方有半圆形门额，两侧有立颊，下设门槛。门槛高3.5厘米，其两端设门砧石与蹲狮。塔门两端楣角浮雕上吻翻卷的摩羯鱼，两侧浮雕一对力士。二力士头系宝缯，肩挎帔帛，上身赤裸，下身着裙，内侧手叉腰，外侧手握拳上举，肌肉块状隆起，跣足立于山石。门楣上方浮雕正面观兽头，兽头顶生双角，双目圆睁，龇牙咧嘴，獠牙外露，鬣毛卷曲，口衔门楣。兽头顶部置一仰莲台，莲台上一人着翻领、窄袖、束腰长袍，左手下垂挽袍，右手上举作八字形手势，左脚后翘，右脚单立，似跳胡腾舞。舞伎两侧浮雕一

图SD8-3 阳谷关庄村天宝十三载（754）塔佛堂形塔身构件

对迦陵频伽，二迦陵频伽人首鸟身，头系宝缯，双翅外展，长尾翘起，朝向内侧，分别吹箫、拍板伴奏。前壁左、右两侧边缘圆雕蟠龙角柱，柱础作圆形，由跪姿侏儒力士背扛。蟠龙口吐长舌，张牙舞爪，爪具三趾，绕柱而上，各伸出一只前爪抓向中间兽头。左侧角柱残存蟠龙头部与后身，右侧角柱残存蟠龙下颚与长舌，爪中似握宝珠。

后石高64.5、宽35、侧宽16.5厘米，其左、右两壁原刻铭文，前壁左、右两侧边缘刻出狭窄凹槽，使其与前石紧密拼合。前壁中部辟圆拱形龛，龛内高浮雕一佛二弟子二菩萨（图SD8-9）。佛高肉髻，具桃形头光，结跏趺坐于束腰莲座，着双领下垂式袈裟，内着僧祇支并于腹部束带，左手抚膝，右手施无畏印。佛两侧为二弟子，二弟子双手合十，跣足立于长茎仰莲台。二弟子外侧为二菩萨，二菩萨佩戴项圈、手镯，肩搭帔帛，上身赤裸，下身着裙，内侧手上举执莲蕾，外侧手下垂执帔帛，跣足立于长茎仰莲台。佛座覆帐，弟子、菩萨所立莲台均处于中央佛座生长出的莲枝上。后壁下部正中浮雕莲枝，莲枝顶端结出仰莲台。莲台上站立一只鸾凤

图SD8-4 阳谷关庄村天宝十三载（754）塔下层须弥座束腰四壁

（引自刘善沂、孙怀生《山东阳谷县关庄唐代石塔》图版7）

图SD8-5 阳谷关庄村天宝十三载（754）塔下层须弥座上层枋板

（图SD8-10）。鸾凤朝向右侧，回首反顾，展翅欲飞，长尾翘起。后壁左、右两侧边缘圆雕蟠龙角柱残损。

（2）第二至七层平座式塔身宽度自下而上逐层略微收分。第四、五层塔身佚失，第二、三、六、七层塔身四壁中部均辟一尖拱形小龛，龛内浮雕结跏趺坐、施禅定印佛，小龛两侧线刻团花（图SD8-11）。

3.塔檐

塔檐原有七层，其宽度自下而上逐层略微收分。第一、二、三、六层塔檐均作叠涩线脚式，其侧立面线刻花卉。第一至三层塔檐“挑四、收三”、正反叠涩七层，第六层塔檐“挑二、收一”、正反叠涩三层，第四、五层塔檐佚失。第七层塔檐作有脊盝顶式，盝顶刻出瓦垄，四脊雕刻卧兽，顶部正中有安装塔刹的圆形卯孔。

三、铭文

佛堂形塔身右、左两壁原刻两则楷书铭文，现以学界刊布拓本为底本（图SD8-12），参照实物录文如下。

1.前、后二石右壁自左向右分别原刻6列、4列铭文，二者前后相续为一篇，有横竖界格。

图SD8-6 阳谷关庄村天宝十三载（754）塔中层须弥座束腰四壁

（引自刘善沂、孙怀生《山东阳谷县关庄唐代石塔》图版7）

图SD8-7 阳谷关庄村天宝十三载（754）塔佛堂形塔身及勾栏式平座前壁

（引自刘善沂、孙怀生《山东阳谷县关庄唐代石塔》图版8）

图SD8-8 阳谷关庄村天宝十三载（754）塔佛堂形塔身前石前壁线描图

（引自《山东佛教史迹》页291）

维大唐天寶（同“宝”）十三載歲（岁）次甲午八月甲子朔（朔）十五日戊寅（寅）。

青（误，应作“清”，下同）信女仏（同“佛”）弟子大明载六十三童子出家，转读大乗（乘）経（经）典，今将（将）衰（衰）老，恐（恐）无（无）/常所（所）逼（逼），遂願（愿）造七级石浮图一所。今得成就（就），願七代先亡（亡）身生浄（同“净”）土（土），见存/眷（眷）属并皆离苦（苦）。亡过云门寺上坐（坐）僧（僧）叔（叔）神贞，比丘尼（尼）姑恵（惠）辯（辩），伯杞（杞）/文叡（叡），父杞文璀（璀）、妻（妻）王，叔杞文會（会），叔杞神超（超），兄杞灵环，弟杞趙（赵）儿、/□高、男（男）什毛（毛），弟杞唐（唐）生、妻王、男进卿（卿），姪男武騎（骑）尉杞南江，甥甥（甥）陈（以上刻于前石右壁）/□诠，姊（同“姊”）二娘，姊三娘，妹五娘，妹七娘，施主尚浄恵、尚浄心，施主/尚乐法，施主尚法意，施主杞七娘、男朝请，施主尚无过、尚六通、/尚浄品、尚二禅、尚二乘、尚圓滿（满）、尚三妹、杞永杞，供养女赵尚，/青信土（误，应作“士”）杞衢昙，青信士杞深智、杞主蔵（同“藏”）合家供养（以上刻于后石右壁）。

2.前、后二石左壁自右向左分别刊刻7列、5列铭文，二者前后相续为一篇，有横竖界格。

大唐天寶十三载八月日，清信女釋

图SD8-9 阳谷关庄村天宝十三载（754）塔佛堂形塔身后石前壁

（引自刘善沂、孙怀生《山东阳谷县关庄唐代石塔》图版 8）

图SD8-10 阳谷关庄村天宝十三载（754）塔佛堂形塔身后石后壁及线描图

（线图引自《山东佛教史迹》页293）

（释）号大明顗造七级石浮图一所讃（赞）文/并序

竊（窃）闻《大集經》云“闻病未来，及死未至（至），捨诸放逸（逸），懃（勤）脩（修）道業（业）。”《金剛經》/云：“脩一切善法，则得阿耨（耨）多罗三藐（藐）三菩提。”观乎妙偈（偈），法岂虗（虚）谈？契（契）以净/心，利崇因福（福）。爰（爰）有清信女，则龙门杞氏（氏）焉（焉）。况因生积善之家，动履无过之/地。服（服）虽不预于缁徒，心尚有帰（归）于圣衆（众）。處（处）俗离俗，在家非家。賢（贤）固无声色（色）/之緣（缘），方便必求于下脫（脱）。深加智慧，累刼（同“劫”）种因。遂顗造七级浮图一所，建（建）于/□丘之上，復（复）以工彫金裓（裓）之摸，式挺（挺）如来之像（像）。光同慧（慧）日，覩（同“睹”）之常明；影（影）若（以上刻于前石左壁）/慈云，承（承）之普润。十纏頃

（顿）觧（解），五□□□。竪（坚）固则刼刼多闻，福徳（德）则生生獲（获）/益。巢（冀）存勝（胜）祉而题讚曰：有为之功（功），如莲秀空；炫晃日月，挺特天宫；恒/扶净圡（土），永保尊容；利济弘逺（远），古今顮從（从）。騎都尉常彦韬撰。

图SD8-11 阳谷关庄村天宝十三载（754）塔第三层塔身前壁

墓前悼記（记）/巳过太原（原）郭孔脩（修），童㓜（幼）出家，束髮（发）入道，毎（每）希披緇（缁）落髮，遂焉种果不圓，何期/不终天限。惟阇梨灵识，识絶（绝）幽塗（涂），䰟（魂）帰天路（路），呜呼痛烖（哉），永絶长辝（辞）（以上刻于后石左壁）。

铭文中异体、通假字多有使用，字句偶有讹误，据其内容可知，该塔是唐玄宗天宝十三载（754）八月十五日，清信女、佛弟子释大明携合家眷属发愿兴建，铭文内容由骑都尉常彦韬撰写。释大明俗姓杞，原籍龙门，其亡叔神贞曾任云门寺上座僧，姑惠辩为比丘尼，侄杞南江官居武骑尉，其余眷属未见身居官职者，可知她出身于一个笃信佛教且家境殷实的中下层家庭，如此方有造塔的经济能力。杞姓亦见于同村出土北朝晚期造像碑铭文，二者年代虽间隔久远，然杞氏可能为当地大族。据“遂愿造七级浮图一所，建于□丘之上”可知，该塔原初立于某土丘（或山丘）之上，另据“墓前悼记”句推测可能建在墓葬附近。

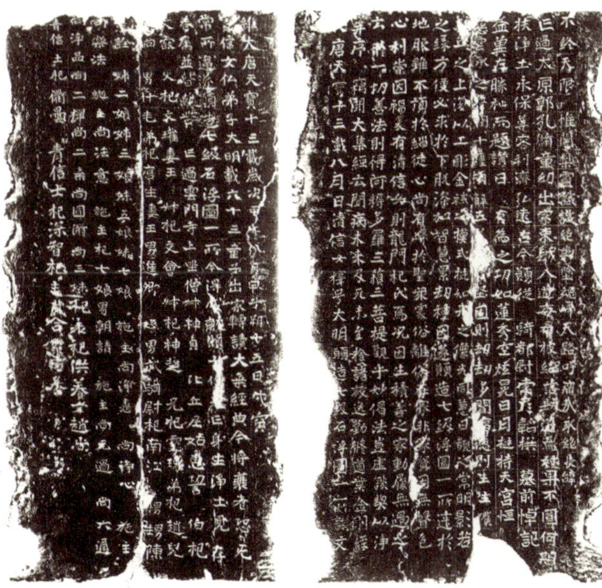

后石右壁　前石右壁　前石左壁　后石左壁

图SD8-12 阳谷关庄村天宝十三载（754）塔佛堂形塔身右、左两壁铭文拓本

（引自刘善沂、孙怀生《山东阳谷县关庄唐代石塔》页50）

SD9号 泰安市道朗镇出土唐代造像塔

一、基本情况

该塔仅存第一层佛堂形塔身后石与勾栏式平座（图SD9-1），青石质，出土于泰安道朗镇，具体年代不明，现藏市博物馆所在地岱庙内，编号0248。过去学界对该塔鲜有关注。

泰安唐时属河南道兖州[①]。

图SD9-1 泰安道朗镇塔

二、构件及其图像

1.塔身后石

后石高83.5、宽44、侧宽25厘米，其右、后、左三壁素面。前壁左、右两侧边缘刻出宽3.5厘米的凹槽（图SD9-2），以与原初塔身前石紧密拼合。前壁中部辟圭首形龛，龛高54.5、宽30.5厘米，龛内高浮雕一佛二弟子二菩萨。佛高肉髻，似作螺髻，结跏趺坐于亚字形束腰须弥座，着裹身垂领式袈裟，双手抚膝。佛两侧为二弟子，二弟子着双领下垂式袈裟，袖手、跣足立于仰莲台。二弟子外侧为二菩萨，二菩萨颈佩项链，身挎帔帛，上身赤裸，下身着裙，跣足立于长茎仰莲台。左侧菩萨左手上举胸前，右手下垂

① 《旧唐书》，第五册页1446、1447。《新唐书》，第四册页995。（明）任弘烈明编辑《泰安州志》，台北：成文出版社，1968年，页18。

执帔帛。右侧菩萨左手下垂执帔帛，右手上举执长茎莲花。佛座覆帐，其下枋顶部刻出一层单瓣覆莲下枭，束腰位置雕刻三根珠节式蜀柱。菩萨所立莲台均处在中央佛座生长出的莲枝上。

后壁左、右两侧边缘圆雕蟠龙角柱，柱身作圆形。左侧角柱残损，右侧角柱残存上部，柱顶站立一左手上举、右手下垂人物（图SD9-3）。

2.勾栏式平座

平座右后角残损，高 34.5、宽 72、侧宽 70.5 厘米（图SD9-4）。平座自下而上叠涩出挑三层枋板，枋板侧立面线刻卷草纹。枋板顶部刻出一层双瓣覆莲下枭，下枭之上立起雕刻勾栏。勾栏四角雕刻蹲狮，左前角残存蹲狮上半身，右前角残存狮奴，其余两角残损严重。勾栏四壁中部各辟一踏道，踏道均以垂带中分为两路。前壁踏道由上层斜坡

图SD9-2 泰安道朗镇塔佛堂形塔身后石前壁及线描图

图SD9-3 泰安道朗镇塔
佛堂形塔身后石右壁

形踏道与下层拱券形踏道组合而成，其两侧有立柱和栏杆，其余三壁均为单层斜坡形踏道。左、右两壁踏道左、右两路上，分别雕刻一人匍匐攀登。踏道两侧勾栏内均浮雕伎乐，其中前壁右侧一人，其余各处均为两人。前壁伎乐吹箫、弹琵琶、弹筝。右壁伎乐盘舞、倒立、拍钹、弹箜篌。后壁伎乐一人残损，其余三人跳丸、吹筚篥、吹笛。左壁伎乐一人起舞，其余三人击鼓。勾栏之上凸起一周华板，华板分为上、下两层，上层装饰花卉，下层装饰走龙。

平座顶部凸起刻出方形平台，宽 48.5、侧宽 49 厘米。平台内刻出浅方形凹槽，凹槽尺寸略大于上方塔身，使平座与塔身紧密拼合。

该塔佛堂形塔身后石前壁辟圭首形龛，龛内高浮雕一佛二弟子二菩萨，弟子高度约为菩萨高度的五分之三强，其图像组合与历城皇姑庵开元五年（717）塔（SD1 号）一致。同时，二者人物造型大体相同，佛均结跏趺坐于束腰须弥座，着裹身垂领式袈裟，双手抚膝，弟子、菩萨的装束与姿势也颇为接近。此外，二者塔身下方平座结构类似，平座四壁均有踏道，踏道之上雕刻匍匐攀登的人物，踏道两旁勾栏内浮雕伎乐。综合判断，该塔年代为开元年间的可能性最大。根据塔身后石宽与侧宽比例，参照关系密切造像塔推测，原初佛堂形塔身由前、后二石块组合而成，勾栏式平座下方另有构件。

三、相关疑似实例

根据过去学界记录，泰安宁阳县华丰镇灵山寺有唐高宗上元元年（674）僧智崇所建石塔两座，平面近方形，共有七级，分列山门东、西两侧，塔上

图SD9-4 泰安道朗镇塔勾栏式平座前、右、左三壁

刊刻《般若波罗蜜多心经》[①]。根据双塔年代与形制推测，二者极有可能同为佛堂形组合式造像塔。

2016 年 11 月 14 日，笔者曾实地调查，该寺现已划为 72983 部队军事禁区，虽百般交涉也未能获准进入，故双塔具体情况不明，有待进一步确认。

SD10 号 泰安市东平县月岩寺唐代造像塔

一、基本情况

该塔位于东平银山镇昆山西麓月岩寺内，建在大雄宝殿东侧半山腰，坐东面西，平面近方形，青石质，由基座、塔身、塔檐及塔刹组成（图SD10-1、SD10-2），具体年代不明，通高 350 厘米[②]，俗称“小虚观塔”“庙上塔”[③]。过去学界对该塔仅有简略记录[④]。

东平唐时属河南道郓州[⑤]。昆山，全名昆仑山，又名困山。月岩寺始建年代不明，《光绪东平州志》称其建于元至正元年（1341）[⑥]，明清时期屡经修缮，于 1994 年 3 月

① （清·咸丰）《宁阳县志》：“（灵山）有石塔二，乃唐上元元年僧智崇造，并刻《心经》。”赵蒲根、朱赤主编《山东寺庙塔窟》，济南：齐鲁书社，2002 年，页 72。苗明峻主编《魅力宁阳：名胜古迹卷》，济南：山东人民出版社，2009 年，页 55。泰安市地方史编纂委员会编《泰安历史文化遗迹志》，北京：方志出版社，2011 年，页 318。

② 泰安市地方史志编纂委员会编《泰安历史文化遗迹志》，北京：方志出版社，2011 年，页 325。

③《光绪东平州志》卷 3：“州西北四十里，上有马跑泉。旧传，周王行狩至此，为寇所困，苦无水，马跑地得泉，因以‘困’名山，〈兖州府志〉谓之‘坤’山……南有玉灵崖、石室洞，上有小虚观，塔下有饮龙泉……学者多讲业其中。”载《中国地方志集成·山东府县志辑 70》，南京：凤凰出版社，2004 年，页 89。

④ 国家文物局编《中国文物地图集·山东分册》，北京：中国地图出版社，2006 年，下册页 578。高爱颖、刘守亮编著《齐鲁名寺》，济南：山东文艺出版社，2004 年，页 198。

⑤《旧唐书》，第五册页 1443。

⑥《光绪东平州志》卷 6：“月岩寺，州西北三十五里，元至正元年建。”页 120。（民国）张志熙等修、刘靖宇纂《东平县志》，台北：成文出版社，1968 年，页 947。

图SD10-1 东平月岩寺塔及塔下石窟

图SD10-2 东平月岩寺塔

图SD10-3 东平月岩寺塔佛堂形塔身前石前壁

（唐大华摄）

18日被公布为泰安市第一批重点文物保护单位。寺内现存明万历七年（1579）石钟亭、万历十年（1582）石柱、清嘉庆四年（1799）《重修大殿碑记》、嘉庆十九年（1814）铁钟、道光十年（1830）《重修月岩寺碑》等。

二、构件及其图像

1.基座

作单层束腰须弥座。须弥座的底座自下而上收分叠涩两层石板。下层高27厘米①，宽与侧宽均170厘米。上层高27厘米，宽与侧宽均139.5厘米，其上置束腰石。束腰石高28厘米，宽与侧宽均97厘米，其上出挑一层上枋。上枋高21、宽134，侧宽133厘米，其顶部凸起刻出方形平台。平台高8厘米，宽与侧宽均104厘米，其内刻出浅方形凹槽，凹槽尺寸略大于上方塔身，使基座与塔身紧密拼合。

① 本实例未标明出处尺寸信息为笔者2018年10月16日实地调查所得。

图SD10-4 东平月岩寺塔佛堂形塔身后石前壁佛龛及线描图

（照片由唐大华摄）

2.塔身

佛堂形塔身的主体由前、后二石块拼接而成，二石块间镶嵌左、右两块竖长方形石板，组合后高 137.5、宽 93.5、侧宽 93 厘米。

前石高 137.5、宽 93.5、侧宽 28 厘米，其左、右两壁素面，前壁下部正中辟圆拱无楣塔门（图SD10-3），塔门通高 79、宽 50.5 厘米。门洞作竖长方形，其上方有门框、半圆形门额，两侧有立颊，下设门槛。门槛两端设门砧石，其下方刻出地栿。门洞已被当代雕刻的石佛像板封住。

后石高 136、宽 93.5、侧宽 29 厘米，其左、后、右三壁素面，前壁左、右两侧边缘刻出狭窄凹槽，以与前方左、右二石板紧密拼合。前壁下部正中辟尖拱形龛，龛内高浮雕一佛二菩萨（图SD10-4）。佛头部残损，具桃形头光与椭圆形身光，结跏趺坐于束腰莲座，着裹身垂领式袈裟，左手抚膝，右手残损，似施无畏印。佛座覆帐，其束腰作鼓珠状。二菩萨面部残损，头系宝缯，佩戴项链和手镯，斜披络腋，身挎帔帛，上身赤裸，下身着裙，内侧手横置腹前，外侧手下垂执帔帛，腹部肌肉隆起，跣足立于束腰莲台。

左、右二石板内、外两壁素面，均高 137、宽 36 厘米。

3.塔檐及塔刹

塔檐现存一层，作有脊盝顶式，叠涩出檐三层再收作平顶四面坡，其边角残存，现以水泥补齐，宽 135.5、侧宽 133 厘米。塔檐顶部置方形刹座，刹座之上置桃形刹珠。

三、铭文

塔门两侧下方分别刊刻楷书“王口”2 字。两则铭文位置不对称且笔迹歪斜，应为后世补刻。

该塔佛像胸部肌肉隆起，双臂与胸腹部的空间分离关系较为明确，菩萨像腹部肌肉隆起，没有呈现S形三曲式姿态，接近初唐晚期至盛唐初期特征。同时，塔门上方素面，其作法与邢台南贾乡村垂拱二年（686）塔（HB9 号）、肥城玉皇庙天授元年（690）塔（SD11 号）一致。综合判断，该塔年代为唐高宗晚期至玄宗开元早期的可能性较大。以此而言，过去学界称该寺始建于元代、塔内尊像雕刻于宋代的说法[①]，显然不符合实际情况。

四、塔下石窟

该塔正下方山崖辟一石窟（同图SD10-1）。石窟外立面辟竖长方形窟门，窟门高 110、宽 96 厘米。门洞高 94、宽 76 厘米，其两侧有立颊。

石窟内室平面近方形，穹隆顶，中间高 185 厘米，前、后两壁间进深 282 厘米，左、右两壁间宽 299 厘米，其四壁素面，无开凿龛像痕迹。窟顶正中辟方形天井，天井高 32、宽 124、侧宽 125 厘米，其上被造像塔基座盖住。该窟应与造像塔同为一体化设计，推测原初可能用作存放僧人骨灰或舍利。

①《泰安历史文化遗迹志》，页 325。

SD11号 泰安市肥城市玉皇庙武周天授元年（690）造像塔

一、基本情况

该塔原位于肥城潮泉镇玉皇山玉皇庙左前方，平面近方形，由基座、塔身、塔檐及塔刹组成，作密檐式结构，原有五级，现已佚失，仅存一张旧照（图SD11）[①]。过去学界对该塔仅有简略记录[②]。

肥城始置于西汉，唐武德五年（622）属东泰州，贞观元年（627）并入兖州博城，乾封元年（666）改称乾封[③]。玉皇山旧称金山，因塔为名又称塔山，北宋崇宁二年（1103）建玉皇庙后始名玉皇山[④]。

图SD11 肥城玉皇庙天授元年（690）塔

（引自《支那文化史迹》第十一辑图版90-2）

二、构件及其图像

1.基座

作整石平座，具体情况不明。

2.塔身

第一层佛堂形塔身由前、后二石块组合而成。前石前壁下部正中辟圆拱尖楣塔门，门洞作竖长方形。门洞上方有半圆形

①《支那文化史蹟》，第十一辑页96—87、图版90-2。

② 肥城市地方史志编纂委员会办公室编《肥城地理志》，济南：山东省地图出版社，2002年，页196。

③《旧唐书》，第五册页1446、1447。《新唐书》，第四册页995。

④（清）康熙十一年（1672）《重修肥城县志》："塔山，在城东六、七里，上有石塔，因名。宋崇宁二年，乡人建玉皇庙于上，又名玉皇山。"（清）光绪十七年（1981）《肥城县志》："塔山，在城东南七里，俗名玉皇山。上有玉皇庙，中有石塔名白浮图，建自唐时，祈雨辄应。"肥城市市志编纂委员会办公室编《肥城县志》，泰安：泰安市新闻出版局，1995年，上册（康熙十一年版本）页4，下册（光绪十七年版本）页87。

门额，两侧有立颊，下设门槛。塔门两侧浮雕力士或天王。塔心室原有佛像。

第二至五层平座式塔身宽度自下而上逐层略微收分，其前、右两壁似分别辟 3 个小佛龛，后、左两壁情况不明。

3.塔檐与塔刹

塔檐共有五层，其宽度自下而上逐层略微收分。第一至四层塔檐作叠涩线脚式，第五层塔檐作有脊盝顶式，盝顶之上铆接葫芦形刹珠。

三、铭文

塔上原刻铭文，刊刻位置等情况不明。清人李傅熙纂修《肥城县乡土志》称该塔为“天授元年刘怀□等造石浮图像并刻普门品经碑”[①]，可知其是武周天授元年（690）刘怀□等人兴建，塔上原刻后秦鸠摩罗什译《妙法莲华经·观世音普门品》。

SD12 号 济宁市兖州区金口坝出土唐孙四朗造像塔散石

一、基本情况

本实例为唐代佛堂形组合式造像塔的第一层佛堂形塔身后石上半截（图 SD12-1），青石质，残高 35、宽 46、侧宽 18 厘米[②]，出土于兖州金口坝，具体年代不明，现藏兖州博物馆。过去学界对该石铭文略有关注[③]，未能辨识其实际用途。

图SD12-1 兖州金口坝出土孙四朗塔散石

① （清）李傅熙等纂修《肥城县乡土志》，台北：成文出版社，1968 年，页 98、99。张曼涛主编《中国佛教寺塔史志》，台北：大乘文化出版社，1978 年，页 321。

② 本实例尺寸信息为笔者 2016 年 11 月 15 日实地调查所得。

③ 王大中编著《兖州金口坝刻石遗珍》，北京：中国文史出版社，2016 年，页 170、171、274。《山东兖州金口坝佛教残石特辑》，《中国书法》2017 年第 7 期，页 156。

图SD12-2 兖州金口坝出土孙四朗塔散石左壁

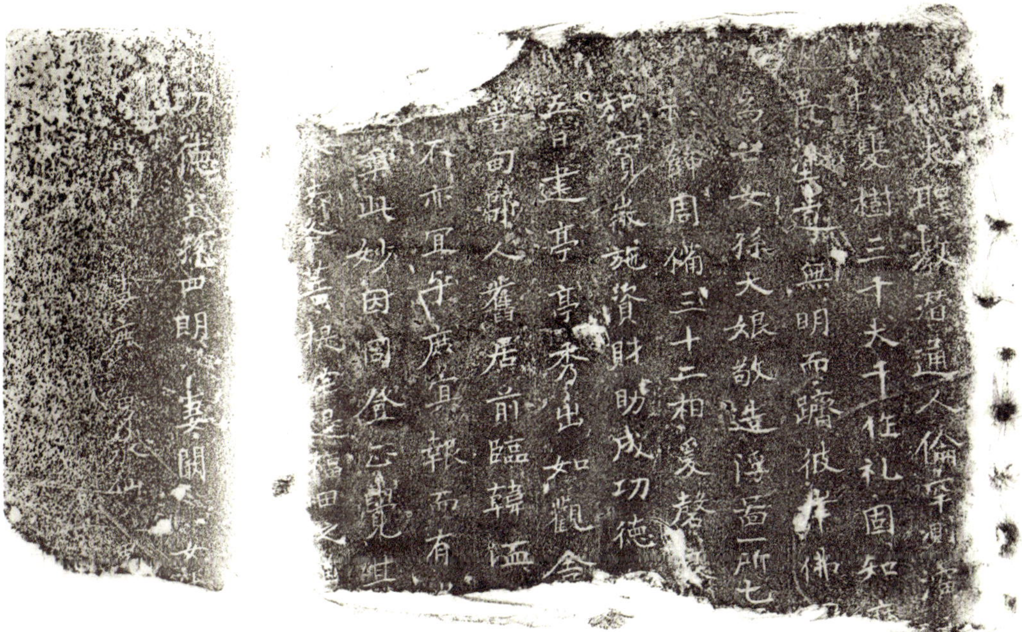

左壁　　后壁

图SD12-3 兖州金口坝出土孙四朗塔散石铭文拓本

（引自《兖州金口坝刻石遗珍》页 170、274）

兖州唐时为河南道兖州瑕丘县[①]。金口坝又名金口堰，是北魏延昌三年（514）兖州刺史元匡兴建[②]，隋开皇年间（581—600）刺史薛胄再次修筑[③]，元以前被称作泗津桥，是一座兼具桥梁与堰坝功能的水利建筑。1993 年春夏之交，鲁南大旱，泗水干涸，金口坝基石至下游邹兖公路桥一带，暴露出大批北魏至中唐的碑刻残石，累计五六百块，其中小部分收藏于兖州博物馆，多数流落民间藏家之手[④]，该石及下文所述金口坝出土诸唐代造像塔散石（SD12—SD19 号）均为彼时出土。

①《旧唐书》，第五册页 1446。《新唐书》，第四册页 995。

② 樊英民《山东兖州金口坝出土南北朝石人》，《文物》1995 年第 9 期，页 48、49。

③（唐）魏征、令狐德棻撰《隋书》卷 56《薛胄传》："薛胄，字绍玄，河东汾阴人也。……高祖受禅，擢拜鲁州刺史，未之官，检校庐州总管事，寻除兖州刺史。……先是，兖州城东沂、泗二水合而南流，汎滥大泽中，胄遂积石堰之，使决令西注，陂泽尽为良田。又通转运，利尽淮海，百姓赖之，号为'薛公丰兖渠'。"北京：中华书局，1973 年，第五册页 1387、1388。

④ 王大中《兖州金口坝佛教残石研究》，载《山东兖州金口坝佛教残石特辑》，页 142—158。

二、图像

该石镶嵌于博物馆展厅墙壁，前壁情况不明，右壁磨泐不清，后、左两壁原刻铭文。后壁左右两侧边缘残存圆形珠节角柱，柱顶站立矮胖敦实的侏儒力士。左侧柱顶力士头部残损，上身赤裸，下身着裙，左手叉腰，右手上举，作承托姿态（图SD12-2）。右侧柱顶力士残损。

三、铭文

该石后、左两壁自左向右分别原刻 11 列、3 列楷书铭文，二者前后相续为一篇。现以学界刊布拓本为底本（图SD12-3），参照实物录文如下。

观夫聖（圣）教濳（潜）通，人伦罕测，演（演）……/于雙（双）树，三千大千作（作）礼，固知□……/畏塗，导无明（同“明”）而跻彼岸。佛□……为亡女孙大娘敬造浮啚（同“图”）一所七□……/彩饰周備（备）三十二相，爰馨（磬）良□……/知宝，㣲（微）施资财，助成㓛（功）徳（德），□……/五日建（建）。亭亭秀出，如观舍……/鲁甸，邹人舊（旧）居，前臨（临）韩洫（洫）……/□不亦宜（同“宜”）乎？庻（同“庶”）冥（冥）報（报）而有□……/□乗（乘）此（此）妙因，同登正觉，其……/□除殃咎（咎），菩提它（同“罔”）退，福（福）田之□……（以上刻于后壁）。

㓛徳主孙四朗，妻阚，女□……/男（男）思□、妻鹿，男承仙，男……/男□□、妻□，男承□，□……（以上刻于左壁）。

铭文中异体、通假字多有使用。根据“为亡女孙大娘敬造浮啚一所七□”“彩饰周备三十二相”可知，该石原初所在造像塔是功德主孙四朗携合家眷属为亡女孙大娘兴建，原作七级，塔内雕刻尊像并敷彩。该塔珠节角柱造型与青州博物馆藏开元二十五年（737）塔（SD22 号）一致，其年代同为盛唐的可能性最大。根据该石宽与侧宽比例，参照关系密切造像塔推测，原初佛堂形塔身由前、后二石块组合而成。

SD13 号 济宁市兖州区金口坝出土唐代造像塔散石之一

一、基本情况

本实例为唐代佛堂形组合式造像塔的第一层佛堂形塔身前石上半截（图SD13-1），青石质，残高 48、宽 39、侧宽 17.5 厘米[①]，出土于兖州金口坝，具体年代不明，现藏兖州博物馆。过去学界仅对该石铭文略有关注[②]。

二、图像

该石左壁原刻铭文，右壁素面。前壁下部正中原辟圆拱尖楣塔门，残存门额、门楣及右端外翻草叶饰楣角。门额内浮雕一正面观兽，兽仅露出头部与前肢，其双角外卷，双目圆睁，龇牙咧嘴，双爪前扑，爪具三趾，自口中向两侧吐出云气。门楣内浮雕三云朵。

门楣之上浮雕一对侧面观龙，双龙张牙舞爪，龙尾卷曲，作行走姿态，朝向内侧。双

图SD13-1 兖州金口坝出土唐塔散石之一及线描图

① 本实例尺寸信息为笔者 2016 年 11 月 15 日实地调查所得。

② 《兖州金口坝刻石遗珍》，页 263。

图SD13-2 兖州金口坝出土唐塔散石之一左壁铭文拓本

（引自《兖州金口坝刻石遗珍》页263）

龙外侧后爪踏于裸体童子扛举的莲台，左侧童子残存头部，右侧童子残存上半身和左脚。双龙分别向上伸出一只前爪，合托仰莲座。莲座上有一结跏趺坐佛，佛具桃形头光，着裹身垂领式袈裟，左手残损，右手抚膝。双龙上方浮雕一对侧面观飞天，二飞天双手捧物，肩挎帔帛，作曲膝供养姿态，朝向中部。二飞天下方均烘托一云朵。

三、铭文

该石左壁自左向右原刻2列楷书铭文，有竖线界格。现以学界刊布拓本为底本（图SD13-2），参照实物录文如下。

女大娘，女二娘，女三娘，女五□……/儿，女畱（留）儿，女左儿，合家见……。

该石圆拱尖楣塔门与半身兽、双龙合托跏趺坐佛组合，与青州石佛寺天宝二年（743）塔（SD20号）基本相同。门额内半身兽口吐云气作法，与武安沿平寺塔（HB29号）十分类似。综合判断，该塔兴建于盛唐，年代为玄宗开元晚期至天宝前期的可能性最大。

根据该石宽与侧宽比例，参照关系密切造像塔推测，原初佛堂形塔身由前、后二石块组合而成。该石左壁铭文前部分有缺，可知原初塔身后石左壁亦刊刻铭文，以与上述铭文前、后相续为一篇。

SD14 号 济宁市兖州区金口坝出土唐代造像塔散石之二

一、基本情况

本实例为唐代佛堂形组合式造像塔的第一层佛堂形塔身前石上半截（图SD14），青石质，残高 40、宽 38、侧宽 17.5 厘米[①]，出土于兖州金口坝，具体年代不明，现藏兖州博物馆。过去学界对该石鲜有关注[②]。

二、图像

该石左、右两壁素面，前壁下部正中原辟圆拱尖楣塔门，残存部分楣拱。门楣内线刻连续弧线纹，门楣上方浮雕一正面观兽。兽仅露出头部与前肢，面部残损，双爪前扑，爪具三趾。兽两侧浮雕一对侧面观龙，双龙张牙舞爪，作俯冲姿态，上方龙尾卷曲，下方龙首高昂并朝向内侧，其内侧前爪上举，外侧前爪抓在门楣上。

兽上方浮雕大云朵，大云朵上有左、中、右三位盘腿而坐的乐伎。乐伎面部残损，身

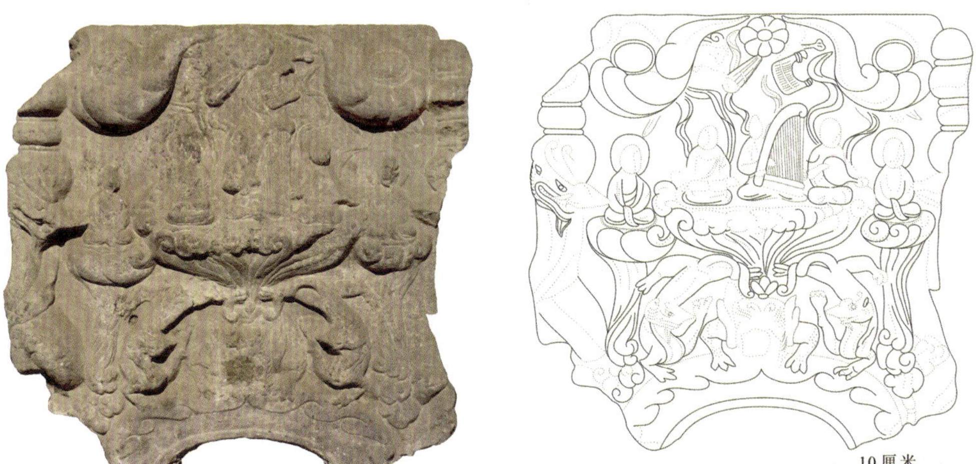

图SD14 兖州金口坝出土唐塔散石之二及线描图

① 本实例尺寸信息为笔者 2016 年 11 月 15 日实地调查所得。

② 郑岩《八世纪的民间造塔运动——小龙虎塔所包含的一些问题》，载《山东佛教史迹》，页 406。

挎帔帛，分别弹琵琶、奏箜篌、击腰鼓。大云朵两侧略低位置，分别浮雕一小云朵。小云朵由云柱承托，其上分别有一结跏趺坐、施禅定印佛，佛具圆形头光，着双领下垂式袈裟。乐伎头顶上方，凌空漂浮排箫、竽以及瓣状花朵。乐器两侧分别浮雕一飘向外侧的云朵，云朵之上承托圆形物体，可能表现日、月。

该石左、右两侧边缘残存角柱。左侧角柱残损，右侧作珠节式蟠龙角柱，龙身绕柱而上，龙首朝向内侧。

该石圆拱尖楣塔门与半身兽、双龙、乐伎组合，与青州博物馆藏开元二十五年（737）塔（SD22 号）类似，珠节式蟠龙角柱也见于后者。综合判断，该塔兴建于盛唐，年代为玄宗开元晚期至天宝初期的可能性最大。根据该石宽与侧宽比例，参照关系密切造像塔推测，原初佛堂形塔身由前、后二石块组合而成。

SD15 号 济宁市兖州区金口坝出土唐代造像塔散石之三

一、基本情况

本实例为唐代佛堂形组合式造像塔的第一层佛堂形塔身前石上半截（图SD15-1），

图SD15-1 兖州金口坝出土唐塔散石之三及线描图

青石质，残高 42、宽 40、侧宽 21 厘米[①]，出土于兖州金口坝，具体年代不明，现藏兖州博物馆。过去学界对该石鲜有关注[②]。

二、图像

该石左、右两壁原刻铭文，前壁下部正中辟圆拱尖楣塔门，残存部分门楣。楣尖上方浮雕一正面观兽头，兽头双目圆睁，龇牙咧嘴，似口衔楣尖。兽头两侧浮雕一对侧面观龙，双龙张牙舞爪，爪具三趾，龙首高昂，朝向内侧，各伸出一只前爪抓住兽头面颊，分别作腾起与俯冲姿态。兽头上方浮雕一对侧面观飞天，二飞天肩挎帔帛，作飞翔姿态，身体呈U形弯曲，朝向内侧。二飞天外侧浮雕一对舞伎，二舞伎着束腰服，立于长茎仰莲台。左侧舞伎右手上举，左半身残损。右侧舞伎左手前伸，右手上举，左脚抬起，似跳胡腾舞。

左壁　　右壁

图SD15-2 兖州金口坝出土唐塔散石之三铭文拓本

（引自《兖州金口坝刻石遗珍》页 263、306）

三、铭文

该石右、左两壁自左向右原刻两则行楷铭文，现以学界刊布拓本为底本（图SD15-2），参照实物录文如下。

1.右壁铭文 5 列。

粵（粤）闻绵茫之極（极），[揞]聖（圣）力于娲皇，混□……/鼎鼐，加以偏彼图书，空炫耀于今古……/之藐（藐）也，窥之讵觌其前像（像），听之不……/地者，察百龄之壽（寿）従（从）也，十緾（缠）之苦（苦）者，[知]……/上□荣，寗（宁）识鬼（鬼）

① 本实例尺寸信息为笔者 2016 年 11 月 15 日实地调查所得。

② 前引郑岩《八世纪的民间造塔运动》，载《山东佛教史迹》，页 406。《兖州金口坝刻石遗珍》，页 263、306、307。《山东兖州金口坝佛教残石特辑》，页 130。

□□□□……。

2.左壁铭文3列。

右武卫公孙悱，造浮啚（图）石匠□……/匠宋令……/施主……。

铭文中异体、通假字多有使用。该石圆拱尖楣塔门与兽头、双龙、双飞天组合，与芝加哥艺术学院博物馆藏开元十二年（724）塔（BM2）类似。双龙旁侧二人对舞于长茎莲台作法，也见于青州石佛寺塔（SD21号）。综合判断，该塔兴建于盛唐，年代为玄宗开元中、晚期的可能性最大。

根据该石宽与侧宽比例，参照关系密切造像塔推测，原初佛堂形塔身由前、后二石块组合而成。该石右壁铭文后部分、左壁铭文前部分有缺，可知原初佛堂形塔身后石右、左两壁刊刻铭文，分别与该石对应位置铭文前后相续为一篇。

SD16号 济宁市兖州区金口坝出土唐代造像塔散石之四

一、基本情况

本实例为唐代佛堂形组合式造像塔的第一层佛堂形塔身前石上半截，出土于兖州金口坝。过去学界仅刊布了该石前、右两壁拓本（图SD16）①，其尺寸、年代和收藏地等信息不明。

二、图像

该石右壁原刻铭文，前壁下部正中辟圆拱尖楣塔门，残存楣尖。楣尖上方浮雕一正面观兽头，兽头顶生双角，双目圆睁，龇牙咧嘴。兽头两侧浮雕一对侧面观龙，双龙张牙舞爪，朝向内侧，各伸一只前爪抓住兽头面颊。双龙上方浮雕一对侧面观飞天，二飞天肩挎帔帛，双手下垂，外侧手执帔帛，身体呈U形弯曲，并作飞翔姿态，朝向内侧。

三、铭文

该石右壁自左向右原刻4列楷书铭文，现根据学界刊布拓本录文如下。

①《兖州金口坝刻石遗珍》，页224。

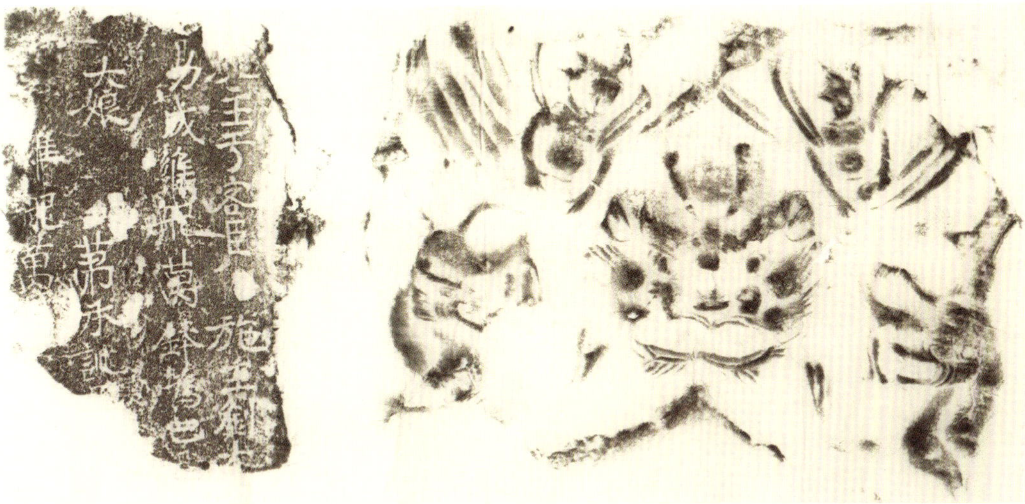

图SD16 兖州金口坝出土唐塔散石之四前、右两壁拓本

（引自《兖州金口坝刻石遗珍》页224）

施主亐（于）客臣，施主刘大……/男成，维䑻（那）万鉢（钵）为已（亡）……/大娘，第（第，误，应作“弟”）承（承）訓（训）……/维那万……。

铭文中异体字多有使用，据其内容可知，该石原初所在造像塔是施主于客臣等人为去世亲人发愿兴建。该石圆拱尖楣塔门与兽头、双龙、双飞天组合，与同址出土唐塔散石之三（SD15号）基本相同，其兴建于盛唐，年代为玄宗开元中、晚期的可能性最大。根据该石宽与侧宽比例，参照关系密切造像塔推测，原初佛堂形塔身由前、后二石块组合而成。

SD17号 济宁市兖州区金口坝出土唐代造像塔散石之五

一、基本情况

本实例为唐代佛堂形组合式造像塔的第一层佛堂形塔身后石下半截（图SD17），青石质，残高27.5厘米、宽36.5厘米[①]，出土于兖州金口坝，具体年代不明，现藏兖州博物馆，编号10-131。过去学界对该石鲜有关注[②]。

① 本实例尺寸信息由兖州博物馆提供。

② 前引郑岩《八世纪的民间造塔运动》，载《山东佛教史迹》，页406。

图SD17 兖州金口坝出土唐塔散石之五及线描图

（照片由兖州博物馆提供，线图由王鑫绘）

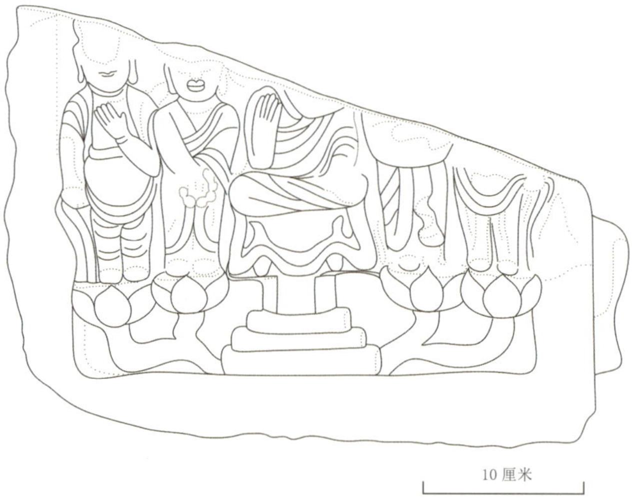

二、图像

该石后壁刊刻铭文，左、右两壁素面，前壁左、右两侧边缘刻出狭窄凹槽，使其与原初前方石件紧密拼合。前部中部辟龛，龛内高浮雕一佛二弟子二菩萨。佛头部与肩部残损，结跏趺坐于亚字形束腰须弥座，着右衽交领式袈裟，左手抚膝，右施无畏印。佛左右两侧为二弟子，二弟子袖手、跣足立于长茎仰莲台。左侧弟子上半身残损，右侧弟子头部残损，手执念珠，着右衽交领式袈裟。二弟子外侧为二菩萨，二菩萨身挎帔帛，下身着裙，跣足立于长茎仰莲台。左侧菩萨上身残损，左手下垂执帔帛。右侧菩萨头部残损，佩戴项圈，左手舒掌于胸前，右手下垂执帔帛。佛座覆帐，弟子、菩萨所立莲台均处在中央佛座生长出的莲枝上。

后壁左、右两侧边缘残存角柱痕迹。

三、铭文

该石后壁残存 2 列行楷铭文，现参照实物录文如下。

……贡庠生/……施主井辍儿。

该石佛陀双臂与胸腹部的空间分离关系不够明确，两侧菩萨笔直站立，没有呈现S形三曲式姿态，从造型上判断接近初唐后段特征。参照兖州出土诸唐代造像塔散石推测，原初佛堂形塔身由前、后二石组合而成。

SD18 号 济宁市兖州区金口坝出土唐代造像塔散石之六

一、基本情况

本实例为唐代佛堂形组合式造像塔的第一层佛堂形塔身前石右下半截（图SD18），青石质，残高 40、宽 34 厘米[①]，出土于兖州金口坝，具体年代不明，现藏兖州博物馆，编号 10-102。过去学界对该石鲜有关注[②]。

二、图像

该石右壁素面，前壁原辟塔门，残存右端外翻草叶饰楣角以及门洞右侧立颊。塔门右侧浮雕一力士，力士头部残损，身挎帔帛，上身赤裸，下身

图SD18 兖州金口坝出土唐塔散石之六

（兖州博物馆提供）

① 本实例尺寸信息由兖州博物馆提供。

② 前引郑岩《八世纪的民间造塔运动》，载《山东佛教史迹》，页 406。

着裙，左手叉腰，右手舒掌上举，肌肉块状隆起，跣足立于山石。

该石力士造型与房山云居寺开元十五年（727）塔（BJ5号）力士类似，符合盛唐时期特征。根据外翻草叶饰楣角形式，参照兖州出土诸唐代造像塔散石推测，原初佛堂形塔身由前、后二石块组合而成。

SD19号 济宁市兖州区金口坝出土唐开元十九年（731）造像塔散石

一、基本情况

本实例为唐代佛堂形组合式造像塔的第一层佛堂形塔身后石，出土于兖州金口坝，具体收藏地不明。过去学界刊布了该石铭文拓本（图SD19）[①]，未能辨识其实际用途。

二、铭文

该石右上角、左下角残缺，前、左、右三壁情况不明，后壁自左向右原刻14列楷书铭文，有竖线界格。现以学界刊布拓本为底本，录文如下。

……九年嵗（岁）次辛未九月丁未朔（朔）……/……志，撰文韩知礼，徐崇……/……凝玄，仰之者不知其量，法身澄㝛（寂），□……/……無（无）上之師（师），为众生大慈（慈）之父，含识资……/……显，存亡無（无）不渡（渡）济。今有功德（德）主，乃淹中……/□深时涅，久嬰（婴）牀（床）枕，顺方医疗，转加因剧，設（设）服（服）……/刀，爐（炉）焚薫（薰）陆[②]，啓（启）告慈尊，願（愿）救灾危（危），敬脩（修）功……/帝王化逾千嗣，師僧父母常演圣教，七代……/苦（苦）度難（难），敬造石浮图九级并石像（像）一補（補，误，应作“铺”），四面诸……/相好圆備（备），乃梓匠（匠）鐫（镌）珉，层架迴而彫尅（同“克”），斑□……/蔄，响铎采风于皇城。像乃镂玉摸尊，青……/日之晖豪，浮滿（满）月之綵繪（绘）。彫旣（既）畢（毕），素……/与功旦病且营成之匪日，庻（庶）

① 拓本高45、宽41厘米。《兖州金口坝刻石遗珍》，页142、143。《山东兖州金口坝佛教残石特辑》，页138。

② （北宋）沈括著、胡道静校证《梦溪笔谈校证》：“薰陆，即乳香也……以其滴下如乳头者，谓之‘乳头香’。镕塌在地上者，谓之‘塌香’。”上海：上海古籍出版社，1987年，下册页870。

使芥成□……/其辞曰：穆（穆）穆圣皇，垂（垂）拱……。

图SD19 兖州金口坝开元十九年（731）塔铭文拓本

（引自《兖州金口坝刻石遗珍》页142）

铭文中异体、通假字多有使用，其书写风格、异体字写法均符合唐代特征。铭文所记年代为某“九年岁次辛未九月丁未朔”，检校唐代诸帝年号，仅玄宗开元十九年（731）符合[①]，而“穆穆圣皇”中的“圣皇”为玄宗尊号“开元圣文神武皇帝”简称。因此，该石原初所在造像塔是唐玄宗开元十九年九月，功德主为祈求病愈而发愿兴建，原作九级，功德主姓名残缺，铭文由韩知礼撰写。根据“响铎采风于皇城”可知，原初塔檐四角悬挂铃铎。参照兖州出土诸唐代造像塔散石推测，原初佛堂形塔身由前、后二石块组合而成。

SD20号 潍坊市青州市段村石佛寺唐天宝二年（743）杨瓒造像塔

一、基本情况

该塔原位于青州朱良镇段村石佛寺正殿左前方，坐北朝南，平面近方形，青石质，由基座、塔身和塔檐组成，作密檐式结构，残存四级，通高263厘米，于1963年春移置山东省博物馆，修复后作五级（图SD20-1、SD20-2），高350厘米[②]。过去学界对该塔铭文多有记录，并有专文进行个案研究[③]。

① 《中国史历日和中西历日对照表》，页421。

② 郑岩、刘善沂《山东青州段村石佛寺天宝二年杨瓒造塔》，载《山东佛教史迹》，页259—271。

③ 清人叶昌炽称赞“唐刻以冯善廓、杨瓒为甲。”《语石·语石异同评》，页269。（清）张承燮修、法伟堂等纂《光绪益都县图志》，光绪三十三年（1907）刻本，页359。《北京图书馆藏中国历代石刻拓本汇编》，第二十五册页

图SD20-1 青州石佛寺天宝二年（743）塔

唐武德四年（584）置青州总管府，贞观元年（627）罢都督府、属河南道，天宝元年（742）改为北海郡，乾元元年（758）复称青州[①]。石佛寺始建年代不明，根据青州博物馆前馆长夏名采先生介绍，该寺主体建筑为清代所建，抗战胜利后改作烈士祠。

图SD20-2 青州石佛寺天宝二年（743）塔立面图

（引自《山东佛教史迹》页266）

二、构件及其图像

1.基座

由下层束腰须弥座和上层勾栏式平座组合而成。

下层须弥座的底座佚失，原初自下而上收分叠涩三层石板，修复时以新石件补齐，其上置束腰石。束腰石高28、宽82、侧宽87厘米（图SD20-3）[②]。束腰石前壁浮雕缠枝忍冬，忍冬漫卷成三个连环，连环中心花叶铺展。花叶上分别浮雕一人物，左侧为肩挎帔帛、手持筚篥、作舞蹈状的胡人，中间为歪首扭腰、双手置于腰部的舞伎，右侧为手拍小鼓、支腿而坐的乐伎。右壁左、右两侧浮雕一对正面观力士。左侧力士瞋目露齿，双手叉腰，作背扛姿态。右侧力士巨口大耳，左手支膝，右手托举。二力士间浮雕一侧面观怪兽，怪兽鸟嘴、有翼、足具蹼，作行走姿态，朝向右侧并回首反顾。后壁浮雕缠枝忍冬，忍冬漫卷成四个连环。连环中心花叶舒展，中间两环花叶上浮雕一对侧面观迦陵频伽，迦陵频伽身挎帔帛，朝向中部。左侧迦陵频伽左手执物，似为鼗鼓。左壁分为左、中、右三格。左、右两格内浮雕一对力士，二力士双目圆睁，佩戴臂钏。左侧力士作侧面观，披发并朝向中部，以双手和头部扛举。右侧力士作正面观，巨口、大耳、鸟足，佩戴珠链，双手支膝，马步平蹲，以双肩和头部扛举。中格内浮雕一乐伎，乐伎头系宝缯，佩戴璎珞，肩挎帔帛，身着长裙，弹奏琵琶，跣足而

48—50。周绍良主编《全唐文新编》第5部第3册，长春：吉林文史出版社，2000年，页13595。《山东佛像艺术》，页174、175。前引《全唐文补编》，页1524、1525。张柏寒《杨瓒造塔研究》，中央美术学院2017年硕士学位论文。

①《旧唐书》，第五册页1452。

② 本实例未注明出处尺寸信息为笔者2016年7月16日、11月19日实地调查所得。

图SD20-3 青州石佛寺天宝二年（743）塔须弥座束腰四壁线描图

（引自《山东佛教史迹》页 266）

舞。束腰石之叠涩出挑三层枋板，均为修复时增补石件。

上层平座高 25、宽 89、侧宽 88 厘米（图SD20-4）。其底部先刻出一层单瓣仰莲上枭，上枭之上内收一层低矮束腰。束腰外缘透雕十二个形体较小的正面观侏儒力士，力士作扛举姿态，承托上方勾栏。勾栏四壁中部各辟一拱券形踏道，踏道均以垂带中分为两路。前壁与右壁踏道两侧勾栏分别作一栏和两栏，栏内均浮雕花卉。后壁与左壁踏道左侧勾栏分别作两栏和一栏，栏内均浮雕花卉。二者右侧勾栏均作两栏，栏内浮雕肩挎帔帛的伎乐，伎乐依次拍板、抚琴、吹筚篥、跳舞。四壁勾栏上方中部及两端，均雕刻动物，现残损严重。平座上方顶部凸起刻出方形平台，平台内刻出浅方形凹槽，凹槽尺寸略大于上方塔身，使平座与塔身紧密拼合。

2.塔身

（1）第一层佛堂形塔身由前、后二石块拼接而成（图SD20-5），组合后高 115、宽 71、侧宽 78.5 厘米。

前石高 115、宽 71、侧宽 43.5 厘米，其左壁素面，现已断为上、下两截，高度分别为 55、60 厘米，右壁原刻铭文。前壁下部正中辟圆拱尖楣塔门（图SD20-6），门洞作竖长方形，高 37、宽 26.5 厘米。门洞上方有半圆形门额，两侧有立颊，下设门槛。门槛两端设门砧石与蹲狮。门额、立颊、门槛残存敷赭痕迹。塔门两端楣角浮雕上吻翻卷的摩羯鱼，门楣中部浮雕一正面观兽头。兽头双目圆睁，龇牙咧嘴，鬣毛卷曲，其左、右两侧浮雕缠枝忍冬。忍冬漫卷成三个连环，连环中心花叶铺展。塔门两侧分别浮雕一天

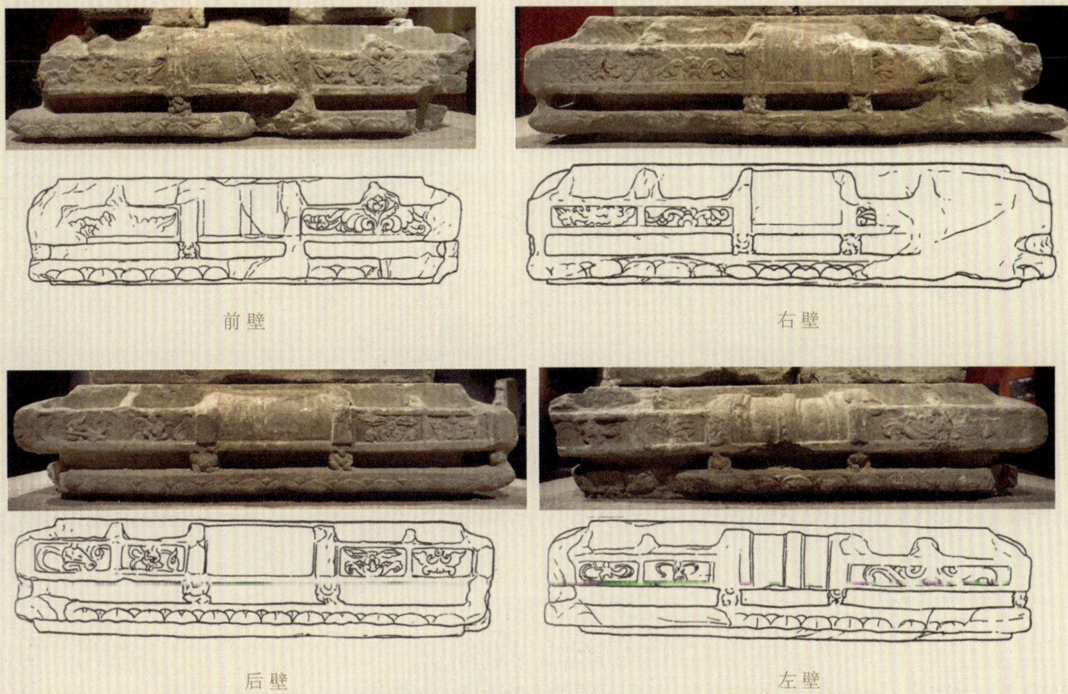

图SD20-4 青州石佛寺天宝二年（743）塔平座四壁及线描图

（引自《山东佛教史迹》页268）

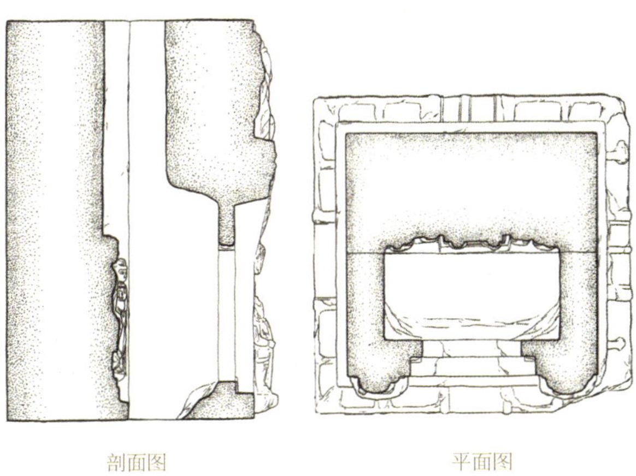

图SD20-5 青州石佛寺天宝二年（743）塔佛堂形塔身剖面图与平面图

（引自《山东佛教史迹》页270）

王、一力士，二者头系宝缯，肩挎帔帛，立于山石。左侧天王身着铠甲，双手拄棒。右侧力士上身赤裸，下身着裙，左手下垂执帔帛，右手上举。

门楣上方浮雕一对侧面观龙，双龙张牙舞爪，爪具三趾，作俯冲姿态，上方龙尾卷曲，下方龙首高昂并朝向外侧。双龙各伸出一只前爪抓住门楣，另一只前爪合托仰莲座，莲座上有一结跏趺坐、施

图SD20-6a 青州石佛寺天宝二年（743）塔佛堂形塔身前石前壁

图SD20-6b 青州石佛寺天宝二年（743）塔佛堂形塔身前石前壁线描图

（线图引自《山东佛教史迹》页269）

禅定印佛。佛着双领下垂式袈裟，内着僧祇支。左侧龙自口中向外侧下方吐出一云朵，云朵上有一矮胖敦实的力士，力士朝向外侧，双手持圆形物，圆形物外缘有锯齿。右侧龙外侧下方也有一云朵，云朵不与龙口相接，其上有一兽首人身怪兽，怪兽朝向外侧。左侧龙外侧上方浮雕一侧面观飞天，飞天肩挎帔帛，上身赤裸，下身着裙，作俯冲姿态，朝向外侧，右手似持火炬。右侧龙外侧上方浮雕一侧面观天人，天人上身赤裸，下身着裤，作俯冲姿态，朝向外侧，双手似捧宝盒。

后石高115、宽71、侧宽35厘米，其左壁素面，右、后两壁原刻铭文，前壁向内凿出凹槽，凹槽内高浮雕一佛二弟子二菩萨（图SD20-7）。佛倚坐于亚字形束腰须弥座，着双领下垂式袈裟，右肩另敷偏裳，内着僧祇支，左手抚膝，右手残损，似施无畏印，跣足踏于仰莲台。佛座覆帐，座前莲台由同一莲茎生长而出。佛左、右两侧为二弟子，二弟子着双领下垂式袈裟，双手交叉于腹部，跣足立于长茎仰莲台。二弟子外侧为二菩萨，二菩萨头系宝缯，佩戴项圈、手镯，身挎帔帛，上身赤裸，下身着裙，跣足立于长茎仰莲台。左侧菩萨左手下垂执帔帛，右手上举胸前。右侧菩萨左手残损，右手下垂执净瓶。

（2）第二至五层平座式塔身宽度自下而上逐层略微收分。第二层塔身为修复时增补的新石件，第三至五层塔身四壁分别辟3、2、1个尖拱形小佛龛，龛内浮雕结跏趺坐、施禅定印佛。

3.塔檐

塔檐现有五层，其宽度自下而上逐层略微收分。第一至四层塔檐均作无脊盝顶式，其中第一层塔檐正反面组装错误，第二层塔檐为修复时增补石件。第五层塔檐作有脊盝

图SD20-7a 青州石佛寺天宝二年（743）塔佛堂形塔身后石前壁

顶式，其盝顶四脊雕刻蹲狮，顶部有安装塔刹的圆形卯洞。

三、铭文

佛堂形塔身前石右壁、后石右壁与后壁，自左向右原刻10列、9列、4列楷书铭文，三者前后相续为一篇，有横竖界格。现以学界刊布拓本为底本（图SD20-8），参照实物录文如下。

浮啚（同“图”）颂并序

原夫窣堵波塔者，自我真如金口之𠩄（所）說说也。南天竺國（国）译锦字于皇家耆阇崛山，/㳅（流）梵音（误，应作“音”）于帝里。阐揚（扬）道化，㧫（振）大法鼓。门开八万四千，教被十方无量。易天地□/兹始，曁（暨）海隅而㑅（作）则。達于无生，庄种种相；视于彼岸，𦤺（致）幽幽深。不可以智识知[者]，/可以探求測（测）。爰有清信士

图SD20-7b 青州石佛寺天宝二年（743）塔佛堂形塔身后石前壁线描图

（引自《山东佛教史迹》页270）

弘农杨瓒（瓒），字玄凰（凤），游情法海，散志玄门（门），覩（同“睹”）泡幻之无从，/知隙驹之易度（度）。妻天水趙（赵）氏，已従（从）物化，䰟（魂）魄（魄）登仙。俄而坟草再（再）黄，茔树成拱，无子/以继后，有女以适人，减赋税（税）之余赀（赀），建（建）中天之妙塔。既（既）启幢相，用镌砻石；召（召）良匠（匠）/于名下，舍净（同“净”）财于力田。向用十千，俄經（经）一歳（岁），自天寶（同“宝”）二年□月□日之所建也，設（设）/无遮供请有緣（缘）人。栈镫俱施，橑阁兼（兼）設；臨（临）万仞以俯视，□□□□直立。峨峨凰（凤）刹（刹），/随风律以翱翔；帝帝龙龛，□云河而霮䨴。图冩（写）五色（色）柔□□□□空物杂千名□（以上刻于前石右壁）/□□□□芳。天神遠（远）降，留（留）□相于锋端；帝祇下陛，□□人而貌取。案图□□，□□/形名；善者以示于将来，恶（恶）者庶惩于后世。其词曰：岹（岧）岹峣峣，薄天涯兮（兮）窥赤霄；形/形昽昽，暎（暎，同“映”）河宫兮入桂蘽（蕞）；下臨（临）地府兮镇固，上叅（参）云漢（汉）兮窴（冥）濛；千齡（龄）万代兮不朽，/群飞众类兮斯同；鸟道峨峨兮彩煙（烟）裹，中有金轮兮暎天起（起）；夜含明（同“明”）月兮蒲珠来，/晓振清风兮被君子；晤有为兮害（害）益（益），觉色空兮此（此）始；庶乹（同“乾”）像（像）兮共寿，与月诸兮齐/美（美）；功超（超）八解（解），高蹈四禅；峭阁广聽（听），奈苑祛烦；既（既）覩毫相，殲（歼）我贪原；摄诸苦（苦）恼，玄之/又玄；大雄（雄）至圣，法流海嶋（同“岛”）；慧日同晖，风光共扫；亲善慈悲，优孤（孤）恤老；彼我俱无，名/诸大道；才亏七步，学昧三玄；輒（辄）扬叙賛（赞），朽性難（难）镌；以瀛挹（挹，同“抑”）海，用管瞻天；词虽浅末，/□耀长悬。女夫尹良珣，男（男）劉（刘）娘，男小劉。女夫张□景，男□儿，女平等（等），□□□（以上刻

后石右壁　　后石后壁　　前石右壁

图SD20-8 青州石佛寺天宝二年（743）塔铭文拓本

（引自《山东佛教史》页271）

于后石右壁）。

塔主杨玄鳯，女无比、天女、无双。义男段令游，姪□□明。妻兄赵□方、赵立举。/妻弟赵遗褔（福），弟令遵、景珎（珎，同“珍”）、歸（归）贤，□怀书、小景、景祚、怀賛、栱子，姪吴生□□。/堂尗（叔）杨玄习、杨奴奴。运石车主孟（孟）平辽、张軋逊、张元鳯、张知新、杨獠子、孟高奴、孟待賔（宾）、/丁二郎、李灵运、李佛生、李蕳任、妹夫张指南（以上刻于后石后壁）。

铭文中异体、通假字多有使用，字句偶有讹误，据其内容可知，该塔是唐玄宗天宝二年（743），杨瓒携女儿、女婿、妻兄、妻弟、堂叔、妹夫等合家眷属发愿兴建，共同参与者有运石车主孟平辽等人。杨瓒字玄凤，出身于弘农（今渭南华阴市）郡望杨氏，根据“清信士弘农杨瓒……游情法海，散志玄门”可知，其人为虔诚的佛教徒。杨瓒亡妻出身于天水郡望赵氏。铭文没有交代杨瓒的生平或官职，他可能只是庶民。另据“向用十千，俄经一岁”可知，该塔耗资多达万文，耗时长达一年。

SD21 号 潍坊市青州市段村石佛寺唐代造像塔

一、基本情况

该塔原位于青州段村石佛寺正殿右前方，与左前方天宝二年（743）塔（SD20 号）东西并列，坐北朝南，平面近方形，青石质，由基座、塔身和塔檐组成，作密檐式结构，现存两级，复原后应作五级，通高 240 厘米[①]，具体年代不明，于 1964 年秋移置青州市博物馆（图SD21-1）。过去学界对该塔多有记录[②]。

图SD21-1 青州石佛寺塔前壁及复原立面图

（齐庆媛摄，立面图引自《山东佛教史迹》页 301）

二、构件及其图像

1.基座

作单层束腰须弥座，通高 84 厘

① 本实例尺寸信息为笔者 2016 年 7 月 14 日实地调查所得。

②《山东佛像艺术》，页 166。青州博物馆编《青州博物馆》，北京：文物出版社，2003 年，页 183、184。孙新生《山东青州段村石佛寺唐代冯石奴造塔》，载《山东佛教史迹》，页 297—305。

米。须弥座的底座自下而上收分叠涩三层石板。下层高 12、宽 138.5、侧宽 139 厘米，中层高 8、宽 117、侧宽 122 厘米，上层高 8、宽 98、侧宽 104.5 厘米。底座之上置束腰石。束腰石高 30、宽 80、侧宽 80.5 厘米，其四壁均辟两个尖拱形壶门。壶门内浮雕头系宝缯、肩挎帔帛的乐伎，乐伎依次持钹、吹箫、吹笛、拍板、击鼓、弹琵琶、拨瑟、吹排箫（图SD21-2）。前壁壶门间浮雕一正面观力士，力士上身赤裸，下身着裙，跣足而立，头顶残存尖拱形壶门痕迹。左、右、后三壁壶门间浮雕一正面观兽头，兽头顶生双角，双目圆睁，龇牙咧嘴。束腰石四隅角柱阴线刻八位人物（图SD21-3），其中前、后两壁角柱线刻一对身着铠甲的天王，左、右两壁角柱线刻一对怒发直立的力士。力士上身赤裸，下身着裙，右壁左侧力士双手操蛇。

束腰石上出挑一层上枋。上枋高 26、宽与侧宽 95 厘米，其四壁阴线刻缠枝花卉，部刻出一层双瓣覆莲下枭，下枭之上凸起刻出方形平台。平台宽与侧宽 77 厘米，其内刻出浅方形凹槽，凹槽尺寸略大于上方佛堂形塔身，使基座与塔身紧密拼合。

2.塔身

（1）根据过去学界记录，第一层佛堂形塔身原由前、中、后三石块组合而成（图SD21-4、图SD21-5），中石佚失，后曾在前、后二石间平铺一层砖块。

前石高 106、宽 72.5、侧宽 33 厘米，左

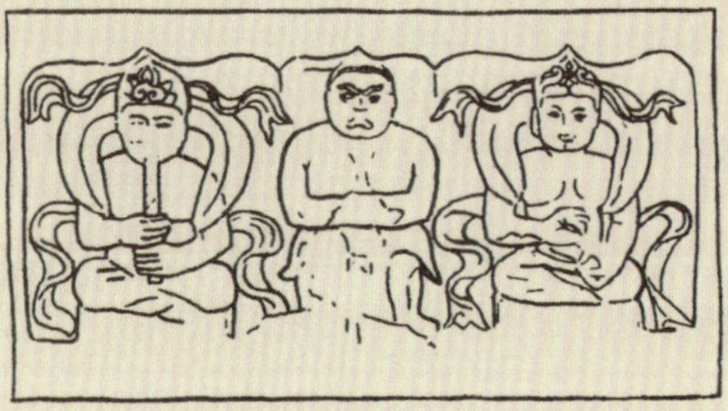

前壁

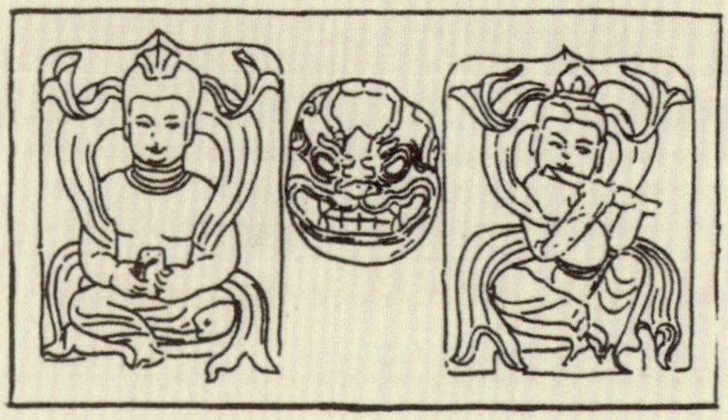

右壁

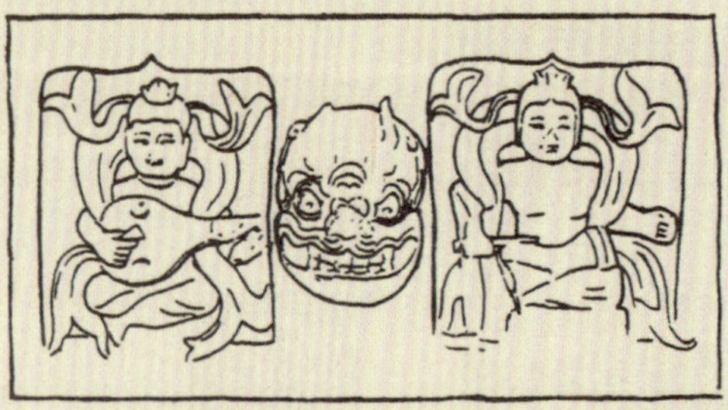

后壁

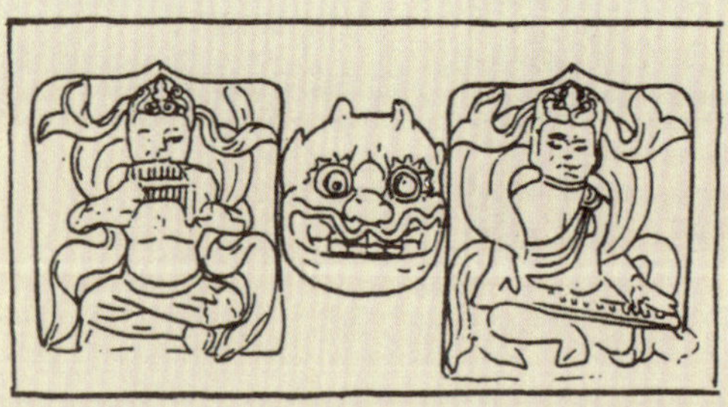

左壁

图SD21-2 青州石佛寺塔须弥座束腰四壁线描图

（引自《山东佛教史迹》页 302）

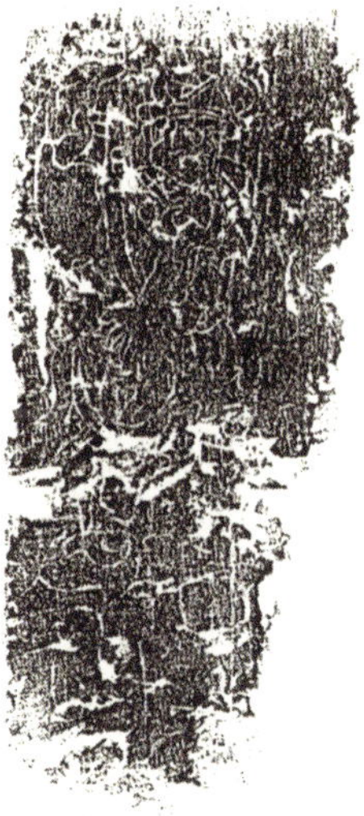
前壁右侧

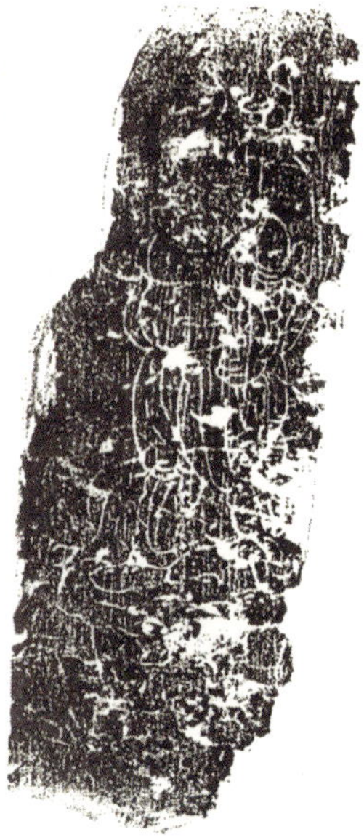
前壁左侧

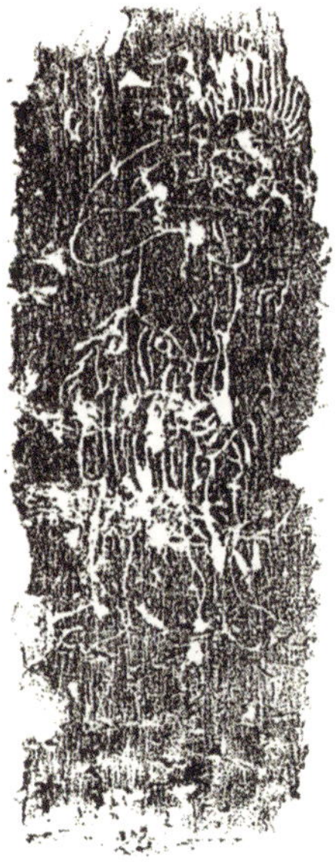
右壁右侧

右壁左侧

后壁右侧

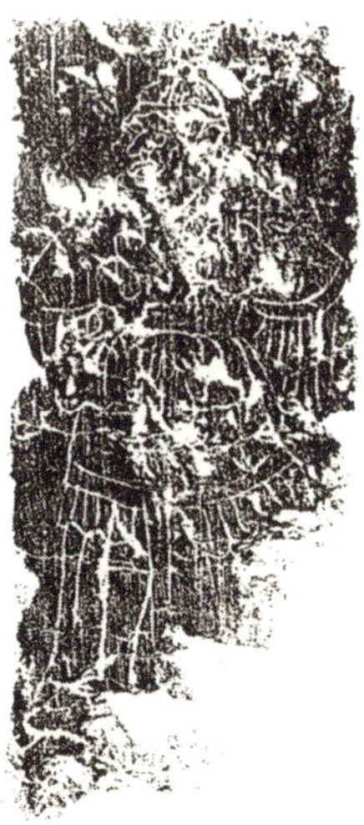
后壁左侧

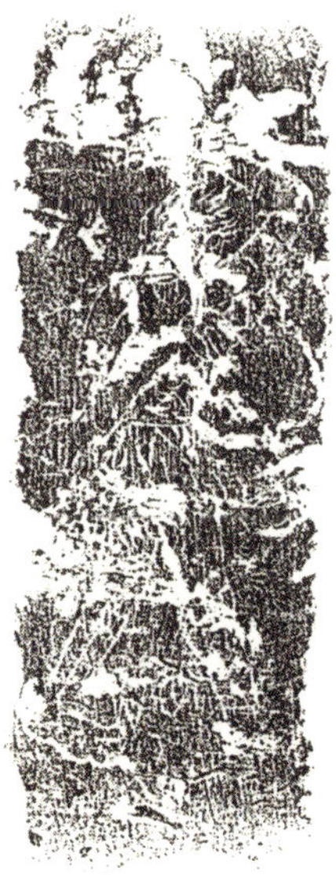
左壁右侧

左壁左侧

图SD21-3 青州石佛寺塔须弥座束腰角柱线刻拓本

（引自《山东佛教史迹》页303）

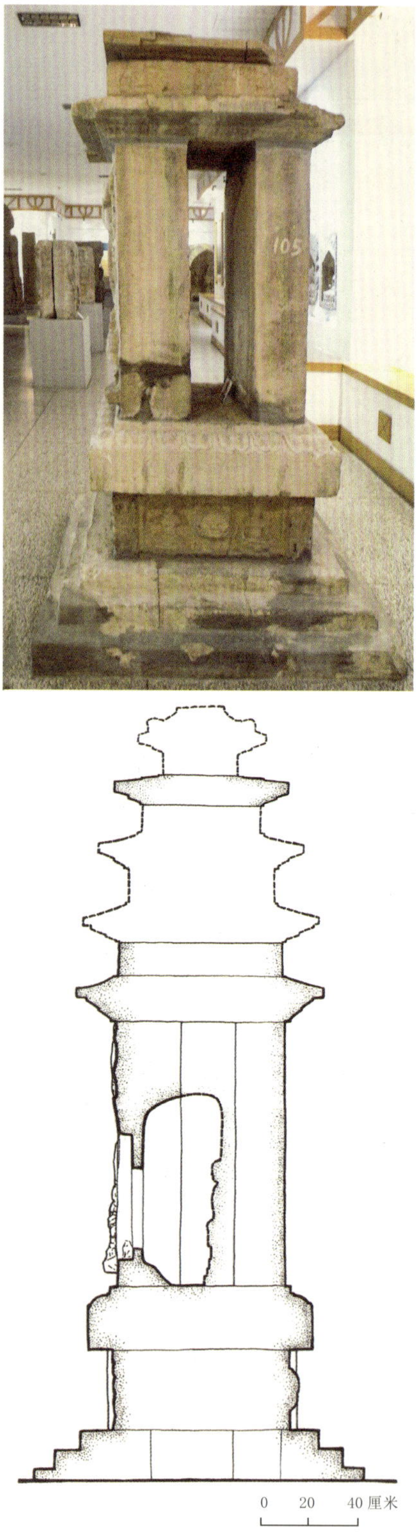

壁原刻铭文，右壁素面，前壁下部正中辟圆拱尖楣塔门（图SD21-6），塔门通高 53、宽 34 厘米。门洞作竖长方形，高 34、宽 25 厘米，其上方有半圆形门额，两侧有立颊，下设门槛。门槛高 4.5 厘米，其两端设门砧石与蹲狮。楣拱、门额、立颊等处残存敷赭痕迹。塔门两端楣角浮雕外翻草叶饰，门楣中部浮雕一正面观兽头，兽头自口中向两侧吐出缠枝花卉。塔门两侧浮雕一对天王，二天王身着铠甲，肩挎帔帛，手拄长剑，立于山石。右侧天王左脚微抬，踏一小鬼。

门楣两侧浮雕一对侧面观迦陵频伽，迦陵频伽人首鸟身，双手合十，双翅外展，朝向内侧，立于长茎仰莲台。楣尖上方浮雕一正面观兽头，兽头顶生双角，双目圆睁，龇牙咧嘴，鬣毛卷曲。兽头两侧浮雕一对侧面观龙，双龙张牙舞爪，爪具三趾，作俯冲姿态，上方龙尾卷曲，下方龙首高昂并朝向内侧。双龙各伸出一只前爪紧握宝珠，一只后爪合托火焰宝珠。双龙外侧浮雕一对舞伎，舞伎头戴尖帽，身挎帔帛，着翻领、束腰胡服，对舞于长茎莲台。双龙上方浮雕一对侧面观飞天，二飞天上身赤裸，下身着裙，作飞扬姿态，朝向外侧，其内侧手叉腰，外侧手上举执帔帛。

中石现已佚失，其前壁原辟佛龛，具体情况不明。

后石高 105、宽 71、侧宽 21 厘米，其四壁

图SD21-4 青州石佛寺塔左壁及复原剖面图

（剖面图引自《山东佛教史迹》页 300）

素面。前壁左、右两侧边缘刻出宽9厘米的狭窄凹槽，以与原初中石紧密拼合。

（2）第二层平座式塔身四壁分别辟三个尖拱形小龛，龛内浮雕结跏趺坐、施禅定印佛。

3.塔檐

如复原立面图所示，第一、四层塔檐均作叠涩线脚式，第二、三、五层塔檐佚失。

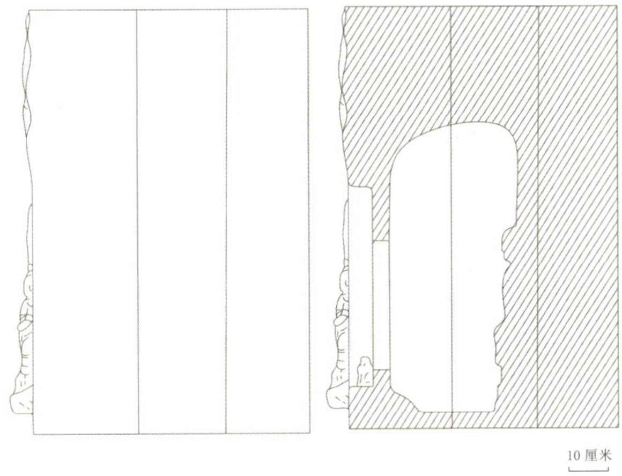

图SD21-5 青州石佛寺塔佛堂形塔身侧面与剖面复原图

三、铭文

佛堂形塔身前石左壁自左向右原刻4列楷书铭文。现以学界刊布拓本为底本（图

图SD21-6 青州石佛寺塔佛堂形塔身前石前壁及线描图

（李静杰摄，线图引自《山东佛教史迹》页304）

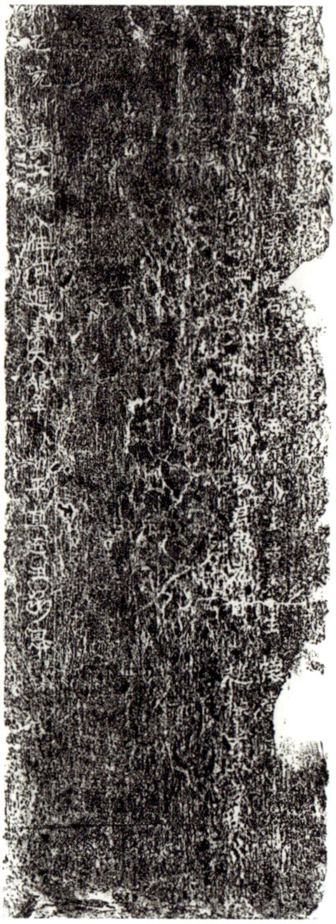

图SD21-7 青州石佛寺塔铭文拓本

（引自《山东佛教史迹》页305）

SD21-7），参照实物录文如下。

大唐……/……□三娘，妻弟冯石奴，妻妹五娘，外生曺（同“曹”）□生懐（怀）□……/……娘；张□，妻孟（孟）大娘；张通，妻阳，男君家、元督（督）；赵操，妻孟芳秋。

都料迊（匠）、兖州龚丘县人任日进，妻大娘辛。平直迊王承恩（恩）。

铭文中异体字多有使用，据其内容可知，该塔是功德主携妻弟冯石奴、妻妹五娘等合家眷属兴建，造塔工匠有都料匠兖州龚丘县（今宁阳县）人任日进[①]、平直匠王承恩等人。该塔圆拱尖楣塔门与兽头、双龙、双飞天组合，与芝加哥艺术学院博物馆藏开元十二年（724）塔（BM2号）、滑县留固镇塔（HN5号）一致。参照同寺天宝二年（743）塔（SD20号）综合判断，该塔兴建于盛唐，年代为玄宗开元中、晚期的可能性最大。

SD22号 潍坊市青州市博物馆藏唐开元二十五年（737）造像塔

一、基本情况

该塔仅存第一层佛堂形塔身构件，平面近方形，青石质，由前、后二石块拼接而成，组合后高96、宽65、侧宽45厘米[②]，现收藏于青州博物馆，是1959年建馆之初从原益都县民众教育馆（前身为益都县金石保管所）接收，出土于青州地区。过去学界对该塔已有记录，未能全面释读塔上铭文[③]。

① 《旧唐书》卷38《地理志》：“龚丘，北齐平原县，隋改为龚丘。”第五册页1447。

② 本实例尺寸信息为笔者2016年7月14日实地调查所得。

③ 孙新生《山东青州市博物馆所藏唐塔散石》，载《山东佛教史迹》，页307、308、310、311。

二、构件及其图像

1.前石编号102，高95.5、宽57.5、侧宽25厘米，其左、右两壁原刻铭文，前壁下部正中辟圆拱尖楣塔门（图SD22-1），塔门通高37、宽26.5厘米。门洞作竖长方形，高23、宽19厘米，其上方有半圆形门额。门额内浮雕一正面观兽头，兽头双目圆睁，龇牙咧嘴，獠牙外露。门洞两侧有立颊，下设门槛，门槛高4厘米。塔门两端楣角浮雕口吐长舌的侧面观龙头，门楣内浮雕缠枝花卉。塔门两侧浮雕一对力士，二力士身挎帔帛，上身赤裸，下身着裙，内侧手叉腰执帔帛，外侧手握拳上举，肌肉块状隆起，身体向内倾斜，跣足立于山石。

楣尖上方浮雕一正面观兽头，兽头顶生双角，双目圆睁，龇牙咧嘴，张口衔环，獠牙外露，鬣毛卷曲。兽头两侧浮雕一对侧面观飞天，二飞天身挎帔帛，上身赤裸，下身着裙，作俯冲姿态，朝向外侧。兽头上方浮雕一舞伎、二乐伎，舞伎居中持帛而舞，两侧乐伎分别吹笙、击鼓。月伎上方浮雕一对侧面观龙，双龙张牙舞爪，爪具三趾，朝向内侧。左侧龙背上骑乘一胡服天人，天人朝向内侧，似持帛挥舞。右侧龙背上站立一神鸟，神鸟朝向外侧，展翅欲飞。

图SD22-1 青州博物馆藏开元二十五年（737）塔佛堂形塔身前石前壁及线描图

（李静杰摄、线图引自《山东佛教史迹》页310）

图SD22-2 青州博物馆藏开元二十五年（737）塔佛堂形塔身左壁

（齐庆媛摄）

图SD22-3 青州博物馆藏开元二十五年（737）塔佛堂形塔身后石前壁佛龛

（齐庆媛摄）

前壁左、右两侧边缘圆雕圆形珠节式蟠龙角柱（图SD22-2），龙身绕柱而上，龙首朝向内侧并口吐云气，现残损严重。

2.后石编号165，高96、宽65、侧宽20厘米，其左、右两壁原刻铭文，前壁辟龛，龛内高浮雕一佛二菩萨（图SD22-3），现残损严重。佛高肉髻，具桃形头光。二菩萨身挎帔帛，上身赤裸，下身着裙，内侧手上举执长茎莲花，立于莲台。

后壁上部正中浮雕一正面观兽，兽仅露出头部和前肢，其顶生双角，双目圆睁，龇牙咧嘴，张口衔环，双爪抓住环上帔帛（图SD22-4）。后壁下部正中浮雕一舞伎，舞伎身挎帔帛，上身赤裸，下身着裙，左手下垂执帔帛，右手平举胸前，跣足而立。舞伎左侧原刻铭文。

后壁左、右两侧边缘圆雕圆形珠节式蟠龙角柱，龙身绕柱而上，龙首高昂并朝向内侧，自口中吐出云气。柱顶原初可能雕刻蹲狮。

三、铭文

佛堂形塔身右、后、左三壁原刻楷书铭文，现参照实物录文如下。

其一，前石右壁自左向右原刻5列铭文。

……/施主张天□、母□，施主□□賔（宾）合家供養（养）。/施主张天□、母田合家供養时。河间县人施主董□苐（同“弟”）供養。/施主□言□供養。施主□□，男□、妻陈，男□□供養时。/□□张□□□家供……合家□□□□。施主□□□□□合家供……。

图SD22-4 青州博物馆藏开元二十五年（737）塔佛堂形塔身后石后壁及线描图

（李静杰摄，线图引自《山东佛教史迹》页 311）

其二，后石后壁舞伎左侧原刻 1 列铭文。

□太母张氏供养。

其三，后石与前石左壁自左向右分别原刻 3 列、5 列铭文，二者前后相续为一篇。

……/□主王□□，妻邢娑婆□□教□功童力□拔斯□□□……/……□……□如来之力，不可思□……（以上刻于后石左壁）。

……□□□尚□……/……亡，咸同斯□。维大□□帝开元廿五年歲（岁）□/……施主周大□，施主张思超/……□□□十三……/……（以上刻于前石左壁）。

根据铭文内容可知，该塔是唐玄宗开元二十五年（737）兴建，施主以张姓为主，共同参与者包括来自河北道瀛洲河间县（今沧州河间市）施主董□苐等人[1]。

①《旧唐书》，第五册页 1513。

SD23号 潍坊市青州市博物馆藏唐代造像塔散石之一

一、基本情况

该石为唐代佛堂形组合式造像塔的第一层佛堂形塔身后石，作竖长方形，青石质，高81、宽53厘米[①]，侧宽32厘米[②]，镶嵌在青州博物馆展厅墙壁（图SD23），编号100，系建馆之初从原益都县民众教育馆接收，出土于青州地区，具体年代不明。过去学界对该石已有记录[③]。

图SD23 青州博物馆藏唐塔散石之一及线描图

（线图引自《山东佛教史迹》页312）

① 本实例未注明出处尺寸信息为笔者2016年7月14日实地调查所得。

② 孙新生《山东青州市博物馆所藏唐塔散石》，载《山东佛教史迹》，页308。

③ 前引孙新生《山东青州市博物馆所藏唐塔散石》，页308、309、312。

二、图像

该石右、后、左 三壁情况不明，前壁辟圭首形龛。龛高 52.5、宽 38 厘米，其下部设一基台坛。基坛高 10.5 厘米，其上方高浮雕一佛二弟子二菩萨。佛具桃形头光，倚坐于束腰须弥座，着裹身垂领式袈裟，左手抚膝，右手上举施无畏印，双足分别踏于同一莲茎生长出的长茎莲仰台上。佛左、右两侧为二弟子，二弟子跣足立于长茎仰莲台。左侧弟子着双领下垂式袈裟，双手合十于胸前。右侧弟子着交领式袈裟，袖手于腹部。二弟子外侧为二菩萨，二菩萨佩戴项链、手镯，身挎帔帛，下身着裙，左手上举执莲蕾，右手下垂执帔帛，跣足立于长茎仰莲台。弟子、菩萨所立莲台，均处在中央佛座生长出的莲枝上。基坛前壁浮雕 5 位正面观供养人，供养人双手合十，屈膝跪地。

该石佛陀双臂与胸腹部的空间分离关系不够明确，两侧菩萨没有呈现S形三曲式姿态，从造型上判断接近初唐后段特征。根据该石宽与侧宽比例，参照同时期、同类造像塔推测，原初佛堂形塔身由前、后二石块组合而成。

SD24 号 潍坊市青州市博物馆藏唐代造像塔散石之二

一、基本情况

本实例为唐代佛堂形组合式造像塔的第一层佛堂形塔身后石，作竖长方形，青石质，高 83.5、宽 49 厘米[①]，现镶嵌在青州博物馆展厅墙壁（图SD24），编号 101，是建馆之初从原益都县民众教育馆接收，出土于青州地区，具体年代不明。过去学界对该石已有记录[②]。

二、图像

该石左、右下角残损，其左、右、后三壁情况不明。前壁左、右两侧边缘刻出狭窄凹槽，使其与原初前方石件紧密拼合。前壁中部辟圭首形龛，龛高 52、宽 35.5 厘米，其下部为一基台。基台高 9 厘米，其上方高浮雕一佛二弟子二菩萨。佛具桃形头光，跣足立

① 本实例尺寸信息为笔者 2016 年 7 月 14 日实地调查所得。
② 孙新生《山东青州市博物馆所藏唐塔散石》，载《山东佛教史迹》，页 309、313。

图SD24 青州博物馆藏唐塔散石之二及线描图

（线图引自《山东佛教史迹》页313）

于覆莲台，着裹身垂领式袈裟，左手上举把袈裟，右手下垂。佛左、右两侧为二弟子，二弟子着交领式袈裟，袖手、跣足立于莲台。二弟子外侧为二菩萨，二菩萨佩戴项链、手镯，身挎帔帛，上身赤裸，下身着裙，内侧手上举执莲蕾，外侧手下垂执帔帛，跣足立于莲台。基台前壁中部浮雕一正面观跪姿侏儒力士，力士以头部和双手扛举圆盘供物，其两侧浮雕一对正面观蹲狮。

该石佛陀双臂与胸腹部的空间分离关系不够明确，两侧菩萨笔直站立，没有呈现S形三曲式姿态，从造型上判断接近初唐后段特征。参照青州博物馆藏唐塔散石之一（SD23号）推测，原初佛堂形塔身由前、后二石块组合而成。

SD25号 潍坊市青州市龙兴寺出土唐代造像塔散石

一、基本情况

本实例为唐代佛堂形组合式造像塔的第一层佛堂形塔身前石，石灰石质，1996年10月出土于青州龙兴寺遗址，残存12块碎片（图SD25），组合后约高40、宽15、侧宽12.5厘米，具体年代不明，现藏青州博物馆。过去学界该石仅有简略记录[①]。

龙兴寺始建于北魏永安二年（529）以前，隋开皇元年（581）改称长乐（又称道藏），武周天授二年（691）改称大云，唐开元十八年（730）始号龙兴，该寺曾出土北魏至北宋时期佛教造像四百余尊[②]。

二、图像

该石前壁下部正中原辟圆拱形塔门。门洞上方有半圆形门额，两侧有立颊。塔门两端楣角浮雕外翻草叶饰，门楣内浮雕连弧纹。门楣上方浮雕尊像一铺，可能为一佛二菩萨。佛残存头部，高肉髻，肉髻为密集排列的小螺髻，具桃形头光。二菩萨具桃形头光，头系宝缯，佩戴项圈，单腿垂坐于侧面观坐骑。坐骑均立于山石，朝向中部，山石下方烘托云朵。左侧菩萨乘于象背，左脚下垂踏

图SD25 青州龙兴寺出土唐塔散石

（引自《破碎与聚合：青州龙兴寺佛教造像》页153）

① 本实例尺寸信息引自展览标签。范迪安主编《破碎与聚合：青州龙兴寺佛教造像》，石家庄：河北美术出版社，2016年，页153。前引张柏寒《杨瓒造塔研究》，页73。

② 夏名采、杨华胜、刘华国《青州龙兴寺佛教窖藏清理简报》，《文物》1988年第2期，页4—15。青州市博物馆编《青州龙兴寺佛教造像艺术》，济南：山东美术出版社，2014年，页5。

莲台，其下方站立象奴，表现普贤菩萨。右侧菩萨乘于狮背，左手抚膝，右手执长茎莲蕾，右脚下垂踏莲台，下方站立狮奴，表现文殊菩萨。塔门两侧浮雕一对天王，二天王头戴兜鍪，双目圆睁，身着铠甲。左侧天王身挎帔帛，左手叉腰，右手拄剑，右脚似踏一小鬼，重心置于左脚。右侧天王下半身残损。

前壁左、右两侧边缘圆雕圆形素面角柱。左侧角柱残存圆鼓形柱础和柱头，二者周身辟圆形壶门。柱础由力士托举，现残存力士右臂。柱头上方置仰莲台。右侧角柱残存圆形柱身、柱头及其上方仰莲台。仰莲座台上原初另置一层仰莲台，莲台顶部雕像残损。

该石圆拱形塔门与佛、普贤、文殊组合，与内黄复兴庵天宝二年（743）西塔（HN6号）、浚县大八角村天宝十四载（755）塔（HN4号）一致。综合判断，其原初所在造像塔兴建于盛唐，年代为玄宗天宝年间的可能性最大。根据该石宽与侧宽比例，参照同时期、同类造像塔推测，原初佛堂形塔身由前、后二石块组合而成。

SD26号 滨州市博兴县出土唐天宝十四载（755）造像塔散石

一、基本情况

本实例为唐代佛堂形组合式造像塔的第一层佛堂形塔身前石上半截（图SD26），青石质，残高37、宽34、侧宽15厘米[①]，出土于博兴城关，现藏博兴博物馆。过去学界对该石仅有简略记录[②]。

博兴唐称博昌，属河南道青州[③]。

二、图像

该石左壁素面，右壁原刻铭文，前壁下部正中辟圆拱尖楣塔门，残存部分门额与楣拱。门额内浅浮雕花卉，楣尖上方浮雕一正面观兽头。兽头顶生双角，带有副角，双目圆睁，龇牙咧嘴，獠牙外露，鬣毛卷曲。兽头两侧浮雕一对侧面观飞天，二飞天身挎帔

① 张淑敏主编《博兴文化大观·佛教造像卷》，北京：中国文史出版社，2014年，页172。

② 前引郑岩《八世纪的民间造塔运动》，载《山东佛教史迹》，页392、406。

③《旧唐书》，第五册页1453。《新唐书》，第四册页994。（清）周壬福修、李同纂《博兴县志》，台北：成文出版社，1976年，页51。

10 厘米

图SD26 博兴出土天宝十四载（755）塔散石及线描图

帛，手托花盘，作俯冲姿态，朝向外侧，其下方烘托云朵。左侧飞天上身残损。兽头上方浮雕一结跏趺坐、施禅定印于覆莲座的佛。佛高肉髻，具桃形头光和椭圆形身光，着裹身双领下垂式袈裟，内着僧祇支，其两侧浮雕一对侧面观迦陵频伽。二迦陵频伽双手合十，双翅外展，长尾翘起，朝向内侧，立于覆莲台。莲台下方分别托举一龙爪，推测前壁左、右两侧边缘原初雕刻蟠龙角柱。

三、铭文

该石右壁残存“天宝十四载（755）”原刻铭文，应为其原初所在造像塔的兴建年代。根据该石宽与侧宽比例，参照诸多同类造像塔推测，原初佛堂形塔身由前、后二石块组合而成。

SD27 号 烟台市福山区塔寺庄村唐开元七年（719）造像塔

一、基本情况

该塔原位于福山门楼镇塔寺庄村东清洋河北岸，平面近方形，白石质，由塔身、塔檐和塔刹组成，作密檐式结构，原有七级，1966 年 8 月“破四旧”中惨遭门楼二中红卫兵拆毁，构件被用作铺路、建房、修猪圈，现仅存一张旧照（图SD27）[①]。过去学界对该塔已有记录[②]。

烟台唐时属河南道登州[③]。

二、构件及其图像

1.塔身

第一层佛堂形塔身由前、后、左、右四块石板组合而成。前石前壁下部正中辟圆拱

① 王焕理《老烟台风情》，北京：中国文史出版社，2004 年，页 15、16。福山区地名委员会办公室编《福山区地名志》，济南：山东省地图出版社，2003 年，页 148。

②（民国）许钟璐等修、于宗潼等纂《福山县志稿》，台北：成文出版社，1968 年，第二册页 752、753。王思礼《也谈龙虎塔的年代》，《文物参考资料》1958 年第 1 期，页 64。

③《旧唐书》，第五册页 1456。《新唐书》，第四册页 994。

图SD27 福山塔寺庄村开元七年（719）塔

（引自《老烟台风情》页15）

尖楣塔门。门洞作竖长方形，其上方有半圆形门额，两侧有立颊。塔门两端楣角外翻，其两侧浮雕力士或天王。诸石其余壁面情况不明。

第二至七层平座式塔身宽度自下而上逐层略微收分，其四壁情况不明。

2.塔檐与塔刹

七层塔檐宽度自下而上逐层略微收分。第一至六层塔檐均作叠涩线脚式，第七层塔檐作有脊盝顶式。盝顶四脊雕刻卧兽，其顶部置方形刹座。刹座刻出山花蕉叶，其顶部置葫芦形刹珠。

三、铭文

铭文原刻位置、字体和列数等情况不明，现根据《福山县志稿》记载转录如下。

维大唐开元七年岁次己未十一月乙卯朔廿七日辛巳，功德主英公，上□苗□末孙，迁官洴流，星移散此。骑都尉徐仁礼兄弟姊妹及诸侄息房堂眷属等，共发慈心，同崇正觉，上为国王□帝、师僧父母、法界苍生、七世先亡、现存眷属，建造七级石浮图一所。窃闻祚启鹤林，祯宁鸡树。□□鸿而慕道，毓庆祇园；指鹫嶽以开怀，时逢刼（同“劫”）水。由是瞻望踊塔，发志□□，顾（疑作“愿”）造浮图，通神舍□，□□忍草，发念禅枝，候宝月以流炎，竚（同“伫”）金轮而写照。□□俱崇试德，早慕法门，□□行业可遵，乃为雕镌，构□观乎。浮图灵觋，基如地踊，状若天生。暎（同“映”）七宝□□花，曜四明之珠柱；迴薄日月，指占星辰。南瞰长津，东邻碧海。金铃四角，俯四履而孤标；宝刹（疑作“刹”）七重，对云霞而独立者矣！功德主徐宝亮，前里□，徐皂子，徐□廸（同“迪”），比丘僧乂廸，比丘僧思琬，徐观□，徐思会，迟任生，徐文□。

根据铭文内容可知，该塔是唐玄宗开元七年（719）十一月二十七日，徐仁礼兄弟姊妹携房堂眷属发愿兴建，共同参与者有比丘僧乂廸、思琬等人，徐仁礼官居骑都尉。根据“金铃四角”可知，原初塔檐四角悬挂铃铎。该塔左侧原初对称建有另一座造像塔，塔身亦作方形，塔檐部位残损严重，可能为同类造像塔，现已无法核实。

SD28 号 山东省博物馆藏唐天宝七载（748）造像塔散石

一、基本情况

本实例为唐代佛堂形组合式造像塔的第一层佛堂形塔身前石与勾栏式平座，青石

图SD28-1 山东省博物馆藏天宝七载（748）塔佛堂形塔身前石前壁

质，具体出土地不明，现藏山东省博物馆。过去学界对二石鲜有关注。[①]

二、构件及其图像

1.佛堂形塔身前石

前石约高65、宽40、侧宽20厘米[②]，其左壁原刻铭文，右壁素面，前壁下部正中辟圆拱尖楣塔门（图SD28-1）。门洞作竖长方形，其上方有半圆形门额，两侧有立颊，下设门槛，门槛两端设门砧石。塔门两端楣角浮雕外翻草叶饰，塔门两侧浮雕一对力士。二力士肩挎帔帛，上身赤裸，下身着裙，肌肉块状隆起，跣足立于山石。左侧力士头部及左半身残损，右手叉腰。右侧力士头部残损，左手叉腰，右手上举。

门楣左、右两侧上方浮雕一对结跏趺坐、施禅定印于长茎仰莲座的佛。楣尖上方浮雕一正面观兽头，兽头双面圆睁，龇牙咧嘴，獠牙外露，鬣毛卷曲。兽头顶部浮雕一结跏趺坐、施禅定印于莲座的佛。佛着交领式袈裟，其两侧浮雕一对侧面观飞天。二飞天肩挎帔帛，内侧手上举执莲蕾，外侧手外扬，小腿向上弯曲，作飞翔姿态，朝向内侧。

图SD28-2 山东省博物馆藏天宝七载（748）塔佛堂形塔身前石右壁

前壁左、右两侧边缘圆雕角柱。左侧角柱残损，右侧角柱下端残存跪姿侏儒力士（图SD28-2），力士作扛举姿态。

2.勾栏式平座

平座高约30厘米（图SD28-3），其底部作束腰石。束腰石宽与侧宽约41厘米，其四壁分别辟两个尖拱形壶门，壶门内浮雕肩挎帔帛的伎乐。其中，5身伎乐分别弹琵琶、吹笙、吹竽、弹箜篌、击鼓，其余3身伎乐不明。

束腰石上先刻出一层线脚，线脚之上出挑一层枋板。枋板宽与侧宽约54厘米，其顶

① 前引郑岩《八世纪的民间造塔运动》，载《山东佛教史迹》，页392、407。

② 本实例现陈列于展柜内，无法测量精确尺寸，笔者2016年7月16日、2016年11月19日实地调查。

部刻出一层双瓣覆莲下枭，下枭之上立起雕刻勾栏。勾栏宽与侧宽约 41 厘米，其四角残损，四壁中部各辟一斜坡状踏道。踏道均以垂带中分为两路，两路各有五级阶梯。勾栏刻出一周华板，华板内装饰花卉。平座顶部刻出浅方形凹槽，使平座与原初上方构件紧密拼合。

平座顶部勾栏宽度，与前述佛堂形塔身前石宽度接近，且二者属于同一批旧藏文物，它们极有可能是同一座造像塔的构件。

三、铭文

佛堂形塔身前石左壁自左向右原刻 3 列楷书铭文，现根据实物录文如下。

大唐天[宝]七□[岁]次戊子三月𨐨（辛）未𦝫（朔）□日，[亲亾]（亡），蕟（发）心/……[孝]子□𥡴（秦）容□[天]之顛（愿），敬造浮啚（图）一所，上为/□□、皇后，次及七世先亾，下及法畍（界）苍生，合家供養（养）。

铭文中异体字多有使用，据其内容可知，塔身前石原初所在造像塔是唐玄宗天宝七载（748）三月，功德主为去世亲人发愿兴建。根据该石宽与侧宽比例，参照诸多同类造像塔推测，原初佛堂形塔身由前、后二石块组合而成。同时，勾栏式平座作法与历城皇姑庵开元五年（717）塔（SD1 号）一致，其下方原初应另有构件。

图SD28-3 山东省博物馆藏唐塔基座构件

第三章 Chapter Three

河南与安徽实例

第三章 河南与安徽实例

河南有据可查的佛堂形组合式造像塔（含散石）共21座（件），均为唐代遗存。其中，二石型塔19座，分布在登封以北的中北部地区。整石型塔2座，分布在新郑（地图3）。

安徽有据可查的佛堂形组合式造像塔仅存两件散石，均为唐代二石型塔遗存，分布在亳州与蒙城。

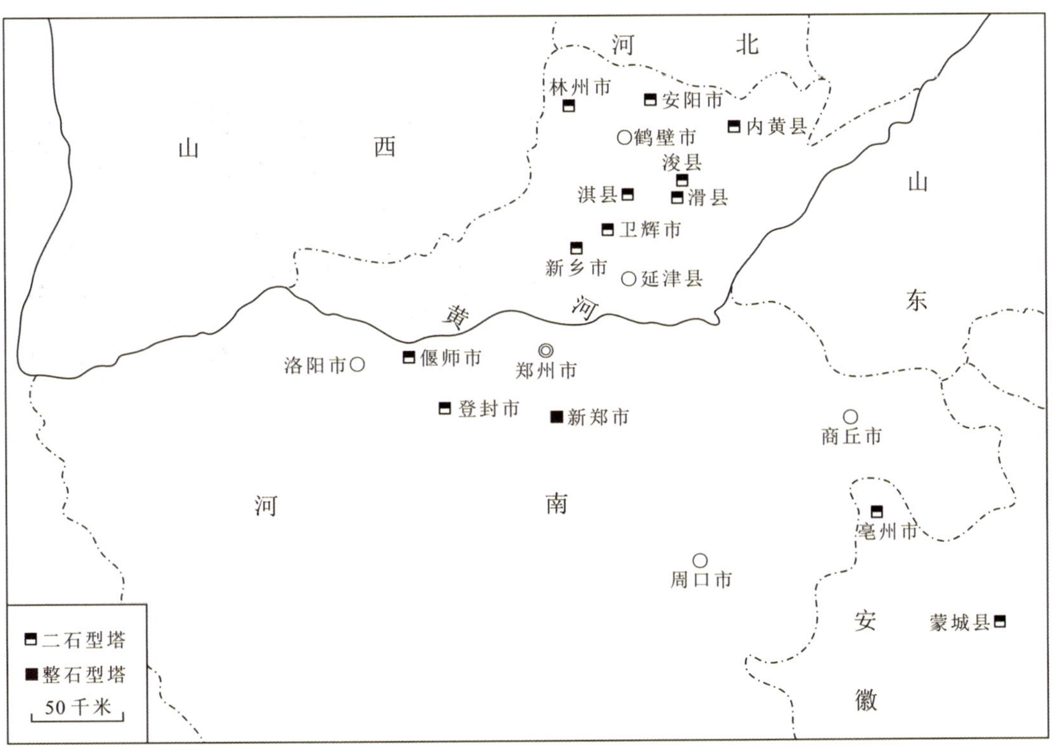

地图3 河南、安徽实例分布图

HN1号 鹤壁市淇县良相村天宁寺唐开元九年（721）陈婆造像塔

一、基本情况

该塔原位于淇县北阳镇良相村西天宁寺遗址内，平面近方形，青石质，由基座、塔身、塔檐及塔刹组成，作密檐式结构，原存五级，通高288厘米[①]，于1963年6月20日被公布为省第一批重点文物保护单位，后来惨遭破坏（图HN1-1），1983年移置淇县摘星台景区内，修复后作七级（图HN1-2）。过去学界对该塔多有简略记录[②]。

淇县汉时为朝歌县，隋大业二年（606）改称卫县，唐时属河北道卫州[③]。

图HN1-1 淇县天宁寺开元九年（721）塔旧照

（引自《山东佛教史迹》页336）

二、构件及其图像

1.基座

作低矮束腰式平座，通高33.5厘米，宽与侧宽83厘米[④]。

平座先刻出一层下枋，下枋前壁

① 河南省文物局编《河南省文物志》，北京：文物出版社，2009年，页282。

② 前引杨焕成《豫北石塔纪略》，页73。国家文物局编《中国文物地图集·河南分册》，北京：中国地图出版社，1991年，页225。尤志远编著《河南古塔》，北京：民族出版社，1996年，页27。《山东佛教史迹》，页324、336。河南省文物局编《河南文物》，郑州：文心出版社，2008年，中册页1014。杨焕成《杨焕成古建筑文集》，北京：文物出版社，2009年，页392。燕昭安《解读朝歌》，郑州：河南人民出版社，2011年，页415。

③《旧唐书》，第五册页1490、1491。《新唐书》，第四册页1012。

④ 本实例未注明出处尺寸信息为笔者2016年12月5日实地调查所得。

图工N1-2 淇县天宁寺开元九年（721）塔现状
（李静杰摄）

图HN1-3 淇县天宁寺开元九年（721）塔基座前壁及线描图

中部线刻正面观兽头（图HN1-3）。兽头双角内卷，双目圆睁，鬣毛戟张，自口中向左、右两侧吐出缠枝花卉。下枋右、后、左三壁线刻缠枝花卉。下枋之上内收一层低矮束腰，束腰四角圆雕卧狮，前壁中部雕刻一人面，左、右两壁中部雕刻一蜀柱，后壁中部雕刻一兽头。束腰之上出挑一层上枋，上枋四壁线刻缠枝花卉。上枋顶部凸起刻出宽 62 厘米的方形平台，平台内刻出宽 55 厘米的浅方形凹槽，凹槽尺寸略大于上方佛堂形塔身，使平座与塔身紧密拼合。

2.塔身

（1）根据旧照及过去学界记录，第一层佛堂形塔身由前、后二石块拼接而成，组合后高 82 厘米，宽与侧宽 54 厘米。

前石佚失，现增补两块石板。前石前壁下部正中原辟圆拱尖楣塔门，门洞上方有半圆形门额，门额中部浮雕一正面观兽头，兽头顶生双角，怒目圆睁。门楣内浮雕花卉，两端楣角浮雕外翻草叶饰。塔门两侧浮雕一对身挎帔帛的力士，左侧力士左手握拳上举、右手叉腰，右侧力士右手握拳上举。楣尖上方浮雕一正面观穿壁兽，上方露出后半身，中间兽身穿入壁内，下方露出兽头，兽头鬣毛戟张，似口衔楣尖。兽两侧浮雕一对穿壁龙，双龙头部残损，爪具三趾，作俯冲姿态，上方露出后半身，中间龙身穿入壁内，下方龙首高昂，朝向内侧。

后石高 82、宽 54、侧宽 27 厘米，其左壁原刻铭文，右、后两壁素面，前壁辟圆拱形龛（图HN1–4）。龛高 57.5、宽 41.5 厘米，龛内高浮雕一佛二菩萨。佛具桃形头光，倚坐于方形台座，着裹身垂领式袈裟，内着僧祇支并于腹部束带，双手抚膝，通高 50 厘米，其头光内浮雕缠枝莲茎，莲茎间有七尊结跏趺坐、施禅定印佛。倚坐佛双足分别踏于长茎仰莲台，二莲台所在莲茎均由佛座底部的正面观兽头吐出，兽头双目圆睁，龇牙咧嘴，獠牙外露。二菩萨头束高髻，佩戴项圈、手镯，肩挎帔帛，上身赤裸，下身着裙，内侧手上举胸前，外侧手下垂执帔帛，腹部肌肉隆起，跣足立于长茎仰莲台，通高分别为 32、34 厘米。二莲台均处在中央佛座莲茎生长出的莲枝上。

（2）第二至七层平座式塔身宽度自下而上逐层收分约 7 厘米。第四层塔身为修复时增补石件，其余各层四壁中部均辟一尖拱形小龛。龛内浮雕结跏趺坐、施禅定印佛，龛外两侧线刻缠枝葡萄。

3.塔檐及塔刹

塔檐现有七层，均作叠涩线脚式，其侧壁线刻缠枝花卉，宽度自下而上逐层收分 3—5 厘米。第一层塔檐“挑四收三”、正反叠涩七层，宽与侧宽 83 厘米。第二、三层塔檐“挑四收二”、正反叠涩六层，宽与侧宽相同，分别为 80、75 厘米。第四至六层塔檐“挑二收一”、正反叠涩三层。第七层塔檐顶部置圆形刹珠，二者均为修复时增补石件。

三、铭文

佛堂形塔身后石左壁自左向右原刻楷书铭文，依稀可见 9 列，仅能辨识 7 列，有竖线界格，现根据实物录文如下。

……/……□□□……/空不異（异）色，色即是空，空即是色，受/□□□，亦复如是。舎（同“舍”）利子，是诸法空想（误，应作“相”），不生不/□，不垢不净，不增（增）不减。是故，空中无色，无受、想、/行、识；无眼、耳、鼻、舌、身、意；无色、声、香、味、

图HN1-4a　淇县天宁寺开元九年（721）塔佛堂形塔身后石前壁佛龛

图HN1-4b 淇县天宁寺开元九年（721）塔佛堂形塔身后右前壁佛龛线描图

（郑佩玉绘）

触、法；无/□界，乃至无意识界；无无明，亦无无明尽，乃至无耂（老）/死，亦无老死尽；无𠮷（苦）、集、□、□；无智，亦无徳（德）。以无所……。

铭文中异体多有使用，个别用字讹误，其内容为唐贞观二十三年（649）玄奘新译《般若波罗蜜多心经》。根据过去学界记录，该塔是开元九年（721）陈婆率众兴建，佛堂形塔身左壁刊刻《陈婆造心经石浮图记》①。由于经文内容未完，推测原初塔身前石左壁亦刊刻铭文，以与上述铭文前后相续为一篇。

HN2 号 鹤壁市浚县翟村福胜寺唐开元十七年（729）造像塔

一、基本情况

福胜寺位于浚县大赉店乡翟村西南②，又名佛胜寺，坐北朝南，始建年代不明，其佛殿左、右两侧前方原初树立东、西两座唐代佛堂形组合式造像塔（图HN2-1）。双塔坐北朝南，平面近方形，青石质，由基座、塔身和塔檐组成，作密檐式结构，间距600厘米③，后来惨遭拆毁，其构件多被填充于该村礼堂和村民房屋墙基，寺内仅存部分基座构件（图

① 顾燮光撰《河朔访古新录》卷6《淇县第十二》，载《石刻史料新编》第二辑，第十二册页8914。

② 大赉店乡于1993年改称镇，现划归鹤壁市淇滨区。

③ 程鹏编著《中国古塔大观》，合肥：合肥工业大学出版社，2015年，页309。

图HN2-1 浚县福胜寺佛殿现状

HN2-2）[①]。过去学界对双塔多有简略记录[②]。其中，佛殿左前方（东侧）造像塔即为本实例（图HN2-3），原存八级，通高345厘米[③]。

浚县唐时属河北道卫州[④]。

二、构件及其图像

1.基座

根据旧照及过去学界记录（图HN2-4），基座由下、上两层束腰须弥座和中层低矮束

① 残存3件构件，下者为收分叠涩式平座，中者为低矮束腰式平座，上者为须弥座束腰。低矮束腰式平座为本实例构件，其余两件归属不明。据看寺人洪克良先生告知，双塔的佛堂形塔身前石一件埋藏于寺内某处，另一件为安阳市文物局收藏。笔者2017年2月22日实地调查。

② 前引杨焕成《豫北石塔纪略》，页71。《山东佛教史迹》，页319—321。《中国文物地图集·河南分册》，页230。顾延培、吴熙棠主编《中国古塔鉴赏》，上海：同济大学出版社，1996年，页320、321。《河南古塔》，1996年，页74。《浚县福胜寺双石塔伎乐人》，载《中国音乐文物大系》总编辑部编《中国音乐文物大系·河南卷》，郑州：大象出版社，1996年，页272。陈聿东主编《佛教文化百科》，天津：天津人民出版社，2005年，页612。《河南文物》，中册页987—988。《杨焕成古建筑文集》，页385—387。张驭寰《传世浮屠——中国古塔集萃》，天津：天津大学出版社，2010年，第一卷页123。

③ 前引杨焕成《豫北石塔纪略》，页70。

④（清）武穆淳修、熊象阶纂《濬县志》，台北：成文出版社，1976年，页109。

腰式平座组合而成。

下层须弥座底的底座由方形石板自下而上收分叠涩而成，其上置束腰石。束腰石四角圆雕蟠龙角柱，四壁中部雕刻蜀柱，蜀柱上浮雕力士。束腰石上叠涩出挑两层枋板，枋板之上置中层平座。

中层平座通高 32、宽 81.5 厘米（同图HN2-2），其先刻出一层下枋。下枋上端刻出一层双瓣覆莲下枭。下枭之上刻出一层线脚，线脚之上内收一层低矮束腰。束腰四角圆雕行走姿态的狮子，其左、右两壁中部浮雕一正面观兽头。兽头双目圆睁，龇牙咧嘴，獠牙外露，鬣毛卷曲。束腰之上出挑一层上枋，上枋之上置上层须弥座束腰石。

上层须束腰石四壁左、右两端，均浮雕一托举姿态的侏儒力士。前壁中部浮雕一双手倒立人物，人物两侧浮雕一对迦陵频伽。右、后、左三壁中部均浮雕一托举姿态的侏儒力士，力士两侧均雕刻一伎乐，伎乐分别击鼓、弹瑟、拍钹、吹排箫等。束腰之上刻出一层线脚，线脚之上出挑一层上枋，上枋之上承托佛堂形塔身。

2.塔身

（1）第一层佛堂形塔身由前、后二石块组合而成。

前石前壁下部正中辟竖长方形塔门（图HN2-5）。门洞上方有门额，两侧有立颊，下设门槛。塔门两侧浮雕一对天王，二天王头戴兜鍪，身披铠甲，足踏小鬼，其内侧手叉腰，外侧手握拳上举，外侧脚微微抬起，重心置于内侧脚。门楣上方浮雕一正面观半身兽，兽仅露出头部和前肢，双目圆睁，龇牙咧嘴，双爪前扑。兽上方浮雕一对侧面观穿壁龙，双龙张牙舞爪，爪具三趾，后半身缠绕在一起，朝向外侧并回首反顾，各伸出一只后爪抓住半身兽面颊。双龙后身上方浮雕一莲台，莲台上站立一人，其双手外伸，双肩站立二人。二人内侧脚独立，外侧脚外撇，内侧手相扶，外侧手平伸。二人上方另有一人双脚分开，站在他们头顶。四人组成菱形叠罗汉姿态，表现唐代百戏中的“踏肩蹈顶”。四人两侧还有二人，左侧者单腿站立，作金鸡独立，右侧者双手背身下腰倒立。双龙头部上方浮雕

图HN2-2 浚县福胜寺唐塔残存基座构件

图HN2-3 浚县福胜寺开元十七年（729）塔

（引自《山东佛教史迹》页328）

一对侧面观飞天，双飞天身挎帔帛，上身赤裸，下身着裙，作俯冲姿态，朝向外侧并回首反顾，分别击腰鼓和吹排箫。前壁左、右两侧边缘圆雕蟠龙角柱。左侧角柱残损严重。右侧角柱下方残存扛柱力士的下半身，上方龙身绕柱而上，龙首高昂并朝向外侧，龙首上方残存仰莲台。

后石前壁辟龛，龛内高浮雕一佛二弟子二菩萨。佛坐于须弥座，头光上方浮雕一对飞天，二弟子身着袈裟，二菩萨身挎帔帛，尊像下方有足踏小鬼的力士，具体情况不明。

前壁	后壁	左壁

图HN2-4 浚县福胜寺开元十七年（729）塔中层平座与上层须弥座

（引自《山东佛教史迹》页328、329）

后壁下部正中辟圆拱尖楣假门（图HN2-6），门洞作竖长方形。门洞上方有半圆形门额。门额中部浮雕一正面观兽头，兽头双目圆睁，龇牙咧嘴。塔门两侧有立颊，下设门槛，门槛两端设门砧石与蹲狮。假门左侧门扉半启，右侧门扉紧闭，其间一人探出半个身体。门楣中部莲台上二力士正在摔跤，表现相扑。假门两侧浮雕一对天王，二天王头戴兜鍪，身披铠甲，足踏小鬼，其内侧手叉腰，外侧手握拳上举。门楣两侧浮雕一对侧面观飞天，二飞天身挎帔帛，上身赤裸，下身着裙，作俯冲姿态，朝向外侧并回首反顾。门楣上方浮雕一对穿壁龙，双龙露出前半身，张牙舞爪，作俯冲姿态，朝向外侧并回首反顾，各伸出一只前爪抓住门楣。后壁左、右两侧边缘圆雕圆形素面蟠龙角柱。角柱具仰莲柱础，柱础由侏儒力士扛举，龙身绕柱而上。

（2）第二至八层平座式塔身宽度自下而上逐层略微收分，其前壁辟小龛，龛内浮雕跏趺坐佛。佛龛个数和其余三壁情况不明。

3.塔檐

塔檐原存八层，均作叠涩线脚式，其宽度自下而上逐层略微收分。

三、铭文

佛堂形塔身右壁原刻楷书铭文，具体情况不明，现根据过去学界记载转录如下[①]。

浮图颂并序

……敬造石浮图……皇唐开元十七年岁在己巳十月戊午□乙丑，建窣堵波于大翟村

① 杨焕成《豫北石塔纪略》，页70。吴刚主编《全唐文补遗·第7辑》，西安：三秦出版社，2000年，页451。

图HN2-5 浚县福胜寺开元十七年（729）塔佛堂形塔身前石前壁

（引自《杨焕成古建筑文集》页386》）

图HN2-6 浚县福胜寺开元十七年（729）塔佛堂形塔身后石后壁

（引自《山东佛教史迹》页330）

伽蓝所，其地也……侯文亮、刘神德、向端、张方、王十合村人等同造。

“岁在己巳十月戊午□乙丑”中缺字应为“朔”，即十月戊午为朔日[①]，乙丑则为初八。据此可知，该塔是唐玄宗开元十七年（729）十月初八，侯文亮、刘神德等合村居民发愿兴建，彼时翟村名大翟村，福胜寺始建年代当不晚于此。

HN3 号 鹤壁市浚县翟村福胜寺唐天宝七载（748）造像塔

一、基本情况

该塔原位于浚县翟村福胜寺佛殿右前方（西侧），与左前方（东侧）的开元十七年（729）塔（HN2 号）东西并列，原存八级，通高 352 厘米（图HN3-1）[②]。

① 《中国史历日和中西历日对照表》，页 421。

② 本实例尺寸信息引自杨焕成《豫北石塔纪略》，页 71。

二、构件及其图像

1.基座

根据旧照及过去学界记录，基座由下、上两层束腰须弥座和中层低矮束腰式平座组合而成。

下层须弥座底的底座由方形石板自下而上收分叠涩而成，其上置束腰石。束腰石四角雕刻角柱，四壁辟尖拱形壶门，壶门两侧线刻花卉。束腰石上叠涩出挑两层枋板，枋板之上置中层平座。

中层平座先刻出一层下枋（图HN3-2），下枋上端刻出一层线脚，线脚之上内收一层低矮束腰。束腰四角圆雕矮胖敦实、作扛举姿态的侏儒力士。束腰四壁分别辟两个尖拱形壶门，壶门内浮雕乐伎，乐伎吹排箫、弹琵琶、抚琴、拍钹、击腰鼓、吹笙、奏箜篌等。束腰之上再出挑一层上枋，上枋之上置上层须弥座。

上层须弥座先刻出一层下枋，下枋顶部刻出一层双瓣覆莲下枭。下枭之上刻出一层线脚，线脚之上置束腰。束腰四角和四壁中部均辟圆形壶门，四角壶门内圆雕蹲狮，四壁中部壶门内浮雕一正面观兽头。兽头双目圆睁，龇牙咧嘴，獠牙外露，鬣毛

图HN3-1 浚县福胜寺天宝七载（748）塔

（引自《山东佛教史迹》页331）

图HN3-2 浚县福胜寺天宝七载（748）塔
中层平座与上层须弥座

（引自《山东佛教史迹》页331）

图HN3-3 浚县福胜寺天宝七载（748）塔佛堂形塔身前石前壁

（引自《山东佛教史迹》页332）

卷曲。束腰之上刻出一层线脚，线脚之上出挑一层单瓣仰莲上枭。上枭之上承托佛堂形塔身。

2.塔身

（1）第一层佛堂形塔身高75厘米，由前、后二石块组合而成。

前石左、右两壁原刻铭文，前壁下部正中辟圆拱尖楣塔门（图HN3-3）。门洞作竖长方形，其上方有半圆形门额，门额中部浮雕一正面观兽头。门洞两侧有立颊，下设门槛，门槛两端设门砧石与蹲狮。塔门两端楣角浮雕上吻翻卷、鬣毛卷曲的摩羯鱼，其两侧浮雕一对力士。二力士肩挎帔帛，上身赤裸，下身着裙，内侧手下垂执帔帛，外侧手舒掌上举，肌肉块状隆起，跣足立于山石。楣尖上方浮雕一舞伎立于长茎仰莲台，舞伎左手下垂，右手上扬，身体弯曲，其两侧浮雕一对侧面观穿壁龙。双龙张牙舞爪，作俯冲姿态，朝向内侧，其上方龙尾卷曲，中间龙身穿入壁内，下方龙首高昂并回首反顾，各伸出一只前爪抓住门楣。双龙上方浮雕一对侧面观飞天，二飞天身挎帔帛，上身赤裸，下身着裙，作飞扬姿态，朝向内侧。前壁左、右两侧边缘圆雕圆形素面式蟠龙角柱。角柱具仰莲柱础和柱头，柱础由矮胖敦实的侏儒力士扛举，龙身绕柱而上，柱头站立狮子，狮子残存下半身。

后石左、右两壁原刻铭文，后壁可能素面，前壁原初辟龛，龛内高浮雕一佛二弟子二菩萨。佛坐于须弥座上，头光上方浮雕一对飞天，具体情况不明。后壁左、右两侧边缘亦圆雕圆形素面式蟠龙角柱。

（2）第二至八层平座式塔身宽度自下而上逐层略微收分，其四壁情况不明。

3.塔檐

塔檐原存八层，均作叠涩线脚式，其宽度自下而上逐层略微收分。

三、铭文

佛堂形塔身左、右两壁原刻铭文，具体情况不明，现根据过去学界记载转录如下[①]。

其一，左壁原刻楷书铭文。

维大唐天宝□□岁次□□正月壬申朔□五日……。

其二，右壁原刻《般若波罗蜜多心经》。

根据铭文所述，唐玄宗天宝年间“正月壬申朔”者唯有天宝七载（748）[②]。又，“五日”前缺一字，推测该塔兴建于天宝七载正月十五日或二十五日。

HN4 号 鹤壁市浚县大八角村唐天宝十四载（755）尹守珪造像塔

一、基本情况

该塔原位于浚县大赉店乡大八角村真武庙旧址，平面近方形，青石质，由基座、塔身、塔檐和塔刹组成，作密檐式结构，现存六级，通高 450 厘米（图HN4-1），于 1963 年被公布为省第一批文物保护单位，1966 年惨遭拆毁，部分构件佚失，1973 年 5 月移置县博物馆所在地浮丘山碧霞宫修复并增补了部分构件，2001 年随“大伾山摩崖大佛及石刻”被公布为全国重点文物保护单位[③]。过去学界对该塔多有记录[④]，尤其关注塔上铭文[⑤]。

---

① 杨焕成《豫北石塔纪略》，页 71。

②《中国史历日和中西历日对照表》，页 426。

③《河南省文物志》，页 283。

④ 杨焕成《豫北石塔纪略》，页 72、73。《中国文物地图集 · 河南分册》，页 230。郑永立、田青主编《大伾山志》，郑州：中州古籍出版社，1995 年，页 24、25。前引《河南古塔》，页 85。《山东佛教史迹》，页 323、334、335。浚县地方史志办公室《浚县志：1986—2000》，郑州：中州古籍出版社，2007 年，页 124、125。《河南文物》，中册页 1027、1028。

⑤《濬县志》，页 1225—1227。（清）陆心源《唐文拾遗》卷 21，台北：文海出版社，1979 年，页 329、330。《全唐文新编》第二部，第三册页 4108。浚县文物旅游局编印《大伾山名胜区石刻选》，郑州：中州古籍出版社，2001 年，页 4。国家图书馆善本金石组编《隋唐五代石刻文献全编》，北京：北京图书馆出版社，2003 年，第四册页 988、989。浚县文物旅游局编《大伾文化（一）》，北京：文物出版社，2004 年，页 109—112。浚县文物旅游局《天书地字 · 大伾文化（二）》，北京：文物出版社，2006 年，页 493、494。赵超《谈浚县的几件唐宋石刻》，载赵超《锲而不舍：中国古代石刻研究》，太原：三晋出版社，2015 年，页 249—252。

图HN4-1 浚县大八角村天宝十四载（755）塔

（引自《河南省文物志》页283）

二、构件及其图像

1.基座

由下、上两层束腰须弥座和中层低矮束腰式平座组合而成。

下层须弥座的底座自下而上收分叠涩三层石板。底座前半部分为修复时增补石件（图HN4-2），其上置束腰石。束腰石四角雕刻扛举姿态的侏儒力士，四壁中部辟尖拱形壶门。束腰石上出挑一层枋板，枋板之上再内收一层枋板，上层枋板四角及四侧立面中部露棱位置均雕刻螭首。枋板后半部分为修复时增补石件，其上置中层平座。

图HN4-2 浚县大八角村天宝十四载（755）塔下层须弥座上枋左侧露棱

图HN4-3 浚县大八角村天宝十四载（755）塔上层须弥座左壁

中层平座先刻出下枋，下枋顶端刻出一层线脚，线脚之上内收一层低矮束腰，束腰四壁各辟两个尖拱形壶门。壶门高11、宽17厘米[①]，其内浮雕肩挎帔帛的伎乐，伎乐所持乐器残损。束腰之上出挑一层上枋，上枋之上置上层须弥座。

上层须弥座先刻出下枋，下枋顶部刻出一层双瓣覆莲下枭（图HN4-3）。下枭之上刻出一层线脚，线脚之上置束腰。束腰四角与四壁中部均辟圆形壶门，壶门分别雕刻蹲狮与正面观兽头，兽头双目圆睁，龇牙咧嘴。束腰之上刻出一层线脚，线脚之上出挑一层单瓣仰莲上枭，上枭之上承托佛堂形塔身。

2.塔身

（1）第一层佛堂形塔身由前、后二石块拼接而成，组合后高92、宽70.5、侧宽68厘米。

前石高92、宽70.5、侧宽37厘米（图HN4-4），其左下角残损，现以新石件补齐。前石左壁素面，右壁原刻铭文，前壁下部正中辟圆拱尖楣塔门，塔门通高60、宽32.5厘米。门洞作竖长方形，高31、宽25.5厘米，其上方有半圆形门额。门额内高浮雕正面观兽头，兽头双目圆睁，龇牙咧嘴。塔门两侧有立颊，下设门槛。门槛高3.5厘米，其两端

① 本实例未注明出处尺寸信息为笔者2017年2月21日实地调查所得。

图HN4-4 浚县大八角村天宝十四载（755）塔佛堂形塔身前石前壁

设门砧石与蹲狮。塔门两端楣角浮雕外翻草叶饰，其右侧浮雕一力士，力士肩挎帔帛，上身赤裸，下身着裙，左手叉腰，右手握拳上举，肌肉块状隆起，跣足立于山石。楣尖上方浮雕一佛二弟子二菩萨。佛具桃形头光，结跏趺坐，左手抚膝，右手施无畏印。佛左、右两侧为二弟子，二弟子分别合十、袖手而立。二弟子外侧为二菩萨，二菩萨身挎帔帛，下乘朝向中部的侧面观坐骑，坐骑下方烘托云朵。左侧菩萨坐于象背上的莲座，其左脚下垂，右脚平放，表现普贤菩萨。右侧菩萨坐于狮背上的莲座，其右脚下垂并踏莲台，左脚平放，表现文殊菩萨。二菩萨外侧上方云朵上浮雕一对飞天，二飞天身挎帔帛，作俯冲姿态，朝向外侧。前壁左、右两侧边缘圆雕圆形素面式蟠龙角柱，龙身绕柱而上，龙首朝向前壁中部。左角柱残损，右角柱具束腰仰覆莲柱础和仰莲柱头，柱础由怪兽背扛，柱头亦站立怪兽（图HN4-5），二兽仅存躯干，可能为狮子。

后石高 92、宽 63、侧宽 31 厘米，其左壁素面，右壁原刻铭文，前壁辟圆拱形龛（图HN4-6），龛内高浮雕一佛二弟子二菩萨。佛具桃形头光，结跏趺坐于圆形束腰莲座，着双领下垂式袈裟，内着僧祇支并于胸前束带，左手抚膝，右手施无畏印，佛座覆帐。佛左、右两侧为二弟子，二弟子跣足立于莲台。二弟子外侧为二菩萨，二菩萨肩挎帔帛，跣足立于莲台。后壁下部正中辟圆拱尖楣假门（图HN4-7），假门通高 63、宽 32 厘米。门洞作竖长方形，高 28、宽 24 厘米，其上方有半圆形门额，两侧有立颊，下设门槛。门槛高 4.5 厘米，其两端设门砧石与蹲狮。假门左侧楣角残损，右侧楣角浮雕长茎莲台。门楣中部浮雕正面观兽头，兽头双角外卷，怒目圆睁，龇牙咧嘴，鬣毛戟张。假门右侧浮雕一力士，力士身挎帔帛，上身赤裸，下身着裙，左手叉腰，右手上举，肌肉块状隆起，跣足立于山石。门楣上方浮雕一对侧面观龙，双龙张牙舞爪，作俯冲姿态，上方龙尾卷曲，下方龙首高昂并朝向内侧，各伸出一只前爪合托仰莲台。莲台上置方形单层小佛塔，佛塔正壁辟圆拱尖楣塔门。右侧龙外侧下方站立人首鸟身的迦陵频伽，迦陵频伽双手合十，朝向内侧。右侧龙外侧上方云朵上，浮雕一侧面观飞天，飞天头部残损，肩挎帔帛，作俯冲姿态，朝向外侧。左侧龙残损严重，其外侧下方与上方原初可能对称雕刻迦陵频伽和飞天。后壁左、右两侧边缘残存蟠龙角柱痕迹。

（2）第二至六层平座式塔身宽度自下而上逐层略微收分（图HN4-8）。第二至五层塔身前、左、右三壁均辟一尖拱形小龛，龛内浮雕结跏趺坐、施禅定印佛。第六层塔身前半部分为修复时增补石件，原初作法应相同。

3.塔檐及塔刹

塔檐现有六层，均作叠涩线脚式，其宽度自下而上逐层略微收分。第一至五层塔檐“挑四收三”，正反叠涩七层。第六层塔檐“挑三收二”，正反叠涩五层，其上置方形刹座。刹座四角起翘，其上置葫芦形刹珠。刹座与刹珠色泽较新，为修复时增补石件。

图HN4-5 浚县大八角村天宝十四载（755）塔佛堂形塔身右壁

图HN4-6 浚县大八角村天宝十四载（755）塔佛堂形塔身后石前壁佛龛

图HN4-7 浚县大八角村天宝十四载（755）塔佛堂形塔身后石后壁及线描图

三、铭文

佛堂形塔身后石前壁，以及前、后二石右壁原刻两则铭文。

其一，后石前壁佛龛两侧分别原刻“弟子王大娘”“佛弟子杨庭晖”①，现已漫漶。

其二，前、后二石右壁分别自左向右原刻 9 列、7 列楷书铭文，二者前、后相续为一篇。现以学界刊布拓本为底本（图HN4-9），参照实物录文如下。

隴（陇）西尹公浮图铭并序 汲郡进士辛鏊（鳌）文

惟夫智㡯（度）至廣（广），聖（圣）□弥（弥）深，实想现而㓛（功）徳（德）是荫，無（无）为开而□槃乃作，故真常□㝛（寂）而㝛用無方，般若智寘（冥）而寘□/群像（像）。所（所）以道從（从）果起（起），法逐縁（缘）生，童子發（发）聚沙之因，长老布黄金之迹者也！粵（粤）有清信士隴西尹公，字守珪，海量/弘逹（达），愽（博）渉（涉）道门，玄妙無方，

① 《河南省文物志》，页 283。

图HN4-8 浚县大八角村天宝十四载（755）塔平座式塔身、塔檐及塔刹

图HN4-9 浚县大八角村天宝十四载（755）塔佛堂形塔身右壁铭文拓本

（国家图书馆藏）

何所不应。□□父思礼，瞻迹尘俗，丘园养真，味清白以逍遥，观泡幻而自适。□/夫人范氏（氏），四德咸俻（备），温贞自恭，獻（献）龙女之珠，行趍（超）十地，慈韦□之念（念），道心三乘（乘）。子元袨（祚），□□标举，时□/其心，比無尤（尤）兮，少有善誉，不幸短夀（寿），春秋廿有九，以天宝十三载巳月六日遇疾……/殲（歼）我良人。哀百身之不畱（留），痛二亲之若剳（割）。严父哭（哭）喪（丧）明（通“明”）之泪，□慈□泣血之声。……/少習（习）内则，贞顺自闲，事舅姑无毫髮（发）之愆（愆），敬仏（同“佛”）僧（僧）有非常之节。公自丧此男，肠断疾……/贼，以般若水洗清净心。知是病是身，□無生無灭，故舍□财，以天宝十四载四月……（以上刻于前石右壁）/男（男）元袨敬造石浮图一所。上干霄漢（汉），旁映丹霞，光掩璧台，埶（势）□云山，金绳□道，□□□……/牕（窗）疑（疑）飜（翻）花而下德，切弹磨琢，艺游丹青，妙容如在，结心是託。□曰□□□真……念，□为劫□□/仙。一頋（愿）非一廿（世）之心，九層（层）希九族之福。今合门志请，□思觉佑，望诸□……/□土，魄（魄）事弥（弥）陁（同“陀”），父母之懐（怀），至诚所至。船遂闻风，随募□□……/釋（释）迦作教，其法唯（唯）雄；有为成像，無体不空。旣（既）穆（穆）……/烦惱（恼），破暗如灯，偃邪犹草。□□□□，赋象（象）至广，□□文章，载彫载□，乃贞乃坚。九層遥……/飜萦寶（同“宝”）刹（刹），罏（炉）繞（绕）香煙（烟）。道资三界，善积千年。锡彼亡者，永兹福田。天寶十四载八月廿七日书記（记）（以上刻于后石右壁）。

铭文中异体、通假字多有使用，存在讹误和避讳情况。如“实想现而功德是荫”中“想”应作“相”，以与“无为开而□槃乃作”中“无为”对仗。又如“一愿非一世之心”中“世”写作“廿”，乃避唐太宗李世民之讳而缺笔。

根据铭文内容可知，该塔是唐玄宗天宝十四载（755），陇西人尹守珪为亡子尹元祚发愿兴建，于当年四月开建，八月底完工，元祚去世时年仅二十九岁。铭文由汲郡进士辛嶅撰写，提到尹守珪的父亲尹思礼、夫人范氏等人，然没有交代有身居官职者，尹家可能是殷实庶民家庭，如此方有造塔的经济能力。又据“九层希九族之福”可知，该塔原作九级。另据“魄事弥陁”推测，塔心室佛像尊格为阿弥陀佛。

HN5号 安阳市滑县留固镇唐代造像塔

一、基本情况

该塔出土于滑县留固镇[①]，平面近方形，青石质，由基座、塔身和塔檐组成（图HN5-1），作密檐式结构，原有七级，现存六级，通高约200厘米[②]，具体出土地点和年代不明。过去学界对该塔仅有简略记录，称其收藏于县文物管理所[③]。2017年2月21日笔者曾前往实地调查，承蒙县文管所工作人员告知，该塔十多年前被河南省博物馆（今河南博物院）征调，后经河南博物院王景荃先生证实并无此事，故其收藏地有待核实。

滑县隋时称东郡，唐武德元年（618）改称滑州，属河南道，天宝元年（742）改称灵昌，乾元元年（758）复称滑州[④]。

二、构件及其图像

1.基座

作低矮束腰式平座。平座先刻出一层下枋，下枋之上内收一层低矮束腰。束腰四角及左壁中部雕刻矮胖敦实的跪姿侏儒力士，力士作扛举姿态。束腰前壁中部辟一拱券形

---

① 滑县于2014年划归河南省直接管辖。

② 安阳市文物管理局编《安阳文物精华》，北京：文物出版社，2004年，页64、65。

③《山东佛教史迹》，页326—327。

④《旧唐书》，第五册页1436。《新唐书》，第四册页986。

图HN5-1 滑县留固镇塔

（引自《安阳文物精华》页 64）

踏道。踏道单路五级，其两侧分别雕刻吹竽、吹笛的乐伎。左壁中部力士两侧分别雕刻击手鼓、吹排箫的乐伎。诸乐伎身挎帔帛。右、后两壁情况不明。

2.塔身

（1）第一层佛堂形塔身由前、后二石块组合而成。

前石左、右两壁疑为素面，前壁下部正中辟圆拱五叶形塔门（图HN5-2）。门洞作竖长方形，其上方有半圆形门额，两侧有立颊，下设门槛。塔门两端楣角浮雕上吻翻卷的摩羯鱼，塔门两侧浮雕一对力士。二力士头系宝缯，怒目圆睁，佩戴手镯，肩挎帔帛，上身赤裸，下身着裙，内侧手握拳撑腰，外侧手握拳上举，肌肉块状隆起，跣足立于山石。楣尖上方浮雕正面观兽头，兽头双角外撇，怒目圆睁，口衔楣尖。兽头两侧浮雕一对侧面观穿壁龙，双龙张牙舞爪，爪具三趾，作俯冲姿态，上方龙尾卷曲，中间龙身穿入壁内，下方龙首高昂并朝向外侧，各伸出一只前爪抓住兽头面颊，伸出一只后抓合托兽头顶部仰莲台上的火焰宝珠。双龙上方云朵上浮雕一对侧面观飞天，二飞天头部残损，身挎帔帛，作俯冲姿态，朝向外侧。前壁左、右两侧边缘圆雕圆形素面式蟠龙角柱，角柱具覆莲柱础和仰莲柱头，柱础由矮胖敦实、单膝跪地的裸体侏儒力士扛举，龙身绕柱而上，龙首朝向内侧。左侧柱头残存蹲狮下半身，右侧柱头残存蹲狮一足。

图HN5-2 滑县留固镇塔佛堂形塔身前石前壁

（引自《安阳文物精华》页65）

后石左、右两壁疑为素面，前壁辟尖拱形龛（图HN5-3），龛内高浮雕一佛二菩萨。佛具桃形头光，倚坐于亚字形束腰须弥座，着裹身垂领式袈裟，左手抚膝，右手残损，似施无畏印，双足分别踏于长茎仰莲台，二莲台由同一枝莲茎生长而出。二菩萨头系宝缯，佩戴手镯，身挎帔帛，上身赤裸，下身着裙，跣足立于长茎仰莲台。左侧菩萨双手合十于

图HN5-3 滑县留固镇塔佛堂形塔身后石前壁

（引自《安阳文物精华》页 65）

胸前，右侧菩萨左手抚胸，右手下垂执帔帛。后壁左、右两侧边缘亦圆雕圆形素面式蟠龙角柱。

佛堂形塔身上方现置一层单瓣仰莲上枭，上枭底部刻出一层枋板。参考内黄复兴庵天宝二年（743）西塔（HN6 号）等诸多同地区、同类造像塔可知，该上枭原为基座构件，出土后被错误安装在佛堂形塔身上方。

（2）第二至六层平座式塔身宽度自下而上逐层略微收分，其左壁素面，右、后两壁情况不明，前壁辟一尖拱形小龛，龛内浮雕结跏趺坐、施禅定印佛。

3.塔檐

塔檐共有六层，其宽度自下而上逐层略微收分。第一至四层塔檐作叠涩线脚式，“挑三收二”、正反叠涩五层。第五、六层塔檐作无脊盝顶式。

该塔的塔门与兽头、双龙、双飞天组合，与芝加哥艺术学院博物馆藏开元十二年（724）塔（BM2 号）、青州石佛寺塔（SD21 号）相同。综合判断，该塔兴建于盛唐，年代为玄宗开元中、晚期的可能性最大。

HN6 号 安阳市内黄县东花固村复兴庵唐天宝二年（743）西侧造像塔

一、基本情况

复兴庵位于内黄二安乡东花固村外，宋代曾被黄河水淹没，庵内原初树立东、西两座唐代佛堂形组合式造像塔。双塔于清末民初出土，1929 年拆庙办学时移置村内学校

（图HN6-1），坐南朝北[①]，间距约290厘米[②]，1963年6月20日被公布为省重点文物保护单位，现拆散保存于县文物管理所库房内。双塔平面近方形，青石质，由基座、塔身、塔檐和塔刹组成，作密檐式结构。过去学界对双塔多有简略记录[③]。西侧造像塔即为本实例（图HN6-2），原存九级，通高250厘米[④]。

内黄唐时属河北道相州[⑤]。

二、构件及其图像

1.基座

由下层收分叠涩式平座、中层低矮束腰式平座与上层束腰须弥座组合而成。

下层收分叠涩式平座自下而上收分叠涩三层方形石板，通高26、宽116厘米[⑥]，其顶部刻出浅方形凹槽，凹槽尺寸略大于中层低矮束腰式平座，使二者紧密拼合。底座色泽较新，疑为后世增补石件，作法应与原物大体相同。

图HN6-1 内黄复兴庵双塔

（引自《河南文物精华：古迹卷》页95）

中层低矮束腰式平座高23厘米，宽与侧宽67厘米（图HN6-3），其先刻出一层下枋。下枋侧立面阴线刻缠枝花卉，其上内收一层低矮束腰。束腰前、后两壁的左、右两端，均浮雕一对身披铠甲、作托举姿态的天王。前壁中部浮雕一蹲跪托举的侏儒力士，力士上身赤裸，下身着裙。后壁中部浮雕一跪姿托

① 河南省安阳地区文化局编《安阳地区文物录》，内部资料，1983年，第一分册页48—50。

② 赵金昭、苏健、吴少珉主编《河南古迹名胜辞典》，洛阳：解放军外语音像出版社，2007年，页363。

③《豫北石塔纪略》，页70、71。《山东佛教史迹》，页321—323。河南省滑县地方史志编纂委员会《重修滑县志》，郑州：中州古籍出版社，1993年，下册页412、413。史其显主编《内黄县志》，郑州：中州古籍出版社，1993年，页578。河南省文物局编《河南文物名胜史迹》，郑州：中原农民出版社，1994年，页303、304。《河南古塔》，页76、77。河南省文物管理局编《河南文物精华：古迹卷》，郑州：文心出版社，1999年，页95。《安阳文物精华》，页75。《河南古迹名胜辞典》，页363。《杨焕成古建筑文集》，页387—389。《河南省文物志》，页495。

④ 前引《豫北石塔纪略》，页70。

⑤《旧唐书》，第五册页1493。

⑥ 本实例未注明出处尺寸信息为笔者2017年2月23日实地调查所得。

图HN6-2 内黄复兴庵天宝二年（743）西塔基座、平座式塔身与塔檐

举的怪兽。左、右两壁的左、右两端，均浮雕一对背扛姿态的侏儒力士。左壁中部浮雕一倒立力士，右壁中部浮雕一正面观兽头。束腰四壁中部力士、兽头以及怪兽两侧，分别辟一尖拱形壶门。壶门高、宽均12厘米，其内浮雕肩挎帔帛的乐伎，乐伎依次抚琴、弹琵琶、击腰鼓、吹箫、击鼗鼓、拍圆鼓、吹竽、奏箜篌。束腰之上出挑一层上枋，上枋侧立面阴线刻缠枝花卉。上枋顶部凸起刻出方形平台，平台内刻出浅方形凹槽，凹槽尺寸略大于上层须弥座束腰，使其与须弥座紧密拼合。

上层须弥座束腰四角及四壁中部，凸起刻出圆形壶门，壶门内雕刻人面。束腰之上出挑一层单瓣仰莲上枭，二者通高22厘米，宽与侧宽均52厘米。上枭之上承托佛堂形塔身。

2.塔身

（1）第一层佛堂形塔身由前、后二石块组合而成，高72厘米[①]。

前石左壁疑似素面，右壁原刻铭文，前壁下部正中辟圆拱五叶形楣塔门（图HN6-4）。门洞作竖长方形，其上方有半圆形门额，两侧有立颊，下设门槛，门槛两端设门砧石与蹲狮。塔门两端楣角浮雕上吻翻卷的摩羯鱼，门楣中部浮雕一正面观半身兽，兽仅露出头部与前肢，怒目圆睁，龇牙咧嘴，双爪前扑。半身兽两侧浮雕一对侧面观飞天，二飞天作飞翔姿态，朝向内侧。塔门两侧浮雕一对力士，二力士肩挎帔帛，上身赤裸，下身着裙，内侧手下垂执帔帛，外侧手握拳上举，肌肉块状隆起，跣足立于山石。楣尖上方二人相背而立，其上一人双脚分开站在他们头上，双手托举一座单檐六边形小佛塔。佛塔

① 前引《豫北石塔纪略》，页71。

前壁　　　　后壁　　　　左壁

图HN6-3 内黄复兴庵天宝二年（743）西塔中层平座与上层须弥座

前壁辟圆拱形龛，龛内浮雕一结跏趺坐佛。三人组成叠罗汉姿态，其两侧浮雕二菩萨。二菩萨朝向内侧，单腿垂坐于束腰仰覆莲座，莲座置于侧面观坐骑背上。坐骑立于仰莲台，朝向内侧。左侧菩萨乘象，其下方站立象奴，表现普贤菩萨。右侧菩萨乘狮，其下方站立狮奴，表现文殊菩萨。小佛塔两侧浮雕一对正面观迦陵频伽，二迦陵频伽人首鸟身，双手合十，双翅外展，立于仰莲台。前壁左、右两侧边缘圆雕圆形素面式蟠龙角柱，残存柱头立狮。

后石左、右两壁疑似素面，后壁原刻铭文，前壁辟龛，龛内高浮雕一佛二菩萨。后壁左、右两侧边缘圆雕圆形素面式蟠龙角柱。角柱具仰莲柱础和柱头，柱础由侏儒力士扛举，龙身绕柱而上，柱头站立狮子。

（2）第二至九层平座式塔身宽度自下而上逐层略微收分，现存第二至七层。其中，第二、四、五层塔身色泽较新，疑为后世增补石件，其余诸层塔身四壁中部均辟一尖拱形小龛。龛高 9.5、宽 7.5 厘米，龛内浮雕结跏趺坐、施禅定印佛，龛外两侧线刻花卉。

图HN6-4 内黄复兴庵天宝二年（743）西塔佛堂形塔身前石前壁

（引自《杨焕成古建筑文集》页 388）

3.塔檐及塔刹

塔檐原有九层，其侧立面线刻缠

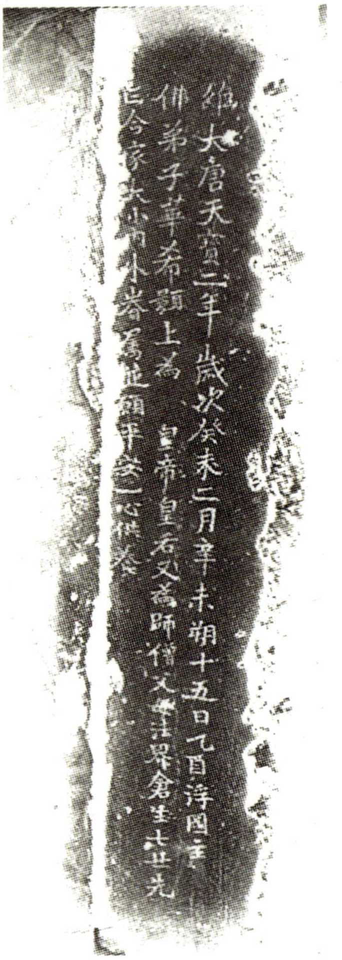

图HN6-5 内黄复兴庵天宝二年（743）西塔佛堂形塔身前石右壁铭文

（引自《河南古塔》页76）

枝花卉，宽度自下而上逐层略微收分。第一至八层塔檐均作叠涩线脚式，其中第一、四层塔檐色泽较新，疑为后世增补石件，第八层塔檐佚失。第九层塔檐佚失，原作有脊盝顶式，盝顶四脊雕刻卧狮，盝顶上方置方形刹座，刹座之上置圆形刹珠。刹座与刹珠色泽较新，疑为后世增补石件。

三、铭文

佛堂形塔身前石右壁与后石后壁两处原刻两则楷书铭文。

前石右壁自左向右原刻3列铭文，现以学界刊布拓本为底本（图HN6-5），录文如下。

维大唐天寳（同“宝”）二年嵗（岁）次癸未二月辛未朔（朔）十五日乙酉，浮图主/佛弟子华希颢上为皇帝、皇右（后），又为師（师）僧（僧）父母、法界仓（误，应作“苍”）生、七廿（世）先/𠃊（亡）、合家大小、内外眷属，并顖（愿）平安，一心供養（养）。

后石后壁原刻《般若波罗蜜多心经》，具体情况不明。

铭文中异体字多有使用，存在避讳情况，如“七世先亡”中“世”写作“廿”，是避唐太宗李世民之讳而缺笔。据其内容可知，该塔是玄宗天宝二年（743）二月十五日，佛弟子华希颢发愿兴建。

HN7号 安阳市内黄县东花固村复兴庵唐天宝二年（743）东侧造像塔

一、基本情况

本实例为内黄二安乡东花固村复兴庵内东侧造像塔，与同址天宝二年（743）西塔

（HN6 号）东西并列，原存九级，通高 260 厘米（图HN7-1）[①]。

二、构件及其图像

1.基座

由下层收分叠涩式平座、中层低矮束腰式平座与上层束腰须弥座组合而成。

下层收分叠涩式平座自下而上收分叠涩三层石板（图HN7-2），其顶部刻出浅方形凹槽，凹槽尺寸略大于中层低矮束腰式平座，使二者紧密拼合。底座色泽较新，疑为后世增补石件，作法应与原物大体相同。

中层低矮束腰式平座先刻出一层下枋（图HN7-3），下枋侧立面阴线刻缠枝花卉，其上内收一层低矮束腰。束腰四角均雕刻一力士，力士上身赤裸，下身着裙，作托举姿态。束腰前壁中部浮雕一跪立托举姿态怪兽，右、后两壁中部均浮雕一托举姿态力士，左壁中部浮雕一正面观兽头，兽头顶生双角，双目圆睁，龇牙咧嘴，鬣毛卷曲。束腰四壁中部怪兽、力士与兽头间，均辟尖拱形壶门。壶门内浮雕肩挎帔帛的乐伎，乐伎依次拍板、击鼓、吹竽、弹箜篌、抚琴、弹琵琶、击腰鼓、吹笛。束腰之上出挑一层上枋，上枋侧立面阴线刻缠枝花卉。上枋顶部凸起刻出方形平台，平台内刻出浅方形凹槽，凹槽尺寸略大于上层须弥座束腰，使其与须弥座紧密拼合。平座色泽较新，疑为后世增补石件，作法应与原物大体相同。

上层须弥座束腰四角及四壁中部，凸起刻出圆

图HN7-1 内黄复兴庵天宝二年（743）东塔

（引自《安阳文物精华》页 75）

① 前引《豫北石塔纪略》，页 70。

图HN7-2 内黄复兴庵天宝二年（743）东塔基座、平座式塔身与塔檐

形壶门，壶门内雕刻人面。束腰之上出挑一层单瓣仰莲上枭，二者通高23厘米①，宽与侧宽55厘米。上枭之上承托佛堂形塔身。

2.塔身

（1）第一层佛堂形塔身由前、后二石块组合而成，高75厘米②。

前石右壁素面，左壁原刻铭文，前壁下部正中辟圆拱尖楣塔门。塔门左下方残损，后世修复时以新石件补齐。门洞作竖长方形，其上方有半圆形门额，两侧有立颊，下设门槛，门槛两端设门砧石与蹲狮。塔门两端楣角浮雕侧面观龙头，门楣中部浮雕一正面观兽，兽两侧浮雕一对侧面观飞天。塔门两侧浮雕一对力士，二力士肩挎帔帛，上身赤裸，下身着裙，内侧手下垂执帔帛，外侧手握拳上举，肌肉块状隆起，跣足立于山石。门楣上方浮雕一对侧面观飞天，二飞天身挎帔帛，作俯冲姿态，朝向外侧。二飞天外侧浮雕一对迦陵频伽，二迦陵频伽人首鸟身，朝向外侧，长尾翘起，立于莲台。二飞天上方莲台浮雕一乘象菩萨，可能表现普贤菩萨。像前方站立象奴，后方站立侍者，其两侧上方分别浮雕二天人，天人双手合十跪于云朵上。前壁左、右两侧边缘圆雕圆形蟠龙角柱。角柱具仰莲柱础和柱头，柱础由侏儒力士扛举，龙身绕柱而上，柱头有骑狮者。

后石左、右两壁素面，后壁原刻铭文，前壁辟龛，龛内高浮雕一佛二菩萨。佛坐于须弥座上，具桃形头光，具体情况不明。后壁左、右两侧边缘圆雕圆形蟠龙角柱。

---

① 本实例未注明出处尺寸信息为笔者2017年2月23日实地调查所得。

② 前引《豫北石塔纪略》，页71。

（2）第二至九层平座式塔身宽度自下而上逐层略微收分，现存第二至七层。塔身四壁中部均辟一尖拱形小龛，龛高 7、宽 6.5 厘米。龛内浮雕结跏趺坐、施禅定佛，龛外左、右两侧线刻花卉。塔身第二、四、五、七层色泽较新，疑为后世增补石件。

3.塔檐及塔刹

塔檐原有九层，其侧立面线刻缠枝花卉，宽度自下而上逐层略微收分。第一至五层塔檐作叠涩线脚式，第六至八层塔檐作无脊盝顶式，第八层塔檐佚失。第九层塔檐佚失，原作有脊盝顶式，盝顶四脊雕刻卧狮，盝顶上方置方形刹座，刹座之上置圆形刹珠。其中，第一、四、七层塔檐与刹座、刹珠色泽较新，疑为后世增补石件。

三、铭文

佛堂形塔身后、左两壁自左向右原刻两则楷书铭文，现以学界刊布拓本为底本录文如下。

其一，后石后壁原刻 11 列铭文（图 HN7-4）[①]。

《佛説（说）续命经》

南无大慈大悲观世音，唯顊（愿）聖（圣）手摩我顶，救护娑婆世累（界）/重罪者，安着（著）湼（涅）槃（槃）觧（解）脫（脱）

① 王振国《关林龙门刻经碑、塔二题》，载中山大学艺术史研究中心编《艺术史研究》第 6 辑，广州：中山大学出版社，2004 年，页 285。

右壁

后壁

左壁

图HN7-3 内黄复兴庵天宝二年(743)东塔中层平座与上层须弥座

图HN7-4 内黄复兴庵天宝二年（743）东塔佛堂形塔身后石后壁铭文拓本

（引自《关林龙门刻经碑、塔二题》页285）

地。唯願十方世界海，供养诸佛度（度）/一切。如影随身观世音願恒受持，得不舍离西方阿弥（弥）陁（同“陀”）佛、观世音/菩薩（萨），得大势至。有能诵此（此）一佛二菩薩名者，有疑（疑）有难者，诵经千遍即得解脱。

一願三寳（同“宝”）恒存立，二願风雨顺时行，三願国王壽（寿）万歲（岁），四願邉（边）地无刀兵，/五願三途离苦（苦）难，六願百病尽除平，七願众生行慈孝，八願屠人不煞（煞，同“杀”）生，/九願牢（同“牢”）囚诉得脱，十願法界普安宁。眼願不见刀光刃，耳願不闻寃（冤）枉声，/口願不用违心语，手願不煞一众生。揔（总）願当来值弥勒，连辟（臂）相将入化城。

上为皇帝，普为法界众生。

《佛説续命经》一卷。

其二，塔身前石左壁原刻4列铭文（图HN7-5）[①]。

维大唐天寳（同“宝”）二年歲（岁）次/甲寅，浮图主佛弟子□□/皇帝、皇后（后），又为師（师）僧（僧）父母、□/家大小、内外眷属普願平安。

铭文中异体、通假字多有使用。根据前石左壁铭文可知，该塔兴建于唐玄宗天宝二年（743），其结构与同寺天宝二年西塔（HN6号）相同，铭文书写风格也与后者（同图HN6-5）一致，应为同一人笔迹，表述内容亦十分接近。综合判断，该塔极有可能也是华希颢出资兴建[②]。

后石后壁原刻《佛说续命经》一卷。这是一部伪经，具体编造情况不详，可能产生

① 《河南古塔》，页76。

② 河南省滑县地方史志编纂委员会《重修滑县志》，郑州：中州古籍出版社，1993年，下册页413。

于679—695年，纪年最早者为龙门石窟藏武周长安三年（703）安思泰墓塔[①]。该塔经文相对于安思泰塔版本而言，其“有能诵此一佛二菩萨名者”与“有疑有难者”间，漏刻“得离生死苦，永不入地狱，恒值善知识”，其余内容基本相同，仅个别字有差异。同时，大正藏本在首句“观世音”前增加了“救苦”二字[②]，而且脱字、讹字严重，造成语句不通现象，版本显然欠佳，年代可能比前两者更晚。

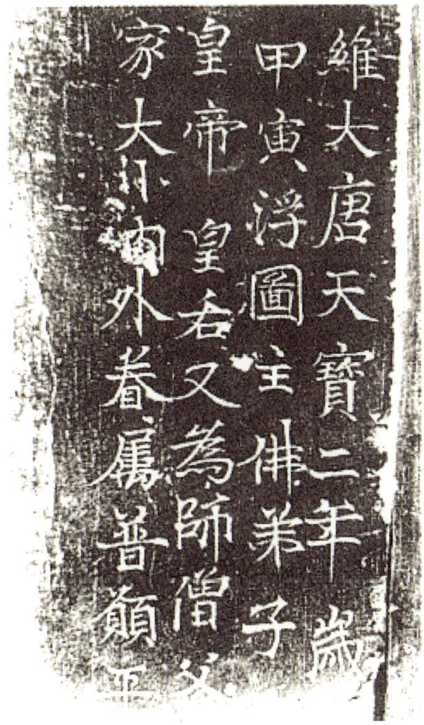

图HN7-5 内黄复兴庵天宝二年（743）东塔佛堂形塔身前石左壁铭文拓本

（引自《河南古塔》页76）

HN8号 安阳市内黄县理固村唐代造像塔

一、基本情况

该塔原位于内黄井店镇理固村的村北寺院中，后移置村东关帝庙内，平面近方形，青石质，由基座、塔身、塔檐和塔刹组成，作密檐式结构，现存七级，通高317厘米[③]，具体年代不明，于20世纪50年代惨遭拆毁，之后又被红卫兵破坏，后由村民葛国选等人寻回残件并复建。该塔在1984年第二次全国文物普查期间被省文物局发现，1985年被列为县文物保护单位，1986年11月被列为省第二批文物保护单位，1990年6月县文物管理委员会对其进行了修缮，增补了部分构件（图HN8-1）。过去学界对该塔多有简略

① 前引王振国《关林龙门刻经碑、塔二题》，页285、286。

②《大正藏》，第八十五册页1405。

③《安阳文物精华》，页66。

图HN8-1a 内黄理固村塔侧面

记录[①]，笔者撰有专文分析其建造年代与图像来源[②]。

二、构件及其图像

1.基座

作收分叠涩式平座，自下而上收分叠涩三层方形石板，下层高16、宽与侧宽100厘米，中层高8、宽与侧宽81厘米，上层高7、宽与侧宽68厘米[③]。平座上方现置一层塔檐，宽与侧宽94厘米，宽度大于其他诸层塔檐，原初应为佛堂形塔身上方第一层塔檐，后世复建时将它错误组合在基座之上。

2.塔身

（1）第一层佛堂形塔身由前、后二石块拼接而成，组合后高86、宽60.5、侧宽63厘米。

图HN8-1b 内黄理固村塔正面

前石由上、下两块残石修补而成，高86、宽59、侧宽35厘米，其左、右两壁素面，前壁辟圆拱尖楣塔门（图HN8-2）。塔门通高60厘米，其左上方和右下方部分为原初石件，二残件分别高34.5、宽45厘米，高27、

① 前引杨焕成《豫北石塔纪略》，页73。中共河南省委政策研究室编《河南县情》，郑州：河南人民出版社，1990年，页382。《中国文物地图集·河南分册》，页293。《内黄县志》，页578。《河南文物名胜史迹》，页304。内黄县史志办编《内黄县志：1988—2002》，郑州：中州古籍出版社，2007年，页544。《山东佛教史迹》，页323、324、335。安阳市地方史志编纂委员会编《安阳市志：1988—2000》，郑州：中州古籍出版社，2008年，下卷页1157。《河南文物》，中册页1257。《河南省文物志》，页280、281。《杨焕成古建筑文集》，页391。

② 朱己祥《内黄县理固村唐代造像塔年代及来源考》，《中国美术研究》2018年第2期，页14—19。

③ 本实例未注明出处尺寸信息为笔者2017年2月23日实地调查所得。

宽59厘米。塔门左下方和右上方部分为修复时增补石件。门洞高44、宽29厘米，其两侧有立颊，下设门槛。门槛高3厘米，其两端设门砧石与蹲狮，左侧蹲狮残损，右侧蹲狮和门砧石通高12.5厘米。塔门两侧浮雕一对力士，左侧力士现已不存，右侧力士上身残损，下身着裙，跣足立于山石。楣尖上方浮雕一正面观兽头，兽头双角内卷，怒目圆睁，龇牙咧嘴，口衔侧面观双龙后身。双龙口吐长舌，张牙舞爪，爪具三趾，朝向外侧并回首反顾，右侧龙残存头部及后半身。

后石高84.5、宽60.5、侧宽28厘米，其左、右、后三壁素面，前壁辟圆拱形龛（图HN8-3）。龛高55、宽44.5厘米，龛内高浮雕一佛二弟子二菩萨，尊像面部残损。佛结跏趺坐于亚字形仰莲台座，着右肩半披式袈裟，左手残损，右手抚膝，通高48厘米，其内区头光作圆形，外区头光作桃形。佛左、右两侧站立二弟子，二弟子双手合十，脚部残损，残高均18厘米。二弟子外侧站立二菩萨，二菩萨佩戴项圈、手镯，身挎帔帛，上身赤裸，下身着裙，内侧手上举执莲蕾，外侧手下垂执帔帛，脚部残损，残高均29厘米。

（2）第二至七层平座式塔身宽度自下而上逐层收分约3厘米。第二、三层塔身四壁分别辟3、2个尖拱形小龛，龛高10、宽7.5厘米，龛内浮雕结跏趺坐、施禅定

图HN8-2 内黄理固村塔佛堂形塔身前石前壁及线描图

图HN8-3a　内黄理固村塔佛堂形塔身后石前壁佛龛

图HN8-3b 内黄理固村塔佛堂形塔身后石前壁佛龛线描图

印佛，龛外线刻花卉。第四、五层塔身四壁线刻缠枝花卉。第六、七层塔身为修复时增补石件。

3.塔檐及塔刹

塔檐现存七层（含塔身下方塔檐），均作叠涩线脚式，其边角皆有残损，修复时以环氧树脂补齐，侧立面线刻缠枝花卉，宽度自下而上逐层收分约 5 厘米。第一层塔檐“挑五收四”，正反叠涩九层。第二层塔檐“挑四收四”，正反叠涩八层。第三层塔檐“挑四收三”，正反叠涩七层。第四、五层塔檐“挑三收二”，正反叠涩五层。第六、七层塔檐为修复时增补石件。第七层塔檐上方平铺两层方形刹座，刹座上方置桃形刹珠。第一层刹座和刹珠为修复时增补石件。第二层刹座四壁均辟 2 个尖拱形小龛，龛内浮雕结跏趺坐、施禅定印佛，原初应为平座式塔身。

该塔圆拱尖楣塔门与兽头口衔双龙组合，与平乡大里村延载元年（694）塔散石（HB23 号）作法相同，类似作法还见于内丘小驿头村万岁登封元年（696）塔（两座，HB24–25 号）。同时，塔心室圆拱形龛内高浮雕一佛二弟子二菩萨，弟子像高度为菩萨高度的 3/5，其图像组合、人物造型与疑似邯郸出土武周长安四年（704）塔散石（HB32 号）一致。综合判断，该塔年代为 8 世纪初叶前后的可能性最大。

HN9 号 安阳市林州市阳台寺唐天宝九载（750）孟崇仙造像塔

一、基本情况

阳台寺位于林州五龙镇岭后村北，地处淇河之滨，坐北朝南，西倚临淇镇寺西岗村。该寺始建年代不明，据明崇祯七年（1634）《创修清河寨碑记》、清道光二十五年（1845）

《阳台寺补修关帝庙大佛殿西墙碑记》等碑刻可知，唐天宝九载（750）前已建寺，后经历代修缮，1925 年寺庙尚存。又据原看寺人张连员先生介绍，寺庙毁于 1952 年[①]。

阳台寺佛殿的左、右两侧前方，树立东、西两座唐代佛堂形组合式造像塔。双塔坐北朝南，平面近方形，青石质，由基座、塔身和塔檐组成，作密檐式结构，间距 585 厘米[②]。双塔后来惨遭破坏，1976 年冬为张增午等人在文物普查时发现，1979 年 11 月被公布为县第一批重点文物保护单位[③]，1986 年 11 月被公布为省第二批重点文物保护单位，2013 年 5 月被公布为第七批全国重点文物保护单位，现已加焊铁栅栏保护，无法拍摄完整照片。过去学界对双塔多有关注[④]，并有详细记录[⑤]。其中，佛殿右前方（西侧）造像塔即为本实例，现存七级，通高 308 厘米（图HN9-1、HN9-2）[⑥]。

图HN9-1 林州阳台寺天宝九载（750）塔

（引自《安阳文物精华》页 67）

林州唐时称林虑，属河北道相州[⑦]。

① 《山东佛教史迹》，页 341。

② 张增午、李向明编著《林州文物考古发微》，郑州：中州古籍出版社，2009 年，页 166。

③ 1994 年 1 月 24 日撤林县，改设林州市。

④ 顾燮光撰《河朔访古新录》卷 3《淇县第六》："县南七十里临淇镇，故卫邑城，隋临淇县地。北五里阳台寺，始建失考。有方石浮图二，分峙殿之东西，西者左侧有唐天宝九载（750）八月孟崇仙石浮图题铭。" 载前引《石刻史料新编》第二辑，第十二册页 8904。（民国）张凤台修、李见荃等纂《林县志》，台北：成文出版社，1968 年，页 973。前引杨焕成《豫北石塔纪略》，页 72。贾云台主编《安阳市建筑志》，北京：中国展望出版社，1989 年，页 120、121。《中国文物地图集·河南分册》，页 284。前引《河南古塔》，页 47。《安阳文物精华》，页 67。《全唐文补编》，页 1750。林州市建筑志编委会编《林州市建筑志》，郑州：中州古籍出版社，2007 年，页 175。《河南文物》，中册页 1229。《杨焕成古建筑文集》，页 289—391。《河南省文物志》，页 281。

⑤ 张增午《河南林县阳台寺唐代石塔》，《考古与文物》1985 年第 2 期，页 29—32。该文稍做改动后另载《山东佛教史迹》，页 341—345。《林州文物考古发微》，页 165—169。

⑥ 本实例尺寸信息为笔者 2016 年 12 月 4 日实地调查所得。

⑦ 《旧唐书》卷 39《地理志》："林虑，汉隆虑县。武德三年（620），置岩州，领林虑一县。五年（622），岩州废，县属相州。" 第五册页 1492。《新唐书》，第四册页 1012。

二、构件及其图像

1.基座

由下层收分叠涩式平座、中层低矮束腰式平座和上层束腰须弥座组合而成。

下层收分叠涩式平座自下而上收分叠涩三层石板，下层现已埋于土内，中层宽与侧宽 145 厘米，上层宽与侧宽 104 厘米。

中层低矮束腰式平座通高 28 厘米，宽与侧宽 94 厘米，其先刻出一层下枋，下枋之上刻出一层线脚，线脚之上内收一层低矮束腰。束腰四角均雕刻一天王，天王身披铠甲，双腿跪地，作扛举姿态。束腰四壁中部均辟一椭圆形壶门，壶门高 12—13 厘米，宽 23—27 厘米。壶门内浮雕一正面观半身兽（图HN9-3），兽仅露出头部和前肢，顶生双角，怒目圆睁，龇牙咧嘴，獠牙外露，双爪前扑，其两侧分别辟一尖拱形壶门（图HN9-4）。壶

图HN9-2 林州阳台寺天宝九载（750）塔前壁、左壁立面图

（引自《山东佛教史迹》页 347、348）

图HN9-3 林州阳台寺天宝九载（750）塔中层低矮束腰式平座左壁壶门

图HN9-4 林州阳台寺天宝九载（750）塔中层低矮束腰式平座壶门伎乐

门高 12 厘米，宽 16—17 厘米，其内浮雕伎乐。伎乐肩挎帔帛，上身赤裸，下身着裙。前壁左侧伎乐双手拍钹、盘腿而坐，右侧伎乐双手平伸，左腿单膝跪地，右腿向后斜伸。右壁左侧伎乐上身残损、左腿单膝跪地，右侧伎乐盘腿而坐并吹排箫。后壁左侧伎乐盘腿而坐并抚琴，右侧伎乐左手前伸、右手曲肘上举，左腿单膝跪地，右腿向后斜伸。左壁左侧伎乐盘腿而坐并击腰鼓，右侧伎乐左手曲肘上举，右手向后斜伸，左腿单膝跪地，右腿向后斜伸。束腰之上出挑一层上枋，上枋顶部内收雕刻一层双瓣覆莲下枭，下枭之上刻出一层线脚，线脚之上承托上层须弥座束腰。

上层须弥座束腰石四壁素面，高 8、宽

61、侧宽 60 厘米，其上刻出一层线脚，线脚之上出挑一层单瓣仰莲上枭。上枭宽与侧宽 77.5 厘米，其上承托佛堂形塔身。

2.塔身

（1）第一层佛堂形塔身由前、后二石块拼接而成，组合后高 83.5、宽 58.5、侧宽 64 厘米。前石高 83、宽 58、侧宽 33.5 厘米，其左壁原刻铭文，右壁素面，前壁下部正中辟圆拱尖楣塔门（图HN9–5），塔门通高 52、宽 30 厘米。门洞作竖长方形，高 27、宽 23.5 厘米，其上方有半圆形门额，两侧有立颊，下设门槛。门槛高 3 厘米，其两端设门砧石与蹲狮。塔门两侧浮雕一对力士，二力士头部等处残损，肩挎帔帛，上身赤裸，下身着裙，内侧手叉腰，外侧手上举，肌肉块状隆起，跣足立于山石。门楣左、右最宽处为 40 厘米，两端楣角浮雕上吻翻卷、鬣毛卷曲的侧面观摩羯鱼。门楣内浮雕一对侧面观龙，双龙张牙舞爪，脊毛直立，龙尾卷曲，作行走姿态，朝向内侧并回首反顾，各伸出一只前爪合托仰莲台上的宝珠。楣尖上方浮雕一正面观兽头，兽头双目圆睁，龇牙咧嘴，鬣毛卷曲，口衔楣尖。兽头顶部仰莲台上置一单层六边形小佛塔，其两侧浮雕一对侧面观迦陵频伽。二迦陵频伽人首鸟身，头系宝缯，双翅外展，长尾翘起，朝向内侧，立于门楣，左侧迦陵频伽双手置于胸前，似吹箫。二迦陵频伽上方浮雕一对侧面观飞天，二飞天身挎帔帛，上身赤裸，下身着裙，作飞翔姿态，朝向中部，各伸出一手合托莲台上的小佛塔。

后石高 83.5、宽 58.5、侧宽 30.5 厘米，其四壁素面。前、后二石组合而成的塔心室内空无一物，原初可能放置单独佛像。

图HN9–5 林州阳台寺天宝九载（750）塔佛堂形塔身前石前壁及线描图

图HN9-6 林州阳台寺天宝九载（750）塔第四层塔身前壁小佛龛

图HN9-7 林州阳台寺天宝九载（750）塔铭文拓本

（引自《山东佛教史迹》页35）

（2）第二至七层平座式塔身宽度自下而上逐层略微收分，其四壁中部分别辟一尖拱形小龛。龛高10厘米，宽10—11厘米，龛内浮雕一结跏趺坐、施禅定印佛。佛高肉髻，着双领下垂式袈裟，内着僧祇支（图HN9-6）。龛外两侧阴线刻花卉。第二层塔身高13.5厘米，宽与侧宽58.5厘米，其后半部分为修复时增补石件。第三层塔身高12厘米，宽与侧宽57.5厘米。第四层塔身高12厘米，宽与侧宽55.5厘米。

3.塔檐

塔檐现存七层，均作无脊盝顶式，盝顶阴线刻出瓦垄，其侧立面阴线刻缠枝花卉，宽度自下而上逐层略微收分。第一至三层塔檐叠涩出檐四层，第四至六层塔檐叠涩出檐三层，第七层塔檐叠涩出檐两层。第一层塔檐宽与侧宽87厘米，第二层塔檐宽与侧宽84.5厘米。

根据过去学界记录，2000年维修该塔时曾在基座下方，发现地宫并出土一件石刻佛像，佛像后被盗抢，去向不明[①]。

①《林州文物考古发微》，页171。

三、铭文

佛堂形塔身前石左壁自左向右原刻4列楷书铭文。现以学界刊布拓本为底本（图HN9–7），参照实物录文如下。

维大唐天寶（同“宝”）九载嵗（岁）次庚寅（寅）八月□十八日

浮啚（通“图”）主孟崇仙抽减净财，敬造石浮啚□级，今得成就（就）。上为/开元圣神文武皇帝、陛下郡守，又为七代先亡（亡）、/師（师）僧父母，普及法界仓（误，应作“苍”）生，同霑此（此）福（福）。

铭文中异体字多有使用，据其内容可知，该塔是唐玄宗天宝九载（750）八月孟崇仙发愿兴建，具体日期应为二十八日。

HN10号 安阳市林州市阳台寺唐代造像塔

一、基本情况

该塔位于林州阳台寺佛殿左前方（东侧），与佛殿右前方（西侧）的天宝九载（750）塔（HN9号）东西并列，原有七级，后存六级（图HN10-1、HN10-2），通高292厘米[①]，具体年代不明。据看寺人冯铁贵先生告知，该塔第五层塔檐以上构件十余年前被盗，现存五级（图HN10-3），通高257厘米[②]。

图HN10-1 林州阳台寺塔

（引自《安阳文物精华》页67）

二、构件及其图像

1.基座

由下层收分叠涩式平座、中层低矮束腰式平座和上层束腰须弥座组合而成。

下层收分叠涩式平座自下而上收分叠涩三层石板。三层

① 前引张增午《河南林县阳台寺唐代石塔》，页29—32。

② 本实例未注明出处尺寸信息为笔者2016年12月4日实地调查所得。

图HN10-2 林州阳台寺塔前壁、左壁立面图

（引自《山东佛教史迹》页352、353）

图HN10-3 林州阳台寺塔现状

石板宽与侧宽相同，依次为149、130、119厘米。

中层低矮束腰式平座分别通高29厘米，宽与侧宽97厘米，其先刻出一层下枋，下枋之上刻出一层线脚，线脚之上内收一层低矮束腰。束腰四角均雕刻一天王（图HN10-4），天王身披铠甲，双腿跪地，作扛举姿态。束腰四壁正中辟一椭圆形壶门，壶门高11、宽26厘米。壶门内浮雕一正面观半身兽（图HN10-5），兽仅露出头部和前肢，顶生双角，怒目圆睁，龇牙咧嘴，獠牙外露，双爪前扑，其两侧分别辟一尖拱形壶门（图HN10-6）。壶门高10、宽15—20厘米，其内浮雕伎乐。伎乐肩挎帔帛，上身赤裸，下身着裙。前壁左侧伎乐拍钹，右侧伎乐弹琵琶，均盘腿而坐。右壁左侧伎乐盘腿而坐并抚

图工N10-4 林州阳台寺塔中层低矮束腰式平座天王

琴，右侧伎乐双手平伸，左腿单膝跪地，右腿向后斜伸。后壁左侧伎乐盘腿而坐并击腰鼓，右侧伎乐残损。左壁左侧伎乐残损，右侧伎乐双手平伸，左腿单膝跪地，右腿向后斜伸。束腰之上出挑一层上枋，上枋顶部刻出一层单瓣覆莲下枭，下枭之上刻出一层线脚，线脚之上承托上层须弥座束腰。

上层须束腰石四壁素面，其上刻出一层线脚，线脚之上出挑一层单瓣仰莲上枭，上枭之上承托佛堂形塔身。束腰与上枭均为后世增补石件，其作法应与原物一致。

2.塔身

（1）第一层佛堂形塔身由前、后二石块拼接而成，组合后高84.5、宽60、侧宽63厘米。

前石高84、宽60、侧宽33厘米，其左、右两壁素面，前壁下部正中辟圆拱尖楣塔门（图HN10-7），塔门通高54、宽32厘米。门洞作竖长方形，高31、宽24.5厘米，其上方有半圆形门额，两侧有立颊，下设门槛。门槛高2厘米，其两端设门砧石与蹲狮，现已残损。塔门两侧浮雕一对力士，二力士肩挎帔帛，上身赤裸，下身着裙，内侧手叉腰，外侧手上举，肌肉块状隆起，跣足立于山石。右侧力士残损，现以水泥补齐。门楣左、右最宽处38厘米，两端楣角浮雕上吻翻卷、鬣毛卷曲的侧面观摩羯鱼，右侧摩羯鱼残损，现以水泥补齐。门楣内浮雕一对侧面观龙，双龙张牙舞爪，脊毛直立，龙尾卷曲，作行走姿态，朝向内侧并回首反顾，各伸出一只前爪合托仰莲台上的宝珠。楣尖上方浮雕一正面

图HN10-5 林州阳台寺塔中层低矮束腰式平座右壁壶门半身兽

观兽头，兽头顶生双角，双目圆睁，龇牙咧嘴，鬣毛卷曲，以口衔住楣尖。兽头两侧浮雕一对侧面观迦陵频伽，二迦陵频伽人首鸟身，头系宝缯，双翅外展，长尾翘起，朝向内侧，立于门楣，似双手合十于胸前。二迦陵频伽上方浮雕一对侧面观飞天，二飞天身挎帔帛，上身赤裸，下身着裙，作飞翔姿态，朝向中部，各伸出一手合托兽头顶部仰莲台上的单层六边形佛塔。

后石高84.5、宽59、侧宽30厘米，其四壁素面。前、后二石组合成的塔心室内空无一物，原初可能放置单独佛像。

（2）第二至七层平座式塔身宽度自下而上逐层略微收分，其四壁中部分别辟一尖拱形小龛。龛高11厘米、宽10—12厘米，龛内浮雕一结跏趺坐、施禅定印佛。佛高肉髻，着双领下垂式袈裟，内着僧祇支。龛外两侧阴线刻花卉。第二层塔身高12厘米，宽与侧宽58厘米。第三层塔身高12厘米，宽与侧宽56厘米。第四层塔身高13厘米，宽与侧宽54.5厘米。

3.塔檐

塔檐原存七层，均作无脊盝顶式，盝顶阴线刻出瓦垄，其宽度自下而上逐层略微收分。第一至三层塔檐叠涩出檐四层，第四至六层塔檐叠涩出檐三层，第七层塔檐叠涩出檐两层。现存第一、五层塔檐为后世增补石件，第二层塔檐宽与侧宽86厘米，第三层塔檐宽与侧宽84厘米，第

前壁左侧
前壁右侧
右壁左侧
右壁右侧
后壁左侧
后壁右侧
左壁右侧

图HN10-6 林州阳台寺塔中层低矮束腰式平座四壁壸门伎乐

图HN10-7 林州阳台寺塔佛堂形塔身前石前壁及线描图

六、七层塔檐佚失。

该塔结构、体量以及图像组合，与同寺天宝九载塔（HN9 号）基本相同，其年代应与后者一致，极有可能同为孟崇仙建造。

HN11 号 安阳市灵泉寺东侧唐代造像塔

一、基本情况

灵泉寺位于安阳善应镇太行山支脉宝山东麓的峡谷盆地，据北宋绍圣元年（1094）《有隋相州天禧镇宝山灵泉寺传法高僧灵裕法师传并序》记载，该寺始建于东魏武定四年（546），原名宝山寺，隋开皇年间（581—600）杨坚取群山之泉及高僧灵裕法名，改称灵泉寺[①]。开皇十一年（591）灵裕应诏至长安[②]，被敕封为国统[③]，其归寺后灵泉寺规模扩

① 河南省古代建筑保护研究所编《宝山灵泉寺》，郑州：河南人民出版社，1991 年，页 75、76。

②（唐）道宣《续高僧传》，台北：文殊出版社，1988 年，第二册页 262、263。

③ 国统或称沙门大统、沙门大昭玄统、昭玄大沙门统，为隋代全国僧务统管机构昭玄寺僧官之最。（唐）魏征等撰《隋书》，北京：中华书局，1973 年，第三册页 758。

图HN11-1 安阳灵泉寺东塔

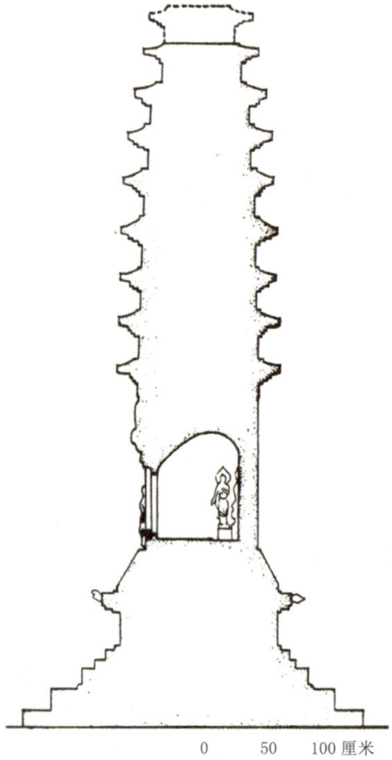

图HN11-2 安阳灵泉寺东塔剖面图

（引自《河南安阳灵泉寺唐代双石塔》页 72）

图HN11-3 安阳灵泉寺东塔基座右壁

大，唐时佛事兴盛，并与安阳修定寺、邯郸响堂寺并称北方三大佛教活动中心，素有“河朔第一古刹”之称。

灵泉寺坐北朝南，清末废弃前中轴线上依次建有山门、天王殿、大佛殿、大雄殿、观音阁和地藏殿。在大雄殿之后，即观音阁左、右两侧前方，树立有东、西两座唐代佛堂形组合式造像塔。双塔间距 860 厘米，具体年代不明。民国时期双塔主体被埋没于寺院废墟，仅露出部分塔檐，1983 年 8—12 月经河南省古代建筑保护研究所发掘清理后露出完整面貌[①]，现已被公布为全国重点文物保护单位。双塔坐北朝南，平面呈方形，青石质，由基座、塔身和塔檐组成，作密檐式结构。过去学界对双塔多有记录[②]。东侧（左前方）造像塔即为本实例（图HN11-1、HN11-2），原存九级，通高 522 厘米[③]。

安阳隋时为魏郡，唐武德元年（618）置相州总管府，天宝元年（742）改为邺郡，乾元元年（758）复称相州，属河北道[④]。

① 河南省古代建筑保护研究所《河南安阳灵泉寺唐代双石塔》，《文物》1986 年第 3 期，页 70。河南省古代建筑保护研究所《安阳宝山寺考古收获》，《中原文物》1987 年第 4 期，页 1—6。

②（清）武亿撰《安阳县金石录》，载前引《石刻史料新编》第三辑，第二十八册页 488、489。季毅《关于安阳灵泉寺双石塔唐人题字的几点补充》，《文物》1986 年第 6 期，页 82。《中国文物地图集 · 河南分册》，页 277。《河南古塔》，页 53、54。《安阳灵泉寺石塔伎乐人》，载《中国音乐文物大系·河南卷》，页 263—265。《安阳文物精华》，页 68—70 。孙继民、彭文峰《安阳灵泉寺唐代题记与两税法——兼论两税法在河朔割据藩镇的实施及其限度》，《中国经济史研究》2006 年第 3 期，页 74—81。《山东佛教史迹》，页 355—372。《河南文物》，中册页 1209。杜启明主编《中原文化大典 · 文物典 · 建筑》，郑州：中州古籍出版社，2008 年，页 105、106。《杨焕成古建筑文集》，页 396。左满常《河南古建筑》，北京：中国建筑工业出版社，2015 年，页 97、98。

③ 前引河南省古代建筑保护研究所《河南安阳灵泉寺唐代双石塔》，页 71。

④《旧唐书》，第五册页 1491。《新唐书》，第四册页 1012。

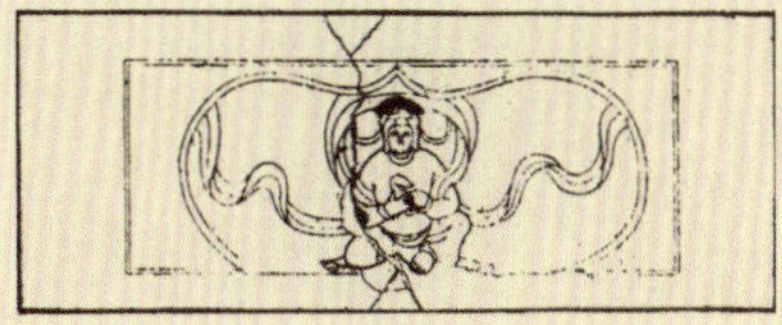

前壁左侧

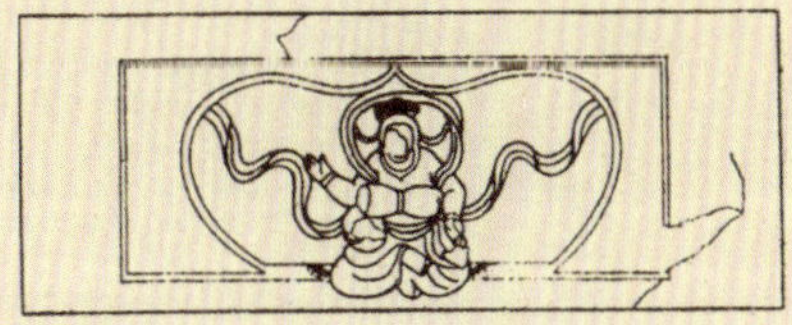

前壁右侧

右壁左侧

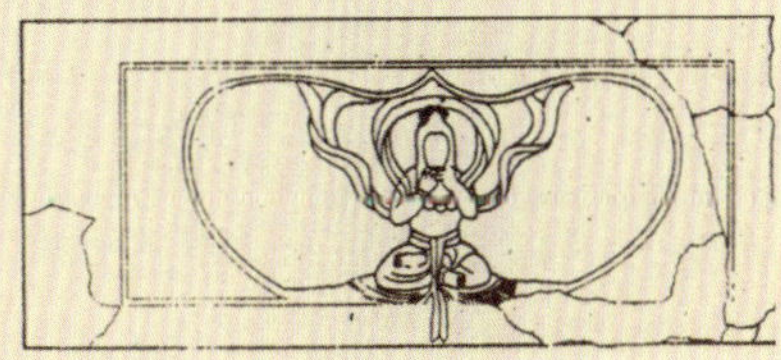

右壁右侧

后壁左侧

后壁右侧

左壁左侧

左壁右侧

图HN11-4 安阳灵泉寺东塔须弥座束腰四壁伎乐线描图

（引自《山东佛教史迹》页365）

二、构件及其图像

1.基座

由下层收分叠涩式平座、中层束腰须弥座和上层勾栏式平座组合而成（图HN11-3）。

下层收分叠涩式平座自下而上收分叠涩两层方形石板，下层埋于土内，上层高17、宽224、侧宽230厘米[①]，其顶部凸起刻出方形平台。平台高3.5、宽187.5、侧宽192厘米，其内刻出浅方形凹槽。凹槽尺寸略大于中层束腰须弥座的底座，使其与须弥座紧密拼合。

中层束腰须弥座的底座自下而上收分叠涩三层石板，下层高11、宽179、侧宽183厘米，中层高9、宽160、侧宽165厘米，上层高6.5、宽144.5、侧宽150厘米。上层石板顶部凸起刻出方形平台。平台高5、宽131、侧宽135厘米，其内刻出浅方形凹槽。凹槽尺寸略大于上方束腰石，使其与束腰石紧密拼合。束腰石高25厘米，宽与侧宽123厘米，其四角及四壁中部雕刻蜀柱。蜀柱间刻出长方形框，高17、宽48厘米，框内均辟一尖拱形壶门。壶门高16.5、宽39厘米，其内浮雕伎乐（图HN11-4）。伎乐头系宝缯，肩挎帔帛，上身赤裸，下身着裙，依次吹竽、击腰鼓、弹琵琶、吹排箫、舞蹈、吹箫、拍钹、吹笛。束腰石上叠涩出挑三层枋板，通高16、宽158、侧宽155厘米。上层枋板四侧立面分别圆雕两个上昂的螭首（图HN11-5），其顶部凸起刻出方形平台。平台内刻出浅方形凹槽，凹槽尺寸略大于上

① 本实例未注明出处尺寸信息为笔者2016年7月4日、2017年2月24日实地调查所得。

层勾栏式平座，使其与平座紧密拼合。

上层勾栏式平座通高 40 厘米，宽与侧宽 125 厘米。平座底部先收分叠涩三层枋板，其上立起雕刻平台勾栏，平台之上承托佛堂形塔身。平台四角雕刻扛举姿态的侏儒力士，其四壁中部各辟一斜坡形踏道。前、右、左三壁踏道均以垂带中分为两路，后壁踏道作单路。前、后两壁踏道作七级，宽度分别为 21、19.5 厘米，左、右两壁踏道作八级，宽度均为 23 厘米。

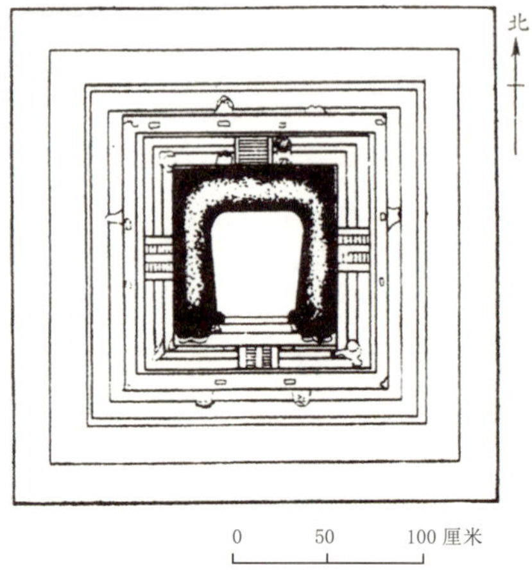

图HN11-5 安阳灵泉寺东塔平面图

（引自《河南安阳灵泉寺唐代双石塔》页 72）

2.塔身

（1）第一层佛堂形塔身由前、后二石块拼接而成，组合后高 119、宽 91.5、侧宽 98 厘米。

前石高 119、宽 91.5、侧宽 60 厘米，其左壁补刻铭文，右壁素面，前壁下部正中辟圆拱圆楣塔门（图HN11-6）。门洞作竖长方形，高 43.5、宽 36 厘米，其上方有半圆形门

图HN11-6 安阳灵泉寺东塔佛堂形塔身前石前壁及线描图

图HN11-7a 安阳灵泉寺东塔佛堂形塔身后石前壁佛龛

图HN11-7b 安阳灵泉寺东塔佛堂形塔身后石前壁佛龛线描图

（引自《河南安阳灵泉寺唐代双石塔》页79）

额，门额中部高浮雕一正面观兽头。兽头顶生双角，怒目圆睁，龇牙咧嘴。塔门两侧有立颊，下设门槛。门槛高5.5厘米，其两端浮雕下窜、上跳的狮子。塔门两端楣角浮雕上吻翻卷的侧面观摩羯鱼，其两侧浮雕一对力士。二力士身挎帔帛，上身赤裸，下身着裙，内侧手下垂腰间，外侧手握拳上举，肌肉块状隆起，跣足立于山石。门楣上方浮雕一正面观穿壁兽，兽仅露出上身，口衔楣顶并将前肢撑在门楣上。兽上方浮雕一对侧面观飞天，二飞天身挎帔帛，作飞扬姿态，朝向中部，各伸出一手合托仰莲台上的单层重檐六边形小佛塔，佛塔前壁辟圆拱形塔门。兽两侧浮雕一对穿壁龙，双龙头部残损，爪具三趾，作俯冲姿态，朝向内侧，上方龙尾交缠，中间龙身穿入壁内，下方龙首高昂。

后石高119、宽91.5、侧宽38厘米，其左、右、后三壁素面，前壁辟圆拱形龛（图HN11-7）。龛高80、宽57厘米，龛内高浮雕一佛二弟子二菩萨。佛具桃形头光，结跏趺坐于亚字形束腰须弥座，着裹身垂领式袈裟，内着僧祇支并于腹部束带，左手抚膝，右手横置腿上，通高（含头光）36厘米。佛座覆帐，高21厘米。佛头光上方浮雕尖顶华盖，华盖四角垂挂流苏。头光两侧浮雕一对侧面观飞天，双飞天身挎帔帛，上身赤裸，下身着裙，作俯冲姿态，朝向中部。佛左、右两侧为二弟子，二弟子身着袈裟，跣足立于莲台，高均29厘米。左侧弟子双手合十于胸前，右侧弟子袖手于腹部。二弟子外侧为二菩萨，二菩萨具桃形头光，佩戴手镯，身挎帔帛，上身赤裸，下身着裙，内侧手上举胸前，外侧手下垂执帔帛，跣足立于莲台，通高（含头光）分别为35、37厘米。

（2）第二至九层平座式塔身四壁素面，其宽度自下而上逐层略微收分。

3.塔檐

塔檐原有九层，现存八层，均作无脊盝顶式，其四角残存悬挂铃铎的穿孔，盝顶阴线刻出瓦垄，宽度自下而上逐层略微收分。第一至六层塔檐叠涩出檐四层，第七、八层塔檐叠涩出檐三层。其中，佛堂形塔身上方原初应有一层塔檐，现已佚失。

三、铭文

佛堂形塔身前石左壁自左向右补刻9列楷书铭文。现以学界刊布拓本为底本（图HN11-8），参照实物录文如下。

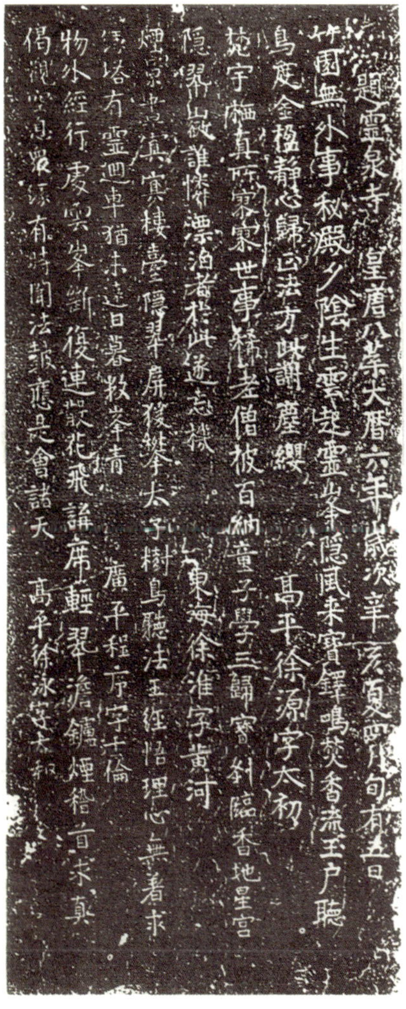

图HN11-8 安阳灵泉寺东塔铭文拓本

（引自《河南安阳灵泉寺唐代双石塔》页74

题霊（灵）泉寺　皇唐八/萘（叶）大曆（同“曆”，通“历”）六年嵗（岁）次𨐌（辛）亥四月旬有五日。

竹园无外事，秘殿夕阴生；云𧺆（起）霊峯（同“峰”）隠（同“隐”），风来寶（同“宝”）铎鸣。梵香流玉户，聽（同“听”）/乌㡯（度）金楹；静心归𤴓（正）法，方𣥠（此）谢尘缨。　高平徐（徐）源，字太初。

梵宇栖真𠩄（所），寮（寥）寮世事稀；耂（老）僧（僧）披百纳，童子学三归。寶剎（刹）臨（临）香地，星宫/隠翆（翠）微；谁怜漂泊者，于𣥠遂忘機（机）。　东海徐淮，字黄河。

烟景昼㝠（冥）㝠，樓（楼）台隐翆屏；猨（同“猿”）攀太子树，乌聽（听）法王經（经）。悟理心无著（着），求/緣（缘）塔有霊；迴（同“迴”）车犹未遠（远），日暮数峯青。　广平程序，字士伦。

物外經（经）行處（处），云峯斷（断）复连；𢿙（散）花飞講（讲）席，轻翆澹鑪（鑪，通“炉”）烟。稽（稽）首（首）求真/偈（偈），观空息众緣；有时闻法皷（同“鼓”），应是會（会）诸天。　高平徐泳，字太和。

铭文中异体、通假字多有使用，其中“旬有五日”指一旬之后再过五日，即十五日[①]。铭文内容为唐代宗大历六年（771）四月十五日，高平人徐源、徐泳，与东海人徐淮[②]、广

① （晋）郭象注，（唐）成玄英疏，曹础基、黄兰发点校《庄子注疏》卷1〈逍遥游〉：“夫列子御风而行，泠然善也，旬有五日而后返。”北京：中华书局，2011年，页10。

② 东海县唐时属河南道海州。《旧唐书》，第五册页1446。

平人程序游览灵泉寺时所书四首五言律诗，该塔年代应早于此。上述四诗未收入《全唐诗》，后补录于孙望先生编《全唐诗补逸》[①]。

该塔圆拱形塔门与兽头、半身兽、双龙组合，与淇县天宁寺开元九年（721）塔（HN1号）基本一致。塔门浮雕摩羯鱼楣角，门楣上方二飞天合托单层六边形小佛塔作法，又与林州阳台寺天宝九载（750）塔（HN9号）大体相同。综合判断，该塔年代兴建于盛唐，年代为玄宗开元中、晚期的可能性最大。

HN12号 安阳市灵泉寺西侧唐代造像塔

一、基本情况

本实例为安阳灵泉寺观音阁西侧（右前方）的唐代造像塔（图HN12-1、HN12-2），与观音阁东侧（左前方）的唐代造像塔（HN11号）东西并列，现存九级，通高556厘米[②]。

二、构件及其图像

1.基座

由下层收分叠涩式平座、中层束腰须弥座和上层勾栏式平座组合而成。

下层收分叠涩式平座自下而上收分叠涩两层石板，下层埋于土内，上层高8.5厘米，宽与侧宽219厘米[③]，其顶部凸起刻出方形平台。平台高3.5厘米，宽与侧宽180厘米，其内刻出浅方形凹槽，凹槽尺寸略大于中层束腰须弥座的底座，使其与

图HN12-1 安阳灵泉寺西塔

① 孙望《全唐诗补逸》卷6，载中华书局编辑部点校《全唐诗》（增订本），北京：中华书局，1999年，第十三册页10426、10427。

② 前引河南省古代建筑保护研究所《河南安阳灵泉寺唐代双石塔》，页71。前引河南省古代建筑保护研究所《安阳宝山寺考古收获》，页1—6。

③ 本实例未注明出处尺寸信息为笔者2016年7月4日、2017年2月24日实地调查所得。

须弥座紧密拼合。

中层束腰须弥座的底座自下而上收分叠涩三层石板，下层高 11.5 厘米，宽与侧宽 179 厘米。中层高 7 厘米，宽与侧宽 147 厘米。上层高 5.5 厘米，宽与侧宽 126.5 厘米。上层石板顶部凸起刻出方形平台，平台内刻出浅方形凹槽。凹槽尺寸略大于上方束腰石，使其与束腰石紧密拼合。束腰石高 23.5 厘米，宽与侧宽 117.5 厘米，其四角及四壁中部雕刻珠节式蜀柱。蜀柱间刻出长方形框，高 18、宽 51 厘米，框内均浮雕一身挎帔帛的伎乐（图HN12–3）。伎乐上身赤裸，下身着裙，依次拍板、舞蹈、击鼓、弹琵琶、弹箜篌、吹竽、吹排箫、吹笛。束腰石上叠涩出挑三层枋板，通高 27、宽 150、侧宽 146 厘米。上层枋板四侧立面分别圆雕两个上昂的螭首（图HN12–4），其顶部凸起刻出方形平台。平台内刻出浅方形凹槽，凹槽尺寸略大于上层勾栏式平座，使其与平座紧密拼合。

图HN12–2 安阳灵泉寺西塔前壁立面图

（引自《安阳宝山寺考古收获》页 3）

上层勾栏式平座通高 28 厘米，宽与侧宽 116 厘米。平座底部先收分叠涩两层枋板，其上立起雕刻束腰状平台勾栏，平台之上承托佛堂形塔身。平座四角原初雕刻坐姿扛举力士，其四壁中部各辟一拱券形踏道（图HN12–5）。前、右、后三壁踏道均以垂带中分为两路，左壁踏道作单路。前、后两壁踏道分别作八级、九级，宽均为 22 厘米，右、左两壁踏道均作九级，宽均为 18 厘米。

2.塔身

（1）第一层佛堂形塔身由前、后二石块拼接而成，组合后高 128、宽 90、侧宽 95.5 厘米。

前石高 128、宽 90、侧宽 49.5 厘米，其左壁补刻铭文，右壁素面，前壁下部正中辟圆拱圆楣塔门（图HN12-6）。门洞作竖长方形，高 45、宽 35 厘米，其上方有半圆形门额，两侧有立颊，下设门槛。门槛高 6 厘米，其两端浮雕蹲狮。塔门两端楣角浮雕侧面观龙头，楣拱刻成具鳞片龙身。塔门两侧分别浮雕一天王和力士，二者身挎帔帛，立于山石。左侧天王头戴兜鍪，身披铠甲，左手握拳于腰部，右手搭于左臂上。右侧力士头系宝缯，上身赤裸，下身着裙，左手下垂执帔帛，右手握拳上举，肌肉块状隆起，双脚跣足而立。门楣上方浮雕一正面观穿壁兽，兽仅露出后半身，其头部原初可能从门额中钻出。兽上方仰莲台上有一舞伎，舞伎肩挎帔帛，上身赤裸，下身着裙，翩跹起舞。舞伎两侧浮雕一对侧面观龙，双龙头部残损，张牙舞爪，作俯冲姿态，朝向内侧，上方龙尾卷曲，下方龙首高昂，爪下烘托云朵。

后石高 128、宽 89、侧宽 46 厘米，其右壁素面，后、左两壁补刻铭文，前壁辟圆拱形龛。龛高 97、宽 65 厘米，龛内高浮雕一佛二弟子二菩萨（图HN12-7）。佛具桃形头光，结跏趺坐于长茎仰莲座，着裹身垂领式袈裟，左手抚膝，右手残损，似施无畏印，通高（含头光）37 厘米。佛头光两侧云朵上浮雕一对侧面观飞天，二飞天肩挎帔帛，上身赤裸，下身着裙，作飞扬姿态，朝向中部。右侧飞天左手托举花盘。佛左、右两侧为二弟子，二弟子身着袈裟，跣足立于长茎仰莲台。左侧弟子双手合十于胸前，高 34 厘米。右侧弟子袖手于腹部，高 31 厘米。二弟子外侧为二菩萨，二菩萨具桃形头光，佩戴项圈、手镯，身挎帔帛，上身赤裸，下身着裙，跣足立于长茎仰莲台。左侧菩萨双手抱于胸前，高（含头光）42 厘米。右侧菩萨左手置于胸前，右手下垂执帔帛，高（含头光）43 厘米。

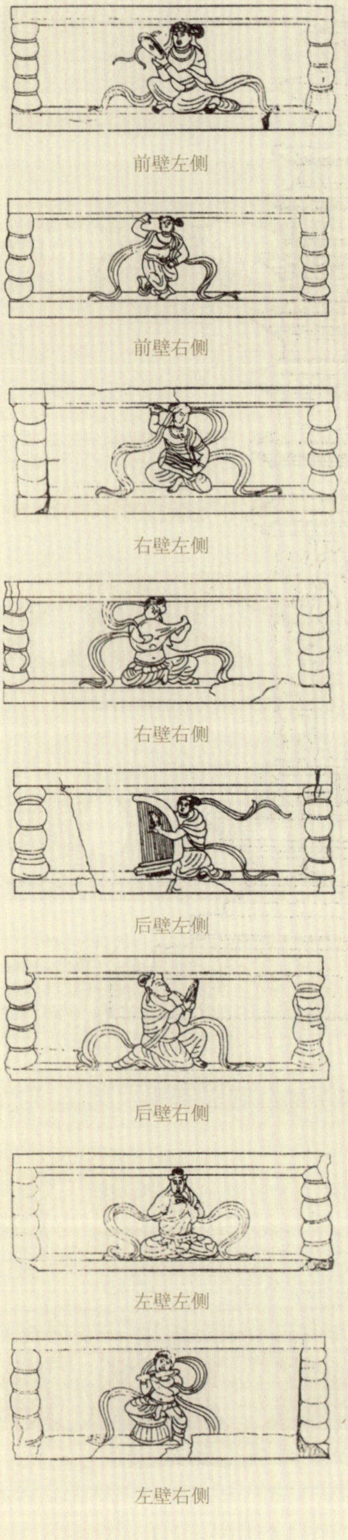

图HN12-3 安阳灵泉寺西塔须弥座束腰四壁伎乐线描图

（引自《山东佛教史迹》页 370）

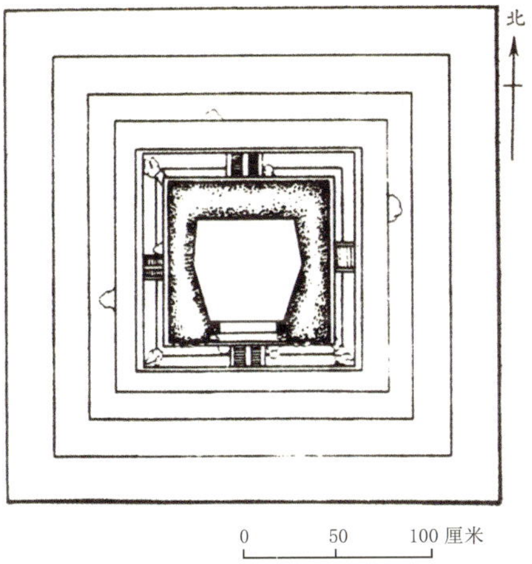

图HN12-4 安阳灵泉寺西侧塔平面图
（引自《河南安阳灵泉寺唐代双石塔》页 72）

弟子、菩萨所立莲台均处在中央佛座莲茎生长出的莲枝上。

（2）第二至九层平座式塔身宽度自下而上逐层略微收分，其左、后、右三壁素面，前壁中部辟一尖拱形小龛，龛内浮雕结跏趺坐、施禅定印佛。

3.塔檐

塔檐现存九层，其宽度自下而上逐层略微收分。第一至八层作无脊盝顶式，其四角残存悬挂铃铎的穿孔，盝顶阴线刻出瓦垄。第一至六层塔檐叠涩出檐四层，第七、八层塔檐叠涩出檐三层。第九层塔檐作有脊盝顶式，叠涩出檐两层，盝顶四脊雕刻蹲狮，其上原置仰莲刹座和火焰刹珠（图HN12-8）[①]。刹座和刹珠佚失。

三、铭文

佛堂形塔身后石与前石左壁，以及后石后壁三处补刻七则铭文。现以学界刊布拓本

前壁

右壁

后壁

左壁

图HN12-5 安阳灵泉寺西塔勾栏式平座四壁

①《支那文化史蹟》，第五辑图版 79-1。

图HN12-6 安阳灵泉寺西塔佛堂形塔身前石前壁及线描图

为底本（图HN12-9），参照实物及过去学界载录文如下[①]。

1.后石左壁下方，自右向左补刻 8 列楷书铭文。

圃人禹璜，以咸通八年五月自宗城拜安阳。/是月十八日较夏租，面寶（同“宝”）山之崔嵬（嵬），税（税）车半日，扪/萝环涧，力抵（抵）危（危）峯（同“峰”），瞩盟津于前，眄（眄）常山于后，/左揖泰嶽（岳），右俯砥（玟，同“珉”）莘，流情肆目，独畅其巅。/虽乘查之问霄漢（汉），入壶而观太虚（虚），未必多/此。十九日纪，/従（从）者鐵（铁）儿、/阿用、/十四。

根据《安阳县金石录》记录，后石左壁上方原初补刻 4 列铭文，为一首七言律诗，现已磨泐。

……往……/……石……/一瓶寒水背书囊，/□□□□□□□。

2.前石左壁自右向左补刻两则行书铭文，分别为 4 列、3 列。

① 武亿撰《安阳县金石录》，《石刻史料新编》第三辑，第二十八册页 488、489。

图HN12-7a 安阳灵泉寺西塔佛堂形塔身后石前壁佛龛

图HN12-7b 安阳灵泉寺西塔佛堂形塔身后石前壁佛龛线描图

（引自《河南安阳灵泉寺唐代双石塔》页73）

图HN12-8 安阳灵泉寺西塔旧照

（引自《支那文化史蹟》）第五辑图版79-1）

县令郑儻[①]。/明年夏五月廿八日，又擢/麦租，再游于寺，颇息/尘思，禹璜纪（以上为右侧铭文）。

郑儻后年复来，寀（寂）无人烟，登/山焚香而返。/端午日（以上为左侧铭文）。

3.后石后壁自右向左补刻三则楷书铭文，每则1列。

咸通九年弟子高惠顒故记。

天佑元年五月十五日记。

大宋宣……寶山靈（灵）泉寺。

铭文中异体、通假字多有使用，均为后世游人补刻题记。根据塔身左壁铭文可知，唐懿宗咸通八年（867）五月，禹璜自宗城（今邢台威县、广宗）调任安阳[②]，于当月十八日收取夏租时来到灵泉寺，九年（868）五月二十八日禹璜与县令郑儻收取麦租时又游览了该寺。十年（869）五月初五，县令郑儻再次来到灵泉寺。该塔年代应早于咸通八

① 过去学界通常将此句单独视作一则铭文，然其书写位置与后三句铭文前后相续，文字大小、书写风格基本一致，原初应共为一则。前引孙继民、彭文峰《安阳灵泉寺唐代题记与两税法》，页74—81。

② 宗城原名广宗，隋仁寿元年（601），避太子杨广之讳，改称宗城，属清河郡。唐武德四年（621）置宗州，领宗城等四县，武德九年（626）废宗州，宗城改属河北道贝州。《隋书》，第三册页847。《旧唐书》，第五册页1497。

年。塔身后壁铭文补刻于咸通九年（868）、天佑元年（904）和北宋宣和年间（1119—1125）。

该塔圆拱形门与半身兽、双龙、舞伎组合，与青州博物馆藏开元二十五年（737）塔（SD22号）、浚县福胜寺天宝七载（748）塔（HN3号），以及纳尔逊·阿特金斯艺术博物馆藏唐塔散石（BM4号）一致。综合判断，该塔兴建于盛唐时期，年代为玄宗开元晚期至天宝前期的可能性最大。

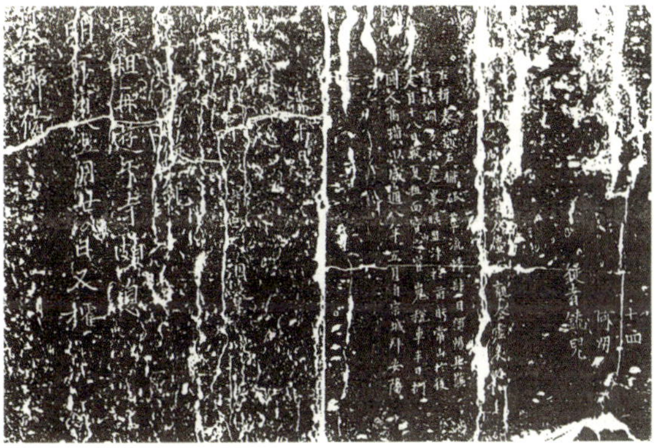

图HN12-9 安阳灵泉寺西塔佛堂形塔身左壁铭文拓本

（引自《山东佛教史迹》页372）

HN13号 新乡市前马屯村同和寺唐开元三年（715）王法明造像塔

一、基本情况

该塔原位于新乡红旗区小店镇（原属延津县）前马屯村同和寺佛殿左前方约820厘米处（图HN13）[①]，平面近方形，青石质，由基座、塔身和塔檐组成，作密檐式结构，原存七级，于1963年6月20日被公布为省文物保护单位，六七十年代惨遭拆毁，仅存三级，残高184厘米[②]。2017年2月20日，笔者曾前往该寺实地调查，承蒙管理员李利华女士告知，该塔佛堂形塔身构件已于2009—2010年被盗，原址仅存基座，寺庙库房内另存数块塔檐等构件。过去学界对该塔多有简略记录[③]。

新乡县始置于隋开皇六年（586），属冀州河内郡，唐时属河北道卫州[④]。

① 本实例未注明出处尺寸信息为笔者2017年2月20日实地调查所得。

②《河南文物》，中册页1357。《中国文物地图集·河南分册》，页261、262。

③《河南省文物志》，页283。《杨焕成古建筑文集》，页396、397。《延津县志》编纂委员会编《延津县志：1986—2000》，郑州：中州古籍出版社，2009年，页106、107。傅山泉、王政《新乡古代建筑与石刻艺术》，郑州：中州古籍出版社，2015年，页258。

④《旧唐书》，第五册页1490《新唐书》，第四册页1012。（清）赵开元纂修、畅俊蒐辑《新乡县志》，台北：成文出版社，1976年，页74、75。

二、构件及图像

1.基座

作收分叠涩式平座，自下而上收分叠涩三层石板，下、中两层现被水泥覆盖，上层高 17、宽 103、侧宽 106.5 厘米，其顶部刻出浅方形凹槽。凹槽宽与侧宽均 87 厘米，其尺寸略大于上方佛堂形塔身，使基座与塔身紧密拼合。

2.塔身

（1）第一层佛堂形塔身由前、后二石块组合而成，参照基座上方凹槽尺寸推测，组合后宽与侧宽略小于 87 厘米。根据旧照及过去学界记录，佛堂形塔身前壁辟圆拱尖楣塔门，门洞作竖长方形。门洞上方有半圆形门额，两侧有立颊，下设门槛。塔门两侧线刻花卉及供养人，其上方原刻铭文。佛堂形塔身的右、后、左三壁线刻佛像、供养人并附刻铭文。塔心室内辟龛，龛内浮雕一佛二菩萨，佛具头光，结跏趺坐于束腰莲座，二菩萨站立在莲台上，具体情况不明。

图HN13　新乡同和寺开元三年（715）塔

（引自《河南省文物志》页 283）

（2）旧照中第二至六层平座式塔身宽度自下而上逐层略微收分。第二层塔身高 19.5 厘米，宽与侧宽 53 厘米，其四壁补刻铭文。第三至六层塔身的右、后、左三壁线刻花卉，前壁辟尖拱形小龛。龛高 8.5、宽 7.5 厘米，龛内浮雕结跏趺坐、施禅定印佛。第三层塔身高 14、宽 48.5、侧宽 48 厘米，第五层塔身高 13.5、宽 36、侧宽 35 厘米。

3.塔檐

旧照中塔檐原存五层，均作叠涩线脚式，“挑四收三”、正反叠涩七层，其宽度自下而上逐层略微收分。第一层塔檐高 14 厘米，宽与侧宽均 83 厘米，其余四层塔檐尺寸不明。此外，佛堂形塔身上方原初应另有一层塔檐。

三、铭文

第一层佛堂形塔身与第二层平座式塔身两处刊刻铭文。

佛堂形塔身前壁塔门上方原刻造塔题记。根据过去学界记录，该塔是唐玄宗开元三年（715），佛弟子太原人王法明携合家眷属，为“夙悟来因，爰求去果，身游五净，心讯六波”而发愿兴建。佛堂形塔身右、后、左三壁线刻供养人旁，原刻供养人姓名。

第二层平座式塔身四壁补刻铭文。笔者实地调查时，因个人力量有限，无法搬动堆砌在库房内的残存构件，仅见该石前壁与左壁分别补刻 17、14 列楷书铭文，右、后两壁情况不明，现参照实物录文如下。

维天圣三年岁次乙/丑十月己□朔丙子/□起建。/都维𨚗（那）头张守璘先/造地宫一□□□绩/斗破砕（碎），㓛（功）徳（德）□□，地宫/裏（里）面后□□□沃□/塔□……□地□/……畢（毕）□/……守璘/……维𨚗劉（刘）/……吕□/……□凝（凝），夯（讹字，同“齐”）载/……经社人䒭（等）并/……/□□𨚗田信，野猪村/□维𨚗□□（以上刻于前壁）。

（右壁、后壁铭文缺失）

力□□，□氏（氏），/维𨚗头郭氏，张氏，/姚（姚）氏，喬（乔）氏，张氏，/桒（桑）氏，/李氏，王氏，马氏，/王氏，时氏，赵氏，/力氏，张氏。

经社人/姚□，姚美，/贾福，吕勳（勋），夯志，/毛志，李进，/张□，夯□，/夯凝，夯竩，/夯吉（以上刻于左壁）。

铭文中异体字多有使用，其中“维天圣三年岁次乙丑十月己□朔丙子□起建”句北宋仁宗天圣三年（1025）十月为己酉朔，丙子日为二十八日[①]。根据过去学界记录，参照铭文内容可知，天圣三年十月二十八日都维那头张守璘及家人曾重修该塔并造地宫一座，庆历五年（1045）刘德、刘用及家人再次重修，共同参与者包括来自经社的诸多信众。

①《中国史历日和中西历日对照表》，页 495。

HN14 号 新乡市鲁堡村百官寺唐开元八年（720）造像塔

一、基本情况

该塔原位于新乡凤泉区鲁堡村百官寺山门外[①]，于 1961 年 4 月 15 日被公布为市第一批文物古迹保护单位，1963 年 6 月 20 日被公布为省第一批重点文物保护单位，1966 年惨遭拆毁，其构件被用作修建村外水渠[②]。根据旧照（图HN14-1）可知，该塔平面近方形，青石质，由基座、塔身和塔檐组成，作密檐式结构，原存六级。过去学界对该塔多有简略记录，称其建于唐玄宗开元八年（720）[③]，损毁后仅知市博物馆收藏有一张铭文拓本[④]。2016 年 7 月 6 日笔者参观该博物馆时，偶然发现一块唐代佛堂形组合式造像塔的塔身构件，同年 12 月 6 日再次前往调查，释读石上铭文及线刻图像后确认，其为该塔的佛堂形塔身后石。

图HN14-1 新乡百官寺开元八年（720）塔

（引自《杨焕成古建筑文集》页 398）

百官寺始建年代不明，该寺出土有北齐天保九年（558）鲁思明造像碑[⑤]。

二、构件及其图像

1.基座

由下层平座、中层与上层束腰须弥座组

① 顾燮光撰《河朔访古新录》卷 6《新乡县第十》："县北十五里鲁堡百官寺，始建失考。山门外有齐天保九年（558）二月鲁思明造象记碑。又石浮图一，右侧刻唐开元八年（720）十月鲁思钦妻贾造石浮图，愿文左侧佛像并题名，阴刻佛像，上下题名四段。"《石刻史料新编》第二辑，第十二册页 8913。

② 中共新乡市委党史研究室编《"文化大革命"时期的新乡》，北京：中共党史出版社，2005 年，页 180。

③《新乡县志》，页 932。（民国）韩邦孚监修、田芸生总编《新乡县续志》，台北：成文出版社，1976 年，页 302、547、548。田芸生编《新乡金石续志》，载《石刻史料新编》第三辑，第二十八册页 610。前引《杨焕成古建筑文集》，页 398、399。

④《河南省文物志》，页 282。

⑤ 该碑 1998 年移置河南博物院。李仁清编著《中国北朝石刻拓片精品集》，郑州：大象出版社，2008 年，下册页 466。

合而成。下层平座由石块组合而成，其前壁浮雕缠枝花卉、莲瓣、力士等，其上置中层须弥座的底座。

中层束腰须弥座的底座自下而上收分叠涩三层方形石板，其上置束腰石。束腰四角雕刻角柱，四壁情况不明，其上出挑一层枋板，枋板之上置上层须弥座的底座。

上层须弥座的底座自下而上收分叠涩三层石板，其上置束腰石。束腰四壁情况不明，其上出挑两层枋板。枋板侧立面阴线刻缠枝花卉，其上承托佛堂形塔身。

图HN14-2 新乡百官寺开元八年（720）塔佛堂形塔身前石前壁

（引自《杨焕成古建筑文集》页399）

2.塔身

（1）第一层佛堂形塔身由前、后二石块组合而成。

前石左、右两壁情况不明，前壁下部正中辟圆拱尖楣塔门（图HN14-2），门洞作竖长方形。门洞上方有半圆形门额，两侧有立颊，下设门槛，门槛两端设门砧石与蹲狮。塔门两端楣角浮雕上吻翻卷的侧面观摩羯鱼，其两侧浮雕一对力士。二力士头系宝缯，肩挎帔帛，上身赤裸，下身着裙，左手叉腰，右手握拳上举，跣足立于山石。左侧力士左脚踏一卧兽。楣尖上方浮雕一正面观兽头，兽头双目圆睁，龇牙咧嘴，口衔楣尖以及侧面观双龙的后身。双龙张牙舞爪，口吐长舌，朝向外侧并回首反顾，各伸出一只前爪合托兽头顶部的火焰宝珠，另一只前爪分别托举一狮子。左侧狮子为立狮，朝向外侧并回首反顾。右侧狮子为蹲狮，朝向内侧。双龙上方浮雕一对侧面观飞天，二飞天身挎帔帛，作俯冲姿态，朝向外侧。

该塔圆拱尖楣塔门与兽头口衔双龙组合，双龙朝向外侧并回首反顾，龙身作素面表现，没有雕刻龙鳞，其作法与内黄理固村塔（HN8号）一致。同时，塔门两侧力士雕刻呆板，肌肉缺乏量感，躯体毫无力度，其摩羯鱼楣角和兽头亦表现生硬。综合判断，旧照中的佛堂形塔身前石已非原貌，可能经过后世修复，或是根据原初图像仿刻的增补构件。该石现已佚失，难以核实，暂且存疑。

图HN14-3 新乡百官寺开元八年（720）塔佛堂形塔身后石前壁及线描图

后石高 89、宽 53.5、侧宽 26 厘米[①]，其前壁辟圆拱形龛（图HN14-3）。龛高 50、宽 35.5 厘米，龛内高浮雕一佛二菩萨。佛结跏趺坐于束腰须弥座，着交领右衽式袈裟，双手抚膝，通高（含座）34.5 厘米，其内区和中区头光作圆形，内区装饰莲瓣，外区头光作桃尖形，佛座覆帐。二菩萨佩戴手镯，肩挎帔帛，上身赤裸，下身着裙，内侧手上举，外侧手下垂，双手均执帔帛，跣足立于长茎仰莲台，高均 30 厘米，双足所在莲台由同一莲茎生长而出。右壁下方线刻一朝向右侧的比丘（图HN14-4），比丘面容苍老，着双领下垂式袈裟，手执麈尾，足蹬高跷云头履，高 35 厘米，其头顶左上方原刻铭文。后壁下方线刻二朝向右侧的比丘，高均 38 厘米。左侧比丘手捧经函，足蹬凉鞋。右侧比丘右手持长柄香炉，炉柄安装香宝子，左手作捻香状，足蹬高跷云头履。左壁中部线刻一组 5 名朝向右侧的女供养人，她们身着交领长裳，分为前、后两排，高 23—30 厘米。前排 2 名成年女子头束高髻，跽坐于床榻，一人左手持长柄香炉、右手作捻香状，另一人手持长茎莲花，榻脚辟有壶门。后排站立 2 名成年女子和 1 名女童。女子头束高髻，一人袖手合十于胸前，一人手持长茎莲花。女童头束双髻，袖手于腹部。供养人上、下方均原刻铭文。

（2）第二至六层平座式塔身宽度自下而上逐层略微收分，其四壁情况不明。

① 本实例未注明出处尺寸信息为笔者实地调查所得。

图HN14-4 新乡百官寺开元八年（720）塔佛堂形塔身后石线刻拓本及线描图

（拓本由新乡市博物馆提供）

3.塔檐

塔檐原存六层，其宽度自下而上逐层略微收分。第一至五层作叠涩线脚式塔檐，第六层作有脊盝顶式塔檐。

三、铭文

佛堂形塔身后石右、左两壁，分别原刻一则、两则铭文。现以新乡市博物馆藏拓本为底本（同图HN14-4），参照实物录文如下。

1.后石右壁线刻比丘左上方，原刻1列行楷铭文。

佛弟子鲁師（师）操、妻尚合家至心供養（养）。

2.后石左壁线刻供养人上方，自右向左原刻5列行楷铭文，有竖线界格。

思欽（钦）妻贾、妻母杨，/欽女端相、女相儿、女三/娘，會（会）妻王，辉妻尚，/會女箱子等合家/至心供養佛时。

后石左壁线刻供养人下方，自左向右原刻4列楷书铭文，有竖线界格。

弟子王道亮、妻贾合家/供養。/张崇古、妻何、男（男）光停、/男光朝合家供養。

铭文中异体字多有使用，据其内容及过去学界记录可知，该塔是唐玄宗开元八年（720）十月，鲁思钦妻贾氏、鲁师操夫妇携合家眷属发愿兴建，共同参与者有王道亮、张崇古等家庭。佛堂形塔身后石左壁上方铭文前半部分有缺，可知原初塔身前石左壁亦刻铭文，二者前后相续为一篇。参考同寺出土北齐天保九年（558）鲁思明造像碑推测，鲁氏自北齐以来或为当地望族，“鲁堡”地名可能由此而来。

HN15号 新乡市卫辉市神头村香泉寺西侧唐代造像塔

一、基本情况

香泉寺位于卫辉市太公泉镇神头村东北霖落山上，该地相传为战国魏安釐王的离宫雪宫[①]，北齐天保七年（556）高僧稠禅师在旧址上创建香泉寺[②]。印度高僧那连提黎耶舍曾游方至此[③]，并在寺北山崖溶洞内创建疠人坊[④]，使得该寺素有“小西天”美誉。寺院依山而建，分为东、西两寺，东寺位于半山腰平地，辟有北齐千佛洞石窟，窟外左侧崖壁刊刻《大方广佛华严经》。西寺是寺院主体，原初建有山门、钟鼓楼、安禅师砖塔[⑤]、稠禅师殿及其配殿、玉皇殿、古佛殿、地藏殿等[⑥]。

在稠禅师殿遗址左、右两侧前方，树立有东、西两座唐代佛堂形组合式造像塔（图HN15-1），通常被称作稠禅师石塔，于2009年9月与香泉寺诸石刻一同被公布为第三批省级文物保护单位[⑦]。双塔坐北朝南，平面近方形，青石质，具体年代不明，过去学界

① （元）王恽《秋涧集·游霖落山杂诗》：“东山削出翠芙蓉，西壑研贮雪风。人说魏王曾避暑，殿基犹是旧离宫。”载（清）顾嗣立编《元诗选·初集》，北京：中华书局，1987年，页492。

② 明成化九年（1473）《重修香泉寺碑》：“此寺迹之初也，其传齐僧稠禅师游化之所，因卓锡。涌泉澄洁甘洌，稠掬水闻其香而记曰‘是地可以建道场矣’。厥后，寺事成，即以‘香泉’题其额。”中国人民政治协商会议卫辉市委员会学习文史委员会编《卫辉文史资料》第七辑，内部资料，2003年，页134。

③ 《续高僧传》：“（那连提黎耶舍）又于汲郡西山建立三寺，依泉旁谷，制极山美。又收养疠疾，男女别坊，四事供承，务令周给。”第一册页29。

④ 梁章池、赵文明《关于中国“疠人坊”起源的考证及其遗址现场的考察》，《中国麻风皮肤病杂志》1985年第1期，页73—77。

⑤ 该塔毁于20世纪60年代，原有13层，塔身砖上均雕刻坐佛，俗称千佛塔。根据《大唐卫州霖落寺大德塔铭》记载，唐永淳元年（682）九月十二日安禅师仙化，垂拱元年（685）众弟子为其建塔。邢亚平主编《牧野风·文物考古卷》，郑州：河南美术出版社，2007年，页83。

⑥ 余晓川《卫辉香泉寺》，《文物建筑》2009年，页210、211。

⑦ 《河南文物》，中册页1342、1343。

图HN15-1 卫辉香泉寺稠禅师殿遗址及唐代造像塔

仅有简略记录，鲜有关注塔上铭文[①]。西侧造像塔即为本实例（图HN15-2），由基座、塔身和塔檐组成，作密檐式结构，现存四级，通高363厘米[②]。

卫辉唐时属河北道卫州汲县[③]。

二、构件及其图像

1.基座

由下层收分叠涩式平座与上层束腰须弥座组合而成，下层收分叠涩式平座现已埋于土内。上层须弥座的底座由方形石板自下而上收分叠涩两层，下层高6.5、宽131、侧宽130厘米[④]，上层高6.5、宽与侧宽112厘米。底座顶部刻出浅方形凹槽，凹槽尺寸略大于上方束腰石，使二者紧密拼合。

图HN15-2 卫辉香泉寺西塔

① 顾燮光撰《河朔访古新录》卷1《汲县第一》，载《石刻史料新编》第二辑，第十二册页8891。《牧野风·文物考古卷》，页83。《杨焕成古建筑文集》，页397、398。前引余晓川《卫辉香泉寺》，页210、211。《新乡古代建筑与石刻艺术》，页254、255。

② 前引余晓川《卫辉香泉寺》，页210。

③《旧唐书》，第五册页1490。《新唐书》，第四册页1012。

④ 本实例未注明出处尺寸信息为笔者2016年12月5日实地调查所得。

前壁　　右壁

图HN15-3 卫辉香泉寺西塔须弥座束腰四壁

束腰石高 25 厘米，宽与侧宽 106 厘米，其四壁中部及左、右两侧边缘刻出蜀柱（图HN15-3）。蜀柱上均浮雕天王，天王头系宝缯，肩挎帔帛，身披铠甲，立于山石。前、右两壁中部天王双手拄剑，后、左两壁中部天王左手执帔帛、右手叉腰。前壁左侧天王执鞭，右侧天王左手叉腰、右手执帔帛。右壁左、右两侧以及后壁左侧天王残损，后壁右侧以及左壁左、右两侧天王双手拄剑。四壁蜀柱间分别辟一尖拱形壸门，壸门高 20、宽 17—18 厘米，其内浮雕乐伎。乐伎头系宝缯，佩戴手镯，肩挎帔帛，上身赤裸，下身着裙，盘腿而坐，依次抚琴、拨阮咸、吹排箫、弹琵琶、吹贝、吹箫、吹筚篥、击腰鼓。

束腰之上置上枋，上枋由方形石板自下而上出挑三层，通高 27、宽 147、侧宽 135 厘米。上枋之上置单瓣仰莲上枭。上枭高 11.5，宽与侧宽 113 厘米，其上承托佛堂形塔身。

2.塔身

（1）第一层佛堂形塔身主体由前、后二石块拼接而成，二石块间镶嵌左、右两块竖长方形石板（图HN15-4、HN15-5），组合后高 143.5、宽 90.5、侧宽 96.5 厘米。

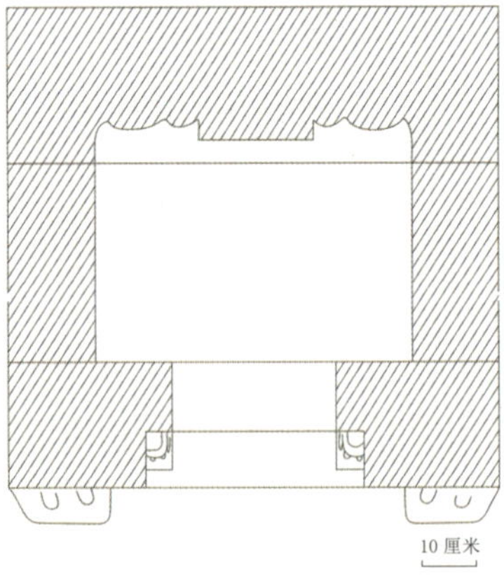

图HN15-4 卫辉香泉寺西塔佛堂形塔身平面图

前石高 143、宽 90.5、左侧宽 30、右侧宽 26 厘米，其左壁补刻铭文，右壁素面，前壁下部正中辟圆拱圆楣塔门（图HN15-6）。门洞作竖长方形，高 36.5、宽 30.5 厘米，其上方有半圆形门额，两侧有立颊，下设门槛。门槛高 5.5 厘米，其两端设门砧石与蹲狮。塔门楣拱、立颊等处残存敷赭痕迹。塔门左侧楣角浮雕上吻翻卷的侧面观摩羯鱼，右侧楣角残损。塔门两侧浮雕一对力士，二力士头系宝缯，肩挎帔帛，上身赤裸，下身着裙，内侧手下垂执帔帛，外侧手握拳上举，肌肉块状隆起，跣足立于山石。门楣上方浮雕一正面观兽头，兽头顶生双角，鬣毛卷曲，面部残损。兽头

后壁

左壁

上方云朵上浮雕一佛二弟子二菩萨，佛与右侧弟子、菩萨残损。佛结跏趺坐于束腰仰覆莲座，其内区头光作圆形并装饰莲瓣，外区头光作桃形火焰状。左侧弟子着双领下垂式袈裟，双手合十，立于莲台。左侧菩萨佩戴项圈，身挎帔帛，上身赤裸，下身着裙，左手下垂执帔帛，右手上举胸前。兽头两侧云朵上另浮雕二菩萨，二菩萨头系宝缯，下乘朝向中部的侧面观坐骑，菩萨和坐骑残损。左侧菩萨乘象，右手上举执莲蕾，表现普贤菩萨。右侧菩萨乘狮，表现文殊菩萨。佛左、右两侧上方云朵上，浮雕一对侧面观飞天，右侧飞天上半身残损。二飞天身挎帔帛，作俯冲姿态，朝向外侧，其内侧手后伸执帔帛。

后石高 143、宽 89.5、左侧宽 29、右侧宽 27 厘米，其左、右、后三壁补刻铭文，前壁辟圆拱形龛（图HN15-7）。龛高 75、宽 58.5 厘米，龛内高浮雕一佛二弟子二菩萨。佛倚坐于束腰须弥座，着裹身垂领式袈裟，内着僧祇支并于腹部束带，双手抚膝，通高（含座）51 厘米，其内区头光作圆形并装饰莲瓣，外区头光作桃形火焰状。佛双足所踏仰莲台由同一莲茎生长而出，佛座覆帐。佛左、右两侧为二弟子，二弟子身着袈裟，跣足立于束腰莲台。左侧弟子双手合十于胸前，右侧弟子袖手于腹部，高度分别为 34、36 厘米。二弟子外侧为二菩萨，二菩萨头束高髻，系有宝缯，佩戴项圈、手镯与璎珞，肩挎帔帛，上身赤裸，下身着裙，跣足立于束腰莲台，高度分别为 43、42 厘米。左侧菩萨左手下垂执帔帛，右手上举胸前执莲蕾。右侧菩萨

图HN15-5 卫辉香泉寺西塔佛堂形塔身剖面与立面图

图HN15-6 卫辉香泉寺西塔佛堂形塔身前石前壁及线描图

左手上举执柳枝，柳枝倒垂于左肩，右手下垂提净瓶。

左、右二石板内壁素面，外壁补刻铭文。左石高143、宽37.5厘米，右石高143.5、宽41.5厘米。

（2）第二至四层平座式塔身宽度自下而上逐层略微收分。第二层塔身四壁线刻缠枝花卉。第三、四层塔身四壁均辟三个尖拱形小龛，龛内浮雕结跏趺坐、施禅定印佛。

3.塔檐

塔檐现存四层，均作叠涩线脚式，“挑四收三”、正反叠涩七层，其宽度自下而上逐层略微收分。该塔右侧菜地内另散落两块塔檐残件（图HN15-8），原初应为该塔构件。

三、铭文

佛堂形塔身右、后、左三壁分别补刻两则、三则、三则铭文，共计八则。现根据实物并参照《河朔访古新录》记载，录文如下。

1.右石外壁自左向右补刻4列行楷铭文，字体较大。

曹南任伯和、釰（同“剑”）溪叶/择甫诣六度、霖落祈/雨，上官太初同行。癸/未岁季春十六日题。

铭文中“曹南”即曹州（今山东菏泽），境内有曹南山①，剑溪位于福建南平市延平

① （唐）李吉甫《元和郡县图志》：“曹南山，在（济阴）县东二十里。”北京：中华书局，1983年，页292。

图HN15-7 卫辉香泉寺西塔佛堂形塔身后石前壁佛龛

图HN15-8 卫辉香泉寺西塔塔檐残件

区[①]，“六度”指太公泉镇坛山之麓的六度寺[②]，第四、六则铭文中“坛山”亦指此处。坛山六度寺东北距香泉寺仅3公里有余，其与香泉寺东、西二寺即为那连提黎耶舍所建“三寺”。叶择甫其人《宋史》无传，见于宋人汪藻记载[③]，可知其为宋徽宗至高宗时人。同时，本则铭文占据佛堂形塔身右壁主体位置，参照塔身后壁第三、五则铭文“崇宁癸未岁”可知，其年代为宋徽宗崇宁二年（1103）三月十六日。

2.后石右壁自右向左补刻3列楷书铭文，字体较小。

广平宋述、子明因，侍/家君按部至此。至和/丙申闰三月十六日志。

本则铭文年代为宋仁宗至和三年（1056）三月十六日[④]。

3.后石后壁右侧主体位置，自右向左补刻4列行楷铭文，字体较大。

崇宁癸未岁，晏颍川、/寇元宗来游霖落，动/羊杜跻岘之感[⑤]，故刊/名顽石云。

本则铭文年代为宋徽宗崇宁二年（1103）。

4.后石后壁左侧主体位置，自右向左补刻2列行楷铭文，字体较大。

---

① (明)陈琛《剑溪草堂记》:“延平之溪曰剑溪，世传以为丰城宝剑于此化龙，因以名焉。郑君舜祥居剑溪之上，因号剑溪居士，且以扁其读书之堂曰剑溪草堂。”载《晋江历代文选》，页79。

②(元)孛兰肹等撰、赵万里校辑《元一统志》:“六度寺，寺在卫辉路汲县西北坛山陈君（误，应作‘召’）村中。”北京:中华书局，1966年，页90。该寺曾出土唐开元二年（714）《六度寺侯莫陈大师寿塔铭文并序》。《全唐文新编》第一部，第四册页2369、2370。顾燮光撰《河朔访古新录》卷1《汲县第一》，页8890。

③ 汪藻《跋叶择甫李伯时画》:“宣和元年（1119）六月，鄱阳汪藻借观于宁国传舍。宣和初，余通守宣城，时择甫官宁国，出此画，书其后。比自泉南移宣城，过福唐（今福州），择甫复以示余，则二十五年矣。一见如隔生事，为感叹久之。绍兴癸亥（1143）季春朔，新安汪藻书。”汪藻撰《浮溪集:附拾遗》，页201。

④(北宋)沈括著、胡道静校证《梦溪笔谈校证》:“士人宋述家有一珠，大如鸡卵……或谓之‘滴翠珠’。”上海:上海古籍出版社，1987年，页690。不知此人与铭文中宋述是否同为一人。

⑤“羊杜”指西晋羊祜和杜预，二人先后镇守襄阳有功，后人常并而称之。“岘”指襄阳岘山。如北宋曾巩《和张伯常岘山亭晚起元韵》:“更追羊杜经行乐，况有风骚是谪仙。”曾巩撰，陈杏珍、晁继周点校《曾巩集》，北京:中华书局，1984年，页123、124。又如苏轼《襄阳乐》:“使君朱旆来翻翻，人道使君似羊杜。”(清)王文诰辑注、孔凡礼点校《苏轼诗集》，北京:中华书局，1982年，页74。

壬寅岁除河间，权邦彦游霖落，/宿坛山，岂此过清，不可久留者邪？

本则铭文与第三则铭文前后相续，笔迹接近，字体略大，同时权邦彦《宋史》有传①，为宋徽宗至高宗时人，故此处“壬寅岁”应为宋徽宗宣和四年（1122）。

5.后石后壁右侧铭文（即第三则铭文）的第一列文字下方，自右向左补刻4列楷书铭文，字体较小。

全魏□摭粹公自山阳游/崇明，访白叶，宿六度，遂至/香泉，且将为天平之行焉。/崇宁癸未季春廿有六日。

本则铭文年代为宋徽宗崇宁二年（1103）三月二十六日。

6.左壁主体位置（即前石左壁、左石外壁、后石左壁），自右向左补刻8列行楷铭文，字体较大。

甲申岁晚，自六度过香泉，与僧文庆同登东/台，观华严洞。闻钟声出于石罅中，清韵三/传，相视欣叹。还坐前轩，眼界开豁，幅巾/凭栏，胸次萧散。时积雪半消，寒柏交翠，/群峰峭崒，万窍震响，超然有整翮凌云/之志。后一月，自顿坊以职事，复来叩/稠师塔，目击道存。明（同“明”）日乃之坛山。崇宁/四年初春廿四日，建安吴绍之书。

本则铭文年代为宋徽宗崇宁四年（1105）正月二十四日。

7.左壁主体位置铭文（即第六则铭文）的最后两列文字间，叠压有2列楷书铭文，自右向左补刻，字体较小。

绍圣改元孟夏二十七日，/李师贤谢雨游此题。

本则铭文年代为宋哲宗绍圣元年（1094）四月二十七日。

8.左壁主体位置铭文的左侧偏下方，补刻3列楷体铭文，字体较小。

至和甲午年六月十九日，/县令李越、前进士张端偕/游□一日，宿六度□□。

本则铭文年代为宋仁宗至和元年（1054）六月十九日。

上述八则铭文均为宋代游人补刻，分属仁宗、哲宗、徽宗三朝，可见彼时灵泉寺香火旺盛。该塔圆拱形塔门与佛、文殊和普贤菩萨组合，作法与浚县大八角村天宝十四载

①《宋史》卷396〈权邦彦传〉：“权邦彦，字朝美，河间人。登崇宁四年（1105）太学上舍第，调沧州教授，入为太学博士，改宣教郎，除国子司业。宣和二年（1120），使辽。明年，抗表请帝临雍……高宗开大元帅府，起两河兵卫尉汴京，邦彦提所部兵二千五百人，与宗泽自澶渊趋韦城，据刀马河，诸道兵莫有进者。会敌兵大至，移屯南华。二帝北迁，邦彦与泽五表劝进。”第三十四册页12075。

（755）塔（HN4号）一致，类似作法还见于内黄复兴庵天宝二年（743）西塔（HN6号）。同时，塔心室内佛、弟子、菩萨像造型丰满圆润，肌体量感丰富，符合盛唐特征。此外，元人王恽在《霖落山记》中称香泉寺东、西双塔均为唐玄宗开元年间（713—741）遗存[①]，此说当有所本，然不知依据何在。综合判断，该塔年代为盛唐的可能性最大。过去著作根据塔上宋代铭文，将该塔与香泉寺东塔（HN16号）年代界定为宋代[②]，显然不符合实际情况。另有根据佛堂形塔身左壁宋崇宁四年"复来叩稠师塔"铭文，将双塔称作稠禅师石塔[③]，这是因为它们位于稠禅师殿前方缘故。稠禅师为魏齐时人[④]，与双塔的兴建并无直接关系。

HN16号 新乡市卫辉市神头村香泉寺东侧唐代造像塔

一、基本情况

该塔为卫辉香泉寺稠禅师殿遗址东侧（左前方）唐代造像塔，与西侧（右前方）造像塔（HN15号）东西并列。根据民国时期旧照可知（图HN16-1）[⑤]，该塔由基座、塔身、塔檐及塔刹组成，原有一级，现存基座与塔身部分构件（图HN16-2），通高207厘米[⑥]。

图HN16-1 卫辉香泉寺东塔旧照

（引自网络）

① （元）王恽《游霖落山记》："还自绝涧底，陟西蹬道入寺。殿废基枕巅崖上，东西二佛龛，岁月峥嵘，皆开元间物也。"《新乡古代建筑与石刻艺术》，页344。

② 卫辉市地方史志编纂委员会编《卫辉市志》，北京：三联书店，1993年，页549。

③《河南省文物志》，页482。

④《续高僧传》卷16："释僧稠，姓孙，元出昌黎……以齐乾明元年（560）四月十三日辰时，绝无患恼，端坐卒于山寺，春秋八十有一，五十夏矣。"第三册页481。

⑤ 引自http://www.360doc.com/content/15/0228/23/13005549_451620817.shtml.

⑥ 本实例未注明出处尺寸、信息为笔者2016年12月5日实地调查所得。

图HN16-2 卫辉香泉寺东塔现状

图HN16-3 卫辉香泉寺东塔须弥座束腰四壁

二、构件及其图像

1.基座

由下层收分叠涩式平座和上层束腰须弥座组合而成。

下层收分叠涩式平座自下而上收分叠涩三层石板，现埋于土内。上层束腰须弥座残损严重，其底座由方形石板自下而上收分叠涩三层，下层高 7、宽 144、侧宽 149.5 厘米，中层高 7、宽 140、侧宽 144 厘米，上层高 5.5、宽 113、侧宽 115 厘米。底座顶部刻出浅方形凹槽，凹槽尺寸略大于上方束腰石，使二者紧密拼合。

束腰石高 25.5、宽 95、侧宽 100 厘米，其四壁左、右两端分别浮雕一坐姿天王（图 HN16-3）。天王头戴兜鍪，身披铠甲，肩挎帔帛，作扛举姿态。束腰四壁中部均辟一尖拱形壸门，壸门高 20、宽 41—45 厘米，其内分别浮雕三人一组伎乐。伎乐头系宝缯，肩挎帔帛，中间舞伎翩跹起舞，两侧乐伎盘腿而坐，演乐伴奏。前壁左侧乐伎残损，其余乐伎依次弹琵琶、敲手鼓、吹笛、拍钹、抚琴、击腰鼓、击鼗鼓。

束腰石上置上枋。上枋由方形石板自下而上叠涩出挑三层，通高 29.5、宽 112.5、侧宽 135 厘米，上层侧立面阴线刻缠枝花卉。上枋顶部内收雕刻一层覆莲下枭，下枭宽 96、侧宽 95 厘米，其上凸起刻出方形平台。平台宽 86.5、侧宽 88.5 厘米，其内刻出浅方形凹槽，凹槽尺寸略大上方佛堂形塔身，使其与塔身紧密拼合。

2.塔身

参照香泉寺西塔（HN15 号）可知，原初佛堂形塔身主体由前、后二石块拼接而成，二石间可能镶嵌左、右两块竖长方形石板，具体情况不明，现仅存后石。

（1）前石左、右两壁情况不明，前壁下部正中辟圆拱圆楣塔门，门洞作竖长方形。门洞上方有半圆形门额，两侧有立颊，下设门槛，门槛两端设门砧石与蹲狮。塔门两端楣角浮雕侧面观摩羯鱼，其两侧浮雕一对力士。二力士上身赤裸，下身着裙，内侧手下垂，外侧手上举，肌肉块状隆起，跣足立于山石。

门楣上方浮雕一正面观兽头，兽头双目圆睁，龇牙咧嘴，似口衔门楣。兽头上方云朵上浮雕一佛二弟子二菩萨，佛结跏趺坐于束腰仰覆莲座。二菩萨外侧下方云朵上似浮雕一对朝向内侧的供养人，外侧上方云朵上浮雕一对侧面观飞天，二飞天作俯冲姿态，似朝向外侧。

（2）后石右侧残损，高 132.5、残宽 80、侧宽 32 厘米，其左、后两壁补刻铭文，前壁左、右两侧边缘刻出狭窄凹槽（图HN16-4），以与原初前方石件紧密拼合，左侧凹槽宽 8.5 厘米。前壁下部正中辟圆拱形龛，龛高 67.5 厘米，其底部刻出一层基坛。基坛高 7.5 厘米，其上高浮雕一佛二弟子二菩萨。佛倚坐于束腰须弥座，着裹身垂领式袈裟，内着僧祇支并于腹部束带，左手抚膝，右手残损，似施无畏印，通高（含座和头光）56 厘米，其内区头光作圆形并装饰莲瓣，外区头光作桃形火焰状。佛座覆帐，佛双足各踏一仰莲台，二莲台由同一莲茎生长而出。

佛左、右两侧为二弟子，二弟子身着袈裟，

图HN16-4 卫辉香泉寺东塔佛堂形塔身后石前壁及线描图

跣足立于束腰莲台，左侧弟子双手合十于胸前，右侧弟子袖手于腹部。二弟子外侧为二菩萨，二菩萨头系宝缯，佩戴项圈、手镯与璎珞，身挎帔帛，跣足立于束腰莲台。左侧菩萨左手下垂执帔帛，右手上举执莲蕾，右侧菩萨左手上举，右手残损。

3.塔檐和塔刹

塔檐原存一层，作有脊盝顶式，盝顶浮雕出瓦垄，其上置方形刹座。刹座顶部置多重相轮刹身。

三、铭文

佛堂形塔身后石后、左两壁分别补刻二则、一则铭文，共计三则，现根据实物录文如下。

1.后壁左侧自右向左补刻5列字体较小的楷书铭文，具体年代不明。

一圣立，刘仲理、段季山、/刘仁仲、段复古、刘明之、扬/君锡才、父孔俊老同[从]/提点文[恩]主至此，汲尉一贯道/书，□□九月□七日。

2.后壁右侧自左向右补刻4列字体较大的行书铭文，以及1列字体较小的楷书铭文，二者应前后相续为一则。

经涉乱流，冯（同“凭”）/陵叠嶂，始达/幽源，而观妙/像。文谷。

嘉靖壬辰[年]三月念……丞汲县苏楠督石工刻。

本则铭文年代为明嘉靖十一年（1532）三月。

3.左壁自左向右补刻5列行书铭文，前4列字体较大，后1列字体较小，二者前后相续为一则，具体年代不明。

乐山观澜，/寻探香泉，/仰思孔孟，仁智欲全。/[勅]都石谷志。

上述三则铭文均为后世游人补刻。该塔圆拱形塔门与兽头、一佛二弟子二菩萨和二飞天组合，作法与香泉寺西塔（HN15号）一致，二者塔心室内佛、弟子、菩萨像造型也类似。参照前述元人王恽《霖落山记》，综合判断该塔年代为盛唐的可能性最大。

HN17号 洛阳市偃师市上庄村陈昌寺唐代造像塔

一、基本情况

该塔原位于偃师李村镇上庄村陈昌寺遗址（图HN17-1）[①]，平面近方形，青石质，由基座、塔身和塔檐组成，作密檐式结构，现存六级，通高700厘米[②]，具体年代不明，为市重点文物保护单位[③]，现移置偃师商城博物馆。过去学界对该塔仅有简略记录[④]。

偃师唐时属河南道河南府[⑤]。陈昌寺始建于唐，寺内殿宇毁于1958年，遗址于1981年被公布为县重点文物保护单位[⑥]，出土有唐乾封二年（667）造像碑和武周万岁通天元年（696）□禅师塔铭等[⑦]。

图HN17-1 偃师陈昌寺塔

二、构件及其图像

1.基座

作整石平座，高24、宽125.5、侧宽104厘米[⑧]。平座前壁辟一壶门，壶门内浮雕一正面观半身兽（图HN17-2）。兽仅露出头部和前肢，面部残损，双爪前扑。右壁左侧

---

① 过去学界将李村镇"上庄"误记作"尚庄"，该镇于2009年11月划归洛阳伊洛工业园（现伊滨区）管辖。

② 洛阳市文物局等编《洛阳石刻撷英》，北京：国家图书馆出版社，2011年，页68。

③ 张剑编著《洛阳历史考古文献目录：1900—1990》，郑州：中州古籍出版社，1992年，页230。

④《洛阳石刻撷英》，页68。赵金昭、苏健、吴少珉主编《河南古迹名胜词典》，洛阳：解放军外语音像出版社，2007年，页196。《河南文物》，上册页781。

⑤《旧唐书》，第五册页1423。《新唐书》，第四册页982。（清）汤毓倬修、孙星衍纂《偃师县志》，台北：成文出版社，1976年，页74。

⑥《河南古迹名胜词典》，页196。

⑦ 洛阳市第二文物工作队编《画像砖、石刻、墓志研究》，郑州：中州古籍出版社，1994年，页117—120。《河南文物》，上册页781。

⑧ 本实例未注明出处尺寸信息为笔者2016年12月8日实地调查所得。

图HN17-2 偃师陈昌寺塔基座前壁

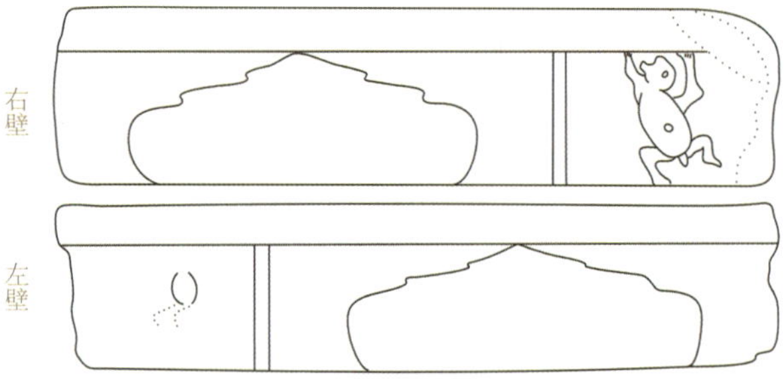

图HN17-3 偃师陈昌寺塔基座右壁、左壁线描图

和左壁右侧均浮雕一托举姿态的侏儒力士（图HN17-3），左壁力士残损。右壁右侧和左壁左侧均辟一壸门，壸门高27、宽51厘米。后壁素面。

2.塔身

（1）第一层佛堂形塔身由前、后二石块拼接而成，组合后高110.5、宽75、侧宽75.5厘米。

前石高110.5、宽74.5、侧宽47厘米，其左、右两壁素面，前壁下部正中辟竖长方形浅龛（图

图HN17-4 偃师陈昌寺塔佛堂形塔身前石前壁及线描图

图HN17-5a 偃师陈昌寺塔佛堂形塔身后石前壁佛龛

HN17-4）。浅龛高81、宽66厘米，龛内辟圆拱尖楣塔门。门洞作竖长方形，高40、宽35厘米，其上方有半圆形门额。门额中部辟尖拱形小龛，龛高14、宽15厘米。龛内浮雕一佛二菩萨，佛具桃形头光，二菩萨内侧手上举。塔门两侧有立颊，下设门槛。门槛高3厘米，其两端设门砧石与蹲狮。塔门两端楣角浮雕涡卷纹，其两侧浮雕一对力士。二力士身挎帔帛，上身赤裸，下身着裙，内侧手下垂执帔帛，外侧手握拳上举，身体向内倾斜，跣足立于山石。二力士下方均辟一方形小龛，二龛宽均11厘米，左侧龛高13.5厘米，右侧龛高13厘米，龛内浮雕一对朝向内侧的跪姿供养人，左侧供养人为男性，右侧供养人为女性。门楣上方浮雕一对侧面观飞天，二飞天身挎帔帛，作俯冲姿态，朝向外侧。

图HN17-5b 偃师陈昌寺塔佛堂形塔身后石前壁佛龛线描图

后石高109、宽75、侧宽28.5厘米，其左、右、后三壁素面，前壁辟圆拱形龛（图HN17-5）。龛高55、宽59厘米，龛内高浮雕一佛二弟子二菩萨。佛高肉髻，具桃形头光和椭圆形身光，结跏趺坐于长茎仰莲座，着裹身垂领式袈裟，施禅定印，通高（含莲座）30厘米。佛左、右两侧为二弟子，二弟子身着袈裟，跣足立于长茎仰莲台，高均26厘米。左侧弟子似双手合十于胸前，右侧弟子似袖手于腹部。二弟子外侧为二菩萨，二菩萨具桃形头光，佩戴手镯，肩挎帔帛，上身赤裸，下身着裙，腹部肌肉隆起，跣足立于长茎仰莲台，高均30厘米。左侧菩萨左手下垂提净瓶，右手上举执柳枝，表现观世音菩萨。右侧菩萨左手上举执莲花，右手下垂执帔帛。弟子、菩萨所立莲台均处在中央佛座所在莲茎生长出的莲枝上。

（2）第二至六层平座式塔身四壁素面，宽度自下而上逐层略微收分。第一层平座高36.5厘米，宽与侧宽70厘米。

3.塔檐

塔檐现存六层，均作叠涩枋板式，"挑三收二"、正反叠涩五层，其宽度自下而上逐层略微收分。第一层塔檐通宽120、侧宽114厘米。

该塔圆拱尖楣塔门与双飞天组合，双飞天朝向外侧，作法与隆尧福胜寺塔（HB14号）、隆尧碑刻馆藏唐塔散石之三（HB22号）一致。同时，该塔佛像双臂与胸腹部间袈裟凹入，空间分离关系明确，两侧菩萨腹部明显隆起，身体呈现一定弯曲，造型接近七、八世纪之际特征。综合判断，该塔兴建于初唐晚期至盛唐初期，年代为高宗晚期至玄宗开元初期的可能性最大。此外，根据佛结跏趺坐、施禅定印于长茎莲座，两侧弟子、菩萨均站在佛座生长出的莲台上，左侧菩萨为观世音菩萨，推测佛像尊格极有可能为阿弥陀佛，右侧菩萨为大势至菩萨，三者组合表现"西方三圣"。

HN18号 郑州市登封市西刘碑村刘碑寺唐开元十年（722）造像塔

一、基本情况

该塔原位于登封大冶镇西刘碑村刘碑寺，在碑楼右前方约132厘米处[①]，坐北朝南，平面近方形，青石质，由基座、塔身、塔檐及塔刹组成，作密檐式结构，原存五级，高约300厘米[②]，1936年刘敦桢曾实地调查并刊布了一副不清晰的照片（图HN18-1）和平面

① 本实例未注明出处尺寸等信息为笔者2016年12月10日实地调查所得。

② 郑州市文物志编纂委员会编《郑州市文物志》，内部资料，1961年，页56。宋秀兰、汤丽萍编《郑州名胜大观》，郑州：中州古籍出版社，1993年，页187。

图（HN18-2）[①]。该塔于1963年6月20日被公布为省文物保护单位[②]，后来惨遭砸毁[③]，现仅存刹座残石（图HN18-3）。过去学界对该塔仅有简略记录[④]。

登封隋时称嵩阳，武周万岁登封元年（696）武则天登嵩山，封中岳，以示大功告成，故改称登封，属河南道河南府[⑤]。刘碑村名源自北齐天保八年（557），豫州刺史刘碑集刘氏诸人于村内筹资刻立造像碑，故名"刘碑"。后人因碑兴建佛寺，因名"刘碑寺"，为保护此碑又筑碑楼，故亦称"碑楼寺"[⑥]。

二、构件以及图像

根据刘敦桢先生记录，该塔结构与安阳灵泉寺

图HN18-1 登封刘碑寺开元十年（722）塔

（引自《刘敦桢文集（二）》页357）

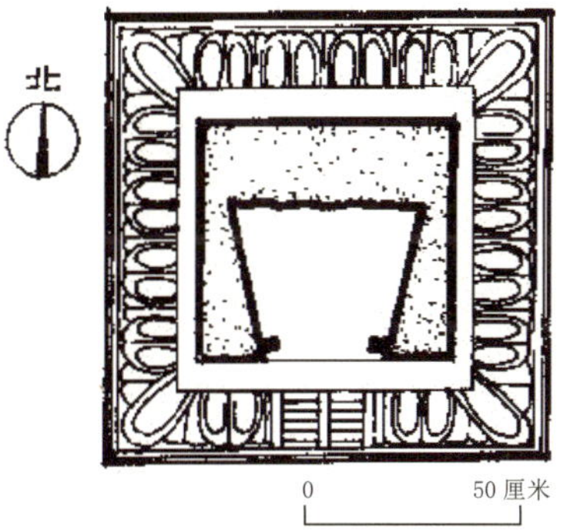

图HN18-2 登封刘碑寺开元十年（722）塔平面图

（引自《刘敦桢文集（二）》页415）

① 刘敦桢《河南省北部古建筑调查记》，载《刘敦桢文集（二）》，北京：中国建筑工业出版社，1984年，页357、415、416。

② 郑州市地方史志编著委员会编《郑州市志》，郑州：中州古籍出版社，1998年，第七分册页351。

③ 承蒙刘碑寺看寺人赵海坤告知，可能为1966年村民赵福营为赚取12个工分，将该塔砸毁并掩埋在某处，其人已于2015年去世，残存构件无法觅回。参阅《郑州市重大文物破坏事件》，载前引《郑州市志》，第七分册页12。郝焕斌主编《大冶镇志》，郑州：河南人民出版社，2008年，页533。

④《刘敦桢文集（二）》，页415、416。《山东佛教史迹》，页392、393。《大冶镇志》，页533、534。

⑤《旧唐书》，第五册页1423。《新唐书》，第四册页983。

⑥（清）王旭《金石萃编》卷33："碑楼寺在县东四十里石淙东源上，内有豫州刘刺史碑，北齐天保八年丁丑立。刻画佛像，文列上方，字殊鄙劣。刺史名碑，无佛处镌诸人姓名，俱刘氏名。文纪刘碑为首造碑文缘起也，村落沿其名曰刘碑。"北京：中国书店，1985年，第一册页7。

图HN18-3 登封刘碑寺开元十年（722）塔刹座

东、西双塔（HN11 号、HN12 号）完全一致[①]。

1.基座

根据旧照及过去学界记录，参照安阳灵泉寺双塔可知，基座原初可能由下层收分叠涩式平座、中层束腰须弥座和上层勾栏式平座组成。中层须弥座束腰之上叠涩出挑枋板，枋板之上置上层平座。上层平座先刻出一层枋板，枋板顶部刻出一层双瓣覆莲下枭，下枭之上立起雕刻平台勾栏。平台前壁中部辟踏道，踏道以垂带中分为两路，两路各有五级阶梯，其上承托佛堂形塔身。

2.塔身

第一层佛堂形塔身由前、后二石块拼接而成，组合后高度不明，宽 55、侧宽 52—53 厘米[②]。前石前壁下部正中辟塔门，塔门两侧浮雕力士或天王。后石前壁辟佛龛。

第二至五层平座式塔身宽度自下而上逐层略微收分，其前、左、右三壁中部均辟一小龛，龛内浮雕一佛。

3.塔檐及塔刹

塔檐原存五层，似均作无脊盝顶式，其宽度自下而上逐层略微收分。第五层塔檐之上置圆形覆莲刹座。刹座高 23、宽 37 厘米，其顶部设圆榫，原初铆接刹珠。

三、铭文

佛堂形塔身原刻 1 列楷书铭文，内含“开元十年（722）九月廿三日”字，应为该塔建造年代。铭文内容和刊刻位置不明[③]。

---

① 刘敦桢《河南、陕西两省古建筑调查笔记》：“（灵泉寺）殿后二唐塔，皆石制，据发掘下部结果，其结构式样完全与登封牌楼寺（误，应作碑楼寺，笔者按）塔一致，而年代稍早，尤足珍贵。”载《刘敦桢文集（三）》，页 153。

②《郑州市文物志》，页 56。《郑州名胜大观》，页 187。

③（清）洪亮吉、陆继萼等纂《登封县志》：“（碑楼寺）殿壁之西有石塔，塔有石屋，高八尺，刻天宝八载（749）造。”该条记载可能有误。台北：成文出版社，1976 年，页 1138。

HN19号 郑州市新郑市荆王村西侧唐代造像塔

一、基本情况

在郑州新郑市龙湖镇荆王村东原有一座古寺，早年被夷作耕地，遗址内仅存东、西两座唐代佛堂形组合式造像塔。双塔间距约1500厘米[①]，坐北朝南，平面近方形，青石质，由基座、塔身、塔檐及塔刹组成，作密檐式结构，原有七级，具体年代不明，于1982年1月15日被公布为新郑县第一批重点文物保护单位[②]。过去学界对双塔已有记录[③]。西侧造像塔即为本实例，通高330厘米[④]，现移置新郑市博物馆（图HN19-1）。

新郑唐时属河南府郑州[⑤]。

图HN19-1 新郑荆王村西塔

二、构件以及图像

1.基座

作整石平座，其后半部分残损，高39、宽100、

① 阎铁成《重读郑州：一座由考古发现的中国创世王都》，北京：科学出版社，2015年，页194。

② 新郑1994年5月撤县设市。杨学忠主编《新郑县建设志》，郑州：河南人民出版社，1991年，页16、17。

③ 王景荃《河南新郑县荆王庄发现两座唐代石塔》，《中原文物》1990年第2期，页95、96。《中国文物地图集·河南分册》，页19。郑州市地方史志编纂委员会编《郑州市志》，郑州：中州古籍出版社，1998年，第七分册页179。郑州历史文化丛书编纂委员会编《郑州市文物志》，郑州：河南人民出版社，1999年，页230。新郑市文物管理局编《新郑市文物志》，北京：中国文史出版社，2005年，页178、179。《河南文物》，上册页436。

④ 前引王景荃《河南新郑县荆王庄发现两座唐代石塔》，页95。

⑤《旧唐书》，第五册页1427。

图HN19-2 新郑荆王村西塔佛堂形塔身前壁及线描图

残侧宽 89 厘米[①]。平座前壁素面，左壁阴线刻供养人漫漶。右壁线刻一对跽坐于圆形坐垫的侧面观供养人，供养人朝向左侧，身旁装饰花卉。平座顶部磨棱并刻出浅方形凹槽，凹槽尺寸略大于上方佛堂形塔身，使平座式塔身紧密拼合。

2.塔身

（1）第一层佛堂形塔身由竖长方体石块雕凿而成，高 65.5、宽 59、侧宽 57 厘米。塔身后壁素面，前壁辟竖长方形塔门（图HN19-2），塔门通高 44、宽 36 厘米。门洞作尖拱形，高 40、宽 30 厘米，其两侧有立颊，下设门槛，门槛高 2 厘米。从塔门向内辟塔心室，塔心室进深 20 厘米，原初雕刻佛像，现被凿毁。塔门上方原刻铭文，其两侧阴线刻一对朝向中部的侧面观供养人，二供养人跽坐于方形坐垫。左侧为男性，头裹幞头，身着圆领长衫，左手执长柄香炉，右手作捻香状。右侧为女性，头束椎髻，肩挎帔帛，上身着短襦，下身着长裙，双手合十，其头顶上方原刻铭文。

右壁上方续刻前壁塔门上方铭文，下方阴线刻两侧面观比丘。二比丘身着袈裟，双手合十胸前，足蹬圆口僧鞋，低头朝向右侧，作行走姿态，高均 45 厘米（图HN19-3）。左侧

① 本实例未注明出处尺寸信息为笔者 2016 年 12 月 10 日实地调查所得。

比丘左侧原刻铭文。左壁阴线刻两侧面观比丘，二比丘身着袈裟，朝向右侧，漫漶严重。

（2）第二至七层平座式塔身四壁素面，其宽度自下而上逐层收分约2厘米。第二层塔身高12.5厘米，宽与侧宽54厘米。第三层塔身高11.5厘米，宽与侧宽52厘米。

3.塔檐

塔檐共有七层，均作叠涩枋板式，其宽度自下而上逐层收分约2厘米。第一至三层塔檐“挑四收三”，正反叠涩七层。第四至七层塔檐“挑三收二”，正反叠涩五层。第七层塔檐顶部置方形山花蕉叶刹座。刹座顶部置覆钵，覆钵中央有安装刹珠的方形卯槽。

图HN19-3 新郑荆王村西塔佛堂形塔身右壁线描图

三、铭文

佛堂形塔身前、右两壁原刻三则楷书铭文。现根据实物，参照过去学界记载，录文如下。

其一，前壁塔门上方以及右壁线刻比丘上方，分别残存22列、20列原刻铭文，二者自左向右刊刻，前后相续为一则，有横竖界格。

……□外达弟往/□寺为先君墓所（所）/敬造七级石浮图/二塸铭并序

夫以赏日流（流）□，瑞/教显于隆（隆）周；佩□/飞灵，妙化光于成/漢（汉）。莫不金皷（同“鼓”）扬于/百亿，玉毫被于三/千；开慧炬于邪□，/架慈航于暗浦。由/是彼岸之津，有□悠悠之路可之，孜/孜含（含）煦□□□□/睠轸□□□□□/之神力□□□□/者哉（哉）！然今□□，□/方等（等）并。泪栢□□，/痛慈亲之永逝；悲/松感恸，嗟色（色）養（养）之/长违。哀劳之恋，在/□罔（罔）極（极）之心；不舍（以上刻于塔身前壁）/……□□息，晨□春□/秋霜，擗踊无离□/化。故得竹抽寒笋，/将谐孝敬之徵（征）；木/德（德）连裏（里），更允和同/之庆。仍□灵虵（同“蛇”）集/于墓所，芝盖秀于/坟间；依仁感而来/驯，应虔（虔）诚而孕彩。/庻（同“庶”）使凭斯勝（胜）境，树/此（此）福（福）田，敬造七级/浮图二塸并诸尊/像，诚其願（愿）也！且夫/□□则康

（鹿）苑檀妍，/金台耸于垄域；鸡/园曵（曳）影，寶（同“宝”）阁構（构）于/荒埏。加以翥丹凤/于彫（同“雕”）龛，奋青鸾于/□壁，仙人舞乐花/……（以上刻于塔身右壁）。

其二，前壁塔门右侧女供养人头顶上方，自左向右原刻 4 列铭文。

□□妻杨一心供養佛。/比丘尼宝智一心供養佛。/……一心供養佛。/……供養佛。

其三，右壁左侧比丘左侧，原刻 1 列铭文。

女恭，妻五娘、惬儿，□妻刘一心供養佛。

铭文中异体、通假字多有使用，据其内容可知，该塔与同寺东侧造像塔（HN20 号）均是功德主为追荐亡父而发愿兴建。该塔的塔檐叠涩方式，与偃师上庄村陈昌寺塔（HN17 号）一致。同时，该塔结构和建筑风格，与荆王村以北约 4 公里的龙湖镇山西乔村清林寺唐天宝十载（751）净业和尚墓塔基本相同[①]。综合判断，该塔年代为盛唐的可能性最大，过去著作将其界定为宋代的观点不符合实际情况[②]。

HN20 号 郑州市新郑市荆王村东侧唐代造像塔

一、基本情况

本实例为新郑荆王村东古寺内的东侧唐代造像塔，与同寺西侧唐代造像塔（HN19 号）东西并列，其材质、结构和体量均与后者一致[③]。1988 年 8 月原中原石刻艺术馆曾征集部分残存构件，后藏于河南博物院库房内[④]，笔者实地调查时仅找到佛

图HN20-1 新郑荆王村东塔佛堂形塔身前壁及线描图

① 《新郑市文物志》，页 179。

② 《新郑县建设志》，页 16。政协新郑县委员会文史资料委员会等编《黄帝故里文化》，郑州：中州古籍出版社，1991 年，页 59。

③ 前引王景荃《河南新郑县荆王庄发现两座唐代石塔》，页 95、96。

④ 1997 年 7 月中原石刻艺术馆与河南省博物馆合并为河南博物院。

图HN20-2 新郑荆王村东塔佛堂形塔身右壁及线描图

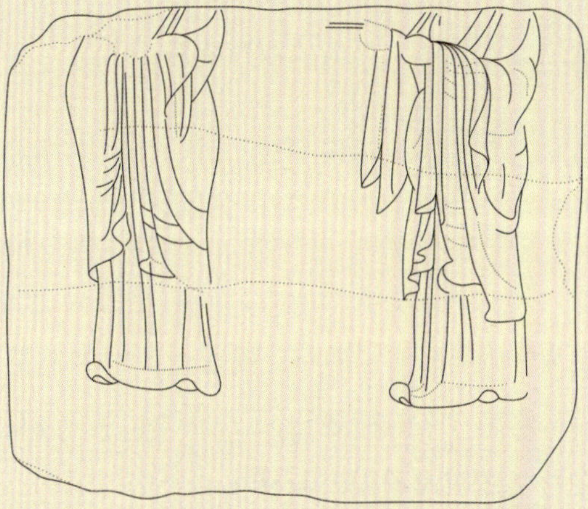

图HN20-3 新郑荆王村东塔佛堂形塔身左壁及线描图

堂形塔身残件（图HN20-1）。

二、构件及其图像

该塔基座佚失。第一层佛堂形塔身由竖长方形石块雕凿而成，其顶部残损，残高55、宽57、侧宽56厘米[①]。塔身后壁素面，前壁辟竖长方形塔门。门洞宽30厘米，其两侧有立颊，下设门槛，门槛高2厘米。从塔门向内辟塔心室，塔心室进深21厘米，原初雕刻佛像，现被凿毁。塔门上方原刻铭文，其两侧阴线刻一对朝向中部的侧面观供养人，二供养人均跽坐于方形坐垫。左侧为男性，头裹幞头，身着圆领束腰长衫，双手合十，头顶上方原刻铭文。右侧为女性，肩挎帔帛，上身着短襦，下身着长裙，袖手执长茎莲花。右壁上方续刻前壁塔门上方铭文，下方阴线刻一对侧面观比丘（图HN20-2）。二比丘身着袈裟，足蹬高跷云头履，袖手朝向左侧，作行走姿态。左壁阴线刻一对侧面观供养人（图HN20-3）。二供养人肩部以上残损，身着袈裟，足蹬高跷云头履，朝向右侧，似同为比丘。左侧供养人手持长柄香炉。

第二至七层平座式塔身、第一至七层塔檐均已佚失，其宽度自下而上逐层略微收分，具体情况不明。参照同寺西侧造像塔（HN19号）可知，塔檐原作叠涩枋板式，第七层塔

① 本实例尺寸信息为笔者2016年12月7日实地调查所得。

檐之上置刹座，刹座顶部置覆钵。

三、铭文

佛堂形塔身前、右两壁原刻两则楷书铭文。

其一，前壁塔门上方以及右壁线刻比丘上方，自左向右分别原刻铭文，二者前后相续为一则，有横竖界格。根据过去学界记录，铭文内容为“《般若波罗密多心经》一卷”，经末附刻“玄奘师新□，□□千遍，除灭恒□□□罪”[①]。所刻为唐贞观二十三年（649），玄奘在终南山翠微宫新译《心经》[②]。

其二，前壁塔门左侧男供养人头顶上方原刻铭文，残存“……佛”“……養（养）佛”等字样。

根据上述铭文及同寺西侧造像塔（HN19号）铭文可知，该塔是功德主为追荐亡父而兴建，年代为盛唐的可能性最大。

HN21号 开封博物馆藏唐天宝十四载（755）造像塔散石

一、基本情况

本实例为唐代佛堂形组合式造像塔的第一层佛堂形塔身前石（图HN21）[③]，约高57、宽43、侧宽18厘米[④]，具体出土地不明，现藏开封博物馆。过去学界对该石仅有简略记录[⑤]。

二、图像

前壁下部正中辟圆拱无楣塔门，塔门通高33.5、宽21厘米。门洞近方形，高18.5、宽18厘米，其上方有半圆形门额，门额内线刻花卉。塔门两侧有立颊，下设门槛，门槛两端设门砧石。塔门两侧阴线刻一对天王，二天王具圆形头光，佩戴宝缯，臂挎帔帛，身

① 前引王景荃《河南新郑县荆王庄发现两座唐代石塔》，页96。

②《大正藏》，第八册页848。

③《北京图书馆藏中国历代石刻拓本汇编》，第二十六册页131。

④ 本实例尺寸信息根据学界刊布拓本尺寸估算。

⑤ 王树村主编《中国美术全集19·绘画编：石刻线画》，上海：上海人民美术出版社，1988年，页15。

图HN21 开封博物馆藏天宝十四载（755）塔散石

（引自《北京图书馆藏中国历代石刻拓本汇编》二十六册页 131）

着铠甲，其头光边缘饰火焰，头顶飘浮云朵。左侧天王左手握剑，右手下垂执帔帛。右侧天王右手持鞭，现漫漶严重。塔门上方云朵上线刻一对侧面观飞天，二飞天头系宝缯，肩挎帔帛，手捧花盘，作飞翔姿态，朝向内侧。二飞天间空隙内点缀折枝花卉和瓣状花朵。塔门下方补刻铭文。

左、右两壁上方原刻铭文，下方线刻一对比丘。二比丘身着田相格袈裟，双手持经幡，足蹬高跷云头履。左壁比丘朝右，右壁比丘朝左，二者身旁均原刻铭文，据铭文内容可知其分别表现阿难和罗睺罗。

三、铭文

左、右、前三壁分别刊刻三则、二则、一则铭文，共六则。现以学界刊布拓本为底本，录文如下。

1.左壁上方原刻 7 列楷书铭文，有竖线界格。

□灭□存唐，六亲眷属福乐昂/□□□日□，夫人韩兮（兮）贞女，忆/故夫兮（兮）羇侣，立浮图兮长/□，出生死兮齐舉（举）。

天寶（同“宝”）十四载正月卅日立，/夫人弟韩贞瓒（瓒）、女二娘/□□□□。

左壁下方线刻比丘左、右两侧，分别原刻 2 列、1 列楷书铭文。

佛弟子……心□養（养）。/阿难。

佛弟子亡男申锽光一心供養。

2.右壁上方原刻 6 列楷书铭文，有竖线界格。

佛说□罗尼（尼）

纳慕婆伽勃低（低），嘡嚓盧（卢）继耶，钵/啰底毗始瑟咤耶，勃駄（驮）耶婆伽勃，/怛姪他唵毗输駄耶，娑磨三漫（漫）多，/□婆娑駇破啰，拏揭（揭）底伽诃㑚（那），娑/……□□苏揭多跋折。

右壁下方线刻比丘左侧，原刻 1 列楷书铭文。

罗侯（侯）罗。佛弟子韩八娘一心供養。

3.前壁塔门下方补刻 1 列隶书铭文。

民国十四年二月，李根源敬观题。

铭文中异体字多有使用，根据左壁上方铭文可知，该石原初所在造像塔是唐玄宗天宝十四载（755）正月三十日，韩八娘携弟韩贞瓒、女二娘等亲属为亡夫发愿兴建。另据“佛弟子亡男申锽光一心供养”推测，韩氏亡夫可能姓申。右壁上方原刻《佛说□罗尼》，从经文发音判断与唐景龙四年（710）义净译《佛说佛顶尊胜陀罗尼经》最为接近[①]，然用字大不相同，可能是以后者为底本，流行于民间的另一个版本。根据左、右两壁下方铭文可知，线刻比丘分别表现阿难和罗侯罗（即罗睺罗），前者为释迦十大弟子之多闻第一，后者为释迦嫡子兼密行第一。前壁塔门下方铭文是民国十四年（1925）二月，云南腾冲人李根源游历开封时题写，其人清末曾任云南讲武堂监督、云南督练处参议等职[②]。

根据该石宽与侧宽比例，参照同时期、同类造像塔推测，原初佛堂形塔身由前、后二石块组合而成。由于该石左壁上方铭文前半部分、右壁上方铭文后半部分有缺，可知原初塔身后石左、右两壁亦原刻铭文，分别与该石对应位置铭文前后相续为一则。

① 《大正藏》，第十九册页 362。

② 贾逸君编著《民国名人传》，北京：民主与建设出版社，2011 年，页 127、128。白化文主编《中国近现代历史名人佚失集成》第 6 册，济南：山东人民出版社，2015 年，页 303—305。

AH1 号 亳州市蒙城县唐代造像塔散石

一、基本情况

本实例为唐代佛堂形组合式造像塔的第一层佛堂形塔身前石（图AH1-1），石灰岩质，高 98、宽 68、侧宽 36 厘米[①]，具体年代和出土地不明，原由台湾企业家叶景成先生收藏，于 2013 年 1 月捐赠回大陆，暂存天津市武清区。

2013 年 8 月皖台文化旅游交流周在合肥举办，随同中国国民党荣誉主席吴伯雄先生参访的叶景成先生表 示，该石可能出自安徽，安徽省文化厅随即安排安徽博物院调查研究。同年 11 月 18 日，武清区人民政府组织专家对该石进行论证，认为其原初所在造像塔是亳州山桑县（今蒙城及周边涡阳、利辛县部分区域）刘氏家族所建，年代为 690—742 年[②]。遵循叶先生意愿，2014 年 3 月 23 日该石入藏安徽博物院。

二、图像

该石左壁原刻铭文，右壁素面，前壁下部正中辟圆拱尖楣塔门，塔门通高 72、宽 44 厘米。门洞作竖长方形，高 33.5、宽 25 厘米，其上方有半圆形门额，两侧有立颊，下设门槛，门槛两端设门砧石与蹲狮。塔门两端楣角浮雕外翻草叶饰，其两侧浮雕一对力士。二力士肩挎帔帛，上身赤裸，下身着裙，内侧手舒掌下垂，外侧手握拳上举，内侧脚微微抬起，身体向内倾斜，重心置于外侧脚，肌肉块状隆起，跣足立于山石。塔门上方辟左、中、右三个尖拱形小龛。中龛高 21、宽 16.5 厘米，龛内浮雕一佛二菩萨。左、右两龛高均 16 厘米，宽分别为 14.5、14 厘米，龛内浮雕一佛二弟子。三龛中佛均具桃形头光，结跏趺坐于束腰莲座，着右肩半披式袈裟，手臂残损。

塔门右侧力士外侧残存龙爪，可知前壁左、右两侧边缘原初雕刻蟠龙角柱。

---

① 本实例尺寸信息为笔者 2016 年 7 月 8 日实地调查所得。

② 林保尧、陈弈恺《叶景成先生捐赠天津市武清区佛像文物鉴定报告——刘氏一族等造像塔（塔身部分）》，《艺术学》2014 年第二十九期，页 349—360。朱良剑、卞坚《独具特色的盛唐佛塔——返回安徽原乡的唐代文物石佛塔赏析》，《文物鉴定与鉴赏》2014 年第 6 期，页 8—13。

图AH1-1a 蒙城出土唐塔散石

图AH1-1b 蒙城出土唐塔散石线描图

三、铭文

该石左壁自左向右原刻10列楷书铭文。现以学界刊布拓本为底本（图AH1-2），参照实物录文如下。

隧田移桑[变]，遂勒贞琰□□□□□□□□□与拂衣而[永]□□□□[泜]□□□/以相望，重宣明（同“明”）徳（德）而为颂曰：[大墟]未前，一气混然，㓛（功）爐（炉）始化，万象陶甄，□□/镇埊（地），[曦]魄（魄）承𠀑（天），结削代往，彝伦纪𠡦（年），其一；法性常湛，離（离）有非无，自受他用，周界/廓虚，三多會（会）觉，一智归如，化洽无住，笼烦有祛，其二；缠衰冈（误，应作“罔”，同“罔”，通“无”）極（极），讬想灵仪，龙花/埊涌，多寶（同“宝”）凝（凝）猗，轮开𠥱（月）湛，珠晃𡆠（日）移，风[犹]梵奏，香散（散）云披，其三；異（异）兹滕（勝）祐，仰挹（挹）/慈云，神游有顶，根获无文，泛舟智沼（沼），控御明门，迷方识路，爱渚知沦，玄㓛兴灰（灰）/灾恒夏，景福共食劫长春，其四。伏□母睦弟，伏願（愿）妹比丘慈力、妹慈广、妹/木栾[与]妻睦，願妻孙□、息守一、女[法]□□、女法[意]合[家]眷属供養（养）。/刘氏（氏）姑、姑夫前亳（亳）州山栾（同“桑”）县丞防，息雅□□□□□穆（穆）之，息内供奉、左拾遗直。/趙（赵）氏姑息[耆旧]伏护，村内劉（刘）□德……

铭文中异体字多有使用，用字偶有讹误，据其内容可知，该石原初所在造像塔是功德主为母亲、弟妹等亲属发愿兴建，其妹慈力为比丘尼，共同参与者还有官居前山桑县丞以及内供奉、左拾遗的诸位亲戚。

铭文中多处使用武则天所造新字，如埊（地）、𠀑（天）、𠡦（年）、𠥱（月）、𡆠（日）等，可知该塔年代不早于武则天新字的颁布时间载初元年（689）[①]。铭文中出现“亳州山桑

---

①《资治通鉴》卷204：“太后享万象神宫，敕天下，始用周正，改永昌元年（689）十一月为载初元年正月……凤阁侍郎河东宗秦客，改造‘天’‘地’等十二字以献，丁亥行之。太后自名‘曌’，改诏约制。”第十四册页6462、6463。

县”地名，唐初山桑县属谯州，贞观十七年（643）改属亳州，天宝元年（742）改称蒙城[①]，可知该塔年代不晚于天宝元年，故过去学界将其界定为690—742年的盛唐时期。同时，武则天新字中“月”字前、后两次改写，载初元年改作“㔔”，圣历元年（698）后改作“匨”[②]。铭文“轮开㔔（月）湛，珠晃〇（日）移”中“月”写作“㔔”，据此推测其年代可能为载初元年之后、圣历元年之前，即689—698年的可能性最大。此外，根据该石宽与侧宽比例，参照铭文内容以及诸多同时期、同类造像塔推测，原初佛堂形塔身由前、后二石块组合而成，后石左壁亦刊刻铭文，以与上述铭文前、后相续为一篇。

图AH1-2 蒙城出土唐塔散石铭文拓本（摄自安徽博物院展厅）

AH2 号 亳州市咸平寺唐代造像塔散石

一、基本情况

本实例为唐代佛堂形组合式造像塔的第一层佛堂形塔身后石（图AH2-1），高81、宽47、侧宽18厘米，1965年6月出土于亳州咸平寺遗址北宋八角形砖塔地宫内，具体年代不明，现藏安徽博物院。过去学界对该石鲜有关注，未能辨识其实际用途。

咸平寺位于亳州北门内大街西，始建年代不明，北齐天保十年（559）时名建崇寺，唐名崇因寺，北宋咸平年间（998—1003）更名咸平寺，1965年被全部拆毁[③]。

① 《旧唐书》，第五册页1438。蒙城县地方志编纂委员会编《蒙城县志》，合肥：黄山书社，1994年，页31。
② 王维坤《武则天造字的分期》，《文博》1988年第4期，页64。
③ 韩自强《安徽亳县咸平寺发现北齐石刻造像碑》，《文物》1980年第9期，页56—64。

二、图像

该石左、后两壁素面，右壁原刻铭文，前壁左、右两侧边缘刻出狭窄凹槽，以与原初佛堂形塔身前石紧密拼合。前壁中部辟尖拱形龛，龛内高浮雕一佛二菩萨。佛高肉髻，具桃形头光，结跏趺坐于长茎仰莲座，着袒右肩式袈裟，内着僧祇支并于腹部束带，左手抚膝，右手施无畏印，其头顶上方雕刻华盖。华盖垂挂流苏，其顶部正中饰宝珠。二菩萨佩戴项圈，上身赤裸，下身着裙，跣足立于长茎仰莲台，二莲台均处在中央佛座生长出的莲枝上。左侧菩萨身挎帔帛，左手下垂执帔帛，右手上举执莲花。右侧菩萨左手叉腰，右手执莲蕾于胸前。

图AH2-1 亳州咸平寺出土唐塔散石及线描图

（照片由李静杰摄）

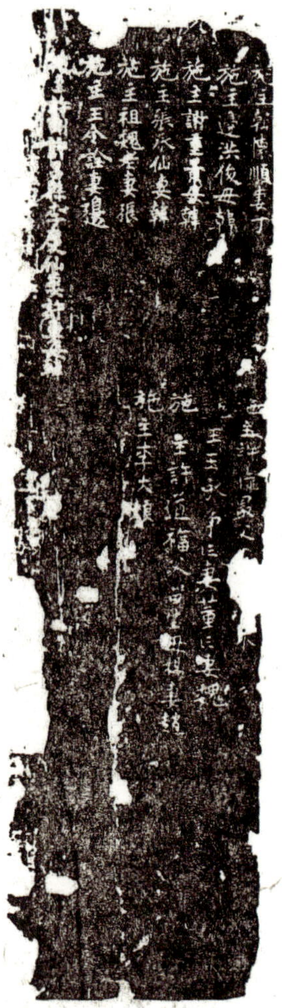

图AH2-2 亳州咸平寺出土唐塔散石铭文拓本

（引自韩自强《安徽亳县咸平寺发现北齐石刻造像碑》页63图9）

三、铭文

该石右壁自左向右原刻上、下两排楷书铭文，上排7列，下排4列。现以学界刊布拓本为底本（图AH2-2），参照实物录文如下。

施主韩怀顺，妻丁。/施主边洪俊，母韩。/施主谢重景，母韩。/施主张承仙，妻韩。/施主祖魏（魏）老，妻张。/施主王令诠，妻边。/施主许州许昌县李庆仙，妻许，妻母韩。

施主许行最，父□□□□。/施主王承净，亾（亡）妻董，亾妻魏。/施主许道褔（福），父畱（留）生，母杨，妻趙（赵）。施主李大娘。

根据铭文内容可知，该石原初所在造像塔至少由韩怀顺、边洪俊等11个家庭共同兴建。施主中无身居官职者，其中诸男女姓氏多有相同，他们可能是具有姻亲关系的庶民家庭。参照同地宫出土《释迦如来砖塔记》可知，该塔在北宋天圣五年（1027）四月十日前已遭损坏，故其残存构件与北齐造像碑、宋代石棺等一起，被用作法身舍利瘞埋在砖塔地宫内。

该塔佛像脸型偏瘦，双臂与胸腹部的空间分离关系不够明确，两侧菩萨的表现平直生硬，未呈现S形三曲式姿态，从造型上判断接近初唐后段特征。根据该石宽与侧宽比例，参照铭文内容及同时期、同类造像塔推测，原初佛堂形塔身由前、后二石块组合而成，前石右壁亦刊刻铭文，以与上述铭文前后相续为一篇。

第四章

Chapter Four

山西实例

第四章　山西实例

山西有据可查的佛堂形组合式造像塔（含散石）共 7 座（件），含东魏 1 座、唐代 6 座。其中，二石型塔 2 座，1 座分布在稷山，另 1 座出土地不明。四石型塔 4 座，分布在高平与沁水。整石型塔 1 座，分布在永济（地图 4）。

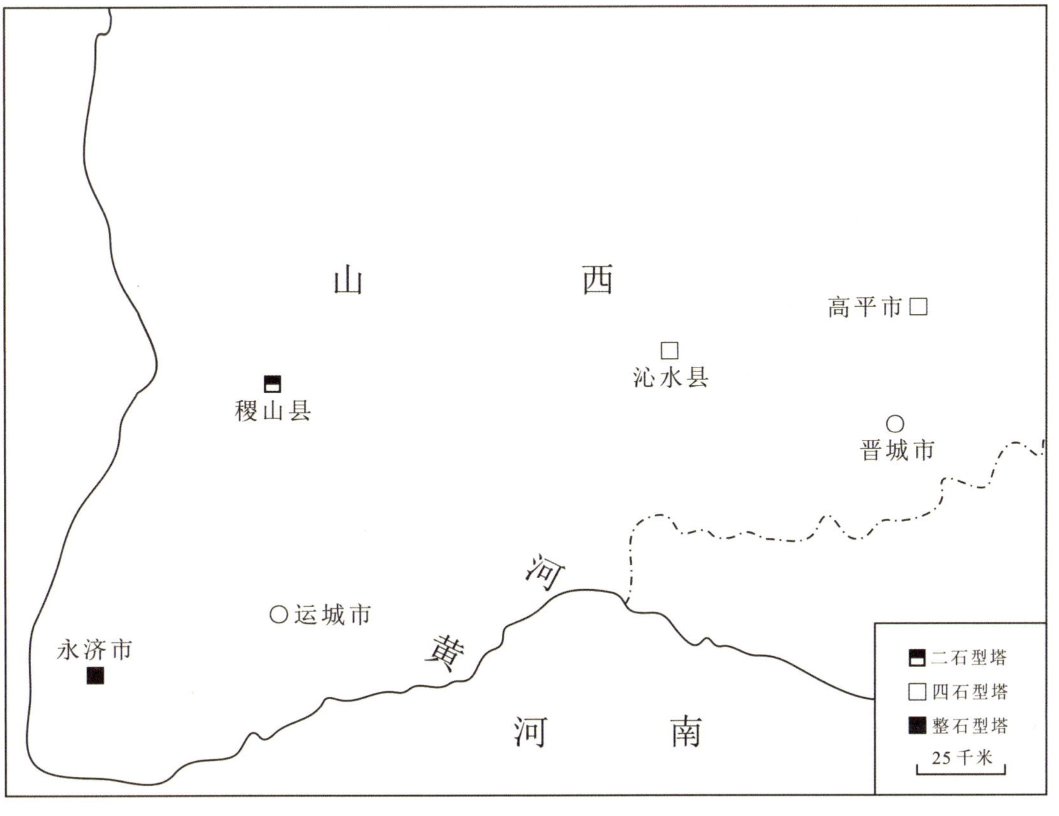

地图 4　山西实例分布图

SX1号 晋城市高平市羊头山东魏造像塔

一、基本情况

该塔位于高平羊头山G区北魏晚期石窟左侧（图SX1-1）[①]，平面呈方形，土黄色砂岩石质，由塔身和塔檐组成，现存两级，通高158厘米[②]，具体年代不明，其四周另散落数块残损构件。过去学界对该塔鲜有关注。

图SX1-1 高平羊头山东魏塔

高平北魏时属建州长平郡，羊头山之名亦始于此[③]。

二、构件及其图像

1.塔身

第一层佛堂形塔身由前、后、左、右四块石板组合而成，后石佚失。前石高91.5、宽79、侧宽23厘米，其外壁下部正中辟圆拱尖楣塔门（图SX1-2），塔门通高81厘米。门洞作竖长方形，高52、宽35.5厘米。门楣左、右最宽处49.5厘米，门拱中部束帛，两端楣角浮雕涡卷纹。塔门两侧浮雕一对力士，二力士头系宝缯，身挎帔帛，头部等处残损。左侧力士右手握拳于胸前，右侧力士左手执金刚杵于腰间，二者宝缯上扬，帔帛穿璧于腹前，作X形交叉，造型与高平高庙山东魏石窟守门力士相同[④]，二者年代应大体一致。

① 张庆捷等《山西高平羊头山石窟调查报告》，《考古学报》2000年第1期，页63—87。

② 本实例尺寸信息为笔者2017年1月11日实地调查所得。

③（北齐）魏收撰《魏书》卷106《地形志》："高平，永安中置，治高平城。泫氏，二汉、晋属上党郡治，有羊头山。"北京：中华书局，1974年，第七册页2482。

④ 李裕群、张庆捷《山西高平高庙山石窟的调查与研究》，《考古》1999年第1期，页61。

图SX1-2 高平羊头山东魏塔佛堂形塔身前石外壁及线描图

左石高 90、宽 45、侧宽 16.5 厘米，右石高 86、宽 44.5、侧宽 14 厘米，二石内、外两壁均素面。

2.塔檐

现存两层塔檐均作有脊盝顶式，盝顶浮雕瓦垄与飞椽。下层塔檐宽 150、侧宽 150 厘米，上层塔檐宽 117、侧宽 117.5 厘米。两重塔檐中部均辟方形穿孔（图SX1-3），使其与原初塔身紧密拼合，塔身现已损毁，垫以 4 块残石。下层塔檐穿孔宽与侧宽均 51 厘米，上层塔檐穿孔宽 42.5、侧宽 44 厘米。据此推测，第二层及以上塔身原初作平座式塔身。

图SX1-3 高平羊头山东魏塔塔檐平面示意图

图SX2-1 高平邢村开元十年（722）塔

SX2 号 晋城市高平市邢村唐开元十年（722）造像塔

一、基本情况

该塔位于高平三甲镇邢村西北俗称“姑娘坟”的高岗上，平面近方形，土黄色砂岩质，由基座、塔身和塔檐组成（图SX2-1），作密檐式结构，现存五级，通高 310 厘米[1]，于 2013 年 1 月 29 日被列为市重点文物保护单位。过去学界记录该塔年代为唐开元十年（722）[2]。

高平唐时属河东道泽州[3]。邢村曾出土北魏晚期王黄罗等人造千佛造像碑。

图SX2-2 高平邢村开元十年（722）塔佛堂形塔身前石外壁及线描图

二、构件及其图像

1.基座

作整石平座，现埋于土内，高 20 厘米，其中部被凿出宽 36、侧宽 33 厘米方洞。

2.塔身

（1）第一层佛堂形塔身由前、后、左、右四石

---

① 本实例尺寸信息为笔者 2017 年 1 月 11 日、8 月 23 日实地调查所得。

②《高平县志》编委会编《高平县志》，北京：中国地图出版社，1992 年，页 357。晋城市地方志编纂委员会编《晋城市志》，北京：中华书局，1999 年，页 1898。李协定、裴池善《晋城揽胜》，深圳：世界华人艺术出版社，2001 年，244 页。国家文物局编《中国文物地图集·山西分册》，北京：中国地图出版社，2006 年，中册页 458。王守信主编《晋城之最》，太原：北岳文艺出版社，2008 年，页 20。

③《新唐书》卷 39《地理志》：“泽州高平郡，上。本长平郡，……天宝元年（742）更郡名。”第四册页 1008。

板拼接而成，组合后高 102、宽 70、侧宽 70.5 厘米，左、右二石佚失。

前石高 102、宽 70、侧宽 15.5 厘米，其外壁下部正中辟圆拱尖楣塔门（图SX2-2）。门洞作圆拱形，高 41、宽 29.5 厘米。门楣内浮雕双龙，双龙后半身缠绕在一起，朝向外侧并回首反顾，自口中吐出云气，各伸出一爪合握宝珠。楣拱左、右两端下方设承托立柱。塔门两侧浮雕一对力士，二力士上身赤裸，下身着裙，跣足立于山石。左侧力士左手似执金刚杵，右手下垂。右侧力士左手下垂，右手握拳上举。门楣上方凿出一横长方形凹槽，凹槽高 30、宽 39.5 厘米，槽内原初镶嵌一刊刻铭文的石碑[①]，现已佚失。凹槽两侧浮雕一对人面。前石内壁素面，其左、右两侧边缘分别刻出宽 10、9.5 厘米的狭窄凹槽，以与原初塔身左、右二石紧密拼合。前石左、右两侧壁均浅浮雕缠枝花卉（图SX2-3）。

后石高 100、宽 69、侧宽 15.5 厘米，其外壁素面，内壁左、右两侧边缘均刻出宽 9.5 厘米的狭窄凹槽，以与原初塔身左、右二石紧密拼合。内壁中部高浮雕佛像（图SX2-4）。佛结跏趺坐于长茎莲座，左手抚膝，右手上举，具桃形头光，通高（含座）48、宽 30 厘米。佛座分别向两侧生长出一长茎莲台，左侧莲台通高 36 厘米，右侧莲台残损。二莲台上原初可能雕刻菩萨。后石左、右两侧壁均浅浮雕缠枝花卉。

图SX2-3 高平邢村开元十年（722）塔佛堂形塔身前、后二石侧壁

①《中国文物地图集·山西分册》，中册页 458。常四龙《高平文物旅游》，北京：大众文艺出版社，2009 年，页 58、59。

图SX2-4　高平邢村开元十年（722）塔佛堂形塔身后石内壁及线描图

（2）第二至五层平座式塔身宽度自下而上逐层收分 5—8 厘米，其后壁素面，前、左、右三壁均辟尖拱形小龛。龛高 20、宽 16 厘米，龛内浮雕一结跏趺坐、施禅定印于覆莲座的佛。佛具桃形头光，残存敷红彩痕迹。第二层塔身前壁辟 3 个小佛龛（图SX2-5），其余各层各壁均辟 1 个小佛龛。

3.塔檐

塔檐现存五层，其宽度自下而上逐层收分 4—7 厘米，塔檐四角残存悬挂铃铎的穿孔。第一至四层塔檐均作叠涩线脚式，“挑三收二”，正反叠涩五层。第五层塔檐作有脊

图SX2-5 高平邢村开元十年（722）塔第二层塔身前壁

盝顶式，盝顶四脊雕刻卧兽，其上原置刹座和刹珠，现已佚失。

该塔铭文现已不存，具体兴建情况不明。据所在“姑娘坟”地名推测，原初可能是功德主为亡女兴建并配置在坟茔附近。

SX3 号 晋城市高平市南陈村唐代造像塔

一、基本情况

该塔原位于高平南陈村北约 600 米的农田中（图SX3），平面近方形，砂岩质，由基座、塔身和塔檐组成，作密檐式结构，原存五级，通高约 300 厘米[①]，具体年代不明。过去学界对该塔仅有简略记录[②]。

2017 年 8 月 23 日笔者曾前往该村实地调查，承蒙 71 岁村民刘宝材先生告知，该塔毁于二十多年前，原址仅存三块碎石。南陈村西南约 1.5 公里半山腰为东魏高庙山石窟[③]。

二、构件及其图像

根据过去学界记录，基座作整石平座，高 20 厘米。

第一层佛堂形塔身由前、后、左、右四石板组合而成。前石外壁辟圆拱尖楣塔门，楣拱处装饰正面观兽头、蟠龙、宝珠、花卉等，塔门两侧浮雕一对力士。后石内壁辟龛，龛

① 本实例尺寸等信息均引自前引《中国文物地图集·山西分册》，中册页 458。

② 晋城市地方志丛书编委会《晋城金石志》，北京：海潮出版社，1995 年，页 22。李玉明主编《山西古今地名词典》，太原：三晋出版社，2009 年，页 263。

③ 前引李裕群、张庆捷《山西高平高庙山石窟的调查与研究》，页 60—73。

图SX3 高平南陈村塔原址

内雕刻一佛二菩萨。第二至五层平座式塔身宽度自下而上逐层略微收分，其中第二层塔身四壁原刻铭文，第三至五层塔身四壁辟小佛龛。

塔檐原有五层，宽度自下而上逐层略微收分。第一至四层塔檐作叠涩线脚式，第五层塔檐作有脊盝顶式。

该塔整体结构和图像因素，与高平邢村开元十年（722 年）塔（SX2 号）接近，且南陈村东北距邢村仅 15 公里。综合判断，该塔兴建于盛唐时期的可能性最大。

SX4 号 晋城市沁水县玉溪村唐代造像塔

一、基本情况

图SX4-1 沁水玉溪村塔

该塔位于沁水胡底乡玉溪村东庙墙根（图SX4-1），平面近方形，青石质，由基座、塔身、塔檐及塔刹组成（图SX4-2、SX4-3），作密檐式结构，现存五级，通高 630 厘米[①]，具体年代不明，于 1962 年 8 月 1 日被公布为县文物保护单位，1986 年 8 月 18 日被公布为省重点文物保护单位，1997 年夏第一层佛堂形塔身被盗后倾倒。2002 年秋由市文化局拨款，县博物馆及村民复建该塔并修建院墙。过去学界对该塔多有记录[②]。

① 张驭寰《传世浮屠——中国古塔集萃》卷 2，天津：天津大学出版社，2010 年，页 84、85。

② 沁水县志编纂办公室编《沁水县志》，太原：山西人民出版社，1987 年，页 425。张驭寰《山西砖塔研究》，载《古建筑勘察与研究》，南京：江苏古籍出版社，1988 年，页 253。张保福、秦海轩编《晋城史话》，北京：新华出版社，1998 年，页 127。张驭寰《中国佛塔史》，北京：科学出版社，2006 年，页 42、43。王连成、秦海轩主编《上党风景名胜志》，太原：山西人民出版社，2006 年，页 226。《张驭寰文集·第 15 卷：上党古建筑、内蒙古古建筑》，页 33、34。侯晋林、续文琴主编《沁水百科全书》，太原：山西人民出版社，2009 年，页 63、64。张广善《晋城古代建筑》，北京：文物出版社，2011 年，页 51、52。晋城市文物旅游局编《晋城文物通览·寺庙观堂卷》，太原：山西经济出版社，2011 年，上册页 98。秦海轩主编《晋城市乡镇志》，太原：山西人民出版社，2013 年，页 850。

图SX4-2 沁水玉溪村塔旧照

（引自网络）

玉溪村地处沁水与高平交界位置，唐时设端氏县，属河东道泽州①。

二、构件及其图像

1.基座

由底层收分叠涩式平座与下、中、上三层束腰须弥座组合而成（图SX4-4），通高200厘米②。

底层收分叠涩式平座自下而上收分叠涩三层方形石板。下层石板埋于土内，中层石板高19、宽与侧宽145厘米。上层石板四角设蜀柱，高17、宽与侧宽110厘米。

下层须弥座的底座由方形石板自下而上收分叠涩三层，高20、宽与侧宽132厘米，其上置束腰石。束腰石高30、宽与侧宽98厘米，其四角设蜀柱，四壁辟尖拱形壶门。壶门高25、宽19厘米，其内浮雕伎乐，现已漫漶。束腰石上置上枋，上枋叠涩出檐再叠涩收顶，上下刻出叠涩层线脚，“挑三收二”，正反叠涩五层，高26、宽与侧宽133厘米，其上置中层须弥座束腰石。

图SX4-3 沁水玉溪村塔前壁立面图

（引自《中国佛塔史》页43）

中层须弥座束腰石高18、宽与侧宽84厘米，其四角设蜀柱，四壁原刻铭文。束腰石上置上枋，上枋叠涩出檐两层，再内收雕刻一层双瓣覆莲下枭。下枭高30、宽与侧宽117厘米，其上置上层须弥座束腰石。

上层须弥座束腰石高20、宽与侧宽78厘米，其四壁凸起刻出圆形上面观半开莲朵。束腰石上刻出一层线脚，线脚之

① 《旧唐书》，第五册页1478。《新唐书》，第四册页1008。

② 本实例未注明出处尺寸数据为笔者2017年1月12日实地调查所得。

上出挑两层单瓣仰莲上枭。上枭高 20、宽与侧宽 100 厘米，其上承托佛堂形塔身。

图SX4-4 沁水玉溪村塔基座左壁

2.塔身

（1）第一层佛堂形塔身由前、后、左、右四石板拼接而成，四石均已被盗。根据增补石件推测，原初佛堂形塔身宽与侧宽约 71 厘米。

参照旧照及过去学界记录（图SX4-5）可知，前石外壁辟尖拱尖楣塔门，门洞作竖长方形。门楣内浮雕一对飞天，二飞天作飞翔姿态，朝向内侧，各伸出一手合托宝珠。楣拱左、右两端下方设圆形素面式蟠龙立柱，龙身绕柱而上，龙首高昂并朝向外侧。塔门两侧山石上分别浮雕一天王、一力士。左侧天王头戴兜鍪，身披铠甲，双手拄棒。右侧力士上身赤裸，下身着裙，左手置于腿部，右手放至身后，肌肉块状隆起，身体向内倾斜。楣尖上方浮雕正面观兽头。兽头口中衔环，其两侧分别浮雕一人物站立于长茎仰莲台。左侧人物左手叉腰，右手上举，右腿微抬。右侧人物双手上举，相握于头顶。人物外侧浮雕一对双手合十的正面观迦陵频伽。铺首及两侧人物上方，浮雕站立于仰莲台的一佛二菩萨。佛左手上举，右手下垂，二菩萨内侧手上举，外侧手下垂。二菩萨外侧，分别浮雕一朝向内侧的骑马与骑鹤仙人。

图SX4-5 沁水玉溪村塔佛堂形塔身前石外壁示意图

（引自《张驭寰文集·第 15 卷：上党古建筑、内蒙古古建筑》页 34）

前石外壁左、右两侧边缘圆雕圆形素面式蟠龙角柱。角柱具仰莲柱础，由正面观立狮背扛，立狮站在方形砧石上。柱身中部束帛，龙身绕柱而上，柱顶刻出正面观龙头。

后石内壁原初辟龛，龛内浮雕一佛二弟子二菩萨。后石外壁左、右两侧边缘，原初可

图SX4-6 沁水玉溪村塔第三层塔身后壁龛像

能圆雕盘龙角柱。左、右二石具体情况不明。

（2）第二至五层平座式塔身宽度自下而上逐层略微收分，其四壁辟一尖拱形小龛。龛内有的浮雕一佛二弟子，佛具桃形头光，着双领下垂式袈裟，施禅定印，多数结跏趺坐于束腰须弥座（图SX4-6），偶有覆莲座（图SX4-7），二弟子袖手立于莲台。有的浮雕一佛二菩萨（图SX4-8），佛具桃形头光，结跏趺坐于束腰仰覆莲座，着裹身垂领式袈裟，双手抚膝。二菩萨佩戴项链，身挎帔帛，立于莲台，其内侧手上举胸前，外侧手下垂执帔帛。

3.塔檐及塔刹

塔檐原有五层，其宽度自下而上逐层略微收分。第一至四层塔檐均作叠涩线脚式，“挑四收三”，正反叠涩七层。第五层作有脊盝顶式，盝顶四脊雕刻卧狮。盝顶上方置方形刹座，刹座之上置莲花露盘，露盘之上置九层相轮刹身与圆形刹珠。第三至五层塔檐色泽较新，疑为修复时增补石件。

三、铭文

在中层须弥座束腰石、佛堂形塔身后石后壁及平座式塔身刊刻铭文。

1.中层须弥座束腰石四壁原刻楷书铭文。前、后、左三壁分别原刻34、26、26列，有竖线界格，右壁紧挨墙壁，透过缝隙仅能辨识个别字句。现参照实物录文如下。

□□□……/□□朔廿八日……/夫佛□……/[庠]□□……/转法[轮]□化□□□……

/历劫（同“劫”）難（难）□□方□□□……/□□……/□□□□多生集會（会），累劫□/□□为未寤（寤，同“悟”）旡（无）生沉于三界□/□□轮六趣（趣），善（善）意恒存，信念（念）□/□□□，操慧凝（凝）蕴，体定（定）力□，/□□是非之□想，离塵（尘）劳之□/□□□秀佼㲄（毅）骁雄，懷（怀）君子□/□□场而结會。箴規（规）妙理□/□□以難违诘圣遗谋有/□而不退迟，難捨能（能）捨之□，/□難忍能忍之心，减削净（同“净”）财，/……□□曰（同“因”）善险道□/□不住□□，敬造浮圖（图）五□。/七宝□圣闻□泥棃（黎）幽□/□□见开，迴向四生，蠢蠢□/□无饿□□□，曰歎（叹）斯功（功）德/□□□：

窃闻□□□以开大小之/门，□□□□解（解）脱（脱）當（当）来/之果。如来灭度，像法流（流）傳（传），故/知佛□法深，邃然无迹。建/图立塔，祇劫而遵釋（释）迦，顔（愿）/置像之容，乃得成于正（正）觉，□/王□善□，不失缘旨（旨），邑（邑）□/……福，圣贤尚/……□□□苦（苦）海津樑宁/……□合邑人等（等）寤此（此）□/……□□无□立之资，觉……（以上刻于前壁）/……施等园/……花□□供养之心，建□/□□□塔，置（置）三尊于寶（同“宝”）座，/……（以上刻于右壁，有缺）。

……□□……/妻郭……□，男（男）□，/……男圆。/邑人张刘□，妻□，男□。/邑人王仙鹤，妻……/邑人申屠神亮，母仇，弟神□。/邑人刘普敬，父思忠，母申。/邑人申绍继，妻酒（酒），男暕□。/邑人酒成业，妻王，男日进。/邑人酒四郎，父智琮，母韓（韩）。/邑人李僧（僧）太，妻郑，女夫杨元□。/邑人任仁贵，母蘓（苏），弟懷劒。/邑人王嘉祥，妻李，男知□。/邑人张思顺，妻王，男延（延）壽（寿）。/邑人周冲□，妻刘，男懷玉。/邑人李钦擬，妻张，男庭（庭）璋。/邑人刘正义，妻张，女信□。/邑人秦远帛，母抯（抯），女梁。/邑人成□宗，妻崔，女石娘。/邑人郑令瓌（瑰），妻申，女□，男□。/邑人刘思□，妻杨，男宗绚。/邑人□□□，母马，弟仙□。/邑人郭守□，母王，弟守仙。/邑人陈□□，妻□，弟开□。/……妻□，弟休□。/……□□□（以上刻于后壁）。

……□□□/……母古。/□人李元崇，妻□。/邑人武仙客，妻成，男山海。/邑人朱乹翼（翼），妻李，/男石

图SX4-7 沁水玉溪村塔第三层塔身左壁龛像

图SX4-8 沁水玉溪村塔第二层塔身前壁龛像

□。/王思隐，妻李，男光嗣。/捸守一，母许，妻畢（毕）。/董行章，妻李，男□。/申屠思操，妻同，男（男）悪（恶）儿。/翟守贞，妻侯，男崇先。/老（老）人申神亮，妻赵，孙女静行。/郝阿七，妻司马，男仙冲。/申屠敬琛，亡父神积，妻张。/张守仙，母左，妻庞。/郭逢蔄，女二娘，夫敬忠。/酒大賔（宾），母郭，妻郭。/张贤儿，母马，兄□仙。/申屠神仙，母酒，妻张。/李崇光，妻郭，男思庄。/盖□□，妻□，男□光。/任感□，妻……/□懐□……/申屠□……/□□□，男……逘嗣。/刘才□，□□□……（以上刻于左壁）。

2.佛堂形塔身后石后壁原初补刻铭文，现根据过去学界记录转录如下①。

玉溪村东旧古浮图多年损坏，已有常主张得善舍孽牛一只，重修……正统十年八月吉日。

3.诸平座式塔身四壁佛龛左侧，原刻对应造像主题名，多已漫漶，仅第二层塔身前壁铭文尚可识别（同图S4-8）。

龛像主□□□，女净□……。

铭文中异体、通假字多有使用。根据基座铭文可知，该塔是邑人郭氏、张氏、申屠氏等19个姓氏家庭发愿兴建。又据“置三尊于宝座”可知，原初塔心室内雕刻一佛二菩萨或一佛二弟子三尊像。另据“建图立塔，祇刼而遵释迦”推测，佛像尊格为释迦佛的可能性最大。再据佛堂形塔身补刻铭文以及过去学界记录可知，该塔曾修缮于明英宗正统十年（1445）八月，彼时更换了塔身前、后二石并重修了基座。前文所述塔身前石虽系明代增补，其面貌应与原初构件大体一致。过去学界记录塔心室内一佛二弟子二菩萨

①《晋城揽胜》，页242。《晋城金石志》，页24、137。

五尊像也应是明代增补，已非原刻铭文所述三尊像。

该塔的佛堂形塔身圆雕蟠龙角柱，前壁装饰飞天、迦陵频伽作法，与浚县福胜寺天宝七载（748）塔（HN3号）、林州阳台寺天宝九载（750）塔（HN9号）一致。门楣上方装饰衔环兽头与仙鹤情况，也见于青州博物馆开元二十五年（737）塔（SD22号）、长清灵岩寺开元二十三年（735）塔（SD2号）。同时，佛堂形塔身由四石板组合而成，作五级密檐式结构，顶层有脊盝顶塔檐四脊雕刻卧狮，其构造与玉溪村东北约37公里的高平邢村开元十年（722）塔（SD2号）相同。综合判断，该塔兴建于盛唐时期的可能性最大。

四、其他

玉溪村以北约52公里的沁水柿庄镇新窑上村，原有一座与本实例极为相似的唐代造像塔，其第一层佛堂形塔身曾经被盗，残存诸平座式塔身与塔檐[①]。各层平坐式塔身四壁均辟尖拱形小佛龛，各层塔檐均作叠涩线脚式。2017年1月12日，笔者曾前往该村实地调查，竭力搜寻也未能找到残存构件，暂且存疑。

SX5号 运城市稷山县梁村唐代造像塔

一、基本情况

该塔原位于稷山化峪镇梁村西北约500米，平面近方形，青石质，由基座、塔身和塔檐组成（图SX5-1），作密檐式结构，现存四级，通高186厘米[②]，为县文物保护单位[③]，1980年移置稷山青龙寺。过去学界对该塔仅有简略记录，将其年代误认作唐大中七年（853）[④]。

稷山原为北魏高凉县，隋开皇十八年（598）改称稷山，唐时属河北道绛州[⑤]。

---

① 李敏《新窑上村石塔：不被人知的千年唐塔》，载晋城市文物旅游局编《寻找失落的遗珍》，内部资料，2008年，页212—216。

② 本实例尺寸信息为笔者2017年1月13日实地调查所得。

③《中国文物地图集·山西分册》，下册页1111。

④ 梁志俊主编《人·神·圣关公》，太原：山西古迹出版社，1998年，页235。张国维《运城市保存的几座唐代小型石塔》，《文物世界》2005年第2期，页4。中国考古学会编《中国考古学年鉴·2006》，北京：文物出版社，2007年，页671。

⑤《旧唐书》，第五册页1472。《新唐书》，第四册页1002。

图SX5-1 稷山梁村塔

二、构件及其图像

1.基座

作整石平座，高 10.5、宽与侧宽 60.5 厘米，其顶部刻出浅方形凹槽，凹槽尺寸略大于上方佛堂形塔身，使基座与塔身紧密拼合。基座下方现垫有一方形厚石块，石块色泽较新，应为搬迁时增补石件。

2.塔身

（1）第一层佛堂形塔身由前、后二石块拼接而成，组合后高 59.5、宽 47.5、侧宽 46.5 厘米。

前石高 59.5、宽 47.5、侧宽 17.5 厘米，其左、右两壁素面，前壁下部正中辟圆拱无楣塔门（图SX5-2），塔门通高 32、宽 22.5 厘米。门洞作竖长方形，高 20.5、宽 16.5 厘米，其上方有半圆形门额，两侧有立颊，下设门槛。塔门两侧阴线刻一对力士，二力士头系宝缯，肩挎帔帛，佩戴手镯，身披璎珞，上身赤裸，下身着裙，肌肉块状隆起，跣足立于山石。左侧力士左手下垂，右手握拳上举头顶。右侧力士左手下垂，右手握拳上举胸前。塔门上方补刻铭文。

后石高 59、宽 47、侧宽 29 厘米，其左、右、后三壁素面，前壁辟尖拱形龛（图SX5-3）。龛高 34、宽 30 厘米，龛内高浮雕一佛二菩萨。佛高肉髻，结跏趺坐于束腰须弥座，着右肩半披式袈裟，左手抚膝，右手上举，似施无畏印，通高 26 厘米。二菩萨上身赤裸，下身着裙，内侧手上举似执莲蕾，外侧手下垂，所执物品不明，腹部肌肉隆起，跣足立于莲台，通高分别为 21、20 厘米。

（2）第二至四层平座式塔身高均 15 厘米，宽度自下而上逐层由 41.5 厘米收分至 37

图SX5-2 稷山梁村塔佛堂形塔身前石前壁及线描图

厘米，其左、右、后三壁素面，正壁辟尖拱形小龛。龛高 10.5、宽 7.5 厘米，龛内浮雕一佛结跏趺坐、施禅定印于莲座。

3.塔檐

塔檐现存四层，均作无脊盝顶式，盝顶阴线刻出瓦垄，其宽度自下而上逐层由 73.5 厘米收分至 56 厘米。

三、铭文

塔门上方补刻 11 列楷书铭文，现根据实物录文如下。

维大中七年歳（同“岁”）次癸/酉三月辛（辛）卯朔廿五，/梁齐岳为国難（难）/圻众石幢，今願（愿）合/家大□□善再（再）立石/幢两所（所），已后故立/铭记。

弟子表兄尹從（从）和/一心供养。

弟子弘素一心供养。

弟子齐岌一心供养。

铭文中异体字多有使用，其刊刻较浅，字迹歪斜，排列不齐，并非原刻铭文。根据铭

图SX5-3 稷山梁村塔佛堂形塔身后石前壁佛龛

文内容可知，该塔曾惨遭拆毁，于唐宣宗大中七年（853）三月二十五日，由梁齐岳携合家眷属重新树立，铭文应为彼时补刻且另有一座同类造像塔。

该塔佛像形体匀称，胸部肌肉没有明显隆起，双臂与胸腹部的空间分离关系不够明确，两侧菩萨没有呈现S形三曲式姿态，从造型上判断接近初唐后段特征。过去学界将其年代界定为大中七年，显然不符合实际情况。

SX6号 运城市永济市东阳朝村唐天宝八载（749）造像塔

一、基本情况

该塔位于永济市虞乡镇东阳朝村，平面近方形，青石质，由基座、塔身和塔檐组成，作密檐式结构，原有七级（图SX6-1）[①]，现存四级，通高257厘米[②]，于2004年11月15日被公布为市文物保护单位，已加焊铁栅栏保护（图SX6-2），无法拍摄完整照片。过去学界对该塔仅有简略记录[③]。

虞乡镇唐时为虞乡县，置于武德元年（618），贞观二十二年（648）并入解州，武周天授二年（691）复置，属河东道蒲州[④]。

---

① 孔繁珠主编《山西旅游名胜大辞典》，北京：中国旅游出版社，2001年，页643。

② 本实例未注明出处尺寸信息为笔者2017年8月19日实地调查所得。

③ 前引张国维《运城市保存的几座唐代小型石塔》，页4。《中国文物地图集·山西分册》，下册页1045。《中国考古学年鉴·2006》，页671。

④《新唐书》，第四册页1000。

二、构件及其图像

1.基座

作单层束腰须弥座，其底座高 22、宽与侧宽均 104 厘米[①]，现埋于土内。底座之上置束腰石，束腰石四隅设角柱。角柱上浮雕侏儒力士，力士侧头、举臂、屈腿，作承托姿态。束腰石四壁辟壶门，壶门高、宽均 40 厘米。束腰石上出挑一层上枋，上枋之上承托佛堂形塔身。束腰石与上枋通高 55 厘米，宽与侧宽均 69 厘米。

图SX6-1 永济东阳朝村天宝八载（749）塔旧照

（引自张国维《运城市保存的几座唐代小型石塔》页 4）

2.塔身

（1）第一层佛堂形塔身由整石雕凿而成，高 56 厘米，宽与侧宽均 46.5 厘米。塔身前壁紧挨墙壁，无法拍摄全貌。根据旧照可知，前壁下部正中辟圆拱尖楣塔门，塔门通高 28、宽 18 厘米。门洞作竖长方形，高 17、宽 14 厘米，其上方有半圆形门额，两侧有立颊，下设门槛，门槛两端设门砧石。塔门两侧浮雕一对力士，二力士左手持金刚杵，右手叉腰，跣足立于山石。塔门上方原刻铭文。

佛堂形塔身内部辟塔心室。室内中空，原初可能放置单独佛像。

（2）第二至四层平座式塔身宽度自下而上逐层略微收分。第三层塔身前壁辟尖拱形小龛，龛高 10、宽 8 厘米，龛内浮雕一结跏趺坐佛，其余各层各壁均素面。第三、四层塔身间收分较大，显得十分突兀，原初并非相连层级。

3.塔檐

塔檐现有四层，其宽度自下而上逐层略微收分。第一至三层塔檐均作无脊盝顶式，叠涩出檐三层，盝顶阴线刻出瓦垄。第四重塔檐作有脊盝顶式，叠涩出檐两层，盝顶四

① 前引张国维《运城市保存的几座唐代小型石塔》，页 4。

图SX6-2 永济东阳朝村天宝八载（749）塔现状

脊雕刻卧兽，其上原置塔刹。第二、三层塔檐之间收分较大，显得十分突兀，原初并非相连层级。

三、铭文

佛堂形塔身四壁原刻楷书铭文，有横竖界格。塔身前壁紧挨墙壁，透过缝隙仅能辨识少量字句，右、后、左三壁均刊刻8列铭文。四壁铭文前后相续为一篇，现根据实物录文如下。

佛弟子□/思礼□□/□天宝圣文皇帝□下……（以上刻于前壁）。

……之□□……/……□□□……/□大唐天宝八载三月十三日建（建）/……字……/……□……/……石浮图□/□□郡□河□□……/东平郡……讳兴藏□（以上刻于右壁）/安郡□□……/游击将军、万年府□□/州太守，讹（庀）州郡□□□□/大使都尉□□……/吕立□□男……思□，/兄思问、新都□主□参军，/□文成、文城县尉，/秀成、文部常选（以上刻于后壁）。/□……/息□□……/……□□……/□□□尹……□□妹四/……□郡□男千□/□□□□补□□□……/靈（灵）游□□□……夜/□□合千□廿万□……衙属□子。（以上刻于左壁）。

根据铭文内容可知，该塔是唐玄宗天宝八载（749）三月十三日兴建，参与者多为各州县中下层官吏，他们官居游击将军、州太守、县尉等职，还出现非正式官职文部常选。

SX7号 山西艺术博物馆藏唐代造像塔散石

一、基本情况

本实例为唐代佛堂形组合式造像塔的第一层佛堂形塔身后石下半截（图SX7-1、SX7-

2），青石质，残高 51.5、宽 65、侧宽 27.5 厘米[①]，具体出土地和年代不明，现藏山西艺术博物馆（太原纯阳宫）。

过去学界对该石未见关注。

二、图像

该石左壁残损，右壁素面，前壁右侧边缘刻出宽 8 厘米的狭窄凹槽，以与原初前方石件紧密拼合。前壁正中辟龛，龛内浮雕一佛二弟子二菩萨，现仅存佛与右侧弟子和菩萨，尊像头部等处残损严重。佛外着双领下垂式袈裟，内着僧祇支。菩萨身挎帔帛。右侧弟子和菩萨立于长茎仰莲台，二者所立莲台均由同一莲茎生长而出。佛正下方浮雕一正面观蹲姿力士，力士以头部和双手扛举圆盘供物。力士两侧浮雕一对侧面观供养人，二供养人身挎帔帛，胡跪于地，朝向中部，均伸手扶取力士扛举的供物。二供养人外侧浮雕二菩萨，二菩萨均朝向中部，骑乘侧面观坐骑。左侧菩萨坐于狮背上的莲座，其左脚下垂，右脚平放，表现文殊菩萨。右侧菩萨坐于象背上的莲座，其右脚下垂，左脚平放，表现普贤菩萨。

后壁正中辟圆拱形假门，残存左端楣角。门洞作竖长方形，高 26、宽 22 厘米，其左侧门扉半掩，右侧门扉紧闭并刻出圆形铺首，其间站立一启门比丘。比丘身着袈裟，左手置于胸前。门洞上方有半圆形门额，两侧有立颊，下设地栿，地栿两端设方形门砧石

图SX7-1 山西艺术博物馆藏唐塔散石前壁及线描图

（照片由王友奎摄）

① 本实例尺寸信息为太原钢铁（集团）有限公司牛建红先生于 2018 年 6 月 24 日实地调查所得。

与蹲狮。假门左侧山石上浮雕承托楣拱的立柱，其柱础具方形底座，底座之上置鼓腹与联珠束腰，束腰之上置仰莲台。莲台上置蟠龙柱，柱身作圆形，龙身绕柱而上，龙首高昂并朝向中部。立柱左侧浮雕一天王，天王头部残损，身着铠甲，双手拄棒，足蹬侧面观大象。大象趴伏在山石上，朝向中部。后壁左侧边缘残存角柱痕迹。

该石原初所在佛堂形塔身后壁辟假门，门扉间站立启门比丘并组合表现蟠龙立柱，作法与浚县福胜寺开元十七年（729）塔（HN2号）、武安沿平寺塔（HB29号）基本相同，其年代为盛唐的可能性最大。根据该石宽与侧宽比例，参照关系密切的同类造像塔推测，原初佛堂形塔身由前、后二石块组合而成。

图SX7-2 山西艺术博物馆藏唐塔散石后壁

（王友奎摄）

第五章

Chapter Five

出土地不明实例

第五章 出土地不明实例

出土地不明的佛堂形组合式造像塔（含散石）共8座（件），均为唐代遗存，含二石型塔6座，四石型塔1座，另有1座原初所属类型不明（BM5号）。其中，5座流散于美国，1座流散于日本，1座藏于旅顺博物馆，另有1座（BM8号）收藏地不明。

BM1号 美国波士顿艺术博物馆藏武周长安四年（704）韩楷造像塔

一、基本情况

该塔仅存第一层佛堂形塔身（图BM1-1），平面近方形，石灰岩质，由前、后、左、右四石板拼接而成，组合后高108、宽78厘米，侧宽不详，具体出土地不明，原为玛莎·安·爱德华兹基金会所有，1922年入藏波士顿艺术博物馆[①]。过去学界对该塔仅有简略记录[②]，有学者以其为参照对象，复原唐长安城光宅寺七宝台的原初结构以及诸石刻佛像的安放位置[③]。

二、前石图像及其铭文

前石右上角残存（图BM1-2），内壁情况不明，外壁下部正中辟竖长方形塔门。门洞两侧有立颊，下设门槛，门槛两端设门砧石。塔门两侧刻出竖长方形框，框内浅浮雕加

① Martha Ann Edwards Fund，Museum of Fine Arts，Boston，编号22.380，参阅波士顿艺术博物馆官方网站http://www.mfa.org/collections/object/buddhist-shrine-with-engraved-figures-and-inscriptions-16554.

② 金申编著《海外及港台藏历代佛像——珍品纪年图鉴》，太原：山西出版集团·山西人民出版社，2007年，页226、227。

③ 颜娟英《武则天与唐长安七宝台石雕佛相》，《艺术学》1987年第1期，页41—89。该文另载于颜娟英《镜花水月：中国古代美术考古与佛教艺术的探讨》，台北：石头出版股份有限公司，页83—126。

图BM1-1 波士顿艺术博物馆藏长安四年（704）塔佛堂形塔身

（李静杰摄）

阴线刻一对力士。两个力士双目圆睁，佩戴花冠、宝缯、耳铛和璎珞，肩挎帔帛，上身赤裸，下身着裙，肌肉块状隆起，跣足立于莲台，双足所在莲台由同一莲茎生长而出。左侧力士左手舒掌上举，右侧力士左手下垂执帔帛，右手上举执杵状法器。两个力士身旁空隙浅浮雕长茎花卉。

塔门上方自左向右原刻一则楷书铭文，原初可能32列，现存31列，有横竖界格，录文如下。

（铭文1）惟大周长安四秊（年）歳（岁）次甲辰（辰）四𠥱（月）丙辰朔（朔）丁巳⊖（日）/□□□□清信土（误，应作士）韓（韩）仁揩（楷）功（功）徳（德）之铭

盖闻徇长乐之妙者，必游心于觉路；觧（解）尘劳之綱（网）/者，方慭（憖）想于法门。得其意则方寸可竆（穷），是谓须弥（弥）/大海一毫一芥可以韜（韬）其迹。迷其津者，乃终身不（不）/悟，则三千大千昬（昏）衢火宅无以超（超）其界。是以雪山/童子行（行）法名僧（僧），度（度）大铁围、小铁围、夜叉圀（国）、罗刹（刹）圀，/待至此（此）而登彼岸，则则契（契）慈缘（缘）而无□矣（矣）！若能（能）近取（取）/诸类，逺（远）讬诸身，谁之谓𤠫？即頴（颖）川（川）韓君其𤯔（人）矣！君/名揩，字仁揩，其先韓襄王之后。将（将）军上筞（同“策”），躬承玉/案之荣；尚书深谋，家有龙泉之剑劒（同“剑”）。与弟仁则、仁才、/仁法、法恵（惠）、法才，四虵（同“蛇”）不住，二鼠（鼠）危（危）身，旋（旋）设筏喻之/诚，即树秋田之㫖（旨）。奉为𨲢（圣）神皇帝、存亡戚属，迩/钓台之勝（胜）埊（地），俯宛蓂（叶）之名墟（墟），敬造石精舍（舍）一所（所）并/观音像一铺。真容实相，似山上之𡔈（初）来；青□银□，/类城中之化出。若乃師（师）子、龍（龙）王之座（座），千蓂被莲；毗/耶、舍卫之宫，七重垂（垂）桅（桅）。迥檐四注，凹阁三休（休）。慧风/吹而寶（宝）鐸（铎）吟，甘露降而珠簾（帘）浄（同“净”）。圆规凷満（满），非维水/影之侵；寶气冲虚（虚），自有大云之阴。既而神功不朽，/盡（尽）

图BM1-2 波士顿艺术博物馆藏长安四年（704）塔佛堂形塔身前石外壁（李静杰摄）

刼（同“劫”）可传；式雕翚（翠）琰，用纪真筌。虽桑海之有变，希/拂石兮（兮）来旋。其词曰：不二法门，有缘真谛；生彼/兜率，聿（聿）来迦衛（卫）；慈灯普耀，能仁广济；理絶（绝）名言，道/存心契；岂唯（唯）幻惑，慙（同“惭”）非智慧；芥实能观，毫毛可制；/猗（猗）欤韩氏，早悟津梁；爰依勝迹，兴兹石堂（堂）；规矩奇（同“奇”）/偉（伟），色相昭（昭）章（章）；山非阇崛，圀匪毗王；尚覩（同“睹”）精舍，仍傳（传）/佛光；梵宇崔嵬（嵬），禅居寥（寥）廓；爰流佳境，□□勝讬；露/泫珠翠，风吟寶铎；妙極（极）雕鐫（镌），丽窮□□；阶基矗直，/檐宇周旋；云生□栋，香浮石□；能事不朽，高蹤（踪）岿/然；□……□知桑海之汩。

……/□明（同“明”）等（等）助緣（缘），愿合家安乐。/……□诚，书碑（碑）王皇甫明。

图BM1-3 波士顿艺术博物馆藏长安四年（704）塔佛堂形塔身后石内壁

（引自网络）

根据本则铭文可知，该塔是武周长安四年（704）四月初二，颍川人韩楷为亡弟仁则、仁才等人发愿兴建[①]，铭文由皇甫明书写，共同参与者还有其他助缘人。韩楷字仁楷，自称韩襄王后

① 《旧唐书》卷38《地理志》：“许州，望，隋颍川郡。武德四年（621），平王世充，改为许州，领长社、长葛、许昌、繁昌、黄台、㶏强、临颍七县……天宝元年（742），改为颍川郡。乾元元年（758），复为许州。”第五册页1431、1432。

裔，然铭文没有特别交代其生平或官职，他可能为庶民。铭文“奉为圣神皇帝、存亡戚属”句中，“圣神皇帝”指武则天[①]。另据“毗耶舍卫之宫，七重垂桅”“慧风吹而宝铎吟”“露泫珠翠，风吟宝铎”等句可知，该塔原作七级，塔檐四角悬挂铃铎。

三、后石图像及其铭文

后石右上角残损（图BM1–3），外壁情况不明。

（一）后石内壁

后石内壁被边框分为下、上两部分。

1.后石内壁下部

内壁下部底端凸起刻出横长方形基坛，基坛上高浮雕一佛二菩萨。佛高肉髻，作螺髻，具桃形头光，结跏趺坐于束腰莲座，着裹右肩式袈裟，左手抚膝，右手施无畏印，其双腿及莲座残损。二菩萨肩挎帔帛，跣足立于莲台。左侧菩萨残损严重，右侧菩萨上身赤裸，下身着裙，双手似捧物于胸前。该三尊像高浮雕于塔心室后壁且体量最大，与塔门上方长篇铭文（铭文1）对应。据铭文内容可知韩楷所造为“观音像一铺”，与一佛二菩萨有所不符。

（1）二菩萨下方基坛表面浅浮雕加阴线刻两组侧面观供养人，共10人，均朝向中部。左侧为男性，身着圆领窄袖束腰长袍。右侧为女性，身挎帔帛，上身着交领短襦，下身着长裙。左侧男供养人一排5人。最前方1人跽坐于长方形坐垫，左手执长柄香炉，右手作拈香状。他身后站立4人，其中1人光头，1人袖手并执长茎莲花，其余2人残损。除光头者外，其余男子均头裹幞头。右侧女供养人一排5人，均头束高髻。最前方1人跽坐于长方形坐垫，手执长柄香炉。她身后站立4人，均手执长茎莲花，足蹬高跷云头履。

两组供养人间自左向右原刻一则楷书铭文，5列，有竖线界格，录文如下。

（铭文2）佛弟子韓（韩）仁揩、亡妻安、妻任，男（男）楚（楚）虬（虬）、妻令狐，/亡……五……儿，寶妻孔。/……仁法、妻□，男□福。/……法□、妻解（解）。/……壬丑□建立，合家一心供養（养）。

左、右两组供养人与本则铭文对应，表现功德主韩楷诸兄弟夫妇礼佛场景。

① 《旧唐书》卷6《则天皇后本纪》：“（载初元年）九月九日壬午（690），革唐命，改国号为周，改元为天授，大赦天下，赐酺七日。乙酉，加尊号曰圣神皇帝，降皇帝为皇嗣。”第一册页121。

（2）二菩萨上方浅浮雕加阴线刻两组侧面观供养人，共 17 人，均朝向中部。男性身着圆领窄袖束腰长袍，女性身挎帔帛，上身着交领短襦，下身着长裙。

左侧供养人分为上、下两组，共 8 人。上组位于左侧菩萨上方，两排 6 人。前排 3 人，有一对男女跽坐于长方形花边坐垫，男子头裹幞头，左手执长柄香炉，右手作拈香状，女子袖手并执长茎莲花，女子身旁另站立 1 足蹬高跷云头履的女子。后排站立 3 人，其中 2 男子头束双髻、手执长茎莲花，1 女子袖手并执长茎莲花。下组位于左侧菩萨外侧，一排 2 人，其中 1 男子头裹幞头，1 女子袖手于腹部。左侧供养人中，女性均头束高髻。

右侧供养人分为上、下两组，共 9 人。上组位于右侧菩萨上方，两排 6 人。前排 3 人，有一对男女跽坐于长方形花边坐垫，男子头戴直角幞头，手执长柄香炉，女子双手合十于胸前，女子身后另站立 1 足蹬高跷云头履的女子。后排站立 3 女子，有 2 人双手合十于胸前，1 人头束双髻、手执长茎莲花。下组位于右侧菩萨外侧，两排 3 人。前排站立 2 人，为男子双手合十于胸前。后排站立 1 人，为女子头束双髻，手执长茎莲花。右侧供养人中，男子均头裹幞头，除上组后排以及下组后排女子头束双髻外，其余女子均头束高髻。

两组供养人间自左向右原刻两则楷书铭文，每则 5 列，有竖线界格，二者间空有一列，录文如下。

（铭文 3）佛弟子王羙（美）、妻/程氏、亡桒（桑）氏，男/衆（象）、妻韩氏，次男社（社）/哥，孙男小外、妻/贾氏，一心供養（养）（以上为左侧铭文）。

本则铭文与左侧供养人对应，表现佛弟子王美合家眷属礼佛场景。

（铭文 4）佛弟子史文翼、/妻劉（刘）氏、亡妻王氏，/男荣、妻孟氏，次/男守璘、妻佳（佳）氏，次/男四哥，一心供養（以上为右侧铭文）。

本则铭文与右侧供养人对应，表现功德主史文翼合家眷属礼佛场景。

2.后石内壁上部

内壁上部被边框分为右、中、左三区。中区浅浮雕加线刻一佛二菩萨，右、左两区浅浮雕加线刻成组供养人。供养人均朝向中部，男子身着圆领窄袖束腰长袍，女子身挎帔帛，上身着交领短襦，下身着长裙。三区之间原刻铭文。

（1）中区佛具圆形头光，结跏趺坐于束腰仰覆莲座，着裹右肩式袈裟，左手横置于左腿，右手施无畏印。二菩萨具圆形头光，佩戴花冠、宝缯、项圈和璎珞，身挎帔帛，上身赤裸，下身着裙，跣足立于长茎莲台。左侧菩萨双手置于胸前，左手戴臂钏，右手戴手

图BM1-4 波士顿艺术博物馆藏长安四年（704）塔佛堂形塔身左壁（李静杰摄）

镯。右侧菩萨双手抱拳于胸前。佛、菩萨上方装饰藤蔓花卉。佛座正前方的方形坐垫上，供有具足圆腹香炉，香炉上系帛带。二菩萨所立莲台均处在坐垫生长出的莲茎上。

（2）右区供养人分为上、下两组，现存 10 人。上组残存长方形坐垫，其上有 2 跽坐供养人。下组两排 8 人。前排 4 人，有一对男女跽坐于长方形花边坐垫，男子右手执长柄香炉，左手作拈香状，女子袖手于腹部。女子身后站立 1 光头男童、1 女子，女子袖手于腹部，足蹬高跷云头履。后排站立 4 男子，有 1 男子手执长茎莲花，3 男子袖手执长茎莲花。右区下组供养人中，女子头束高髻，除光头男童外，其余男子头裹幞头。

（3）左区供养人为一组，五排 13 人，其中男子头裹幞头，女子头系高髻。第一排有一对男女跽坐于长方形坐垫，男子左手执长柄香炉，右手作拈香状，女子袖手于腹部。第二排站立 4 人，有 3 男子袖手于腹部，1 女子袖手并执长茎莲花。第三排站立 3 人，有 2 女子袖手于腹部，1 女子袖手执长茎莲花。第四排 2 人，有 1 女子袖手于腹部，1 女子袖手执长茎莲花。第五排 2 人，为女子袖手执长茎莲花。

（4）右、中、左三区间原刻右、左两列楷书铭文，二者前、后相续为一则，录文如下。

（铭文 5）……士，男（男）阿旱，男朝貴，男令恒，男令忱，女貨足（足），男敬先，徳（德）妻李（以上为右列铭文），/……为亡父母，亡兄，在外妇陈，兄尖集，姪二福（福），姉（姊）□相（相），妹万子，姪大娘，妹石玉、令妃、昉，妻陈，妻母任，合家一心供養（养）佛时（以上为左列铭文）。

右、左两区供养人与本则铭文对应，表现功德主携阿旱、朝贵等合家眷属礼佛场景。

（二）后石侧壁

左、右两侧壁均浅浮雕加线刻供养人。左侧壁供养人现存六排 7 人（图BM1-4），均朝向左侧。右侧壁供养人现存上、下五排 6 人（图BM1-6），均朝向右侧。供养人或袖手于腹部，或手执长茎莲花，有的跽坐，有的站立，现漫漶严重。其中，男性头裹幞头，身着圆领窄袖束腰长袍。女性头束高髻，上身着交领短襦，下身着长裙。

三、左石图像及其铭文

（一）左石外壁

左石外壁被边框分为上、中、下三部分（图BM1-4），每部分又被边框分为左、中、右三区。中区均浅浮雕加线刻一佛二菩萨，左、右两区均浅浮雕加线刻成组供养人，供养人整体朝向中部。三区之间原刻七则楷书铭文，有竖线界格。

1.左石外壁上部

（1）中区佛具圆形头光，结跏趺坐于束腰莲座，着袒右肩式袈裟，双手施说法印。二菩萨具圆形头光，佩戴花冠、宝缯和项圈，身挎帔帛，上身赤裸，下身着裙，双手置于胸前作拈物状，跣足立于长茎莲台。佛、菩萨头光上方装饰缠枝花卉，二菩萨所立莲台均处在中央佛座所在莲茎生长出的莲枝上。

（2）左区供养人为一组，三排 8 人。第一排 2 人，有一对男女跽坐于长方形坐垫，男子左手执长柄香炉，右手作拈香状，女子袖手于腹部。第二排站立 4 人，1 男子袖手执长茎莲花，1 男子袖手于腹部，1 光头女童袖手于腹部，1 女子怀抱 1 光头婴儿、足蹬高跷云头履。第三排站立 1 人，为女子手执长茎莲花。除光头女童和婴儿外，男子均头裹幞头，身着圆领窄袖束腰长袍，女子均头束高髻，身挎帔帛，上身着交领短襦，下身着长裙。左区与中区间自左向右原刻一则铭文，2 列，录文如下。

（铭文 6）佛弟子韓（韩）全寶（同“宝”）为亡父母及妹妃儿、妻孔、女新女、/妹夫吴恵（惠）贞、外生儿因果一心供養（养）佛时时。

本则铭文与左区供养人对应，表现功德主韩全宝合家眷属礼佛场景。

（3）右区供养人有上、下两组，共 11 人。上组两排 5 人。前排 3 人，有 1 男子、2 女子跽坐于梯形坐垫，男子右手执长柄香炉，左手作拈香状，1 女子手执长柄香炉，另 1 女子袖手于腹部。后排站立 2 人，有一对男女袖手执长茎莲花。下组磨泐严重，残存两排 6 人。前排残存 1 人，为男子跽坐于长方形坐垫，手执长柄香炉。后排残存 5 人，均站立，有 1 男子袖手于腹部，1 女子手执长茎莲花，1 女子手执长柄香炉，足蹬高跷云头履，另有 2 女子磨泐严重。男子均头裹幞头，身着圆领窄袖束腰长袍，女子均头束高髻，身挎帔帛，上身着交领短襦，下身着长裙。右区与中区间自左向右原刻一则铭文，2 列，录文如下。

（铭文 7）佛弟子侯（侯）亮、妻陈为亡父母、见存母、兄思簡（简）、妹要真，/佛弟子侯德（德）亮为亡父母、妻陈、男（男）罗漢（汉）、女妙法、女莲花供養（养）。

本则铭文与右区供养人对应，表现功德主侯亮合家眷属礼佛场景。铭文中侯亮与侯德亮应为同一人。

2.左石外壁中部

（1）中区佛具圆形头光，倚坐于束腰须弥座，左手施与愿印，右手施无畏印，着双领下垂式袈裟，内着僧祇支并于腹部束带。二菩萨具圆形头光，佩戴花冠、宝缯、项圈和璎珞，身挎帔帛，上身赤裸，下身着裙，跣足立于长茎莲台，其头光上方装饰缠枝花卉。左侧菩萨左手上举胸前作拈物状，右手上举肩部拈花卉。右侧菩萨左手上举胸前，右手下垂提净瓶。佛座覆帐，其下方有一株缠枝莲花，二菩萨所立莲台均处在莲花生长出的莲枝上。

（2）左区供养人有上、下两组，共 9 人。上组两排 5 人。前排 2 人，有一对男女跽坐于长方形坐垫，男子手执长柄香炉，女子袖手于腹部。后排站立 3 人，1 女子袖手并执长茎莲花，2 男子袖手于腹部。下组两排 4 人。前排 2 人，有一对男女跽坐于长方形坐垫，男子左手执长柄香炉，右手作拈香状，女子袖手于腹部。后排站立 2 人，有一对男女袖手执长茎莲花，女子足蹬高跷云头履。男子均头裹幞头，身着圆领窄袖束腰长袍，女子均头束高髻，身挎帔帛，上身着交领短襦，下身着长裙。左区与中区间自左向右原刻上、下两则铭文，每则 2 列，依次录文如下。

（铭文 8）佛弟子张罗□为亡父母及/弟胡子、妻皃□，畀（男）思太一心供養（养）。

（铭文 9）佛弟子焦寶（同“宝”）全、妻韓（韩），畀雨子、妻张/合家一心供養佛时时。

上、下两则铭文分别与上、下两组供养人对应，依次表现功德主张罗□、焦宝全两家眷属礼佛场景。

（3）右区供养人为一组，三排 8 人。第一排 2 人，有一对男女跽坐于长方形坐垫，男子左手执长柄香炉，右手作拈香状，女子袖手于腹部。第二排站立 3 人，有 1 男子袖手于腹部，1 女子袖手执长茎莲花，足蹬高跷云头履，男子身旁另有 1 光头男童，男童手执莲花并朝向右侧。第三排站立 2 人，有 1 男子袖手执长茎莲花，1 女子怀抱光头婴儿。除光头男童与婴儿外，其余男子均头裹幞头，身着圆领窄袖束腰长袍，女子均头束高髻，身挎帔帛，上身着交领短襦，下身着长裙。右区与中区间自左向右原刻一则铭文，2 列，录文如下。

（铭文 10）佛弟子葢（盖）有智为亡父母造弥弛（弛，误，应作“陁”，同“陀”）像一铺，妻李，/男□安，女女、女夫张夲（同“本”），外孙女道娘一心供養（养）佛时。

本则铭文与右区供养人对应，表现功德主盖有智合家眷属礼佛场景，其人所造为阿弥陀佛。然而，中区对应佛像为倚坐弥勒佛，二者互不相符。

3.左石外壁下部

（1）中区佛具圆形头光，结跏趺坐于束腰莲座，着袒右肩式袈裟，双手施说法印。二菩萨具圆形头光，佩戴花冠、宝缯和项圈，身挎帔帛，上身赤裸，下身着裙，双手置于胸前作拈物状，跣足立于长茎莲台，其头光上方装饰缠枝花卉。佛座下方有一株缠枝莲花，二菩萨所立莲台均处在莲花生长出的莲枝上。

（2）左区供养人为一组，三排8人。第一排2人，有一对男女跽坐于长方形坐垫，男子左手执长柄香炉，右手作拈香状，女子袖手于腹部。第二排站立4人，有1男子袖手执长茎莲花，1女子袖手于腹部，足蹬高跷云头履，二者间站立1头束双髻的女童、1光头男童。第三排站立2人，有1男子、1女子袖手执长茎莲花。除女童头束双髻、男童光头外，其余男子均头裹幞头，身着圆领窄袖束腰长袍，女子均头束高髻，身挎帔帛，上身着交领短襦，下身着长裙。左区与中区间自左向右原刻一则铭文，2列，录文如下。

（铭文11）佛弟子张名智，为亡父母、亡弟名黙（默）、亡妻郭、见/存妹靓儿、男（男）晖晔、女妙弥（弥）合家一心供養（养）佛。

本则铭文与左区供养人对应，表现功德主张名智合家眷属礼佛场景。

（3）右区供养人有上、下两组，共10人。上组一排3人。有1比丘、1男子依次跽坐于长方形坐垫，左手执长柄香炉，右手作拈香状，二者间残存花卉，其中比丘身着交领袈裟。男子身后另站立1男子，男子袖手执长茎莲花。下组两排7人。前排2人，有1比丘尼、1女子跽坐于长方形坐垫，比丘尼手执经幡、身着交领袈裟，女子左手执长柄香炉、右手作拈香状。后排站立5人，均袖手于腹部，其中1女子头束花髻，1女童光头，另有3女子足蹬高跷云头履。除比丘、比丘尼光头且身着交领袈裟，女童光头以及下组后排头束花髻女子外，其余男子均头裹幞头，身着圆领窄袖束腰长袍，女子均头束高髻，身挎帔帛，上身着交领短襦，下身着长裙。右区与中区间自左向右原一则铭文，2列，录文如下。

（铭文12）佛弟子张智果上騎（骑）都尉、妻郭，男（男）楚（楚）贞上柱国、妻杨，/男僧（僧）懐（怀）諤（谔），女尼（尼）真空，女普光，女普贵，孙女大娘、二娘供養（养）佛。

本则铭文与右区供养人对应，表现功德主张智果合家眷属礼佛场景。张智果官居上骑都尉，其子张楚贞有上柱国勋号。

（二）左石内壁

左石内壁被边框分为上、中、下三部分（图BM1-5）。

1.左石内壁上部

上部被边框分为左、中、右三区。中区浅浮雕加线刻一佛二菩萨，左、右两区均分别浅浮雕加线刻一组供养人。供养人朝向中部，男子均头裹幞头，身着圆领窄袖束腰长袍，

图BM1-5 波士顿艺术博物馆藏长安四年（704）塔佛堂形塔身左石内壁

（引自网络）

女子均身挎帔帛，上身着交领短襦，下身着长裙。三区之间原刻两则楷书铭文。

（1）中区佛具内、外两区圆形头光，倚坐于束腰须弥座，着双领下垂式袈裟，内着僧祇支并于腹部束带，左手施与愿印，右手施无畏印，双足分别踏一长茎莲台。二菩萨具圆形头光，佩戴花冠、宝缯、项圈和手镯，身挎帔帛，上身赤裸，下身着裙，跣足立于长茎莲台，其头光上方装饰缠枝花卉。左侧菩萨双手抱拳于胸前，右侧菩萨双手合十于胸前。佛座覆帐，下方有一株缠枝莲花，佛双足及二菩萨所立莲台均处在莲花生长出的莲枝上。

（2）左区供养人为一组，两排5人。前排2人，有一对男女跽坐于长方形坐垫，男子具络腮胡须，左手执长柄香炉，右手作拈香状，女子头束高髻，袖手于腹部。后排站立3人，有1男子抱拳并执长茎莲花，1女子头束高髻，袖手并执长茎莲花，足蹬高跷云头履。二者之间另站立1性别难辨的儿童。左区与中区间原刻一则铭文，1列，录文如下。

（铭文13）佛弟子韓（韩）義（义）子为见存父及亡母、夫皇甫、女河儿一心供養（养）。

本则铭文与左区供养人对应，表现功德主韩义子携合家眷属礼佛场景。

（3）右区供养人为一组，两排4人。前排2人，有一对男女跽坐于长方形花边坐垫，男子右手执长柄香炉，左手作拈香状，女子头束高髻，袖手执长茎莲花。后排站立2人，有一对男女袖手执长茎莲花，女子头束反绾髻。右区与中区间自左向右原刻一则铭义，2列，有竖线界格，录文如下。

（铭文14）佛弟子韓（韩）善（善）勝（胜）为亡夫、男（男）文敬、女王儿，男文敬/为亡父、见存母施發（发）造弥（弥）勒（勒）象（象，误，应作“像”）一铺，合家一心供養（养）。

本则铭文与右区供养人对应，表现功德主韩善胜合家眷属礼佛场景。根据铭文内容可知，中区倚坐佛像尊格为弥勒佛。

2.左石内壁中部与下部

中部与下部组合成一个整体，中部浅浮雕加线刻一佛二弟子二菩萨，下部浅浮雕加线刻左、右两组供养人。供养人均朝向中部，男子身着圆领窄袖束腰长袍，女子身挎帔帛，上身着交领短襦，下身着长裙。两组供养人间原刻铭文。

（1）中部佛具圆形头光，倚坐于束腰须弥座，着双领下垂式袈裟，内着僧祇支并于腹部束带，左手施与愿印，右手施无畏印，双足分别踏一长茎莲台。佛双足外侧跣足站立一对矮胖敦实的力士，力士上身赤裸，下身着牛鼻裤，作托举姿态。佛左、右两侧为二弟子，二弟子具圆形头光，着双领下垂式袈裟，双手抱拳于胸前，跣足立于长茎莲台。二弟子外侧为二菩萨，二菩萨具圆形头光，佩戴花冠、宝缯、项圈、手镯和璎珞，身挎帔帛，上身赤裸，下身着裙，双手合十于胸前，跣足立于长茎莲台。佛、弟子、菩萨头光上方装饰缠枝花卉。佛座下方有一株缠枝莲花，佛双足及二弟子、二菩萨所立莲台均处在莲花生长出的莲枝上。二菩萨外侧另装饰缠枝花卉。

（2）下部左侧供养人均为男性，两排 11 人，均头裹幞头，磨泐严重。上排 6 人，有 1 人具络腮胡须，跽坐于长方形花边坐垫，左手执长柄香炉，右手作拈香状。男子身后站立 5 人，均袖手于腹部。下排 5 人，均跽坐于长方形花边坐垫，最前方 1 人左手执长柄香炉，右手作拈香状，其余 4 人均袖手于腹部。

图BM1-6 波士顿艺术博物馆藏长安四年（704）塔佛堂形塔身右壁

（李静杰摄）

下部右侧供养人均为女性，两排 8 人。上排 4 人，有 2 人跽坐于长方形花边坐垫，其中 1 人手执长柄香炉，1 人袖手并执长茎莲花。二者身后站立 2 人，均头束反绾髻，1 人袖手执长茎莲花，1 人袖手于腹部。下排 4 人，均跽坐于长方形坐垫，最前方 1 人手执长柄香炉，其余 3 人袖手执长茎莲花。除上排头束反绾髻 2 人外，其余诸人均头束高髻。

下部左、右两侧供养人间自右向左原刻一则楷书铭文，4 列，录文如下。

（铭文 15）佛弟子乐弘（弘）智敬造弥（弥）勒（勒）像（像）一铺，上为天（天）皇天后，下为/法界衆（众）生及过见未来師（师）僧（僧）父母、七代先亡、见存家口、/曰（同“因”）缘（缘）卷（误，应作“眷”）属。亡妻王、妻姚（姚）、男（男）善（善）贵、男普基、亡男阿六、男阿臧（藏）、/男桃（桃）符，贵妻裴、基妻郭、六妻毋、臧妻薩（萨）合家大小一心供養（养）。

本则铭文与左、右两侧供养人对应，表现佛弟子乐弘智合家眷属虔心礼佛场景，中部倚坐佛像尊格为弥勒佛。

四、右石图像及其铭文

（一）右石外壁

右石外壁被边框分为上、中、下三部分（图BM1-6）。

1.右石外壁上部

上部自右向左被边框分为四区，其中右二区浅浮雕加线刻一佛二菩萨，右一、右三、右四区分别浅浮雕加线刻一组供养人。供养人整体朝向右二区尊像，男子均身着圆领窄袖束腰长袍，女子均身挎帔帛，上身着交领短襦，下身着长裙。四区之间原刻三则楷书铭文。

（1）右二区佛具圆形头光，倚坐于束腰须弥座，着双领下垂式袈裟，内着僧祇支并于腹部束带，左手施与愿印，右手施无畏印，双足分别踏一莲台。二菩萨具圆形头光，佩戴花冠、宝缯、项圈、手镯和瓔珞，身挎帔帛，上身赤裸，下身着裙，跣足立于长茎莲台，其头光上方装饰缠枝花卉。左侧菩萨双手抱拳于胸前，右侧菩萨左手执长茎莲花，右手下垂。佛座覆帐，其前方方形供桌上设一莲花香炉，二菩萨所立莲台均处在香炉生长出的莲枝上。

（2）右一区供养人为一组，两排 5 人。前排 2 人，有一对男女跽坐于长方形坐垫，男子左手执长柄香炉，右手作拈香状，女子袖手于腹部。后排站立 3 人，有一对男女袖手并执长茎莲花，女子足蹬高跷云头履，男子身旁另有 1 男童，男童朝向右侧。除男童外，男子均头裹幞头，女子均头系高髻。右一区与右二区间原刻一则铭文，1 列，录文如下。

（铭文 16）佛弟子韓（韩）□、妻令狐、女勝（胜）为见存父母、亡母、男（男）超越一心供養（养）佛。

本则铭文与右一区供养人对应，表现功德主韩□合家眷属礼佛场景。

（3）右三区供养人为一组，两排 3 人。前排 2 人，有一对男女跽坐于长方形坐垫，男子头裹幞头，右手执长柄香炉，左手作拈香状，女子头束高髻，袖手于腹部。后排站立 1

男子，头裹幞头，袖手执长茎莲花。右三区与右二区间刊刻一则铭文，1 列，录文如下。

（铭文 17）佛弟子杨元方为亡父母，愿合家平安，一心供養（养）佛时。

本则铭文与右三区供养人对应，表现功德主杨元方携合家眷属礼佛场景。

（4）右四区供养人为一组，两排 4 人。前排 2 人，有一对男女跽坐于长方形坐垫，男子头裹幞头，手执长茎莲花，女子头束高髻，左手执长柄香炉，右手作拈香状。后排站立 2 人，有一对男女袖手执长茎莲花，男子头裹幞头，女子头束反绾髻，足蹬跷脚云头履。右四区与右三区间刊刻一则铭文，1 列，录文如下。

（铭文 18）佛弟子□□庆为亡父、见存母、妹香智合家一心供養（养）佛时。

本则铭文与右四区供养人对应，表现佛弟子□□庆携合家眷属礼佛场景。

2.右石外壁中部

中部被边框分为左、中、右三区。中区浅浮雕加线刻一佛二菩萨，左、右两区均分别浅浮雕加线刻两组供养人。供养人朝向中部，男子均身着圆领窄袖束腰长袍，女子均身挎帔帛，上身着交领短襦，下身着长裙。三区之间原刻四则楷书铭文。

（1）中区佛具圆形头光，倚坐于束腰须弥座，着双领下垂式袈裟，内着僧祇支并于腹部束带，左手施与愿印，右手施无畏印，双足分别踏一莲台。二菩萨具圆形头光，佩戴花冠、宝缯、项圈、手镯和璎珞，身挎帔帛，上身赤裸，下身着裙，跣足立于莲台。二菩萨头光上方装饰缠枝花卉，左侧花卉磨泐。左侧菩萨左手施无畏印，右手上举拈花朵，右侧菩萨左手执长茎莲花，右手下垂。佛座覆帐，其前方的方形跷脚供桌上，设一莲花香炉及二具耳香炉，供桌两旁放置花卉。

（2）左区供养人分为上、下两组，共 18 人。上组供养人两排 8 人。前排 4 人，有一对男女跽坐于长方形坐垫，男子袖手执长茎莲花，女子袖手于腹部，女子身旁站立 2 男童。后排站立 3 人，有 2 男子袖手执长茎莲花，1 女子怀抱 1 婴儿并执长茎莲花。下组供养人两排 10 人。前排 4 人，有一对男女跽坐于长方形坐垫，均袖手于腹部，女子身旁站立 1 男童、跽坐 1 男童，男童均光头并袖手于腹部。后排站立 6 人，有 1 对男女袖手执长茎莲花，男子身旁站立 1 头束丫髻男童。另有 1 对男女，男子袖手于腹部，女子袖手执长茎莲花，足蹬高跷云头履，男子身旁亦站立 1 头束丫髻男童。除男童外，其余男子均头裹幞头，女子均头束高髻。左区与中区间自左向右刊刻上、下两则铭文，每则铭文 2 列，依次录文如下。

（铭文 19）佛弟子李行表为㠯（亡）父母、妻乐、/女女子、男（男）石柱、男元□、男元贞。

（铭文 20）黄明徴（徵）为㠯父母，妻李方子，女二娘，男懷（怀）/寶（同“宝”）、妻高，

图BM1-7 波士顿艺术博物馆藏长安四年（704）塔佛堂形塔身右石内壁

（引自《镜花水月：中国古代美术考古与佛教艺术的探讨》页 107）

男思恭，男思叡供養（养）佛。

上、下两则铭文分别与上、下两组供养人对应，依次表现功德组李行表和黄明徵合家眷属礼佛场景。

（3）右区供养人分为上、下两组，共 11 人。上组供养人两排 4 人。前排 2 人，有一对男女跽坐于长方形坐垫，男子右手执长柄香炉，左手作拈香状，女子袖手于腹部。后排站立 2 人，有一对男女袖手执长茎莲花，女子足蹬跷脚云头履。下组供养人两排 7 人。前排 2 人，有一对男女跽坐于长方形坐垫，男子手执长柄香炉，女子袖手于腹部。后排站立 5 人，有 2 男子袖手执长茎莲花，1 女子头束反绾髻，袖手于腹部，1 女子袖手于腹部，足蹬高跷云头履，1 光头儿童袖手于腹部。除光头儿童以和头束反绾髻女子外，其余男子均头裹幞头，女子均头束高髻。右区与中区间自左向右原刻上、下两则铭文，每则铭文 2 列，依次录文如下。

（铭文 21）佛弟子任妙法为亡父母及/……□一心供養（养）佛时。

（铭文 22）佛弟子樊□子为亡……/妹雪妃造弥（弥）勒（勒）像（像）一铺，一心……。

上、下两则铭文分别与上、下两组供养人对应，依次表现功德主任妙法和樊□子合家眷属礼佛场景，中区倚坐佛像尊格为弥勒佛。

3.右石外壁下部

下部被边框分为左、中、右三区。中区浅浮雕加线刻一佛二菩萨，局部磨泐。左、右两区分别浅浮雕加线刻成组供养人。供养人均朝向中部，男子身着圆领窄袖束腰长袍，女子身挎帔帛，上身着交领短襦，下身着长裙。三区之间原刻两则楷书铭文。

（1）中区佛具圆形头光，着双领下垂式袈裟，内着僧祇支并于腹部束带，左手施与愿印，右手施无畏印。二菩萨具圆形头光，佩戴花冠、宝缯、项圈、手镯和璎珞，身挎帔帛，上身赤裸，下身着裙，跣足立于莲台。左侧菩萨左手施无畏印，右手上举拈花朵。右侧菩萨左手执长茎莲花，右手下垂。佛、菩萨头光上方装饰缠枝花卉。佛前方的方形供桌上，设一莲花香炉、一具耳香炉以及花卉。

（2）左区供养人分为上、下两组，共 10 人。上组供养人两排 5 人。前排 2 人，有一对男女跽坐于长方形坐垫，男子左手执长柄香炉，右手作拈香状，女子磨泐严重。后排站立 3 人，有 1 女子袖手执长茎莲花，1 男子袖手于腹部，另 1 人似为女子，磨泐严重。下组供养人两排 5 人。前排 4 人，有一对男女跽坐于长方形坐垫，男子具络腮胡，左手执长柄香炉，右手作拈香状，女子袖手执长茎莲花。女子身旁站立 2 男子，均袖手执长茎莲花。后排站立 1 人，为男子袖手执长茎莲花。男子均头裹幞头，女子均头束高髻。左区与中区间自左向右原刻一则铭文，2 列，录文如下。

（铭文 23）佛弟子□□顺为祖、婆、父及……顺□□、男（男）弘基、男元太、/男元□、□元偘、男元超合家一心供養（养）佛时。

本则铭文与左区供养人对应，表现功德主□□顺合家眷属礼佛场景。

（3）右区供养人三排 10 人。前排 2 人，有一对男女跽坐于长方形坐垫，男子头裹幞头，手执长柄香炉，女子袖手于腹部。中排站立 5 人，其中 1 女子头束丫髻，袖手执长茎莲花，2 女子头束高髻，袖手于腹部，她们之间站立 1 光头女童，另有 1 女子头束反绾髻，袖手于腹部。后排站立 3 人，均头束高髻，袖手执长茎莲花。右区与中区间自左向右原刻一则铭文，2 列，录文如下。

（铭文 24）佛弟子□□九为见存妻母及亡妻张，基妻周，女□……/……璀□造弥（弥）勒（勒）像（像）一铺，合家一心供養（养）佛时。

本则铭文与右区供养人对应，表现佛弟子□□九合家眷属礼佛场景，中区佛像尊格为弥勒佛。参照中部中区弥勒佛像推测，前者原初应作倚坐姿态。

（二）右石内壁

右石内壁被边框分为上、中、下三部分（图BM1–7）。

1.右石内壁上部

上部被边框分为左、中、右三区。中区浅浮雕加线刻一佛二菩萨，左、右两区均浅浮雕加线刻一组供养人。供养人均朝向中部，男子身着圆领窄袖束腰长袍，女子身挎帔帛，上身着交领短襦，下身着长裙。三区之间原刻两则楷书铭文。

（1）中区佛结跏趺坐于束腰莲座，着通肩式袈裟，左手施与愿印，右手施无畏印，具圆形头光和椭圆形身光，身光分为内、外两区。佛头顶上方缠枝华盖上垂挂流苏。二菩萨具圆形头光，佩戴花冠、宝缯、项圈和璎珞，身挎帔帛，上身赤裸，下身着裙，双手合十于胸前，跣足立于长茎莲台。佛座下方有一株缠枝莲花，二菩萨所立莲台均处在莲花生长出的莲枝上。

（2）左区供养人为一组，两排 5 人。前排 2 人，有一对男子跽坐于长方形花边坐垫，其中 1 男子手执长柄香炉，1 男子袖手并执长茎莲花。后排站立 3 人，有 1 女子手执长柄香炉，1 女子袖手于腹部，1 男子抱拳于胸前。男子均头裹幞头，女子均头束高髻。左区与中区间自左向右原刻一则铭文，2 列，录文如下。

（铭文 25）佛弟子韩玄筞（同“策”）为亡父、亡𠦑（叔）及见存母、𠦑母造弥（弥）弛（弛，误，应作“陁”，同“陀”）像（像）/一铺，合家一心供養（养）佛时。兄玄隠（隐）、玄意等（等）一心供養（养）。

本则铭文与左区供养人对应，表现功德主韩玄策合家眷属礼佛场景，中区佛像阿弥陀佛。

（3）右区供养人为一组，两排 5 人。前排 2 人，有一对男女跽坐于长方形花边坐垫，男子手执长柄香炉，女子袖手于腹部。后排站立 3 人，1 男子抱拳于胸前，1 女子袖手于腹部，二者间站立 1 光头女童。除女童光头外，其余男子均头裹幞头，女子均头束高髻。右区与中区间自左向右原刻一则铭文，2 列，录文如下。

（铭文 26）佛弟子刘仁悊为亡父、见存母谢、妻张、/女钟妃敬造阿弥（弥）弛（弛，误，应作“陁”，同“陀”）像（像）一铺，合家供養（养）。

本则铭文与右区供养人对应，表现功德主刘仁悊合家眷礼佛场景。

2.右石内壁中部与下部

中部与下部组合成一个整体，中部浅浮雕加线刻一佛二弟子四菩萨，下部左、右两侧浅浮雕加线刻成组供养人。两侧供养人均朝向中部，其间原刻一则铭文。

（1）中部佛结跏趺坐于束腰莲座，着袒右肩式袈裟，双手施说法印，具圆形头光和椭圆形身光，头光、身光均分为内、外两区。佛头顶上方缠枝华盖上垂挂流苏。佛左、右两侧为二弟子，二弟子具圆形头光，着双领下垂式袈裟，内着僧祇支，站立于莲台。左侧弟子双手合十于胸前，右侧弟子袖手于腹部。二弟子外侧分别有二菩萨，四菩萨具圆形头光，佩戴花冠、宝缯、项圈、手镯和璎珞，身挎帔帛，上身赤裸，下身着裙，站立于莲台。左侧二菩萨双手合十于胸前，右侧一菩萨身躯残损，另一菩萨左手上举拈花卉，右手下垂执帔帛。诸菩萨头顶上方以及左、右两侧边缘装饰缠枝花卉。佛座前方的方形坐垫有 1 舞伎身挎帔帛，正翩跹起舞。舞伎两侧的长方形坐垫上，分别坐有一组伎乐，左侧最前方伎乐弹奏箜篌，其余伎乐磨泐。

（2）下部左侧供养人原有上、下两组，磨泐严重。上组供养人残存方形坐垫。下组供养人残存一排 3 人，均为男性，跽坐于长方形坐垫。下部右侧供养人原有上、下两组。上组供养人磨泐。下组供养人有前、后两排，前排残存 3 人，均为女性，袖手于腹部，跽坐于长方形坐垫。后排残存2人，均为立姿女性。左、右两侧供养人间自左向右原刻一则楷书铭文，4列，有竖线界格，录文如下：

（铭文27）……□□□□生/……□□囙（同“因”）□眷属/……□畀（男）法明，/……一心供養（养）佛（时）。

本则铭文与左、右两侧供养人对应，表现功德主礼佛场景。

整体而言，佛堂形塔身除前石内壁、后石外壁情况不明外，其余诸壁总计刊刻27则铭文。铭文中异体、通假字常有使用，字句偶有讹误，有多处使用武则天所造新字，如𠦚（年）、⊖（日）、圀（国）、𤯔（人）、𨲢（圣）、𡔈（初）等。

诸壁浮雕加线刻成组供养人，现存224人，来自26家庭。其中，韩姓6家（铭文1、2、6、13、14、16、25），张姓3家（铭文8、11、12），王姓（铭文3）、史姓（铭文4）、侯姓（铭文7）、焦姓（铭文9）、盖姓（铭文10）、乐姓（铭文15）、杨姓（铭文17）、李姓（铭文19）、黄姓（铭文20）、任姓（铭文21）、樊姓（铭文22）、刘姓（铭文26）各1家，以及姓氏不明家庭5家（铭文5、18、23、24、27）。可知，该塔是以韩楷为首的韩姓家庭主导兴建，其余姓氏家庭为助缘家庭。诸供养人不仅自称佛弟子，还有舍子女出家情况（铭文12），其姓名也带有浓厚佛教色彩，儿童多作光头表现，他们应来自笃信佛教的家庭。供养人中仅1人身居上骑都尉官职，1人有上柱国勋号（铭文12），余者可能均为庶民。

同时，有8则铭文明确指出对应尊像的尊格。含阿弥陀佛3则（铭文10、25、26），弥勒佛4则（铭文14、15、22、24），观音菩萨1则（铭文1），然未见对应菩萨像。根据阿弥陀佛与弥勒佛造型推测，其余尊格不明佛像也以二者为主，他们分别代表西方和东方净土世界。可知，诸家庭参与造塔活动主要是为获得现世救济，将来往生净土。此外，各组供养人图像中，前方跽坐者多一手执长柄香炉、一手作拈香状，其余人物常手执长茎莲花，组合表现佛教仪式中最为普遍的香、花供养。

图BM2-1 芝加哥艺术学院博物馆藏开元十二年（724）塔佛堂形塔身前石前壁（李静杰摄）

BM2号 美国芝加哥艺术学院博物馆藏唐开元十二年（724）贾黑闼造像塔

一、基本情况

该塔仅存第一层佛堂形塔身，由前、后二石块拼接而成，平面近方形，青石质，组合后高66、宽43.2、侧宽49.6厘米[①]，出土地不明[②]。过去学界对该塔多有记录[③]，有学者推断其出土于山东地区[④]。

图BM2-2 芝加哥艺术学院博物馆藏开元十二年（724）塔佛堂形塔身后石前壁

（引自《海外及港台藏历代佛像》页219）

二、构件及其图像

1.前石

左壁素面，右壁原刻铭文，前壁下部正中辟圆拱尖楣塔门（图BM2-1）。门洞作竖长方形，高19.4、宽17厘米，其上方有半圆形门额，门额上线刻“山”字形弧线，弧线下曲处刻两小圆圈表示门簪。门洞两侧有立颊，下设门槛。塔门两侧浮雕一对力士，二力士头部残损，肩挎帔帛，上身赤裸，下身着裙，肌肉块状隆起，跣足立于山石。左侧力士双手残损，右侧力士左手下垂执帔帛，右手上举至头部。

① 本实例尺寸信息引自郑岩《流散于美国的小龙虎塔》，载《山东佛教史迹》，页373—376。

② The Art Institute of Chicago，1927年入藏，编号1927.287，原属Lucy Maud Buckingham藏品。C. F. K.，“A Buddhist Shrine of T'ang Dynasty”，*Bulletin of the Art Institute of Chicago*，Vol.21，No.4，1927，pp.46-47.

③ 金申编《中国历代纪年佛像图典》，北京：文物出版社，1994年，页371、536—537。松原三郎《中国仏教彫刻史論·图版编三》，东京：吉川弘文馆，1995年，图版687、688。林树中主编《海外藏中国历代雕塑》，南昌：江西美术出版社，2006年，页916。《海外及港台藏历代佛像：珍品纪年图鉴》，页219。

④ 金申《佛教美术丛考》，北京：科学出版社，2003年，页121、122。

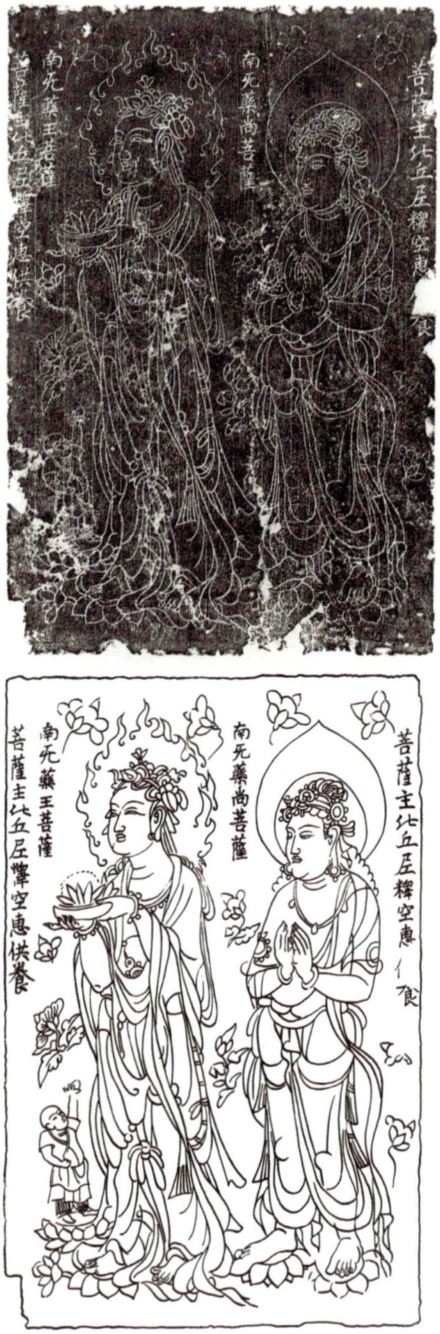

图BM2-3 芝加哥艺术学院博物馆藏开元十二年（724）塔佛堂形塔身后石后壁线刻拓本及线描图

（引自《山东佛教史迹》页384、385）

塔门两端楣角浮雕外翻草叶饰。楣尖上方浮雕一正面观兽头，兽头双角内卷，双目圆睁，鬣毛卷曲，口衔楣尖。兽头两侧浮雕一对侧面观龙，双龙张牙舞爪，爪具三趾，作俯冲姿态，朝向内侧并回首反顾，各伸出一只前爪抓向兽头面颊，伸出一只后爪拱爪于兽头顶部。双龙上方浮雕一对侧面观飞天，二者身挎帔帛，朝向外侧。左侧飞天作俯冲姿态，其左侧残存云朵，右侧飞天蜷身上仰。

2.后石

左壁素面，右壁续刻铭文。前壁左右两侧边缘刻出狭窄凹槽，以与塔身前石紧密拼合。前壁中部辟圭首形龛，龛高39.7、宽32.9厘米，龛内高浮雕一佛二菩萨（图BM2-2）。佛高肉髻，结跏趺坐于束腰莲座，着右肩半披式袈裟，左手抚膝，右手残损，其内、中两区头光作素面圆形，外区头光作桃形火焰状。佛座覆帐，束腰作扁鼓状并辟双曲花牙子壸门。二菩萨均佩戴项圈、臂钏和手镯，身挎帔帛，上身赤裸，下身着裙，内侧手上举持花蕾，外侧手下垂执帔帛，跣足立于束腰仰覆莲台，其内区头光作素面圆形，外区头光作桃形。右侧菩萨的外区头光作桃形火焰状。

后壁阴线刻两侧面观菩萨（图BM2-3）。二菩萨头戴花冠，佩戴项圈、臂钏、手镯和璎珞，跣足立于莲台，作右绕行走姿态，二者周围点缀折枝花朵。左侧菩萨双手合十，其内区头光作素面圆形，外区头光作素面桃形，左、右两侧分别原刻1列铭文，据此可知其为药尚菩萨。

右侧菩萨双手捧钵，钵盛植物，其头光作桃形火焰状，右脚下方旁生出一长茎仰莲台，莲台上站立一俗装人物。该人物身体比例较小，着右衽交领式上衣，左手上举执莲蕾，右手置于腰间，侧身左向仰望二菩萨。菩萨右侧原刻 2 列铭文，据此可知其为药尚菩萨，钵中植物可能表现药苗。

图BM2-4 芝加哥艺术学院博物馆藏开元十二年（724）塔佛堂形塔身右壁铭文拓本

（引自《山东佛教史迹》页 382、383）

三、铭文

佛堂形塔身右、后两壁原刻楷书铭文。

其一，前、后二石右壁自左向右分别原刻 7 列铭文，二者前后相续为一篇，有竖线界格。现以学界刊布拓本为底本（图 BM2-4），参照实物录文如下。

天上天下无如，物外物中无比。落肰𩥄（騕）㚘，讵兆（兆）累之克津；黵（黯）肰晦牧，何阜/利之殆济。西曜荣光，睇砂石之寶（同“宝”）聚；东渐旺杲，味洼𣴴（海）之苏㳅（流）。天奉法而/明，地顺㓛（功）而就（就）。妙空妙有，得大体于一塺（尘）；不生不灭，擊（击）湛存于㵣（满）界。攸（攸）戋（哉）不测，抑/惟崇性相立与？粤有𠙺（处）士贯黒（同“黑”）闼，皇靈（灵）运、靈光，族柢常山，䌛（繇）承长首，囙（同“因”）爵/斯邑（邑），遂面㢕（庭）隅，上为圣神皇帝皇后、師（师）僧（僧）父母、亾（亡）过见前，敬造石浮图一所，/蝙动蚑（蚑）行，蝦（虾）縁（缘）同福（福）。脒（膝）下之恩（恩）罔（罔，通“无”）極（极），却血瞢（瞢）而起（起）菩提；泡幻之合飒成，看（看）牡盛/而见漏損（损）。维陝舊（旧）次，䴵（龝）作布金之场；爰（爰）忼象（象）来，实瞩侧钱之地。岂伊（以上刻于前石右壁）/ 三千之彦憙（熹），悛王舍之城；

百亿之尊[萑]，顶给孤之树。练相玉女，逘（遥）开笋府之珎（珍）；/华盖真人，诞降聆臺（台）之秖。聆风伫齿，敢用当人；罰（刚）草（革）[柔]销，法常道在。/词曰：天文埀（垂）象，星芒（芒）釋（释）宫；地道下济，容光効（同“效”）崇；希相生善，逗化孔充（充）；/一人有庆，群頼（赖）无穷；懐（怀）荆（刑）子恵（惠），力孝命忠；殑伽外铄，健羡内融（融）；火宅凝（凝）泠，黑/禁（禁）明（同“明”）通；谛大成而非我，蹋即色（色）而是空；願（愿）慈尊之溥（溥）慜，袪玄劫之何终。

开元十二年歳（同“岁”）在甲子九月丁巳朔（朔）十八日甲戌（误，应作“戌”）中旬翌日建（建）。比丘尼（尼）釋法空，/黑闼妻霍、女五娘合家供养（以上刻于后石右壁）。

其二，后石后壁左侧菩萨左侧原刻“菩薩（萨）主比丘尼釋空恵[供]養（养）”，右侧原刻“南无（同“无”）药尚菩薩”。右侧菩萨右侧原刻“南无药王菩薩，/菩薩主比丘尼釋空恵供養”。

铭文中异体、通假字多有使用，用字偶有讹误，据其内容可知，该塔是唐玄宗开元十二年（724）九月十八日，贾黑闼携妻女和比丘尼法空、空惠等人发愿兴建。又据“族柢常山，[繇]承长首，曰爵斯邑，遂面庭隅……敬造石浮图一所”推测，该塔可能出自河北常山，原初立于贾黑闼家宅附近。

塔身后石后壁以线刻加铭文方式，组合表现“药王菩萨”“药尚菩萨”，其中“药尚菩萨”即“药上菩萨”。如《佛说观药王、药上二菩萨经》所述，众生闻此二菩萨名号，可永度苦海，值遇诸佛，往生净土①。药王菩萨右下方的俗装人物立于莲台，左手上举并执莲蕾，作仰视状，表现祈求得到菩萨接引②，其身体比例较小旨在表现二者地位的悬殊。

① （刘宋）畺良耶舍译《佛说观药王药上二菩萨经》：“若有众生闻此二菩萨名者，永度苦海，不堕生死，恒得值遇诸佛、菩萨……若观此二菩萨身相者，于现在世必得见药王、药上，及见于我贤劫千佛，于未来世见无数佛。一一世尊为其说法，生净佛土，其心坚固，终不退转阿耨多罗三藐三菩提心。”《大正藏》，第二十册页666。

② （唐）玄奘译《药师琉璃光如来本愿功德经》：“若有四众……愿生西方极乐世界无量寿佛处……若闻世尊药师琉璃光如来名号，临命终时，有八菩萨乘神通来，示其道路，即于彼界种种杂色众宝华中，自然化生。”八大菩萨包含药王菩萨与药上（尚）菩萨。《大正藏》，第十四册页406。

BM3 号 美国旧金山亚洲艺术博物馆藏唐代造像塔散石

一、基本情况

本实例为唐代佛堂形组合式造像塔的第一层佛堂形塔身前石（图BM3-1），石灰岩质，高 61、宽 31.1、侧宽 17.4 厘米[①]，具体年代和出土地不明，现藏美国旧金山亚洲艺术博物馆[②]。过去学界对该石已有记录[③]。

二、图像

该石左壁原刻铭文，前壁下部正中辟圆拱尖楣形塔门。门洞作竖长方形，高 15.4、宽 11.7 厘米，其上方有半圆形门额，两侧有立颊，下设门槛，门槛两端设门砧石。塔门两侧浮雕一对力士，二力士双目圆睁，上身赤裸，下身着裙，内侧手叉腰，外侧手握拳上举，肌肉块状隆起，跣足立于山石。塔门两端楣角浮雕上吻翻卷的摩羯鱼，楣尖上

图BM3-1 旧金山亚洲艺术博物馆藏唐塔散石前壁

（引自《海外及港台藏历代佛像》页 224）

① 本实例尺寸信息引自郑岩《流散于美国的小龙虎塔》，载《山东佛教史迹》，页 376、377。

② Asian Art Museum of San Francisco，编号 B62S62。

③ René-Yvon Lefebvre & Turner，Diana d'Argencé. *Chinese，Korean and Japanese Sculpture in the Avery Brundage Collection.* Asia Art Museum of San Francisco，1974，p.226.《海外及港台藏历代佛像：珍品纪年图鉴》，页 224。

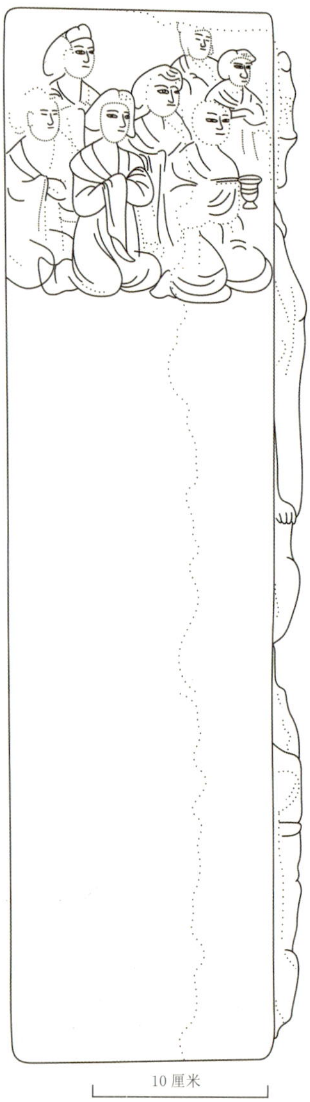

图BM3-2 旧金山亚洲艺术博物馆藏唐塔散石右壁线描图

方浮雕一正面观兽头，兽头顶生双角，双目圆睁，龇牙咧嘴，獠牙外露。兽头顶部浮雕一佛结跏趺坐于仰莲座，莲座向两侧生长出一支莲茎并结出莲蕾。佛上方有左、右二云朵内向烘托，宛如华盖。兽头两侧浮雕一对侧面观龙，双龙张牙舞爪，爪具三趾，作俯冲姿态，龙首高昂并朝向内侧，各伸出一只前爪抓住兽头面颊。双龙上方分别浮雕一长茎莲台，左侧莲台上一人单手倒立，右侧莲台上一人双手合十、单脚独立。

右壁上部阴线刻 7 位跪姿女性供养人（图BM3-2）。她们均朝向左侧前后错落排列。前排有一比丘尼手持长执香炉。余者均为俗装女性，她们束倭堕髻，衣服宽肥，形象丰腴。右壁下部原刻铭文。

三、铭文

右、左两壁自左向右原刻楷书铭文，现根据郑岩先生刊布照片录文如下。

其一，右壁下部原刻 5 列铭文。

佛弟子趙（赵）寶（同“宝”）明（同“明”），妻郭名夲（同“本”）行，女妙囙（同“因”），妻□达，妻孙，/孙女□□，孙女□法，弟子□法等一心供养佛……/佛弟子趙□□，佛弟子……养……/亡姑遍照尚一心供养，佛弟子……/妻□□一心供养，佛弟子□□玚，妻……一心供养。

其二，左壁现可辨识出 4 列铭文，原初列数不明。

……王……养。佛弟子……/……养……/佛弟子……妻……一心供养。佛弟子……/……妻郭一心……。

根据铭文内容可知，该石原初所在造像塔是赵宝明携妻女等亲属发愿兴建。其中，圆拱尖楣塔门与兽头、双龙、跏趺坐佛组合，与历城皇姑庵开元五年（717）塔（SD1 号）一致。塔门两侧力士肌肉块状隆起明显，其造型符合盛唐特征。综合判断，该塔兴建于盛唐，年代为玄宗开元早期的可能性最大。根据该石宽与侧宽比例，参照关系密切造像塔推测，原初佛堂形塔身由前、后二石块组合而成。

BM4 号 美国纳尔逊·阿特金斯艺术博物馆藏唐代造像塔散石

一、基本情况

本实例为唐代佛堂形组合式造像塔的第一层佛堂形塔身前石（图BM4），石灰岩质，高 69.2、宽 62.6、侧宽 22.9 厘米[①]，具体年代和出土地不明，1937 年由纳尔逊信托基金收购，入藏纳尔逊·阿特金斯艺术博物馆[②]。过去学界对该石多有记录[③]，指出其与滑县留固镇塔（HN5 号）、青州市博物馆藏廾元二十五年（737）塔（SD22 号）关联密切[④]。

图BM4 纳尔逊·阿特金斯艺术博物馆藏唐塔散石

（引自《海外及港台藏历代佛像》页 225）

二、图像

该石左、右两壁情况不明，前壁下部正中辟圆拱尖楣塔门。门洞

① 本实例尺寸信息引自郑岩《流散于美国的小龙虎塔》，载《山东佛教史迹》，页 377—379。

② The Nelson-Atkins Museum of Art，编号 37-17。

③ Ross E. Taggart，George L. McKenna，Marc F. Wilson. *Handbook of the Collections in the William Rockhill Nelson Gallery of Art and Mary Atkins Museum of Fine Arts*，*Vol. II.* Kansas City，Missouri，1973，p.37. Roger Ward，Patricia J. Fidler. *The Nelson-Atkins Museum of Art: a handbook of the collection.* New York: Hudson Hills Press，1993，p.308.《中国仏教彫刻史論·图版编三》，图版 724-a。金申《佛教雕塑名品图录》，北京：北京工艺美术出版社，1995 年，页 641。《海外及港台藏历代佛像：珍品纪年图鉴》，页 225。寇勤主编《海外馆藏中国文物精萃》，北京：中华书局，2016 年，下册页 806、807。

④ 前引郑岩《流散于美国的小龙虎塔》，页 327、378。

作竖长方形，高 19.3、宽 13.4 厘米，其上方有半圆形门额，门额内浮雕一正面观半身兽。兽仅露出头部和前肢，双目圆睁，龇牙咧嘴，双爪前扑。门洞两侧有立颊，下设门槛，门槛两端设门砧石与蹲狮。门楣中部浮雕花卉，楣拱两端下方设圆形蟠龙立柱。双柱具方形柱础，由矮胖敦实的侏儒力士扛举，龙身绕柱向上，龙首高昂并朝向外侧。柱顶置侧面观蹲狮，双狮朝向内侧并回首反顾。

塔门两侧浮雕一对力士，二力士怒目圆睁，身挎帔帛，上身赤裸，下身着裙，内侧手叉腰，外侧手握拳上举，肌肉块状隆起，跣足立于山石。二力士上方浮雕一对飞天，二飞天身挎帔帛，双腿弯曲，作俯冲姿态，朝向外侧，分别吹排箫和弹琵琶。楣尖上方置一仰莲台，莲台上一舞伎着翻领窄袖、束腰胡服，肩挎帔帛，左脚抬起，正跳胡腾舞。舞伎两侧浮雕一对侧面观穿壁龙，双龙张牙舞爪，爪具三趾，作俯冲姿态，上方龙尾卷曲，中间龙身穿入壁内，下方龙首高昂，朝向外侧并回首反顾，各伸出一只前爪抓在门楣上。

前壁左、右两侧边缘透雕圆形素面蟠龙角柱，龙身绕柱而上，龙首朝向内侧。左侧角柱具仰莲柱础和柱头，柱础由跪姿侏儒力士扛举，柱头上残存狮子尾部。右侧角柱下部残损，柱头上残存狮子下半身。

该石圆拱尖楣塔门与半身兽、双龙、舞伎、双飞天组合，与青州博物馆藏开元二十五年（737）塔（SD22 号）、浚县福胜寺天宝七载（748）塔（HN3 号）一致。综合判断，该塔兴建于盛唐，年代为玄宗开元晚期至天宝前期的可能性最大。根据该石宽与侧宽比例，参照关系密切的造像塔推测，原初佛堂形塔身由前、后二石块组合而成。

BM5 号 美国西雅图亚洲艺术博物馆藏唐代造像塔散石

一、基本情况

本实例为唐代佛堂形组合式造像塔的第一层佛堂形塔身前石塔门右侧部分（图 BM5），石灰岩质，残高 42.2、宽 16.5、侧宽 7.62 厘米，具体年代和出土地不明，现藏美国西雅图亚洲艺术博物馆[①]。过去学界对该石已有记录[②]。

---

① The Seattle Asian Art Museum，编号 49.148。Josh Yiu. *A Fuller view of China: Chinese Art in the Settle Art Museum*. Seattle：Seattle Art Museum，2014，p. 136.

② 郑岩《流散于美国的小龙虎塔》，载《山东佛教史迹》，页 379、图版 17-11。

图BM5 西雅图亚洲艺术博物馆藏唐塔散石及线描图

（照片引自 *A Fuller view of China: Chinese Art in the Settle Art Museum* 页 136）

二、图像

该石右壁情况不明，疑为素面。前壁辟塔门，残存右端外翻草叶饰楣角和门洞右侧立颊。楣角右上方浅浮雕一折枝花卉。塔门右侧浮雕一力士，力士头系阴线刻宝缯，双目圆睁，身挎帔帛，上身赤裸，下身着裙，左手下垂执帔帛，右手舒掌上举，肌肉块状隆起，跣足立于山石。山石下方线刻卷叶花朵，花朵右侧线刻手持长茎莲花的的化身童子。

该石力士肌肉块状隆起，身体向内倾斜，姿态孔武有力，其造型符合盛唐特征，故原初造像塔年代为盛唐的可能性最大。

BM6号 日本大阪市立博物馆藏唐代造像塔散石

一、基本情况

本实例为唐代佛堂形组合式造像塔的第一层佛堂形塔身前石上半截（图BM6），石灰岩质，高37.4、宽39.8、侧宽13.3厘米，具体年代和出土地不明，现藏大阪市立博物馆。

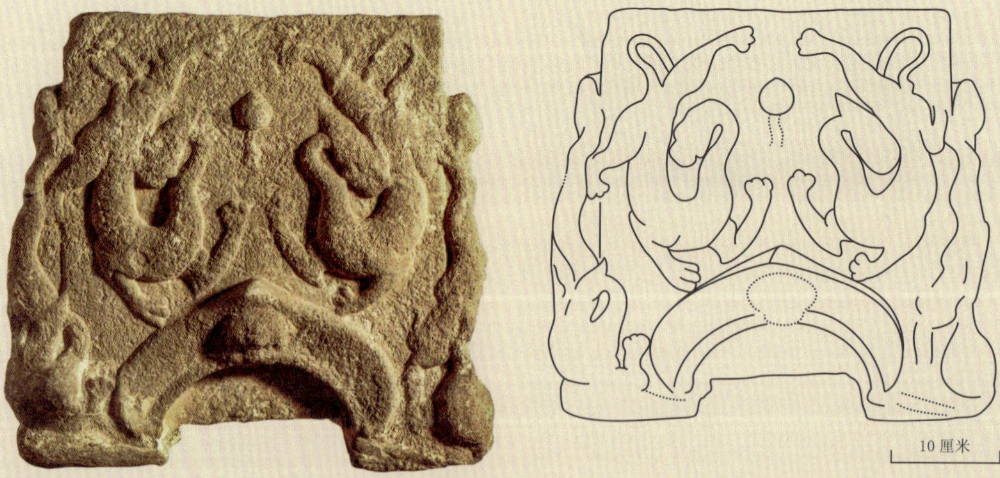

图BM6 大阪市立博物馆藏唐塔散石及线描图

（照片引自《大阪市立美術館山口コレクション中国彫刻》图版45）

过去学界将该石误认作佛龛的龛楣，并将其年代界定为北齐至隋代[1]。

二、图像

该石左、右两壁情况不明，疑为素面。前壁下部正中辟圆拱尖楣塔门，残存半圆形门额与楣拱。门楣中部浮雕一正面观兽头，门楣上方浮雕一对侧面观龙。双龙张牙舞爪，爪具三趾，作俯冲姿态，朝向内侧并回首反顾，各伸出一只前爪向上合托摩尼宝珠。前壁左、右两侧边缘残存蟠龙角柱，龙身绕柱而下。

该石圆拱尖楣塔门与兽头、双龙组合，与长清灵岩寺开元二十三年（735）塔散石（SD3号）、赞皇治平寺开元二十八年（740）塔（HB3号）一致。综合判断，该塔兴建于盛唐，年代为玄宗开元晚期的可能性最大。根据该石宽与侧宽比例，参照关系密切的造像塔推测，原初佛堂形塔身由前、后二石块组合而成。

BM7号 旅顺博物馆藏唐代造像塔散石

一、基本情况

本实例为唐代佛堂形组合式造像塔的第一层佛堂形塔身前石右下半截（图BM7），白石质，残高50.8、宽17.5厘米，具体年代和出土地不明，现藏旅顺博物馆。过去学界将该石误认作佛龛构件，其年代被界定为辽代[2]。

二、图像

该石右壁情况不明，前壁原辟塔门，残存右端外翻花叶饰楣角，以及门洞右侧的立颊、槫柱和门槛右端的门砧石，

图BM7 旅顺博物馆藏唐塔散石

（引自《旅顺博物馆馆藏文物选粹·中国古代佛教造像卷》页154插图88）

① 编号07-406/002891。[日]斎藤龍一編集《大阪市立美術館·山口コレクション中国彫刻》，大阪：大阪市立美术馆，2013年，页84图版45。

② 本实例尺寸等信息引自旅顺博物馆编《旅顺博物馆馆藏文物选粹·中国古代佛教造像卷》，沈阳：辽宁人民出版社，2013年，页154插图88。

立颊、榑柱残存敷朱痕迹。塔门右侧浮雕一力士，力士头系宝缯，肩挎帔帛，上身赤裸，下身着裙，肌肉块状隆起，跣足立于山石。

该石为白石质，其力士造型符合盛唐特征，外翻花叶饰楣角的左、右两叶向外涡卷，两叶间刻出多片花瓣，与房山下寺村塔（BJ10号）十分相似。综合判断，该石可能出土于房山地区，原初所在造像塔年代为盛唐的可能性最大，其佛堂形塔身由前、后、左、右四块石板组合而成。

BM8号 收藏地不明唐代造像塔散石

一、基本情况

本实例为唐代佛堂形组合式造像塔的第一层佛堂形塔身前石上半截（图BM8），石灰岩质，高44.5、宽44、侧宽19厘米，具体年代和出土地不明，曾于2011年5月18日至2015年8月13日在深圳博物馆“永远的北朝——北朝石刻艺术展”展出，收藏地不明。过去学界将该石误认作佛龛的龛楣，并将其年代界定为隋代[①]。

二、图像

该石左、右两壁情况不明，疑为素面。前壁下部正中辟圆拱尖楣塔门，残存半圆形门额与楣拱。门楣中部浮雕一跏趺坐、施禅定印佛，佛两侧浮雕一对侧面观飞天。二飞天身挎帔帛，作俯冲姿态，朝向外侧。

门楣上方浮雕一正面观兽头，兽头双目圆睁，龇牙咧嘴，獠牙外露，鬣毛戟张，口衔两侧面观龙。双龙张牙舞爪，爪具三趾，中部龙身在兽头口中缠绕，朝向外侧并回首反顾。兽头顶部浮雕一坐姿乐伎，乐伎头部残损，肩挎帔帛。门楣右上方浮雕一供养人，供养人结跏趺坐于仰莲座，双手合十。门楣左上方对应位置残损。

该石圆拱尖楣塔门与兽头、双龙、乐伎组合，与兖州金口坝出土唐塔散石之二（SD14号）一致。该塔楣尖上方兽头顶部雕刻坐姿人物，门楣左、右两侧上方雕刻结跏趺坐于

① 赵超、吴强华主编《永远的北朝：深圳博物馆北朝石刻艺术展》，北京：文物出版社，2016年，页234图版66。

图BM8 收藏地不明唐塔散石

（引自《永远的北朝：深圳博物馆北朝石刻艺术展》图版 66）

莲座人物，其组合方式与山东省博物馆藏天宝七载（748）塔散石（SD28 号）类似。同时，双龙交缠作法还见于高平邢村开元十年（722）塔（SX2 号）、浚县福胜寺开元十七年（729）塔（HN2 号）。综合判断，该石原初所在造像塔兴建于盛唐，其年代为开元中、晚期至天宝前期的可能性最大。

参考文献

一、参考书籍

[1] 安阳市地方史志编纂委员会编：《安阳市志：1988~2000》，郑州：中州古籍出版社，2008年。

[2] 安阳市文物管理局编：《安阳文物精华》，北京：文物出版社，2004年。

[3] 北京石刻艺术博物馆编：《北京石刻艺术博物馆藏墓志拓片精选》，北京：北京燕山出版社，2012年。

[4] 北京石刻艺术博物馆编：《新日下访碑录》，北京：北京燕山出版社，2013年。

[5] 北京图书馆金石组编：《北京图书馆藏中国历代石刻拓本汇编》，郑州：中州古籍出版社，1989年。

[6] 北京图书馆金石组等编：《房山石经题记汇编》，北京：书目文献出版社，1987年。

[7] 北京市文物事业管理局编：《北京文物精粹大西·石雕卷》，北京：北京出版社，1999年。

[8] 蔡景康选注：《晋江历代文选》，厦门：厦门大学出版社，2002年。

[9] 常盤大定、關野貞：《支那文化史蹟》，東京：法藏馆，1940、1941年。

[10] 常四龙：《高平文物旅游》，北京：大众文艺出版社，2009年。

[11] 陈传席：《响堂山石窟》，天津：天津人民美术出版社，2014年。

[12] 陈尚君辑校：《全唐文补编》，北京：中华书局，2005年。

[13] 陈文和主编：《嘉定钱大昕全集》，南京：凤凰出版社，2016年。

[14] 程大昌著、张海鹏校订：《演繁露》，北京：中华书局，1991年。

[15] 戴建兵编：《隆尧碑志辑要》，天津：天津人民美术出版社，2016年。

[16] 董诰等编：《全唐文》，北京：中华书局，1983年。

[17] 董政华等重修：《阳谷县志》，台北：成文出版社，1968 年。

[18] 杜佑撰：《通典》，王文锦点校，北京：中华书局，1988 年。

[19] 段柄仁主编：《北京文物百科全书》，北京: 京华出版社，2007.

[20] 范迪安主编：《破碎与聚合：青州龙兴寺佛教造像》，石家庄：河北美术出版社，2016 年。

[21] 范晔撰、李贤等注：《后汉书》，北京：中华书局，1965 年。

[22] 房玄龄等撰：《晋书》，北京：中华书局，1974 年。

[23] 封演撰、赵贞信校注：《封氏闻见记校注》，北京：中华书局，2005 年。

[24] 冯庆澜等修、高书官等纂：《房山县志》，台北：成文出版社，1968 年。

[25] 福山区地名委员会办公室编：《福山区地名志》，济南：山东省地图出版社，2003 年。

[26] 甘振波：《河北历史地名集》，北京：中国文史出版社，2013 年。

[27] 故宫博物院编：《梵天东土 · 并蒂莲华：公元 400–700 年印度与中国雕塑艺术》，北京：故宫出版社，2016 年。

[28] 国家图书馆编：《铭刻撷萃：国家图书馆馆藏精品大展金石拓片目录》，北京：国家图书馆出版社，2014 年。

[29] 国家图书馆善本金石组编：《隋唐五代石刻文献全编》，北京：北京图书馆出版社，2003 年。

[30] 国家图书馆善本特藏部编：《北京云居寺与石经山旧影》，北京：北京图书馆出版社，2004 年。

[31] 国家文物局编：《中国文物地图集 · 河北分册》，北京：文物出版社，2013 年。

[32] 国家文物局编：《中国文物地图集 · 河南分册》，北京：中国地图出版社，1991 年。

[33] 国家文物局编：《中国文物地图集 · 山东分册》，北京：中国地图出版社，2006 年。

[34] 国家文物局编：《中国文物地图集 · 山西分册》，北京：中国地图出版社，2006 年。

[35] 韩邦孚监修、田芸生总编：《新乡县续志》，台北：成文出版社，1976 年。

[36] 韩作舟等纂修：《广平县志》，台北：成文出版社，1968 年。

[37] 河北省地名委员会办公室编：《河北名胜志》，石家庄：河北科学技术出版社，1987 年。

[38] 河北省平乡县地方志编纂委员会编：《平乡县志》，北京：方志出版社，1999 年。

[39] 河北省文物局编：《河北省第三次全国文物普查重要新发现：古建筑》，北京：科学出版社，2015 年。

[40] 河北省赞皇县地方志编纂委员会编：《赞皇县志》，北京：方志出版社，1998年。

[41] 河北省地方志编纂委员会编：《河北省志·宗教志》，北京：中国书籍出版社，1995年。

[42] 河南省古代建筑保护研究所编：《宝山灵泉寺》，郑州：河南人民出版社，1991年。

[43] 河南省古代建筑保护研究所编：《古建筑石刻文集》，北京：中国大百科全书出版社，1999年。

[44] 河南省文物局编：《河南省文物志》，北京：文物出版社，2009年。

[45] 河南省文物局编：《河南文物》，郑州：文心出版社，2008年。

[46] 河南省文物研究所等编：《安阳修定寺塔》，北京：文物出版社，1983年。

[47] 洪亮吉、陆继萼等纂：《登封县志》，台北：成文出版社，1976年。

[48] 侯晋林、续文琴主编：《沁水百科全书》，太原：山西人民出版社，2009年。

[49] 黄梦平、李晋栓：《中国赵州桥》，上海：上海科学技术出版社，1981年。

[50] 济南市博物馆编：《博古撷采：纪年济南市博物馆建馆50周年研究文集》，济南：济南出版社，2008年。

[51] 济南市史志办公室编：《济南泉水文化通览》，济南：济南出版社，2013年。

[52] 冀金刚、赵福寿：《邢台开元寺金石志》，北京：国家图书馆出版社，2013年。

[53] 济南市政协文史资料委员会编：《济南文苑漫忆》，济南：济南出版社，1993年。

[54] 蒋光祖、夏兆丰纂：《武安县志》，台北：成文出版社，1976年。

[55] 蒋叔南著、卢礼阳编校：《蒋叔南集》，合肥：黄山书社，2009年。

[56] 金申：《佛教雕塑名品图录》，北京：北京工艺美术出版社，1995年。

[57] 金申：《佛教美术丛考》，北京：科学出版社，2003年。

[58] 金申：《海外及港台藏历代佛像——珍品纪年图鉴》，太原：山西出版集团·山西人民出版社，2007年。

[59] 晋城市地方志丛书编委会编：《晋城金石志》，北京：海潮出版社，1995年。

[60] 晋城市地方志编纂委员会编：《晋城市志》，北京：中华书局，1999年。

[61] 晋城市文物旅游局编：《晋城文物通览·寺庙观堂卷》，太原：山西经济出版社，2011年。

[62] 康有为：《广艺舟双楫》，桂林：广西师范大学出版社，2016年。

[63] 孔繁珠主编：《山西旅游名胜大辞典》，北京：中国旅游出版社，2001年。

[64] 寇勤主编：《海外馆藏中国文物精萃》，北京：中华书局，2016年。

[65] 李海燕：《隋唐五代石刻文字》，广州：南方日报出版社，2011 年。

[66] 李吉甫撰、贺次君点校：《元和郡县图志》，北京：中华书局，1983 年。

[67] 李金梅、李重申：《丝绸之路体育图录》，兰州：甘肃教育出版社，2008 年。

[68] 李静杰主编：《中国金铜佛》，北京：宗教文化出版社，1996 年。

[69] 李林甫等撰、陈仲夫点校：《唐六典》，北京：中华书局，1992 年。

[70] 李铭：《泉城古韵》，济南：济南出版社，2008 年。

[71] 李起元等纂：《长清县志》，台北：成文出版社，1968 年。

[72] 李五魁、贾城会：《内丘历史文化精粹》，石家庄：河北美术出版社，2015 年。

[73] 李协定、裴池善：《晋城揽胜》，深圳：世界华人艺术出版社，2001 年。

[74] 李香如等主编：《武安文物大辞典》，北京：中国文史出版社，2011 年。

[75] 李玉明主编：《山西古今地名词典》，太原：三晋出版社，2009 年。

[76] 林树中主编：《海外藏中国历代雕塑》，南昌：江西美术出版社，2006 年。

[77] 临城县志编纂委员会编：《临城县志》，北京：团结出版社，1995 年。

[78] 刘敦桢：《刘敦桢文集》，北京：中国建筑工业出版社，1984 年。

[79] 刘敦桢：《中国古代建筑史》，北京：中国建筑工业出版社，1984 年。

[80] 刘凤君：《山东佛像艺术》，台北：艺术家出版社，2001 年。

[81] 刘继文：《济南神通寺》，济南：山东友谊出版社，2005 年。

[82] 刘守亮、高爱颖编著：《齐鲁名塔》，济南：山东文艺出版社，2004 年。

[83] 刘昫等撰：《旧唐书》，北京：中华书局，1975 年。

[84] 龙门石窟研究所编：《龙门石窟雕刻粹编·佛塔》，北京：中国大百科全书出版社，2002。

[85] 隆尧县地方志编纂委员会编：《隆尧县志》，北京：三联书店，1998 年。

[86] 陆心源：《唐文拾遗》，台北：文海出版社，1979 年。

[87] 陆心源：《唐文续拾遗》，台北：文海出版社，1979 年。

[88] 洛阳市文物局等编：《洛阳石刻撷英》，北京：国家图书馆出版社，2011 年。

[89] 罗哲文：《中国古塔》，北京：青年出版社，1985 年。

[90] 马德：《敦煌工匠史料》，兰州：甘肃人民出版社，1997 年。

[91] 马金南编著：《邯郸古迹名胜》，北京：国际文化出版公司，1996 年。

[92] 孟元老：《东京梦华录（外四种）》，上海：古典文学出版社，1957 年。

[93] 纳兰性德著、张草纫注评：《纳兰性德词选》，上海：上海古籍出版社，2002 年。

[94] 内黄县史志办编：《内黄县志：1988~2002》，郑州：中州古籍出版社，2007 年。

[95] 内邱县志编纂委员会编：《内邱县志》，北京：中华书局，1996 年。

[96] 聶鈫：《泰山道里记》，台北：成文出版社，1968 年。

[97] 宁阳县档案局编：《宁阳续志：光绪十三年重刊》，北京：北京燕山出版社，2013 年。

[98] 欧阳修、宋祁撰：《新唐书》，北京：中华书局，1975 年。

[99] 彭美、龙文彬编纂：《武邑县志》，台北：成文出版社，1969 年。

[100] 溥儒：《白带山志》，杨璐校点，北京：中国书店，1989 年。

[101] 戚朝卿等纂修：《邢台县志》，台北：成文出版社，1969 年。

[102] 丘富科主编：《中国文化遗产词典》，北京：文物出版社，2009 年。

[103] 任弘烈编辑：《泰安州志》，台北：成文出版社，1968。

[104] 如常主编：《世界佛教美术图说大辞典 4: 建筑》，高雄：佛光山宗委会，2013 年。

[105] 山东省历城县志编纂委员会编：《历城县志》，济南：济南出版社，1990 年。

[106] 山西省考古研究所等编：《北齐安东王娄睿墓》，北京：文物出版社，2006 年。

[107] 陕西省考古研究所编著：《唐惠庄太子李㧑墓发掘报告》，北京：科学出版社，2004 年。

[108] 陕西省考古研究所编著：《唐李宪墓发掘报告》，北京：科学出版社，2005 年。

[109] 陕西省考古研究所编著：《西安北周安伽墓》，北京：文物出版社，2003 年。

[110] 陕西省考古研究院等编著：《法门寺考古发掘报告》，北京：文物出版社，2007 年。

[111] 陕西省考古研究院等编：《唐昭陵韦贵妃墓发掘报告》，北京：科学出版社，2017 年。

[112] 沈括著、胡道静校证：《梦溪笔谈校证》，上海：上海古籍出版社，1987 年。

[113] 深州市文化广电新闻出版局编：《深州访碑录》，北京：北京时代华文书局，2014 年。

[114] 史其显主编：《内黄县志》，郑州：中州古籍出版社，1993 年。

[115] 释圆仁著、白化文等校注：《入唐求法巡礼行记校注》，石家庄：花山文艺出版社，2007 年。

[116] 松原三郎：《中国仏教彫刻史論》，東京：吉川弘文館，1995 年。

[117] 宋敏求编：《唐大诏令集》，北京：商务印书馆，1959 年。

[118] 宋大章等修、周存培等纂：《涿县志》，台北：成文出版社，1968 年。

[119] 孙迪编：《中国流失海外佛教造像总合目录》，北京：外文出版社，2005。

[120] 孙机：《中国古舆服论丛》，北京：文物出版社，2001 年。

[121] 孙剑华主编：《内邱县文物志》，北京：北京燕山出版社，1999 年。

[122] 孙明：《菏泽市古石刻调查与研究》，北京：科学出版社，2015 年。

[123] 孙英刚：《隋唐五代史》，上海：上海人民出版社，2015 年。

[124] 孙毓琇修、贾恩绂纂：《盐山新志》，台北：成文出版社，1976 年。

[125] 太原市文物考古研究所编：《北齐徐显秀墓》，北京：文物出版社，2005 年。

[126] 谭其骧主编：《中国历史地图集第五册: 隋、唐、五代十国时期》，北京：中国地图出版社，1996 年。

[127] 汤毓倬修、孙星衍纂：《偃师县志》，台北：成文出版社，1976 年。

[128] 佟洵：《北京佛教石刻》，北京：宗教文化出版社，2012 年。

[129] 脱脱等撰：《辽史》，北京：中华书局，1974 年。

[130] 脱脱等撰：《宋史》，北京：中华书局，1977 年。

[131] 汪建民：《北京的古塔》，北京：学苑出版社，2003 年。

[132] 汪藻：《浮溪集：附拾遗》，北京：中华书局，1985 年。

[133] 王丹主编：《贞石永固：北京石刻艺术历史文化》，北京：北京联合出版公司，2015 年。

[134] 王岗主编：《北京历史文化资源调研报告》，北京：中国经济出版社，2013 年。

[135] 王焕理：《老烟台风情》，北京：中国文史出版社，2004 年。

[136] 王泽妍编著：《灵岩寺》，长春：吉林出版集团，2010 年。

[137] 王景荃：《河南佛教石刻造像》，郑州：大象出版社，2008 年。

[138] 王新华：《中国避讳研究》，济南：齐鲁书社，2007 年。

[139] 王自力、孙福喜编著：《唐金乡县主墓》，北京：文物出版社，2002 年。

[140] 蔚青、张昆河等编著：《济南地名漫话》，济南：山东友谊出版社，1988 年。

[141] 无名氏：《宝刻类编》，北京：中华书局，2016 年。

[142] 吴汝纶：《深州风土记》，清光绪二十六年文瑞书院本。

[143] 吴汝纶著、宋开玉整理：《桐城吴先生日记》，石家庄：河北教育出版社，1999 年。

[144] 武亿：《安阳县金石录》，清刊本。

[145] 肖默：《中国建筑艺术史》，北京：文物出版社，1999 年。

[146] 谢治秀主编：《山东重大考古新发现》，济南：山东文化音像出版社，2003 年。

[147] 新乡县史志编纂委员会编：《新乡县志》，北京：三联书店，1991 年。

[148] 新郑市文物管理局编：《新郑市文物志》，北京：中国文史出版社，2005年。

[149] 行唐县地方志编纂委员会编：《行唐县志》，北京：中国对外翻译出版公司，1998年。

[150] 邢台县地方志编纂委员会编：《邢台县志 1979–2009》，石家庄：河北人民出版社，2012年。

[151] 邢一中：《云居寺》，北京：北京出版社，1997年。

[152] 许钟璐等修、于宗潼纂：《福山县志稿》，台北：成文出版社，1968年。

[153] 浚县文物旅游局编：《天书地字·大丕文化（二）》，北京：文物出版社，2006年。

[154] 浚县文物旅游局编印：《大伾山名胜区石刻选》，郑州：中州古籍出版社，2001年。

[155] 阎铁成：《重读郑州：一座由考古发现的中国创世王都》，北京：科学出版社，2015年。

[156] 燕昭安：《解读朝歌》，郑州：河南人民出版社，2011年。

[157] 龙门石窟研究所编：《龙门石窟雕刻粹编——佛塔》，北京：中国大百科全书出版社，2002年。

[158] 杨卫东：《古涿州佛教刻石》，石家庄：河北教育出版社，2007年。

[159] 杨效俊：《武周时期的佛教造型——以长安光宅寺七宝台的浮雕石佛群像为中心》，北京：文物出版社，2013年。

[160] 杨亦武：《房山历史文物研究》，北京：奥林匹克出版社，1999年。

[161] 叶昌炽撰、柯昌泗评：《语石·语石异同评》，北京：中华书局，1994年。

[162] 喻春林修、朱续孜纂：《平阴县志》，台北：成文出版社，1976年。

[163] 于钦撰、刘敦愿等校释：《齐乘校释》，北京：中华书局，2012年。

[164] 袁文焕等纂修：《隆平县志》，台北：成文出版社，1969年。

[165] 云居寺文物管理处编：《云居寺贞石录》，北京：北京燕山出版社，2008年。

[166] 赞宁撰、范祥雍点校：《宋高僧传》，北京：中华书局，1987年。

[167] 臧嵘等主编:《中国文化杂说 4: 北京文化卷》，北京：北京燕山出版社，1997年。

[168] 斎藤龍一编集：《大阪市立美術館山口コレクション中国彫刻》，大阪：大阪市立美術館，2013年。

[169] 张保福等编：《晋城史话》，北京：新华出版社，1998年。

[170] 张凤台修、李见荃等纂：《林县志》，台北：成文出版社，1968年。

[171] 张广善:《晋城古代建筑》,北京:文物出版社,2011年。

[172] 张国刚:《佛学与隋唐社会》,石家庄:河北人民出版社,2002年。

[173] 张华松编:《历城县志正续合编》,济南:济南出版社,2007年。

[174] 张立柱:《河北省文物保护单位通览》,北京:科学出版社,2003年。

[175] 张曼涛主编:《中国佛教寺塔史志》,台北:大乘文化出版社,1978年。

[176] 张淑敏主编:《博兴文化大观·佛教造像卷》,北京:中国文史出版社,2014年。

[177] 张映莹等主编:《五台山佛光寺》,北京:文物出版社,2010年。

[178] 张应麟修、张永和纂:《成安县志》,台北:成文出版社,1969年。

[179] 张驭寰:《传世浮屠——中国古塔集萃》,天津:天津大学出版社,2010年。

[180] 张驭寰:《张驭寰文集·15:上党古建筑、内蒙古古建筑》,北京:中国文史出版社,2008年。

[181] 张驭寰:《中国佛塔史》,北京:科学出版社,2006年。

[182] 张志熙等修、刘靖宇纂:《东平县志》,台北:成文出版社,1968年。

[183] 长孙无忌等撰、刘俊文点校:《唐律疏议》,北京:中华书局,1983年。

[184] 赵超:《锲而不舍:中国古代石刻研究》,太原:三晋出版社,2015年。

[185] 赵超等主编:《永远的北朝:深圳博物馆北朝石刻艺术展》,北京:文物出版社,2016年。

[186] 赵福寿编著:《佛源僧脉第一流:邢台佛教文化》,北京:方志出版社,2009年。

[187] 赵佳琛主编:《房山古塔》,北京:北京联合出版公司,2015年。

[188] 赵开元纂修、畅俊蒐辑:《新乡县志》,台北:成文出版社,1976年。

[189] 赵蒲根等主编:《山东寺庙塔窟》,济南:齐鲁书社,2002年。

[190] 赵绍祖撰、牛继清等校点:《赵绍祖金石学三种》,合肥:黄山书社,2011年。

[191] 赵之谦:《赵之谦补寰宇访碑录》,杭州:浙江人民美术出版社,2016年。

[192] 赵之谦撰、戴家妙整理:《赵之谦集》,杭州:浙江古籍出版社,2015年。

[193] 正仓院事务所编:《正倉院宝物·中倉》,东京:朝日新闻社,1988年。

[194] 政协济南市历城区委员会文史资料研究委员会编:《历城文史集粹》(下册),北京:中国戏剧出版社,2004年。

[195] 政协石家庄市委员会编:《石家庄文物名胜》,北京:中国对外翻译出版公司,1999年。

[196] 郑岩、刘善沂:《山东佛教史迹——神通寺、龙虎塔与小龙虎塔》,台北:法鼓文

化事业股份有限公司，2007 年。

[197] 中共河南省委政策研究室编：《河南县情》，郑州：河南人民出版社，1990 年。

[198] 中国考古学会：《中国考古学年鉴・2006》，北京：文物出版社，2007 年。

[199] 中国人民政治协商会议邢台县委员会编：《邢台县历史文化遗存》，石家庄：河北人民出版社，2011 年。

[200] 周壬福修、李同纂：《博兴县志》，台北：成文出版社，1976 年。

[201] 周绍良主编：《全唐文新编》，长春：吉林文史出版社，2000 年。

[202] 朱鸾鸞修、钱国寿纂：《盐山县志》，哈佛大学汉和图书馆藏清康熙刻本。

[203] Henry Thubner，William Jay Rathbun，Catherine A. Kaputa. *Asiatic Art in the Seattle Art Museum*. Seattle: Seattle Art Museum，1973.

[204] Josh Yiu. *A Fuller view of China: Chinese art in the Settle Art Museum*. Seattle: Seattle Art Museum，2014.

[205] Osvald Siren. *Chinese Sculpture from the Fifth to the Fourteenth Century (Vol.4)*. London: Ernest Benn，1925;

[206] Roger Ward，Patricia J. Fidler. *The Nelson-Atkins Museum of Art: a handbook of the collection*. New York: Hudson Hills Press，1993.

二、参考论文

[207] 长广敏雄：《房山雲居寺石塔記》，《东方学报》1935 年第 5 期。

[208] 丁雨：《浅议宋金墓葬中的启门图》，《考古与文物》2015 年第 1 期。

[209] 樊英民：《山东兖州金口坝出土南北朝石人》，《文物》1995 年第 9 期。

[210] 肥田路美：《唐代菩提伽耶金刚座真容像的流布》，《敦煌研究》2006 年第 4 期。

[211] 高继习、刘斌、常祥：《济南"开元寺"重考》，《春秋》2006 年第 5 期。

[212] 葛淑英：《涿州市文物保管所藏晚唐五代佛造像》，《文物春秋》2015 年第 6 期。

[213] 韩自强：《安徽亳县咸平寺发现北齐石刻造像碑》，《文物》1980 年第 9 期。

[214] 河南省古代建筑保护研究所：《河南安阳灵泉寺石窟及小南海石窟》，《文物》1988 年第 4 期。

[215] 河南省古代建筑保护研究所：《河南安阳灵泉寺唐代双石塔》，《文物》1986 年第 3 期。

[216] 侯伟、汪建民：《北京名胜古迹考略——北京古塔之二十》，《首都师范大学学报（社会科学版），1998 年第 6 期。

[217] 侯毅：《唐代道教石造像常阳天尊》，《文物》1991 年第 12 期。

[218] 季毅：《关于安阳灵泉寺双石塔唐人题字的几点补充》，《文物》1986 年第 6 期。

[219] 荆三林、张鹤云：《神通寺龙虎塔的造型与年代》，《文物参考资料》1956 年第 11 期。

[220] 李海磊、幕漫红：《南北朝兽面图像谱系及其传播研究》，载华东师范大学艺术研究所主编：《中国美术研究：书画理论研究》，上海：上海书画出版社，2018 年。

[221] 李静杰：《安阳修定寺塔唐代浮雕图像分析》，载郑欣淼主编《故宫学刊》第 5 辑，北京：紫禁城出版社，2010 年。

[222] 李静杰、齐庆媛：《二龙系珠与二龙拱珠及二龙戏珠的图像系谱》，载龙门石窟研究院编：《石窟寺研究·第六辑》，北京：科学出版社，2016 年。

[223] 李静杰、田军：《论定州系白石佛像》，载中山大学艺术史研究中心编：《艺术史研究·第六辑》，广州：中山大学出版社，2004 年。

[224] 李静杰：《印度花鸟嫁接式图像及其在中国的新发展》，《敦煌研究》2014 年第 3 期。

[225] 郦宁宁：《北朝石窟佛龛与柱头图像及其渊源考察》，载龙门石窟研究院编：《石窟寺研究·第七辑》，北京：科学出版社，2017 年。

[226] 李裕群：《邺城地区石窟与刻经》，《考古学报》1997 年第 4 期。

[227] 林保尧、陈弈恺：《叶景成先生捐赠天津市武清区佛像文物鉴定报告—刘氏一族等造像塔（塔身部分）》，《艺术学》2014 年第 29 期。

[228] 林章芹：《武周时期石塔铭考释》，《文物春秋》2010 年第 6 期。

[229] 刘善沂：《山东阳谷县关庄出土北朝造像碑》，《考古》1987 年第 1 期。

[230] 刘善沂、孙怀生：《山东阳谷县关庄唐代石塔》，《考古》1987 年第 1 期。

[231] 马忠理：《涉县中皇山北齐佛教摩崖刻经调查》，《文物》1995 年第 5 期。

[232] 森鹿山：《西域雲居禅林志》，《東方學報》1935 年第 5 期。

[233] 祈英涛、柴泽俊：《南禅寺大殿修复》，《文物》1980 年第 11 期。

[234] 邱玉鼎、杨书杰：《山东平阴发现大隋皇帝舍利宝塔石函》，《考古》1986 年第 4 期。

[235] 陕西考古所唐墓工作组：《西安东郊唐苏思勗墓清理简报》，《考古》1960 年第 1 期。

[236] 陕西省考古研究院：《唐高祖献陵陵园遗址考古勘探与发掘简报》，《考古与文物》，2013 年第 5 期。

[237] 山西省大同市博物馆：《山西大同石家寨北魏司马金龙墓》，《文物》1972 年第 3 期。

[238] 山西省考古研究所：《太原北齐徐显秀墓发掘简报》，《文物》2003 年第 10 期。

[239] 施安昌：《从院藏拓本探讨武则天造字》，《故宫博物院院刊》，1983 年第 4 期。

[240] 水野清一：《房山雲居寺石塔記》，《東方學報》1935 年第 5 期。

[241] 孙继民、彭文峰：《安阳灵泉寺唐代题记与两税法——兼论两税法在河朔割据藩镇的实施及其限度》，《中国经济史研究》2006 年第 3 期。

[242] 孙勐：《云居寺四座唐塔铭文的试析》，《北京联合大学学报（人文社会科学版）》2014 年第 4 期。

[243] 王建浩：《皇姑庵唐塔》，《文物》1964 年第 7 期。

[244] 王景荃：《河南新郑县荆王庄发现两座唐代石塔》，《中原文物》1990 年第 2 期。

[245] 王书俊：《涉县北齐石窟调查》，《文物世界》2012 年第 1 期。

[246] 王思礼：《也谈龙虎塔的年代》，《文物参考资料》1958 年第 1 期。

[247] 王维坤：《武则天造字的分期》，《文博》1988 年第 4 期。

[248] 王友奎：《汉地佛教艺术所见笈多式背障源流略考》，载敦煌研究院编：《2014 敦煌论坛：敦煌石窟研究国际学术研讨会论文集》，兰州：甘肃教育出版社，2016 年。

[249] 王振国：《关林龙门刻经碑、塔二题》，载中山大学艺术史研究中心编：《艺术史研究·第 6 辑》，广州：中山大学出版社，2004 年。

[250] 魏来：《北京唐代石塔研究——以云居寺唐塔为中心》，载房山石经博物馆等编：《石经研究·第二辑》，北京：华夏出版社，2018 年。

[251] 西安市文物保护考古所：《西安北周康业墓发掘简报》，《文物》2008 年第 6 期。

[252] 小川茂树：《房山石浮図記銘考》，《東方學報》1935 年第 5 期。

[253] 谢燕：《山东长清灵岩寺慧崇塔调查与研究》，中央美术学院硕士学位论文，2013 年。

[254] 颜娟英：《武则天与唐长安七宝台石雕佛相》，《艺术学》1987 年第 1 期。

[255] 杨焕成：《豫北石塔纪略》，《文物》1983 年第 5 期。

[256] 杨建东：《山东微山县出土唐代石刻》，《考古》2001 年第 9 期。

[257] 杨瑾：《唐武惠妃墓石椁纹饰中的外来因素初探》，《四川文物》2013 年第 3 期。

[258] 余哲德：《赵州大石桥石栏的发现及修复的初步意见》，《文物参考资料》1956 年第 3 期。

[259] 岳凤霞、刘兴珍:《浙江海宁长安镇画像石》,《文物》1984 年第 3 期。

[260] 曾科:《试论唐陵石狮的造型演变》,《文博》2013 年第 3 期。

[261] 张柏寒:《杨瓒造塔研究》, 中央美术学院硕士学位论文, 2017 年。

[262] 张国维:《运城市保存的几座唐代小型石塔》,《文物世界》, 2005 年第 2 期。

[263] 张稼农、马彦华:《隆尧南汪店发现唐代福胜寺遗址的石刻》,《文物参考资料》1956 年第 7 期。

[264] 张剑玺:《治平寺石塔勘察报告》,《文物春秋》2016 年第 1 期。

[265] 张乃翥:《从洛阳出土文物看武周政治的国际文化情采》, 载荣新江主编:《唐研究·第 8 卷》, 北京:北京大学出版社, 2002 年。

[266] 张善庆:《佛教艺术语境中的启门图》,《敦煌学辑刊》2018 年第 3 期。

[267] 张增午:《河南林县阳台寺唐代石塔》,《考古与文物》1985 年第 2 期。

[268] 塚本善隆:《石経山雲居寺と石刻大藏経》,《東方學報》1935 年第 5 期。

[269] 周铮:《北魏薛凤规造像碑考》,《文物》1990 年第 8 期。

[270] 朱己祥:《内黄县理固村唐代造像塔年代及来源考》,《中国美术研究》2018 年第 2 期。

[271] 朱己祥:《唐仪凤四年马君起造像塔考释》,《敦煌学辑刊》2018 年第 1 期。

[272] 朱己祥:《武周长安四年造像塔散石述论》,《艺术生活-福州大学学报(艺术版)》2020 年第 3 期。

[273] 朱己祥:《赞皇治平寺唐开元二十八年造像塔述论》, 载沙武田主编:《丝绸之路研究集刊·第三辑》, 北京:商务印书馆, 2019 年。

[274] 朱良剑、卞坚:《独具特色的盛唐佛塔——返回安徽原乡的唐代文物石佛塔赏析》,《文物鉴定与鉴赏》, 2014 年第 6 期。

[275] C. F. K., "A Buddhist Shrine of T'ang Dynasty", *Bulletin of the Art Institute of Chicago*, 1927, Vol.21, No.4.

[276]] Fong Chow, "Chinese Buddhist Sculpture." *The Metropolitan Museum of Art*, 1965, Vol.23, No.9.

致谢

清华园的四年美好时光，在弹指一挥间骤然流逝，恩师李静杰先生的谆谆教诲却将伴我终生！博士入学前，我视先生为偶像，为榜样；博士毕业后，我视先生为挚友，为亲人。感谢恩师在研究过程中的悉心指导，让天资愚钝、基础薄弱的我，得以步入学术的正轨，遨游知识的海洋。感谢恩师在日常生活中的细致关怀，让负担沉重、囊中羞涩的我，得以解决生活的困难，度过人生的难关。

衷心感谢陕西师范大学沙武田先生，给予宝贵的出版支持！早在2013年我硕士毕业时，先生就反复叮嘱，即便身在一线，也不能放弃所学。正是先生的鼓励和推荐，两年后我才能顶住压力，辞去事业单位工作，前往清华大学读博。

万分感谢中国社会科学院考古研究所李裕群先生，北京大学考古文博学院杭侃先生、艺术学院李松先生，对本课题研究提出的宝贵意见。特别感谢清华大学美术学院研究生郑才旺，慷慨借与贵重的单反相机，让我得以实地拍摄一手资料。尤为感谢曾守正、张建伟、邹林、郑豪、周逸发、刘高品、吴禹力、李加福、宋媛媛、肖芳凯等挚友的时常接济，以及陈秀慧、谷东方、齐庆媛、王友奎、孙明利、李秋红、郦宁宁、孙千雅、刘易斯、王德路、诺麦克等同门的悉心关怀，让我得以安然度过那些捉襟见肘、惶恐不安的时日。在田野调查过程中，我还得到了如下师长的鼎力帮助，兹不分先后，谨致谢忱！具体名讳如下：

日本筑波大学八木春生先生，兰州大学张善庆先生，河北科技大学郑以墨女士，东南大学姚瑶女士，聊城大学吕德廷先生，西北工业大学石建刚先生，北京房山石经与云居寺文化研究中心罗炤、魏来先生，房山云居寺文物管理处续晓玉女士，河北博物院林章芹、郝建文先生，隆尧县文化体育局李方先生，深州市文物管理所邢恩泽先生，涉县娲皇宫北齐石刻陈列馆李斌先生，广平县人大常委会邵美周先生，广平县文化广电和旅游局文物保护管理所任振朝先生，大名县政协蒋林魁先生，赞皇县公安局李向武先生，邢台南贾乡村王爱俭先生，武安城隍庙王少贤先生，济南市考古研究所李铭先生、刘丽丽女士，长清灵岩寺弘恩法师及田肖居士，兖州博物馆潘悦女士，阳谷县文化广电新闻出版局李连辉先生，泰安市博物馆任继新先生，河南博物院王景荃先生，新乡市博物馆牛万新、吕名军先生及王元黎女士，新乡同和寺李丽华女士，内黄县文物管理所张新文先生及理固村葛新如女士，林州阳台寺冯铁贵先生，卫辉香泉寺赵青保先生，新郑博物馆杜平安先生，洛阳博物馆李思思女士，陕西历史博物馆翟战胜先生，太原钢铁（集团）有限公司牛建红先生，高平邢村刑庄旦及南陈村刘宝材先生等。

最后，格外感谢我的妻子邹敏女士！面对长期的异地生活，你毫无怨言，默然坚守，操持家中的一切，让千里之外的我，得以心无旁骛、安心求学。身为丈夫，我没能给你优裕生活，没能帮你减轻负担，没能陪你养胎育儿，也没能伴你笑口常开……“执子之手，与子偕老！”唯有如此，方不负月老的慷慨恩赐。

谨以拙稿献给所有无私帮助过我的人！

朱己祥 稽首

2021 年 5 月 19 日